U0516032

权威·前沿·原创

皮书系列为

“十二五”“十三五”“十四五”时期国家重点出版物出版专项规划项目

BLUE BOOK

智库成果出版与传播平台

传媒蓝皮书
BLUE BOOK OF CHINA'S MEDIA

中国传媒产业发展报告（2022）

REPORT ON DEVELOPMENT OF CHINA'S MEDIA INDUSTRY (2022)

主　　编／崔保国　赵　梅　丁　迈
执行主编／杭　敏

社会科学文献出版社
SOCIAL SCIENCES ACADEMIC PRESS (CHINA)

图书在版编目(CIP)数据

中国传媒产业发展报告. 2022 / 崔保国，赵梅，丁迈主编. --北京：社会科学文献出版社，2022.7
（传媒蓝皮书）
ISBN 978-7-5228-0286-2

Ⅰ.①中… Ⅱ.①崔… ②赵… ③丁… Ⅲ.①传播媒介-产业发展-研究报告-中国-2022 Ⅳ.①G219.2

中国版本图书馆 CIP 数据核字（2022）第 106176 号

传媒蓝皮书
中国传媒产业发展报告（2022）

主　　编 / 崔保国　赵　梅　丁　迈
执行主编 / 杭　敏

出 版 人 / 王利民
责任编辑 / 范　迎
责任印制 / 王京美

出　　版 / 社会科学文献出版社 · 人文分社（010）59367215
地址：北京市北三环中路甲 29 号院华龙大厦　邮编：100029
网址：www.ssap.com.cn
发　　行 / 社会科学文献出版社（010）59367028
印　　装 / 三河市东方印刷有限公司

规　　格 / 开 本：787mm × 1092mm　1/16
印 张：28.75　字 数：437 千字
版　　次 / 2022 年 7 月第 1 版　2022 年 7 月第 1 次印刷
书　　号 / ISBN 978-7-5228-0286-2
定　　价 / 138.00 元

读者服务电话：4008918866

本书为 CSSCI 来源集刊
This Blue Book is authenticated as a source periodical of CSSCI

传媒蓝皮书出品方

清华大学传媒经济与管理研究中心

央视市场研究股份有限公司

中国广视索福瑞媒介研究有限责任公司

清华—日经传媒研究所

中国新闻史学会传媒经济与管理研究委员会

清华大学文化创意发展研究院

清华大学经济传播研究中心

中国新闻出版研究院《传媒》杂志社

传媒蓝皮书课题组

课题组组长　崔保国　赵　梅　丁　迈

课题组副组长　杭　敏　姜　涛　段春卉　郑维东　陈媛媛

课题组成员　（排名按姓氏拼音为序）

陈国权　邓小院　韩　博　林　杨　刘金河

邵　鹏　孙　盼　孙　平　徐　佳　杨　乐

殷滋淳　张　锐　张　伟　赵思佳　周　逵

周　玥

主要编撰者简介

崔保国　清华大学新闻与传播学院教授、博士研究生导师，清华大学文化创意发展研究院副院长，清华大学传媒经济与管理研究中心主任，中国科技新闻学会副理事长，中国新闻史学会传媒经济与管理研究委员会副会长。从2004年开始担任“传媒蓝皮书”主编。主要从事传播学理论、传媒经济与管理、互联网治理等方面的研究。近年来作为首席专家承担了国家社科基金重大项目“下一代互联网与国际传播新秩序研究”、教育部重大项目“构建全球化互联网治理体系研究”等。

赵　梅　央视市场研究（CTR）总经理，兼任媒介智讯总经理。获中欧国际工商学院EMBA学位，传媒与营销领域资深专家，在媒介传播、营销传播、媒体融合、消费者洞察等领域具有20年以上的专业实践经验。中国广告监测与调查服务领域的先行者之一，参与并推动建立行业标准，常年为媒体、企业、广告代理公司等行业客户提供专业分析、咨询和培训，担任多家媒体、企业的品牌传播顾问。

丁　迈　中国广视索福瑞媒介研究（CSM）董事、总经理。中国传媒大学传播学专业博士。具有20余年市场研究行业实践经验、丰富的社会调研和跨行业客户服务经历，多篇论文和多部专著获省部级和行业大奖。在应用统计学、定性定量研究方法、数据处理与分析技术、测量体系以及传媒市场研究等领域具有极强的专业知识。加入CSM前为中国传媒大学教授、博士研究生导师。现全面负责中国广视索福瑞媒介研究（CSM）的经营和管理工作，主导构建融合媒体数据云平台“V+Scope”，研发省级电视台融合传播指数、全国短视频用户价值报告等重量级新产品，推进全媒体视听同源测量项目实施落地。

杭　敏　清华大学新闻与传播学院副院长、教授、博士研究生导师，清华大学经济传播研究中心主任，全球财经新闻项目主任。获得瑞典延雪平大学工商管理与经济学博士，曾先后在美国哥伦比亚大学商学院和瑞典隆德大学商学院工作。主要研究领域为传媒经济管理、财经新闻与经济传播。出版著作有 *Media Entrepreneurship: Theories and Cases*、《国际财经媒体发展研究》、《全球网播：新媒介商业运营模式》等。

摘 要

《中国传媒产业发展报告》自2004年开始每年出版，是由清华大学传媒经济与管理研究中心联合CTR、CSM以及众多国内外学者专家共同参与的协同创新项目。《中国传媒产业发展报告》于2012年起被认证为CSSCI来源集刊，已成为研究和分析中国传媒产业以及了解全球传媒业的权威专业工具书。

《中国传媒产业发展报告（2022）》一方面从政策环境、经济环境、技术环境的宏观视角来观察传媒产业生态发展基础，另一方面从营收规模、产业结构的视角来描绘传媒产业生态新格局，并从受众习惯、内容产品、营收模式、科技应用、投融资等角度对2021年中国传媒细分领域发展状况进行系统梳理、对新技术变革影响下的发展趋势进行分析和预测。另外，对全球主要区域和代表性国家的传媒产业发展状况有专门论述并进行综合对比研究。

2021年是“十四五”规划的开局之年，中国经济新发展格局构建步伐加快。国家通过顶层设计及专项治理引导传媒生态健康发展，中国传媒产业总产值稳定增长，传媒数字经济在媒介视野的不断扩大下蓬勃发展，在建设网络强国和数字中国中展现出巨大的发展动力。全球范围内，传媒产业迅速向数字内容服务迁移，消费者行为对产业变革的影响加剧，各个行业在技术和市场的驱动下不断寻找新的增长点。2021年，元宇宙成为不能不提的热词，其在升维的意义上为互联网发展的全要素融合提供了一个未来的整合模式，也成为我们理解社会深度媒介化的逻辑基础。

本书对传媒产业生态发展和未来趋势所做的分析，对政府主管部门、业界、学界及传媒管理机构具有多方面的参考意义，对国家信息传播体制的设计规划、传媒政策制定、媒体组织发展等会产生重要影响，对于从事新闻传播研究和传媒经济研究的专业人员来说也是一本实证性的基础书。

关键词： 传媒产业　数字经济　传媒生态　媒体融合　网络空间　元宇宙

目录

I 总报告

B.1 2021~2022年中国传媒产业发展报告 ……… 崔保国 陈媛媛 / 001

II 传媒洞察

B.2 2022年中国传媒市场十大趋势 ………………………… 丁 迈 / 021
B.3 2021年中国媒体融合创新发展报告
……………………………………… 姜 涛 刘牧媛 肖子南 / 034
B.4 元宇宙就是人类社会的“深度媒介化” ……………… 喻国明 / 044

III 媒体行业与市场报告

B.5 2021年中国电视产业发展报告
——来自数字化与社会化视频的持续影响 ………… 郑维东 / 050
B.6 2021年中国电影产业发展报告 ……………… 尹 鸿 孙俨斌 / 064
B.7 2021年中国图书出版产业发展报告 ……………………… 魏玉山 / 082

B.8 2021年中国报纸产业发展报告 …………………… 陈国权 张 渝 / 089
B.9 2021年中国广播电视市场回顾 …………………… 王 昀 王 平 / 099
B.10 2021~2022年中国广告市场营销趋势 …… 赵 梅 曹雪妍 / 113
B.11 2021年中国移动互联网行业发展报告
…………………………………… 王 珺 杨乾平 王 腊 / 121
B.12 2021年中国电视剧市场收播特征盘点………………… 李红玲 / 133
B.13 2021年中国网络视频产业发展报告…………………… 周 逵 / 144
B.14 2021年中国短视频行业发展报告…………… 张偲偲 范立尧 / 156
B.15 2021年中国网络游戏产业发展报告………… 陈信凌 伍嘉欣 / 168
B.16 2021年中国动漫产业发展报告…………… 孙 平 丁 玎 / 181

Ⅳ 传媒创新发展报告

B.17 元宇宙元年与传媒业的想象 ………………… 彭 兰 李 多 / 190
B.18 元宇宙产业发展格局及风险探析
………………………… 沈 阳 闫佳琦 陈瑞清 邹 琴 / 203
B.19 2021年中国传媒上市公司表现及发展报告
…………………………………… 胡 钰 徐雪洁 王嘉婧 / 216
B.20 2021年中国传媒业资本运作报告…………… 郭全中 张营营 / 233
B.21 2021年中国广播融媒体立体传播生态分析………… 黄学平 / 242
B.22 2021年中国广电媒体融合传播效果报告…… 刘牧媛 肖子南 / 250
B.23 2021年中国互联网营销创新及应用……………… 艾瑞研究院 / 259
B.24 2021~2022年中国数字营销传播生态发展趋势
……………………………………………… 陈 怡 杜国清 / 270
B.25 2021年中国短视频用户价值研究报告
——短视频用户需求的延续与新态 ……… 张天莉 田 园 / 278
B.26 2021年省级台新闻融合传播指数观察……… 张天莉 王 蕾 / 289

B.27 2021~2022年中国互联网平台治理与数字经济发展 …………………………………… 钟祥铭 方兴东 / 299

V 全球传媒市场报告

B.28 2021年全球传媒产业发展报告 ……………… 杭 敏 綦 雪 / 306
B.29 2021年美国传媒产业发展报告 ……………… 史安斌 王沛楠 / 323
B.30 2021年欧盟传媒产业发展报告 ……………… 张 莉 黄憙橦 / 337
B.31 2021年英国传媒产业发展报告 ………………………… 徐 佳 / 347
B.32 2021年法国传媒产业发展报告 ………………………… 张 伟 / 357
B.33 2021年日本传媒产业发展报告 ………………………… 林 杨 / 364

VI 传媒市场主要数据

B.34 2021年中国广告市场数据 ………………………………………… / 372
B.35 2021年中国移动互联网市场数据 ………………………………… / 377
B.36 2021年中国快速消费品市场数据 ………………………………… / 380
B.37 2021年中国短视频市场数据 ……………………………………… / 383
B.38 2021年中国电视收视数据 ………………………………………… / 394
B.39 2021年中国广播市场数据 ………………………………………… / 408

Abstract …………………………………………………………………… / 417
Contents …………………………………………………………………… / 419

皮书数据库阅读**使用指南**

总 报 告

General Report

B.1 2021~2022年中国传媒产业发展报告

崔保国　陈媛媛*

摘　要： 2021 年，中国传媒产业规模呈恢复性增长态势，总产值达 29710.3 亿元，增长率从上一年的 8.40%提升至 13.54%，恢复到 2019 年两位数的增长水平。中国传媒产业内外部环境发生深刻变化，国家对互联网与平台经济的治理力度加大，新型主流媒体融合发展再上新台阶，传媒数字经济在媒介视野的不断扩大下继续保持高速发展。在元宇宙这一虚拟数字生态中，媒体积极布局新赛道，传媒生态系统将迎来新一轮的变革。

关键词： 传媒产业　传媒生态　媒体融合　互联网治理

---

* 崔保国，清华大学新闻与传播学院教授、博士研究生导师，“传媒蓝皮书”主编；陈媛媛，清华大学新闻与传播学院助理研究员。

一　中国传媒产业发展

根据国家统计局发布的数据，2021 年中国经济持续恢复性发展，经济总量超过 114 万亿元，增速继续位居世界主要经济体前列。中国经济实现“十四五”良好开局，传媒产业“十四五”系列规划陆续发布，各行业发展目标进一步明确。

1. 传媒产业总规模

根据“传媒蓝皮书”课题组的统计，2021 年中国传媒产业总产值达 29710.3 亿元，增长率从上一年的 8.40%提升至 13.54%，恢复到 2019 年两位数的增长水平（见图 1）。在数据统计上，我们将互联网广告收入和互联网营销服务收入分开计数，以全面展示互联网广告营销发展现状。从细分市场来看，互联网广告、互联网营销服务、移动数据及互联网业务、网络游戏、网络视听短视频及电商为五个收入超过千亿元的行业，且收入均保持稳定增长。根据中关村互动营销实验室的统计数据，2021 年互联网广告收入为 5435 亿元，互联网营销服务收入为 6173 亿元，二者合计达 11608 亿元①，规模稳居传媒产业大盘的核心位置；根据工信部的统计数据，移动数据及互联网业务实现收入 6409 亿元，较上一年增长 3.3%②；广播电视广告及报刊行业规模继续收缩，广播电视广告收入持续下降至 1000 亿元以下。值得一提的是，2021 年电影行业收入明显反弹，增长率超过 100%（见图 2）。

2020~2021 年，图书、期刊、报纸出版总印数没有太大的起伏。电影院数量及电影银幕数量增长显著。移动互联网接入流量继续保持高速增长，2021 年较 2020 年增长 33.82%。2021 年，中国国内市场上可监测到的 App 数量为 252 万款，其较上一年下降明显，究其原因，一是“净网行动”及《数据安全法》促使不合规 App 下架，二是教育行业“双减”、游戏版号新规等政策的出台，使得相关 App 上架延缓（见表 1）。

---

① 中关村互动营销实验室：《2021 中国互联网广告数据报告》，2022 年 1 月。

② 工信部：《2021 年通信业统计公报》，2022 年 1 月。

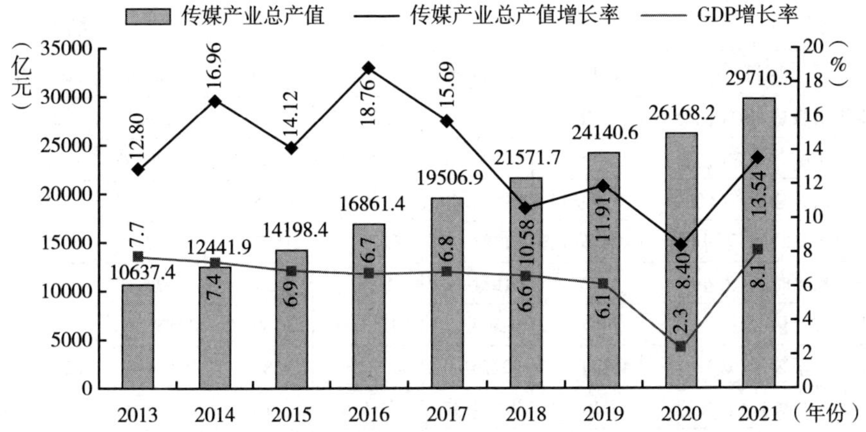

图 1　2013~2021 年中国传媒产业总产值与增长率

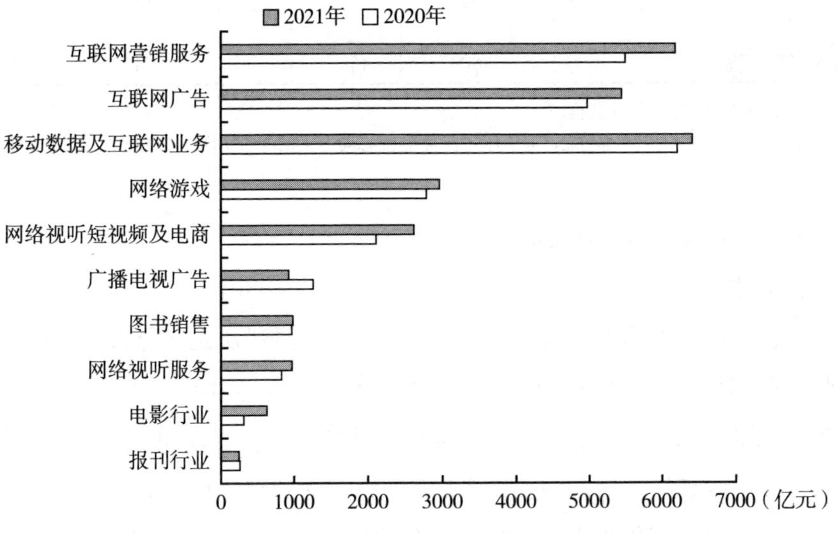

图 2　2020~2021 年中国传媒产业主要细分市场收入

表 1　2016~2021 年中国传媒产业各媒介形态数据

项目	2016 年	2017 年	2018 年	2019 年	2020 年	2021 年
报纸种类(种)	1894	1884	1871	1851	1810	—
期刊种类(种)	10084	10130	10139	10171	10192	—

续表

项目	2016 年	2017 年	2018 年	2019 年	2020 年	2021 年
报纸出版总印数(亿份)	390.10	362.50	337.30	317.60	289.14	276.00
期刊出版总印数(亿册)	26.97	24.92	22.90	21.90	20.35	20.00
图书出版总印数(亿册)	90.40	92.40	100.10	105.78	103.73	110.00
广播播出时间(万小时)	1456	1491	1526	1553	1580	—
电视播出时间(万小时)	1792	1881	1925	1951	1988	—
电影院数量(家)	7985	9504	10463	11309	11856	14201
电影银幕数量(块)	41179	50776	60079	69787	75581	82248
手机用户数量(亿户)	13.22	14.17	15.66	16.01	15.94	16.43
网民总人数(万人)	73125	77198	82851	90359*	98899	103195
手机上网人数(万人)	69531	75265	81698	89690*	98576	102874
移动互联网接入流量(亿 GB)	93.8	245.9	711.1	1220.0	1656.0	2216.0
App 数量(万款)	—	403	452	367	345	252

说明：* 为 2020 年 3 月数据。

数据来源：课题组根据国家统计局、国家广播电视总局、工信部、CNNIC 公开发表数据整理。

2. 传媒产业细分行业发展

(1) 电视、广播

电视方面，根据 CSM 收视数据，2021 年全国观众人均每日收视时长为 118 分钟，较 2020 年同期减少 14 分钟，但与 2019 年相比，仅减少 6 分钟。在频道竞争格局方面，所有上星频道份额整体稳定，省级和市级地面频道的份额近 5 年则连续收缩。① 电视行业广告收入受到整体环境影响较大，省级和市级电视台的广告收入下滑严重。在此环境下，电视媒体加快融合发展步伐，媒体矩阵日趋坚实，规模优势和集群效应开始显现。随着媒体融合向纵深发展，主流媒体营收结构也逐渐向新媒体端倾斜。

电视剧、新闻/时事、综艺和生活服务这四类节目依然是电视节目内容的“四轮驱动”。从创新角度来看，河南卫视在传统文化类节目创新方面表

① 资料来源：CSM 媒介研究“2021 年调查城市收视和收听数据。”

现突出，制作出《唐宫夜宴》《洛神水赋》等精品节目。这些精品节目通过短视频化的线上再传播，不仅扩大了河南卫视品牌影响力，更提升了中国文化的海外影响力。

广播方面，CSM 17 个连续调查城市数据显示，2021 年直播电台广播媒体人均日收听量为 54 分钟，与 2020 年同期持平，比 2019 年减少了 2 分钟。在广播收听市场竞争格局方面，地方电台依托具有地域特色的节目内容而竞争优势明显。在直播电台广播频率收听份额方面，新闻综合、交通和音乐类广播频率竞争力强劲，其中新闻综合类广播频率的收听份额最高，约占 1/3。广播媒体在转型探索中逐步加强以用户需求为导向的融媒体内容制作，以杭州之声为例，该频率对节目重新洗牌，推出多档融媒体节目，旗下中医养生类节目《国医奇谈》以节目内容为依托开发全媒体音视频产品，在喜马拉雅、蜻蜓 FM 平台收获超 600 万次的收听量。

（2）报刊、图书

报刊方面，广告收入继续下滑，2021 年报纸刊例花费下跌了 22%，期刊刊例花费下降 7.8%。① 从 2011 年报纸广告收入到达巅峰状态到 2021 年，报纸广告收入已经走过了整整 10 年的下跌之路，2021 年的报纸广告收入约为 2011 年的 1/15（见图 3）。面对此现实境况，报业媒体的新收入来源探索动力激增。部分报刊“付费墙”商业模式转型渐入佳境。财新作为国内首个全面实施新闻收费的媒体，以 70 万付费订阅用户入围“2021 全球新闻付费订阅榜单”，位列全球第 10②，成为唯一入围该榜单的中国媒体。与此同时，政务服务已成为报业媒体的重要营收来源，是报业媒体积极寻求的“非市场空间”，例如政务新媒体托管、新闻宣传服务、智库化转型等。

图书出版方面，2021 年图书出版业虽然仍面临疫情反复、市场回暖缓慢等问题，但主题类图书出版市场依然火热，宣传阐释社会主义核心价值观、中华优秀传统文化以及党史学习等方面的图书受到出版界的高度重视，

① CTR 媒介智讯：《2021 年中国广告市场回顾》，2022 年 3 月。

② 国际报刊联盟（FIPP）：《2021 全球数字订阅报告》，2021 年 12 月。

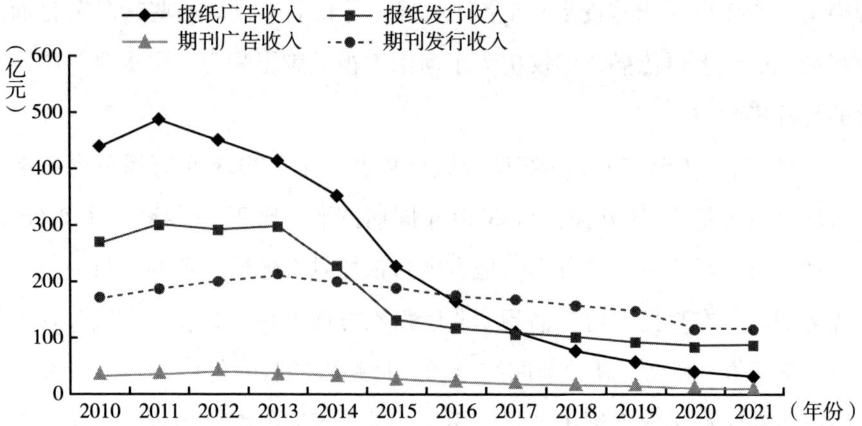

图 3　2010~2021 年报刊广告及发行收入

也为市场带来了活力和机遇。直播售书等新型营销模式逐渐成熟，为图书发行渠道创新开辟了新思路，网络渠道码洋较 2020 年有所上涨（见图 4）。

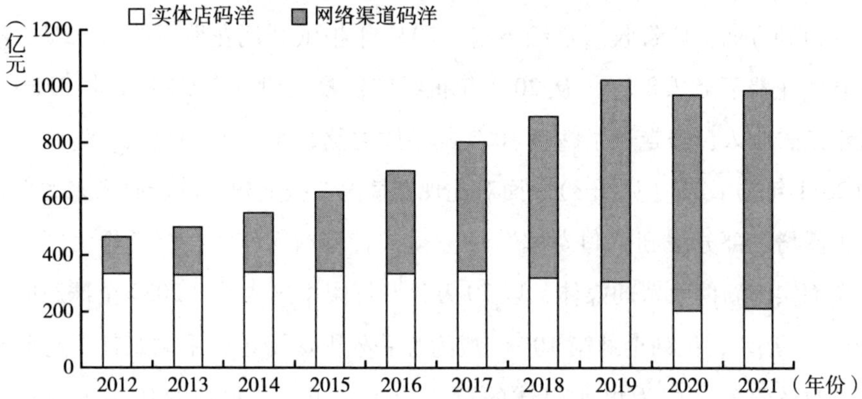

图 4　2012~2021 年图书零售市场码洋规模

数据来源：北京开卷信息技术有限公司。

（3）电影

2021 年中国电影总票房达 472.58 亿元（72.36 亿美元）[①]，同比增长

① 赵丽：《国家电影局发布数据：2021 年全国电影票房 472.58 亿》，https：//mp.weixin.qq.com/s/FWVfrVvDpLMlH51agpDkFA。

131.46%（见图 5），虽然增幅巨大，但还未恢复到疫情前水平。尽管如此，中国电影市场票房以占全球总票房近 1/3 的份额蝉联全球之首。电影银幕数量持续增长，2021 年达到 82248 块，电影市场终端依然有发展空间。3 部中国电影进入全球票房排行榜前十名：《长津湖》（9.03 亿美元）、《你好，李焕英》（8.22 亿美元）、《唐人街探案 3》（6.86 亿美元）分别位列全球票房排行榜第二、第三、第六。另有 27 部中国电影进入全球票房排行榜前一百位。[①] 主题性献礼影片成为 2021 年最突出的电影现象。2021 年共上映 16 部主旋律题材影片，累计票房 94.4 亿元。[②]

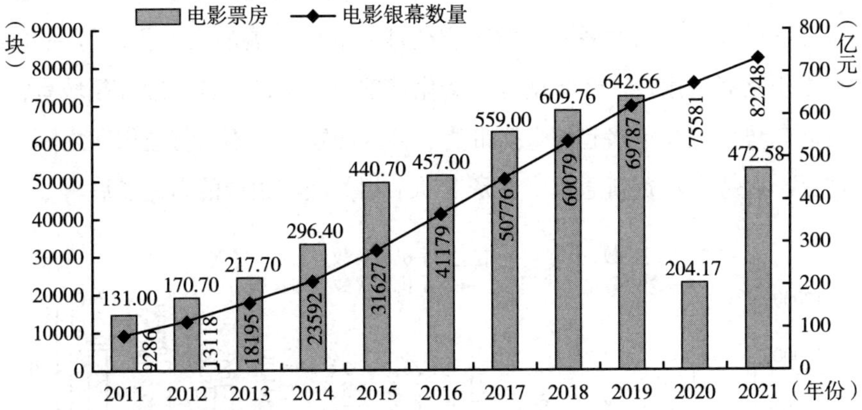

图 5　2011~2020 年中国电影票房与电影银幕数量

数据来源：国家电影局。

市场竞争格局方面，以中影、华夏和上影为代表的一线国有电影公司，市场地位稳固。以中影为例，2021 年出品电影 24 部，累计票房 239.60 亿元，占全国国产电影总票房的 60.01%（国产电影总票房为 399.27 亿元）。[③] 值得

① M 大数据、1905 电影网、电影频道融媒体中心：《2021 中国电影年度调查报告》，https://www.1905.com/special/s2021/moviereport/。

② 灯塔研究院：《新格局·新生力：2021 年中国电影市场年度报告》，https://mp.weixin.qq.com/s/NoUNAjKD2njQ69tIJzoMNQ。

③ 《中国电影股份有限公司 2021 年度业绩快报公告》，http://download.hexun.com/ftp/all_stockdata_2009/all/121/252/1212529891.PDF。

注意的是，具有宣传营销资源的互联网平台进一步布局电影行业，如字节跳动（抖音）、快手、哔哩哔哩、中国移动咪咕等，其参与制作、出品的影片票房成绩颇为可观，且在电影宣发中势能输出强劲。① 在制作领域，越来越多的头部公司开始积极尝试虚拟现实制作技术，以缩短制作流程、提高制作效率、降低拍摄成本、提升用户体验，新技术的应用将对产业产生深远的影响。

（4）互联网

根据 CNNIC 的统计数据，截至 2021 年底，中国网民规模已超过 10 亿人（见图 6），约占世界网民总规模的 1/5。10.3 亿网民构建起了全球最为庞大的、生机勃勃的数字经济体。在信息基础设施建设不断完善的基础上，中国互联网商业应用发展一方面顺应全球互联网发展的大趋势，另一方面，依托本土互联网用户、经济结构、文化基础等特点，在各个细分领域呈特色化发展趋势。近几年兴起的直播带货、社区团购等，不仅打通供需之隔，建立产品、服务、消费新通道，更是带动了相关经济领域的高速发展。

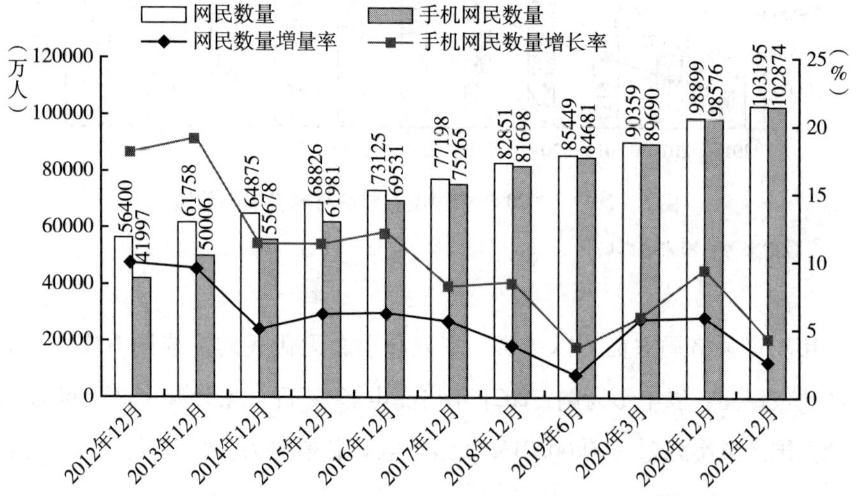

图 6　2012～2021 年中国网民数量及增长率

数据来源：CNNIC。

① 丁舟洋、毕媛媛：《金鸡遇上元宇宙，2022 中国电影怎么走?》，https：//mp. weixin. qq. com/s/ZmfblCA2QaubJbgcn9Q3MA。

随着用户流量红利逐渐见顶、内外部经济环境压力增大，互联网公司面临市值缩水、裁员等现实问题。2021 年，中概股市值暴跌，中国互联网公司资产缩水严重。据《证券时报》报道，截至 2022 年 3 月，约 90%的在美上市中资民营股的股价出现下跌。拼多多、贝壳、滴滴出行、爱奇艺累计跌幅均超 80%。据估算，2021 年高位以来，中概股总市值累计缩水超过 1 万亿美元。与此同时，受投融资、经营状况等多重因素影响，互联网公司战略收缩，裁员成为普遍选择。自 2021 年起，阿里巴巴、美团、快手等陆续被曝进行人员优化，其中，受“双减”政策影响的在线教育公司在年中出现规模性裁员，这种趋势已延续至 2022 年上半年。

基于发展现实，从 2011 年起中国互联网发展开始重视创新突破，国家顶层战略中亦部署网络强国建设方略，其中包括建设高素质的网络安全和信息化人才队伍，加强农村互联网基础设施建设，互联网安全和互联网发展协调一致，鼓励自主创新，鼓励突破核心技术难题，掌握互联网发展主动权以及建设网络空间命运共同体等。互联网用户微资源价值不断聚合，强大的资源聚合优势以及细分市场的多样需求为下一阶段互联网的高速发展奠定了坚实的基础。

（5）网络视听

2021 年底，全国短视频用户规模达 9.34 亿人，占网民总体规模的 90.5%。[①] 根据 CSM 的研究报告，随着我国人口老龄化进程加快，短视频年轻用户规模触顶，40 岁及以上用户群体占比近半，而 50 岁及以上“银发 e 族”用户数量快速增长，占比为 27.4%。“十四五”期末，中国的 65 岁及以上人口将近 3 亿人，而短视频接触门槛低、内容丰富的特点又能满足老年人的娱乐需求，“银发”人群将成为短视频用户新的增量来源。

短视频不仅是自媒体创作者们追逐的赛道，也是主流媒体融合发展中的创新传播形态。多年来，主流媒体与短视频平台“相互成就”，短视频使主流媒体在表达形式上更加亲民、传播渠道上更加多元；而主流媒体的入驻，

① CNNIC：第 49 次《中国互联网络发展状况统计报告》，2022 年 2 月。

使短视频平台在主流价值和内容的带动下，从单纯的娱乐性平台转为多元化的综合性平台。虽然短视频市场格局基本成型，用户消费习惯逐渐被培养起来，但是行业发展还存在一些需要解决的问题，例如，内容同质化现象导致的观众审美疲劳，以带货为目的的短视频直播消耗了用户对优质内容的期待，人机结合的审核机制在速度和精确度上短期内无法完全匹配高密度的内容产出要求等。

长、短视频在竞争中呈现融合发展之势。短视频平台开启会员付费、广告等长视频平台的变现模式。一些长视频平台已经增加了随机播放功能以提高用户留存率，这种竞争性操作也对短视频平台的内容结构、内容质量以及内容表现提出了挑战。2022 年 3 月 17 日，抖音宣布与搜狐达成二创版权合作。抖音、西瓜视频等将获得搜狐全部自制影视作品二次创作相关授权，平台用户可以对这些作品进行二次创作。在抖音之后，快手也宣布与乐视视频达成合作。[①] 由此，短视频和长视频在创作、营销等层面，将在各自领域发展的基础上呈现资源共享、协同发展的趋势。

（6）广告

2021 年，中国广告市场整体呈现“回血”状态，但部分媒体的广告收入仍与疫情前存在较为明显的差值。从各类型广告份额来看，互联网广告以绝对的优势占领行业第一位置，其中又以电商广告、视频广告表现最为突出。互联网广告规模的不断增长以及传统广告规模的不断收缩，揭示了传统营销向数字营销转型的迫切性。

具有新生力的新品牌的踊跃投放、媒体营销场景的不断丰富、技术的提升等都为广告发展提供了新的增长源。内容营销、社群营销等拓展了广告营销形式。体现传统文化、科技进步、积极生活态度、“银发”关怀的广告进一步拉近了品牌与受众的距离，有助于提升注意力变现效率，逐渐获得青睐。

---

① 《长短视频协同合作成业界共识 平台作者用户要多方共赢》，https：//baijiahao. baidu. com/s? id=1731195780707971685&wfr=spider&for=pc。

规范和共治将是数字营销可持续发展的重要基础。在规范方面，《个人信息保护法》《数据安全法》《互联网广告管理办法（征求意见）》等法律法规的出台净化了互联网广告环境。在共治方面，打通广告主、平台内部的技术壁垒，使之从认知到流程上实现高效协同，让多方营销数据联动而实现增值是数字营销生态中各方实现共治的内在要求。另外，云计算、人工智能、5G 等先进技术的深度应用有望推动企业实现数据湖仓一体、数智融合、数用一体的数据架构，企业的数据资产将得到有效积累、数据价值将进一步被放大，企业数字营销精准性也将提高。

二 传媒生态环境的变化

传媒既是一种政治经济现象，又是一种技术创新现象，更是一种全球现象。传媒生态系统是指各种形态的媒介和各种业态的媒体与其生存的环境构成的动态平衡系统。能够对传媒生态系统构成重大影响的环境因素主要有技术环境、受众环境、政治环境、经济环境等。随着信息技术的创新发展，现代传媒生态系统也将不断演进、变化。从目前发展来看，现代传媒生态系统和网络空间系统重合度比较高，信息基础设施、数字资源、媒体、媒介终端构成了传媒生态系统的基础架构。

传媒发展纷繁复杂，对传媒的观察需要用多维、多层、多元的综合性视角。传媒生态研究方法即具这种综合性视角，是一种能够把微观的媒介传播现象和宏观的全球传播现象统筹起来的研究方法。

1. 传媒生态环境

2021 年是中国“十四五”规划的开局之年，又恰逢中国共产党成立 100 周年，在百年重要节点上，传媒产业展现了在历史变革中的责任与担当。国家通过顶层设计及专项治理引导传媒生态的向好发展，传媒数字经济在媒介视野的不断扩大下继续保持快速发展。

政策环境层面，一方面国家释放出对传媒产业发展的关切，出台整体性规划，宏观指引向“文艺精品创作”“全媒体传播和数字文化”方向发展，另一方面，加强对行业发展秩序的监管，促进传媒生态健康发展。2021 年，监管部门针对平台垄断以及文娱、直播等重点问题领域，推出了一系列治理举措，产业发展空间逐渐清朗。

受众环境方面，快速的人口老龄化已成为当今社会必须面对的一项巨大挑战，党中央把积极应对人口老龄化上升为国家战略。传媒领域面向老年人开发了更多的服务场景，针对老年人知识获取、购物、文化旅游、休闲娱乐、金融支持、在线医疗等方面的应用将不断丰富，“互联网+养老服务”成为老龄化社会“银发经济”的主要切入口，也将成为部分媒体收获第二次人口红利的重要突破口。同时，“Z 世代”用户对游戏等新技术关联领域的内容生产、消费具有重要影响。

经济环境方面，数字经济高质量发展，产业韧性逐渐提升，超大规模内需潜力对经济持续恢复发展形成了强有力的支撑。在投融资领域，国内传媒业资本运作更加注重稳定性和抗风险能力，针对频发的“灰犀牛”事件保持十足警惕，各参与者从“短平快”的投资思路，转向“高筑墙，广积粮”的长期发展思路。

技术环境方面，人口、监管的红利以及“低风险、高回报”的运营模式难以全面支撑媒体在 Web3.0 时代的突破发展，高新技术研发及成果应用能力成为下一代互联网时期企业的重要竞争资本。面对地缘政治的强势崛起、全球科技竞争的加剧以及“逆全球化浪潮”的来袭，“发展核心科技”上升为国家战略。

传媒生态有其自身演绎准则和发展方向，但整体上还是依存于整个大环境，媒体需要“柔性”应对环境变化，以在逐渐复杂、多样的生态环境下实现创新发展。

2. 传媒生态系统图谱

传媒产业是指在产业链、供应链、价值链上相关联的传媒企业集群，从大的方面来说可以分为两大体系，一是内嵌于社会体制的主流媒体体系，二是市场化运行的网络数字媒体体系，这两大体系各自运行又相互交融，都具有产业属性，都参与市场竞争。在这两大体系的基础上再加上全球传播媒体和作为基础设施的媒体，即构成了传媒生态系统图谱。我们依照媒介形态和媒体业态把传媒划分为 20 多个大类：电视、影视、广播、报纸、期刊、出版社、融媒体、全球传播媒体、基础设施、视频、直播、音频、智能户外、智能硬件、本地生活、电商、垂类媒体、新闻资讯、社交、搜索、通讯社等。这 20 多个大类还可以分为若干个小类。依据市场表现和影响力，我们选取了具有代表性的媒体在传媒生态系统图谱中予以展示（见图 7）。

三　传媒发展新趋势

1. 主流媒体融合发展再上新台阶

“十四五”规划提出推进媒体深度融合，实施全媒体传播工程，做强新型主流媒体，建强用好县级融媒体中心。国家从政策层面进一步明确了媒体不仅要从渠道、内容、技术上广泛融合，还要从组织形态、人才机制、经营模式上深度融合。在政策推动和媒体积极探索下，媒体深度融合有望从“零星破局”迈向“整体跃进”，并通过工作流程优化、组织架构焕新、机制改革加快，积聚起更大的前行力量。

主流媒体通过融合发展逐渐找到符合自身发展的表达方式和营收模式。根据 CTR 统计，中央广播电视总台、湖南广播电视台和上海广播电视台位列 38 家省级以上广电机构网络传播力榜单前三名。中央广播电视总台整合旗下优质的电视、广播、新媒体资源，积极推进传统电视端和新媒体端的多屏联动，针对重点项目推出“融媒体传播服务方案”，“央视频”“云听”“央视文艺”等多款自有 App 用户数量增幅超行业均值，在网络传播力不断提升的情况下，新媒体营收迭创新高。2021 年 9 月，中国国际电视总公司（中央广播电视总台所属）等 26 家企业共同发起设立“央视融媒体产业投资基金”，基金总规模达 100 亿元，该基金主投新技术应用、扶持新媒体发

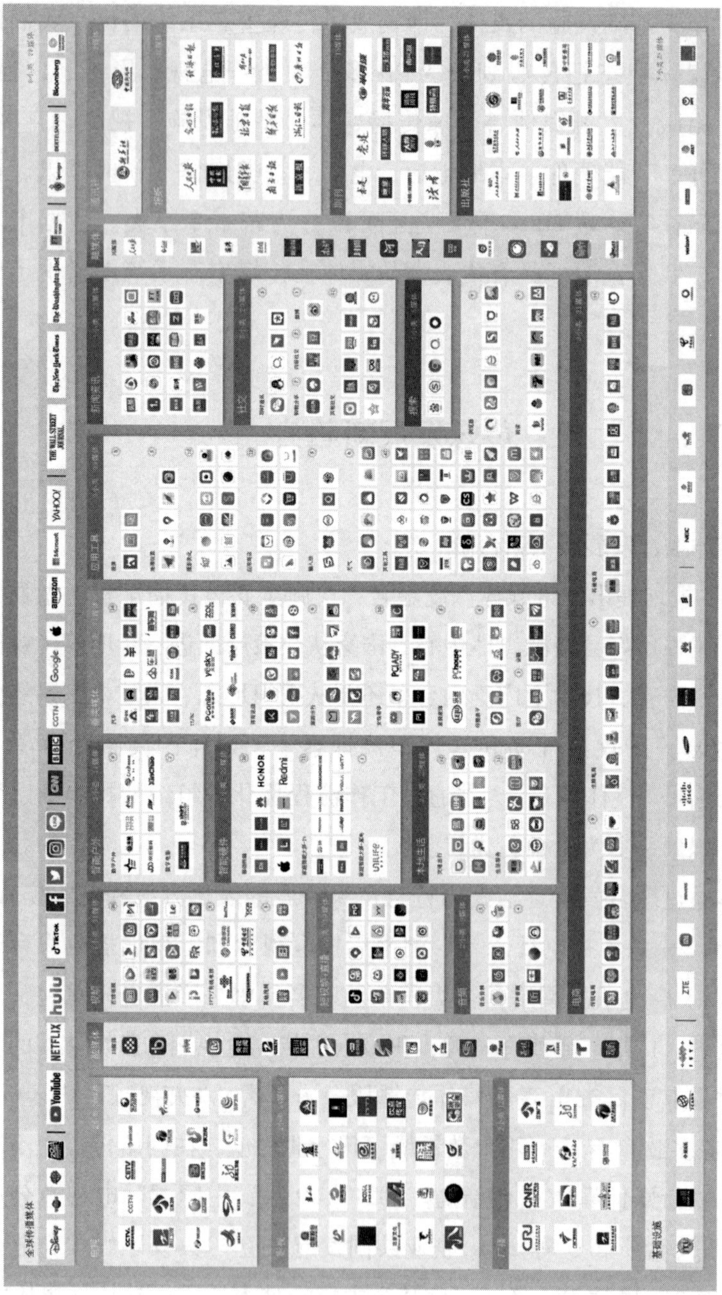

图 7　传媒生态系统图谱（2022 版）

资料来源：“传媒蓝皮书”课题组、秒针营销科学院、易观联合制作。

展、孵化新业态，是我国首个以媒体融合为主题的国家级产业投资基金。[①]

湖南广播电视台继续推进台网融合，实行湖南卫视、芒果 TV 双平台内容联采、联播机制，使之从策划、运营到管理深度融合，为传统广电媒体带来全新的发展思路。财报显示，芒果超媒 2021 年总营收达 153.5 亿元，同比增长近 10%，净利润为 21.14 亿元，同比增长 6.66%。在爱奇艺、腾讯、优酷等国内网络视频平台依然陷入较大亏损状态的情况下，芒果 TV 很早就实现了盈利，究其原因，一方面得益于其多样化内容的输出，另一方面得益于渠道合作的强化，会员转化率和用户渗透率的大幅提升。

在报刊领域，《2021 全国党报融合传播指数报告》显示，党报在聚合新闻客户端、聚合视频客户端的入驻率近九成，2021 年用户量达百万级以上的党报客户端增长到 70 个。随着媒体融合的进一步深化，党报的主流价值影响力将进一步扩大。

媒体融合发展战略，已实施近 10 年。《关于加快推进广播电视媒体深度融合发展的意见》，一方面强调主流媒体要坚持精品内容的供给，另一方面应保持对新技术的战略主动，智能配置“云、网、边、端、业”要素，提升综合业务承载能力。从长远发展来看，把握新技术趋势，坚持移动优先策略，建设自主可控的平台依然是主流媒体应该努力的方向，但同时也要集中精力、集中资源对重点平台发力，优化调整新媒体布局。

2. 互联网治理力度不断加大

2021 年，中宣部、国家广播电视总局、网信办等对互联网巨头进行反垄断治理，为市场健康、有序发展筑起了一道规范“高墙”。市场监督管理总局出台《禁止网络不正当竞争行为规定（公开征求意见稿）》，宣布将公开禁止“二选一”“流量劫持、恶意不兼容”等不当行为。阿里巴巴和美团因为实行“二选一”行为，先后被处以 182.28 亿元、34.42 亿元的天价罚款，可以预见的是，互联网反垄断执法将趋于常态化。2021 年 9 月，工信

---

① 《首个以媒体融合为主题的国家级产业投资基金备案成功》，https://www.sarft.net/a/210402.aspx。

部召开“屏蔽网址链接问题行政指导会”，针对微信、阿里巴巴、京东等互联网巨头互相屏蔽链接的争端，提出有关即时通信软件的合规标准。随后，腾讯、阿里巴巴被迫带头“拆墙”，微信开放一对一场景下外链访问，阿里系多款 App 接入微信支付，为打破平台内部垄断、促进平台之间互联互通迈出了第一步。

针对娱乐圈种种乱象，有关部门同样推出了一系列整顿措施：严惩明星偷逃税、限制“天价片酬”、抵制违法劣迹艺人、整顿“饭圈”文化等。如 2021 年 8 月，网信办公布《关于进一步加强“饭圈”乱象治理的通知》，提出取消明星艺人榜单、严管明星经纪公司、严控未成年人参与、规范应援集资行为等十项措施。这些举措在改善文娱圈风气的同时，也对整个影视娱乐行业发展产生影响，行业重新洗牌成为必然。

直播行业同样在 2021 年成为治理整顿的重点对象。2021 年 12 月，网红薇娅因偷税逃税被杭州市税务部门追缴并处罚 13.41 亿元，薇娅相关网络平台账户悉数被封禁。在此之前，已有多位头部主播被罚并“全网下架”。对网络直播行业的整顿，使得头部主播效应弱化，企业转而开展自播。品牌自播更加自主可控，常态化的直播有利于提高复购率，也为品牌私域流量池打造提供了新思路。

值得注意的是，2020 年发展如火如荼的在线教育于 2021 年坍塌熄火。面对“双减”政策，如好未来、新东方在线等在线教育领域巨头上市公司股价直线下降，市值大幅缩水。行业生态治理趋严，作业帮、猿辅导等因虚假宣传和虚构价格均被处以 250 万元的罚款。在线教育行业变革拐点到来，发力职业教育、素质教育以及改道 B 端可能是在线教育行业下一步的发展方向。

近年来，游戏监管部门密集出台相关法规，引导游戏产业向高质量发展转变。日趋完善的监管政策与防范技术，使得防范未成年人游戏沉迷工作取得显著成效。限制游戏版号的规定得到了有效执行，促使众多游戏厂商借助游戏自主研发优势，大力拓阔海外市场。市场监督管理总局依法叫停了虎牙与斗鱼两大游戏直播平台的合并计划，进一步规范市场竞争行为，引导游戏直播产业健康有序发展。

3. 新技术应用打造媒体核心竞争力

人工智能、5G 等技术的研发和应用创新，成为打造媒体核心竞争力、提升内容生产能力的助推器。首先，人工智能技术广泛应用于媒体运作的各个环节。人民日报社的“智能创作机器人”集 5G 智能采访、AI 辅助创作、新闻信息追踪等多种智能创作功能，为新闻采编发提供智能支持。2021 年“两会”期间，央视网依托深度神经网络算法等人工智能技术，推出“C+真探”特别节目，由 3D 超写实数字人——数字虚拟小编“小 C”完成多场对全国人大代表的采访直播。其次，5G 技术在传媒各行业落地应用。中央广播电视总台积极推进 5G 媒体实验室、5G+4K/8K 超高清制播示范平台等重大项目建设，成功实现我国首次 8K 超高清内容的 5G 远程传输等。随着 5G 落地以及视频清晰度、视频传输码率的提高，视频行业还将以在场参赛者的姿态继续高速发展，且在一定时期内持续占据互联网流量高地。

在技术研发中，互联网大型平台成为科技研发主力，腾讯、阿里巴巴等企业加强基础技术研发，同时持续探索前沿科技，在人工智能、虚拟现实、数据库、操作系统上投入大量研发力量。

4. 元宇宙引领新风口

元宇宙成为 2021 年传媒科技领域最火爆的概念，各行各业围绕元宇宙的探讨和探索不断。元宇宙本身不是一种技术，而是一个集成了互联网、大数据、云计算、人工智能、区块链、VR/AR、物联网等技术的虚拟数字新生态。这个通过技术打造出来的虚拟数字生态是对现实世界的映射，是资本为 Web3. 0 时代打造的新消费场景，也是数字文明发展到新时期的形态表现。元宇宙不是“平行于”现实世界的一种存在，而是既超越现实世界又与现实世界相融合的“混合现实”。

互联网企业积极布局元宇宙领域，目前来看，具有入场及布局赛道实力的依然是具有技术和人才资本的互联网巨头。其他大多数企业，基于新风口市场的占位心态，通过既有的产品、技术、内容在赛场周边“热身”准备，利用 VR/AR 等技术对现有业务领域进行升级。随着元宇宙概念的火爆，非同质化代币 NFT（Non-Fungible Token）率先入场实现了商业变现。根据区块链数据库 NonFungible. com 统计，2021 年全年约 1450 万个 NFT 产品共售出了 138 亿美元。[①] 包括阿里巴巴、腾讯、字节跳动、百度、网易等在内的中国互联网巨头和资本均已进入该领域，尽管相关产品在中国境内的交易前景尚不明确，但在技术研发方面，各大互联网公司都没有放慢脚步。

虽然各个领域和行业都试图抓住元宇宙这一新的机遇，但整个市场还存在相当大的泡沫。第一，市场尚在培育期，绝大部分受众对元宇宙的理解还处于初期阶段。第二，相关技术基础建设还不足以支撑元宇宙大厦的建立，部分打着元宇宙旗号的企业其实并不具备元宇宙技术积累。第三，元宇宙数字经济的活跃还有赖于支持货币和确权等层面问题的解决，新的商业模式有待进一步开发。第四，与国外一些科技企业的发展轨迹不同，国内互联网平台在前期的技术基础研究和架构上往往不愿投入过长的时间和资源，而是通过营销等方式快速获得商业利益。在元宇宙生态里最根本的是各种技术架构，以互联网巨头为代表的平台仍需继续投入研发力量以支持核心技术的发展，从而争取在元宇宙生态中的主导权。

5. 全球传媒产业在转型中寻求发展

普华永道研究数据显示，2021 年全球传媒产业产值达到 2. 2 万亿美元，同比增长 6. 5%。[②] 据国际货币基金组织（IMF）预测，2021 年全球 GDP 增长率为 5. 9%。[③] 全球传媒产业增长态势恢复到全球 GDP 增速以上水平，成为拉动全球经济复苏的重要力量。

从整体发展上来看，新冠肺炎疫情对各国传媒产业部分领域的影响还未消退，例如传统新闻业广告收入继续下行，现场音乐及电影产业虽有恢复但规模较疫情前还有较大差距。各区域发展还存在不平衡性，例如数字内容消费和会员付费等新商业模式在经济发达、福利程度较高的国家和地区会得到更快的普及和接受。移动社交和数字娱乐等传统领域的“蛋糕”已被瓜分

---

① https：//digiday. com/media/how-publishers-experimented-with-nfts-in-2021/.

② https：//www. pwc. com/gx/en/industries/tmt/media/outlook. html.

③ https：//www. imf. org/zh/home.

殆尽的背景下，具有全球实力的老牌巨头在拓展新的市场和商业增长点方面依然具有行业引领作用。另一个比较普遍的现象是，在多数国家和地区，地方媒体机构和有更强资本实力的大型主流媒体的发展已不可同日而语，地方新闻业缺乏通过融资实现数字化转型的实力。

从细分领域来看，纸媒方面，广告主继续缩减对期刊、报纸等传统媒体的广告投放预算，继而转投数字媒体，迫使传统媒体在数字内容领域极力寻求流量突破以吸引广告主。许多新闻机构比以往任何时候都更加坚定地将业务重心转向数字化。广播电视方面，电视仍然是主流媒体，延期一年举行的东京奥运会让一些体育电视频道成为2021年收视数据的最大赢家。音频产业在内容多样性和范围广度上都有了极大的提升，音频文章、简报和音频消息的受众增多，社交音频等逐渐普及。电影方面，由于疫情的反复，观众影院观影习惯受到影响，流媒体平台在电影产业链条中的重要性持续提升，电影消费正在走向影院与流媒体平台并驾齐驱的模式。

在全球疫情防控常态化的背景下，短视频和流媒体获得了难能可贵的增长机遇。以TikTok为代表的短视频平台发展迅速，2021年7月，TikTok全球累计下载量突破30亿次。短视频推动竖屏化进一步成为视频媒体市场的主流。在短视频内容方面，迷你剧的发展为疫情冲击下的影视行业转型提供了一种较为理想的可能性，同时也拓展了短视频的生产创作空间。2021年，全球社交媒体活跃用户达42亿人，占活跃互联网用户总量的90%。作为较早发展起来的互联网应用，用户数量及用户参与度还处于逐年稳定增长的状态，也基于创作者经济的兴起，社交媒体的赢利能力逐渐提升。消费者对内容创作者的支持将大力推动社交媒体应用变现。

在技术研发及应用领域，全球许多国家都给予人工智能、虚拟现实技术高度的关注，且世界范围内的互联网巨头积极布局元宇宙。在元宇宙中，创新性内容产品、更具沉浸感的体验、新的销售和交易方式等将为传媒产业带来新的机遇。

以下一代互联网为核心的网络空间成为各种主权力量角逐的主战场。超级互联网平台的崛起已经引发世界各国地关注，亟须全球治理的深度协作。

互联网治理的最终目标是激励创新和促进发展，依据经济逻辑、政治逻辑和社会逻辑构建具有效率、公平、安全等基本价值的网络空间。

结　语

新冠肺炎疫情、全球互联网反垄断、大国科技竞争等对国际局势产生巨大影响，也给传媒产业的发展前景带来很大的不确定性。新冠肺炎疫情对受众媒体接触习惯产生了很大的影响，媒体加速移动平台的建设。全球互联网反垄断刺激互联网创新发展，中小企业在新领域有望“破茧”而出。高科技竞争等外部因素，使得地缘政治下自有高新技术研发显露出重要意义，也进一步激发中国主流媒体和互联网平台的科技研发与应用的战略主动性。在元宇宙这一虚拟数字生态中，媒体积极布局新赛道，传媒生态系统将迎来新一轮的变革。

传媒洞察

Media Industry Insight

B.2
2022年中国传媒市场十大趋势

丁 迈*

摘 要： 随着媒体融合向更高阶段迈进，整个传媒市场在内容、渠道、终端、用户和营销等层面不断进行变革，且面临诸多宏观和微观层面的挑战与重塑。本文在对2021年的传媒市场进行分析的基础上，从广电机构融合与变革、技术发展与创新、内容趋势和机遇、广告营销创新、长短视频竞争与融合以及收视测量方法创新等多个角度分析和预测传媒市场在2022年的发展走向，以期为业界提供有益借鉴。

关键词： 传媒市场　媒体融合　内容机遇　营销创新　价值测量

2022年，中国的媒体融合将正式迈入第9个年头，传媒产业既面临新

---

* 丁迈，中国广视索福瑞媒介研究（CSM）董事、总经理。

冠肺炎疫情全球大流行的严峻挑战，同时也在“十四五”时期迎来整个产业深度融合与高质量发展的全新机遇。

趋势一　媒体融合：优势资源全面布局互联网，媒体融合评价体系和机制创新探索加速

2021 年，中国媒体融合沿着国家顶层设计的指引进行创新性、系统性的融合实践。回望 2021 年，国家广电总局相继印发《关于组织制定广播电视媒体深度融合发展三年行动计划的通知》《广播电视和网络视听“十四五”发展规划》，北京、江苏、山东、福建、安徽、吉林、黑龙江、陕西等省（市）纷纷加快推进广播电视媒体深度融合发展的三年行动计划。在多种因素推动下，中国媒体融合发展进入优势资源全面布局互联网、央省市县四级媒体协同发展、成效评价体系构建、体制机制创新突破的新阶段。

按照“主力军全面挺进主战场”的要求，各级媒体将更多人财物投向互联网主阵地，打造新型传播平台，大幅提升内容生产力、信息聚合力和技术引领力。比如，中央广播电视总台的 5G 新媒体平台“央视频”App 累计下载量突破 3 亿次，注重社交功能和垂类内容板块的打造。湖南广播电视台以长视频、短视频、内容电商三个赛道作为核心业务发力点，打造“三位一体”的平台布局，升级媒体融合芒果 2.0 模式。同时，央省市县四级媒体融合发展局部加速，内容资源共享、技术共融、传播平台和渠道互通的全媒体传播生态正在形成。

新型主流媒体的建设目标是让媒体的内容生产与传播具有强大的影响力和竞争力，从而占领信息传播制高点。以这一建设目标为导向，广电媒体强化效果意识，构建科学的成效评价体系。比如，中央广播电视总台全面开展短视频融媒体传播评价体系建设，从平台管理、创作导向、内容质量等方面树立行业风向标，用主流价值导向驾驭平台“算法”。科学评估融媒体内容传播力，深入了解融媒体用户需求，将有助于推动主流媒体在媒体融合创新领域确立核心话语权，并及时调整与完善自身融媒体产品。

当下，“刀尖向内”、系统全面升级的体制机制突破成为媒体深度融合的关键发力点。广电媒体正在建立适应全媒体生产传播的组织架构，布局以内容生产为驱动的机制改革，构筑以用户需求为导向的管理体系。通过建立包含 MCN 机构、垂类工作室等在内的新型组织架构，用新媒体平台的思路制作内容，探索挖掘自身潜力，激发团队在生产、运营上的内在活力和动力。例如，上海广播电视台融媒体中心将 2/3 以上的员工纳入融媒生产序列，新设新闻指挥室、视觉工作室等，发力新媒体生产；山东卫视 2022 年所有节目考核先关注小屏传播力等。

2022 年，媒体融合将步入第 9 个年头，在政策推动和积极探索下，媒体深度融合有望从“零星破局”迈向“整体跃进”，并通过工作流程优化、组织架构焕新、机制改革加快，积聚更大的前行力量。媒体融合也将快速步入智能融合、生态融合的新阶段，跨界、协同、联动、共享成为发展常态，拥有强大传播力、公信力、影响力的新型主流媒体矩阵将在时代变革中“破茧而出”。

趋势二　电视大屏：大屏产业加速转型变革，围绕家庭视频消费重建新生态

随着智屏时代的到来，电视大屏由单向的传播载体转变为双向的、多媒体交互式终端，以“节目+广告”直播内容为主体的传统大屏生态正在发生变化。CSM 电视大屏跨平台收视数据①显示，2021 年全年，与家庭智能电视终端捆绑相连的 IPTV（交互式网络电视）和 OTT（互联网电视）两大互动平台的收视份额已超过 20%，累计触达超六成的电视观众。电视大屏作为主流的传播渠道，庞大的用户体量为 IPTV 与 OTT 带来广阔的发展空间。

但随着近来用户数量增势放缓、规模面临触顶，电视大屏新的利润增长点亟待出现。工信部数据显示，截至 2021 年底我国 IPTV 用户数达 3.49 亿人，增速趋缓。用户红利优势的减弱让各地广电新媒体迎来了新的挑战。为

① 数据范围：CSM59 城市组。

了使 IPTV 平台更具品牌竞争力，在用户中形成差异化、鲜明化的品牌认知，2021 年各地广电新媒体加速推动 IPTV 品牌化升级。同时也在尝试打破其既往“内容分发平台”的设定，紧贴各圈层用户多元化影音娱乐需求，深挖垂直细分市场，积极探索自制内容等创新模式，以实现平台的转型重塑。

OTT 平台也在积极探索全新的内容赛道，各项新技术的应用为 OTT 发展提供了更多可能，业务功能及适用场景趋向多元。随着媒体融合逐步深入，电商、直播、短视频、云游戏、AI 健身等内容渐渐活跃于 OTT 荧屏，让用户获得更多智慧屏新体验的同时，也为 OTT 的变革之路开拓了更多选择。

科技在不断创新与变革，电视大屏媒体传播的软硬件能力远未触顶。5G 技术融合应用进一步深化，元宇宙概念悄然兴起，技术创新成为行业发展的新风口。5G 时代万物互联，智能电视逐步升级成为客厅中的智能中枢，以家庭为核心的大屏新生态逐渐成形，电视大屏正在转化为家庭影音娱乐及消费的载体。愈发丰富的影视内容点播资源，以及包括电视电商、大屏游戏、虚拟主播、空中教育等多样化的增值服务被注入电视大屏，运营方通过不断优化的算法及收视画像，将合适的内容及服务推送至用户，提高用户体验、促进大屏消费。同时，版权化经营模式逐步成熟，大屏内容及服务的版权分销版图得以拓展，版权价值实现最大化。围绕“家庭视频消费”的大屏新生态模式的建立，将为整个大屏产业创造出新的价值，推动其走向新的变革。

趋势三　电视剧：主题性创作引导市场，主旋律精品化，现实题材品质提升，面向新的传播环境调整内容和播出策略

近两年，中国的电视剧市场发生了深刻的变革，内容生产的结构化管理处于调整期。一方面，政策对于商业类内容的限定逐渐收紧，电视台播出内容受限，而网络视频平台发展付费用户也较为艰难；另一方面，短视频和直播正在大力侵蚀挤占长视频的空间，加上当前经济环境偏冷，各类视频消费并未收到理想的效果，导致不少长视频平台生存日趋艰辛。因此，市场对内

容品质的要求更高，头部阵营的竞争更加激烈。面对新的生态环境，网台长视频平台在各自领域调整了应对策略。

大屏直播市场对内容的减量提质一直在持续进行中，电视剧正能量十足，在创作方向上以守正创新为主流，叙事方式上“小正大”成常见切口。在政策的红利和引导下，主题性创作进一步发挥引领作用，主旋律精品化趋势凸显，将形成新的“高原”地带。2021 年 12 月，第十届文代会召开，会议要求弘扬以爱国主义为核心的民族精神和以改革创新为核心的时代精神，这一要求奠定了未来电视剧创作的基调和方向。从市场实际表现来看，主题性创作的作品表现可圈可点。2021 年收视率破 1%的矩阵中，《阿坝一家人》《功勋》《江山如此多娇》《理想照耀中国》《山海情》《突围》《我们的新时代》《巡回检察组》等剧目在不同上星频道屡创佳绩。从卫视发布的 2022 年片单来看，《无间》《大博弈》《人民的脊梁》《人世间》《风起陇西》《幸福到万家》《山河月明》《人民警察》《落花时节》《县委大院》等不少剧目秉承“现实主义”的创作方法，视角开阔、颇具创意，更因得到一线创作阵容的加持而颇具看点，让观众在不同层面见证“中华历史之美、山河之美、文化之美”。

未来电视剧大屏市场几个热点值得关注：一是主旋律题材剧热度不减，将持续占据播出与收视的高位。其中，冬奥题材剧引发关注，中央台一套开年大戏《超越》以“三代短道速滑人热血集结为国争光”为主线，向大众传递永不言败的正能量。二是彰显大国实力担当的行业剧值得关注，2022 年展现工业实力的《大博弈》《硬核时代》、“北斗”题材剧《天望》《苍穹之北》将陆续上映。三是具有高话题度的都市生活伦理剧中，“中年剧”“教育剧”走俏。例如关注中年人婚姻和情感世界的《小敏家》《完美伴侣》《不惑之旅》《我们的婚姻》《妻子的选择》等，聚焦家庭教育的《小舍得》《少年派 2》《妈妈的战争》等，这波热流余温很可能持续 1~2 年。

网络视频平台近几年在长视频领域发展势头迅猛，一直在不停地调整发展策略，其中出精品、出头部作品成为提升竞争优势的法宝。网剧迅速精品化，涌现了《白夜追凶》《河神》《长安十二时辰》《隐秘的角落》等多部有口皆碑的爆款。当下网剧方面呈现制播两旺的局面，剧场化运营、网络独播和先网后台的趋势逐步明朗。网络视频平台将持续深化剧场化运营，侧重构建差异化的内容矩阵，步入分季化营销传播的时代。2021 年，爱奇艺新增甜向情感剧“恋恋剧场”，芒果 TV 推出“芒果季风”剧场，腾讯视频发布首个微短剧品牌“十分剧场”，甚至短视频大鳄快手和抖音也宣布进军短剧领域。视频平台已经逐步占据产业链的源头，一方面加大资源独占力度，另一方面不断加大网剧的对外输出，少数网剧受到某些一线省级卫视和央视平台的认可，2021 年“先网后台”剧超过 10 部。同时，头部平台剧集制作主动契合主题性创作潮流，例如企鹅影视制作的《扫黑风暴》成为网络视频平台进军主旋律领域的成功案例。

趋势四　综艺节目：聚焦新时代新气象，重塑新文化新国潮，新综艺融入新时代特征

2021 年的综艺节目市场可谓风云变幻，作为“清朗行动”影响最为深刻的领域，先有偶像养成类节目的纷纷退场，后有陪伴了观众 24 年的《快乐大本营》被下架并改版升级。内容整顿的信号频频释放，各大卫视与平台重新洗牌，放慢步伐，稳步调整。而从各大卫视和平台所发布的 2022 年综艺片单来看，节目规避娱乐化，回归主旋律，更国潮、更青春成为这一年的主流趋势。

2021 年，恰逢中国共产党成立 100 周年，也是我国脱贫攻坚战取得全面胜利的一年，综艺节目市场自然也积极融入了诸多当代主旋律与正能量的元素，以此展现新时代中国的新面貌。2022 年这一系列主题会延续并深化。此外，2022 年开年便是冬奥会，围绕冬奥会这一主题，浙江卫视推出《冰雪正当燃》，北京卫视推出《飘雪的日子来看你》。除了冬奥会，载人航天也是近年来我们国家的大事之一，上海东方卫视推出《出发太空》，以创新的节目形态展现中国航天梦。

2021 年河南卫视的《唐宫夜宴》《洛神水赋》“意外”出圈后，电视台顺势打造了一系列传统文化类节目，均取得了不错的口碑，着实让国潮再火

了一把。在弘扬文化自信的大背景下，国潮综艺必定是各大卫视与平台竞相打造的节目类型。北京卫视将推出为宋词谱曲的真人秀节目《寻找蝶恋花》及国风潮牌服饰创意真人秀节目《青青子衿》。上海东方卫视也将以重大考古成果为切入点，打造聚焦中华文明探源的大型文化节目《何以中国》。

2022 年，受到诸多因素的影响，对于综艺节目赛道的拓展会日趋减少，而对于节目形态的打造则成为重中之重，简单来说，就是结合新技术打造更受年轻人欢迎的综艺节目。2021 年被称为元宇宙元年，2022 年，这股风潮将进入各大卫视，大家将在虚拟世界一争高下，上海东方卫视的《虚拟唱跳 Z 世代》联结虚拟与现实；湖南卫视《国风唱将》，试图运用 XR 视觉科技，打造“穿越”舞台。其实早前便有以虚拟偶像为核心而进行的选拔综艺，但收效并不乐观，此次借助元宇宙风口以及明星歌手与科技的加持，或可吸引更多年轻人的关注。

趋势五　体育：科技化的体育传媒市场进入新纪元，“Z 世代”消费习惯将影响体育融媒体传播

2021 年是新冠肺炎疫情进入常态化防控背景之下的首个体育大年，欧洲杯、东京奥运会和第十四届全运会掀起了一轮又一轮的收视高潮。东京奥运会的 479 亿人次全媒体触达规模，刷新了中央广播电视总台近十年来体育赛事触达人次的纪录。同时随着体育政策红利的释放，如《全民健身计划（2021~2025 年）》的发布等，体育成为 2021 年最热门的社会性话题之一。2022 年中国将举办北京冬奥会、杭州亚运会、成都大运会等多项重量级的体育赛事，全球的体育受众目光都将聚焦在“中国时区”。

随着“Z 世代”逐渐成为消费先锋，他们也成为中国体育受众的主要新生力量。CSM2021 年中国体育及体育赞助市场晴雨表调研数据显示：“Z 世代”中对体育感兴趣者较其他年龄段的体育受众更加偏好用社交媒体来接触体育信息，对体育赛事的参与形式也不仅仅局限在通过视频看直播，而是增加了更多全方位的互动，对体育偶像的选择也更多集中在同样来自“Z 世代”

的体育运动员杨倩、谷爱凌等。同时，“Z 世代”体育运动员的影响力开始“破圈”，开始引领中国文娱的新气象。从来自“Z 世代”的体育偶像到“Z 世代”体育受众，都无疑对融媒体时代的体育传播提出了更高、更新的需求。

在科技化浪潮席卷所有行业的今天，中国体育传媒市场无疑也置身其中。每逢重大赛事，都是硬核高科技与体育传播深度结合的“最佳时机”。2021 年欧洲杯期间的裸眼 3D 被广大球迷津津乐道，而 5G+4K 超高清直播、EPG 赛事节目单、大小屏立体联动等众多高科技的传播手段和传播方式都被运用到东京奥运会的赛事转播中。毫无疑问，随着 2022 年体育大年的到来，体育传媒将继续走在不可逆转的数字化传播的道路上，而体育传媒数字化无疑将给体育传媒市场原有的商业模式带来巨大的影响。与此同时，丰富的体育媒体版权内容将吸引更多新媒体平台加入体育传媒板块中来，比如快手成为 CBA 的短视频合作伙伴，懂球帝获得 2021 年世俱杯直播版权。新冠肺炎疫情也使消费者对点播流媒体服务、社交互动的需求有所增长。

趋势六　视频消费：观众和用户视频消费复合消长，视频消费成视频生态优化调整的重要推力

截至 2021 年 6 月，中国电视观众规模达 12.3 亿人，① 网民规模为 10.11 亿人，手机网民规模为 10.07 亿人，② 从用户规模上看，电视媒体仍然属于翘楚。对于电视大屏端广泛意义的视频内容而言，2021 年所有调查城市电视观众人均每天收看电视时长为 118 分钟，其中 80%的时间用于收看直播电视，即观众人均每天电视消费时长为 94.4 分钟。来自 CNNIC 的统计数据中，截至 2021 年 6 月，全国网民人均每天上网时长为 231 分钟，其中网络视频、短视频及网络直播等视频使用行为的时间占比为 28.9%，即人均约 66.8 分钟，综合来看，用户人均每天视频消费时长约 90.4 分钟

① 数据来源：CSM 媒介研究全国测量仪，日期范围为 2021 年 1 月 1 日~6 月 30 日。

② CNNIC：第 48 次《中国互联网络发展状况统计报告》，2021 年 9 月。

(66.8+118-94.4)，较观众人均每天电视消费时长略少但差异不大。观众和用户对视频内容消费的组合性、复合性以及不同平台视频内容此消彼长的特征，动态反映了电视媒体融合发展的进程。[①]

以此为背景，在融合传播不断向前推进的过程中，视频消费成为视频生态优化调整的重要推动力。在当前的视频消费生态中，大屏长视频、网络长视频、网络短视频在内容、用户和广告方面的竞争不断加剧，碎片化的娱乐需求和社交需求的不断增长促进了短视频的繁荣，短视频不断挤占用户的视频消费时间，在流量红利见顶的当下，必定在视频生态中引发资源的重新配置，而触动用户消费的关键又在于爆款的内容，因此大小屏、长短视频竞争的实质变成了对优质内容的竞争。而这必然又引发了另外一层发展需求，即优质内容的生产和服务的实现需要更好的市场机制和版权保护措施。2021 年底，《网络短视频内容审核标准细则（2021）》出台，细则第 93 条要求网络短视频不得未经授权自行剪切、改编电影、电视剧、网络影视剧等各类视听节目及片段，让长短视频版权之争有标准可依。这一方面对短视频平台的内容把关提出了更高的要求，另一方面对长视频平台的发展模式也提出了新的要求。

趋势七　短视频：短视频进入规范化发展上升通道，持续延伸“线上社会”想象力

回顾 2021 年，多行业布局持续催动短视频泛在化，使其加速渗透到网民的各个生活场景。2021 年上半年，通过短视频平台、微信、电视等各渠道观看短视频的 10 岁及以上网民占比达 90.4%，但用户规模增速明显放缓。CSM 媒介研究调查数据显示，短视频用户每天人均短视频使用时长从 2020 年的 76 分钟增至 2021 年的 87 分钟。不仅如此，57.9%的短视频用户认为未来观看短视频的时间会增加。

随着短视频在媒介生态中的地位持续提升，主流媒体、政务机构在短视

---

① 郑维东：《从线性到非线性》，《收视中国》2020 年第 12 期。

频平台发力迅猛，助推短视频成为服务社会治理的重要渠道。较早布局短视频领域的政务号和中央级媒体号，目前抖音、快手平台的粉丝规模都已是千万级。值得关注的是，短视频与网络直播融合渗透，长短互补加速赋能内容能量场，也成为行业发展的大势所趋。“短视频+直播”在知识科普、文化传承、乡村振兴、政务服务、疫情防控、应急救援等方面的作用日益凸显，成为赋能社会治理和经济发展的创新力量。以知识科普为例，CSM 媒介研究数据显示，用户对泛知识类短视频内容需求依然旺盛，实用/小众垂类短视频的内容价值逐渐释放。

面对高渗透、高黏性的用户群体，短视频行业的高质量、创新性发展显得更为迫切。2021 年以来，国家出台了 30 多个涉短视频和网络直播的监管规范性文件，涵盖内容管理、平台治理、从业人员、服务算法、账号管理、广告、税收等全领域各环节。国家广电总局自 2021 年 10 月起，持续督导抖音、快手等 10 多家短视频平台，开展为期 2 个月的短视频节目和账号专项治理工作，清理违规账号 38.4 万个、违规短视频节目 102.4 万条。同时，《网络短视频内容审核标准细则（2021）》列出 21 类 100 条具体“红线”，为平台审核短视频提供了更直观、可执行的依据。

综合来看，短视频和网络直播行业内容宏观管理体制和协同管理机制渐趋成熟，将进入规范、有序发展的新阶段。而伴随着 5G 技术的普及应用，短视频行业也将迎来充满更多可能性的未来。

趋势八　版权保护与经营：产业规模持续扩张，行政法规进一步完善，版权经营亟须科学的全媒体价值评估依据

近年来，数字媒体技术迅猛发展，与之相伴的是版权产业规模的飞速增长。

为全面提升版权创造、运用、保护、管理和服务水平，2021 年 12 月，国家版权局印发《版权工作“十四五”规划》，并提出明确发展目标：到

2025 年，版权产业增加值占国内生产总值（GDP）比重提高到 7.5%左右，核心版权产业增加值占 GDP 的比重提高到 4.75%左右。

2021 年，我国版权政策、制度持续完善，行政与司法保护力度不断加强。同年 6 月，新修订版《著作权法》正式实施，此次修法全面加大了著作权保护力度，扩大作品的开放性，紧扣网络化、数字化等技术变化，对著作权相关权利和制度进行调整，进一步解决新媒体融合环境下技术发展带来的版权保护问题。国家版权局、工业和信息化部、公安部、国家互联网信息办公室四部门以新法实施为契机，联合启动打击网络侵权盗版“剑网 2021”专项行动，在短视频、网络直播、体育赛事、在线教育等领域均取得显著成效。

随着国民经济水平的不断提高，中国版权产业发展进入新阶段。音视频版权等核心版权产业的比重逐年提高，已成为对国民经济贡献最大的版权产业细分类别，产业结构不断优化，内容与技术不断升级，核心竞争力进一步增强。

CSM 媒介研究延续多年来收视调查的覆盖优势，升级全国大屏版权监测网络，为行业提供实时、准确的版权监测数据与维权依据。2021 年是疫情防控常态化后的首个体育大年，CSM 为众多重量级体育赛事提供了电视媒体端版权监测服务，其中，东京奥运会相关赛事内容转播实现了电视端零侵权的斐然成绩。展望 2022 年，北京冬奥会、卡塔尔世界杯、杭州亚运会等更多全球性体育赛事即将举行，融合媒体环境也将促进新一批头部版权 IP 的孵化，届时 CSM 将借助独有的视听全媒体同源测量 New TAM 数据，对头部音视频内容进行“电视+网络+广播”的全媒体版权价值研究，力求为行业提供科学的版权价值评估数据，促进版权创造与经营的持续化升级。

趋势九　广告营销：多元广告营销格局引发变革，优质内容元素拓展变现通路

营销的最终目的是通过注意力的获取最终抵达消费的彼岸。在互联网崛起之前，消费的转化依托的是线下的流量；互联网则将更多消费转移至线上，并逐步重构了流量的分配；移动互联网下半场，用户规模增长接近天花

板，对线上增量流量的争夺转为对存量流量的争夺。在这样的趋势之下，广告主积极响应数字媒体发展趋势，将传统的广告营销模式转向多元的、创新的大营销、新营销。

在大营销模式之下，营销载体和渠道更加多元化。传统的硬广、软广之外，小红书种草、直播带货、短视频植入等新营销模式发展如火如荼。新营销模式有助于将用户对内容的注意力升华为对品牌和产品的注意力，独树一帜的内容可成功抓取公域流量并将其转化为和品牌发生关联的私域流量。营销格局的多元化反过来影响终端和内容，尤其在当前去流量明星化、去中心化的现实条件下，通过有价值的内容来提升注意力变现的效率、拓宽变现的通路成为营销制胜的重要一环。

而内容本身的内涵也在不断拓宽，可以作为内容存在的元素更加广泛，无论是符合时代发展特征、传递主流价值取向的内容元素，还是符合特定目标人群需求特征、垂直细分的内容元素，都在不断延展想象空间，成为营销效率提升的载体和重要抓手。可以预见，2022 年，国漫、国货、奋斗励志、银发、科技进步等都有望成为核心内容元素出现在不同媒体的内容与营销创新之中。老牌国货与新潮国漫结合，实现传统文化 IP 的价值变现。展现当代年轻人励志奋斗和老龄化社会中银发一族日常生活的内容元素，则切中社会发展转型中的热点和痛点，引发特定目标人群情感共鸣。科技进步是民族发展的梦想所系和动力之源，尤其中国近年来在航空航天领域取得的巨大成就和进展都是节目与营销创新能够承载的内容元素，有望在 2022 年迸发出不一样的潜力。

趋势十　价值测量：全媒体同源测量数据实现跨屏“统一度量衡”

随着用户从单一屏幕向多屏幕分化，跨屏协同传播成为视听新生态。CSM 作为国内领先的广播电视受众研究机构，顺应新媒体时代信息传播特点，推出全媒体同源测量（New TAM）数据，旨在打造业内首个打通内容、用户、营销的“统一度量衡”，打通多屏价值，为跨屏传播效果评估及移动数据评价提供标尺。

CSM 全媒体同源测量数据基于虚拟测量仪技术，以统一标准对移动端和电视同源固定样组全场景媒介使用行为进行连续测量。自 2020 年 7 月起，CSM 逐步构建覆盖全国的全媒体视听同源测量调查网，并对测量技术、抽样方案、质量管理等方面进行多轮论证和运作实践，目前全媒体同源测量数据已进入应用探索阶段。

全媒体同源测量数据不仅是测量范围的拓展、测量方式的革新，更是测量逻辑的升级。它打通了终端、机构平台、用户、内容产业价值链，并能多维展现它们之间的交互关系，从宏观、中观到微观各个层面，为全媒体时代传播分析提供更多的研究与评估纬度。

从全行业角度看，该数据体系统一标准，在国内首次解决了融媒数据来源分散、标准不一等痛点问题，实现跨平台数据的共融互通，使全景式展现视听市场、跨屏生态成为可能，从而为洞察跨屏传播规律、把脉行业发展趋势提供数据抓手。

从机构平台角度看，该数据体系的数据贯穿平台内容生产、运营、营销的全过程，为融合传播与全域营销提供全面的数据与研究支撑。一方面，该数据体系构建了庞大的视听内容监测数据库，可系统性描述特定视听内容的跨屏传播效果。另一方面，该数据体系可针对特定机构的视音频多平台、多渠道融合传播效果进行综合分析。全域、多元化数据组合，帮助平台更好地实现增量传播的价值变现，提升营销转化效能。

从用户角度看，该数据体系还原用户主体地位，对“真实的人”进行测量，形成了对用户精准的画像和对其行为数据的长期追踪，并通过用户目标人群特征及变化分析，视听消费行为、媒体接触习惯分析，深挖用户价值，为用户精细化运营提供支撑。

目前，CSM 全媒体同源测量数据还在持续迭代中。未来该数据体系将在技术研发、算法模型等各方面开展更深层次探索，提升数据应用和服务能力，以更高效灵活、多元即时的数据和研究服务，助力平台优化升级，赋能行业发展。

B.3
2021年中国媒体融合创新发展报告

姜 涛 刘牧媛 肖子南*

摘 要： 2021年中国媒体融合稳中求进、纵深发展。在融合进程中，媒体通过机制体制改革促进融合增速发展；依托内容策划优势，赋能品牌营销；加大IP开发和打造，实现多元化内容变现；升级经营结构，开发流量价值；发力国际传播，媒体影响力不断攀升。本文以梳理2021年以来中国媒体融合大事记为基础，通过分析媒体融合在机制体制、IP打造、内容营销、产业经营和国际传播方面的创新表现，透视中国媒体的前景和未来发展脉络。

关键词： 媒体融合 IP打造 内容营销 产业经营 国际传播

2020年11月“推进媒体深度融合”被纳入“十四五”规划建议，这标志着国家从政策层面进一步明确了媒体融合不仅要从渠道、内容、技术上广泛融合，还要从组织形态、人才机制、经营模式上深度融合，也在实现日期上给出了明确期限。媒体融合作为我国数字化、信息化建设的关键方向，虽已在全国范围内取得一定的成绩，但依然存在着推进慢、不深入等多重问题。随着媒体融合时间窗口的不断缩小，传统媒体融合脚步进一步加快。同时面对被算法重构的传播价值观以及加速发展中的短视频平台商业化，快速变化的市场环境为媒体融合进程带来更多机遇的同时也带来巨大的挑战。如

* 姜涛，央视市场研究（CTR）总经理助理，媒体融合总经理，CTR媒体融合研究院执行副院长；刘牧媛，央视市场研究（CTR）媒体融合研究院研究经理；肖子南，央视市场研究（CTR）媒体融合研究院研究员。

何顺应瞬息万变的市场环境，在愈加紧迫的时间窗口期完成媒体融合任务，是中国传统媒体在当下面临的最为重要的议题和挑战。

一　机制体制改革促融合再增速

媒体融合的实现需要机制体制层面的支持，随着媒体融合完成目标期限的临近，各家机构纷纷加大力度，再次启动机制体制深化改革，助力媒体融合纵深发展。

全员挺进主战场，绩效评估激发工作积极性。越来越多的广电媒体将海内外平台、传统广播电视平台和新媒体平台统一纳入考评范围，将融合要求细化到每一级管理者的绩效考核中，自上而下促进深度融合。上海广播电视台将2/3以上的员工归入融媒序列，采用“固定岗位考核指标+额外贡献值”的动态调整方式，激发员工工作积极性，深度拥抱互联网。

统筹全省资源，省、市、县域融媒体齐发力。CTR监测数据显示，60%的广电综合资讯App已着手聚合类功能的打造，其中县域融媒体内容是其聚合的重要内容之一。黑龙江广播电视台“极光新闻”开设极光号整合县域融媒体中心账号；四川广播电视台建设服务平台，使县域融媒体中心能够直接“拎包入住”，并在“四川观察”客户端开设市州圈板块，为市、县域融媒体内容发布提供渠道。山东广播电视台以“闪电新闻”为依托汇集省内136家县域融媒体中心力量，将全省的省、市、县三级媒体资源打通，共谋发展。2021年9月，山东广播电视台推出“我家住在黄河边”全省规模直播互动，“闪电新闻”与9家黄河沿线县域融媒体中心联动合作，节目吸引580万网友在线观看。可以看到，县域融媒体融合发展已从入驻平台、聚合内容向着技术赋能、内容共创发展。

全国广电媒体实行内部创业，“工作室制”与市场接轨，组织架构的改革为市场化运营模式奠定了坚实基础。据不完全统计，截至2022年初，广电媒体开设的MCN机构超过30家、融媒体工作室超过300家，通过按岗定酬等措施设置多元化激励机制，以“体制内市场化”的方式激发人才创新活力。

强化经营职能，拓展经营范围。中央广播电视总台重视自身经营能力发展，先后成立总台总经理室和央拓国际融合传播集团有限公司，前者统筹规划广告经营、版权运营和产业战略投资业务，后者则负责拓展除广告外的经营性业务。省级广电媒体中，湖南广播电视台将卫视广告部升级为商业运营中心，天娱广告也进一步被整合优化，目标是实现双屏资源全域化商业运作。

二　依托内容策划优势，从传播层向服务层深化

企业媒体化背景之下，内容营销成为企业发展的核心战略之一，各大媒体依托内容策划和内容资源优势，发力广告策划，赋能品牌营销。中央广播电视总台的记者在进行海外直播时身穿安踏运动服入镜，进行软性广告植入，得到企业主认可；澎湃新闻“深渊视频”团队为京东“6·18”制定《返乡》视频，一经推出引发网友共鸣，视频成为爆款佳作。

同频共振、多渠道传播，赋能内容营销服务。主流电视媒体拥有双渠道资源（电视渠道+新媒体渠道），通过传统和互联网渠道全覆盖，最大限度地扩大传播效果。2021 年 10 月 1 日，中央广播电视总台国庆专题直播电视端受众规模达 7.99 亿人，1+7 路信息直播总观看量超 27 亿次，微博热搜总阅读量超 100 亿次，总互动量超 1000 万次。超大体量受众规模外加内容策划优势使主流媒体能够将服务从传播拓宽至服务层。

充分挖掘人才资源，活用主持人 IP。以中央广播电视总台为例，其拥有宝贵的主持人资源，并致力于围绕主持人进行更加多元的价值开发，赋能品牌与内容营销。例如 2021 年 3 月“央视新闻”在“走进中国制造”系列推出《小撒当一天“总裁”是什么体验》，让明星主持人撒贝宁在雅迪电动车工厂体验从学徒到产品经理，再到总裁的全过程，直播观看量达 6000 万人次，微博话题累计曝光率达 2.6 亿次，成为内容营销的成功典范。

内容前端、营销后端，打造营销一体通。以湖南广播电视台为例，旗下

“小芒”电商 App 策划了节目《小芒种花夜》，依托优质的内容资源和突出的策划能力，从服务角度出发，通过营造场景感十足的互动氛围，进一步实现与国货品牌的价值共创。观众在大屏端观看《小芒种花夜》直播的同时，可进入“小芒”App 参与互动、领取相关福利、购买国货，形成“国货种花经济闭环”。

总体而言，主流媒体通过丰富的主持人资源、创意层出的策划能力和独一无二的渠道资源，找到内容与商业的契合点，助力其自身与品牌实现共生、共创、共赢。

三 文化新业态崛起，聚焦 IP，发力产业经营

近年来，IP 文化新业态发展迅猛，内容生产商们不断加大 IP 开发和打造力度，推出一批爆款 IP 产品，并在此基础上进一步完善 IP 产业链条，实现多元化内容变现。

发力 IP 内容打造，破圈传播初见成效。2021 年主流媒体继续发力互联网新媒体端，以全新语态打造爆款 IP 产品，实现破圈传播。例如中央广播电视总台“央视频”客户端推出“央 young”系列主持人才艺秀 IP，充分挖掘总台主持人宝贵资源，以其巨大反差吸引全网关注，其中 2021 年夏季推出的《央 young 之夏》，至公演之夜结束时相关话题拿下了 41 个全网热搜榜，话题阅读量超 30 亿次，总互动量达 454 万次，全网相关短视频播放量超 7 亿次，“央视频”客户端相关视频播放量达 3895.6 万次，一举成为央视夏日出圈密码，营收上也实现了全新突破。河南广播电视台以天马行空的创意使传统文化在新时代焕发生机，凭借以“唐宫小姐姐”“水中洛神”“龙门力士”为代表的传统节日“奇妙游”IP 系列屡次登上热搜，以趣味表达讲述中国故事，展现文化自信，随之而来的是河南卫视也在冠名权营收上实现跃升。

IP 产业链逐步完善，媒体营收板块多样化。随着 IP 产业的深度发展，媒体积极布局 IP 内容线下主题体验店创建、IP 主题同名 App 开发、IP 周边

文创系列开发等，IP 市场有着无限的想象与扩展的空间。中央广播电视总台尝新“数字藏品”赛道，与腾讯音乐合作在冬奥会期间推出“十二生肖冰雪总动员”数字纪念票，不断拓宽用户对于其新媒体产品的认知。湖南广播电视台依托爆款综艺《明星大侦探》，将线上内容剧集拓展至线下实景体验馆，带领粉丝一秒回到《明星大侦探》现场。

四　媒体融合经营拓展，营收实现逆势反哺

随着融合纵深发展，主流媒体整体营收结构也在向新媒体端逐步倾斜，MCN、IP 打造成为媒体经营新业态，部分主流媒体甚至实现了新媒体收入逆势反哺，2021 年中央广播电视总台新媒体收入迭创新高。

升级经营结构，开发流量价值。媒体融合稳中求进，进入纵深发展阶段，升级经营结构、优化经营模式，不断挖掘流量价值并实现营收，已成为主流媒体进行战略规划的重要目标。例如中央广播电视总台推出“象舞广告”营销平台，整合总台资源并挖掘其流量价值，继而将其转换成营销传播服务并进行打包出售。“央视频”借奥运东风于 2021 年 7 月启动会员制，7 天内会员人数已达百万级。芒果 MCN 根据市场需求，孕育出品牌服务厂牌——NEW4 事业群，为湖南广播电视台强大的内容制作资源与市场新媒体对接搭建平台，开启全域流量运营服务。

变现存量资源，实现全域服务。主流媒体具备丰富的内容资源储备，如何挖掘资源的价值并将其转换为实际生产力是所有正在寻求转型变革的媒体所急切思考的问题，目前已有部分媒体迈出了第一步，例如 2021 年 7 月内蒙古广播电视台上线优选商城“爱上内蒙古”，整合区域内部的优质、特色资源，着力打造内容电商。

五　技术不断突破，创新表达亮点频现

技术的突破推动媒体融合释放生产活力、创新表达方式、实现传播以新

制胜。这一趋势在重大事件报道、春晚等节目内容呈现中得以集中体现。

高清、高速和轻量化，释放视频生产活力。在北京冬奥会赛场上，中央广播电视总台历时5年自主研制的“猎豹”摄像机（超高速4K轨道摄像机系统）亮相短道速滑馆，其运行速度可达90公里/小时，并根据直播需要，灵活精准地捕捉运动员运动中，特别是冲刺瞬间的面部表情，丰富直播画面素材。在2022年“两会”报道中，上海广播电视台为记者配备摄录“三件套”（一部手机、一款手持云台、一支话筒），轻量化装备让记者在“单兵作战”时也能轻松完成采编播发流程，释放新媒体视频生产活力。

在2022年中央广播电视总台春晚直播中，总台技术团队首次实现春晚的竖屏直播。据2022年2月1日公开数据，2022年总台春晚新媒体直播用户触达超过49亿人次，较2021年明显增加，“竖屏看春晚”以全新视角呈现文化盛宴，让40年的大屏内容品牌成功引爆移动端小屏，竖屏观感体验和沉浸式互动获得用户好评，当晚“春晚”视频号直播间点赞数超过3.5亿次，总评论和总转发量累计超过1400万次。增强现实技术将虚拟和现实无缝链接在一起。在北京冬奥会的开幕式上，中央广播电视总台技术团队利用增强现实技术直播呈现系统实时制作的每一片虚拟雪花，让“燕山雪花大如席”的精彩瞬间真实呈现在用户眼前。同样在北京冬奥会期间，中央广播电视总台技术团队通过AI图像处理系统，实现了“时间切片”功能，让用户看到运动员在瞬间完成的不同动作轨迹在同一画面中呈现的精彩画面。2022年“两会”期间，新华社运用拓展现实技术将身处北京演播室的主持人“送进”中国空间站，实现天地交融的太空专访。

虚拟人赛道获关注。虚拟主持人是各种高新技术的集中体现，主流媒体纷纷进入虚拟人赛道，推出虚拟人物，参与内容创作。中央广播电视总台“央视新闻”与百度智能云合作，在2021年11月推出AI手语主播，生产对听障群体友好型冬奥新闻；“央视频”在北京冬奥会期间推出超仿真主播“AI王冠”，从专业财经视角对政策进行解读；上海广播电视台打造二次元虚拟新闻主播“申芥雅”、湖南广播电视台推出数字主持人“小漾”，并为其开设社交账号，进行虚拟人物 IP 运营。山东广播电视台“闪电新闻”则推出虚拟主播“小妮”，进行 7 天 24 小时不间断直播。

六 持续攻坚国际传播，中国媒体影响力不断扩大

2021 年中国媒体发力国际传播，影响力不断扩大；在具体做法上直击国际热点，独家报道聚合全球关注；发力文化出海，巧思传播获得网友点赞。

独家首发，自主构建叙事逻辑，提升中国话语说服力。中央广播电视总台及时跟进国际舆论热点，接连推出独家报道，展现了中国媒体在新闻热点事件报道中的快速反应和专业能力，摆脱“二传手”的尴尬地位，建构中国媒体放眼全球的国际形象，进一步提升中国话语说服力。例如在汤加火山爆发事件中，中央广播电视总台报道员通过行车记录仪捕捉火山爆发的画面，讲述现场真实体验。CTR 监测数据显示，截至 2022 年 2 月初，中央广播电视总台 YouTube 账号“CGTN”发布汤加火山爆发相关作品超过 40 个，累计播放量突破 21 万次，当地报道员的视频素材被外媒大量转发。

上海广播电视台创建 YouTubc 账号“东方卫视环球交叉点”，推出“环球交叉点”“外交部”等系列内容，针对国际热点事件发布短平快新闻时评，该账号粉丝累计 14. 8 万人。作品方面，发布的赵立坚针对俄乌战争的外交回应累计播放量达 22. 9 万次。①

萌态传播冲破外媒“阴间滤镜”，温情细节展现中国亲和力。在国际传播中，中国媒体充分运用大象、熊猫等动物形象，巧设热点议题，创新呈现方式，侧重于萌态、温情等细节展现，改善了外媒对中国的偏见，拉近了中国与世界网友的距离。例如在“大象北迁”的国际传播中，中央广播电视总台 YouTube 账号“CGTN”通过《大象历险记：对中国西南部象群迁徙的

---

① 《美国要求中国施压俄罗斯解决俄乌危机？美国这脑洞……赵立坚这样回应》，https：//www. youtube. com/watch？ v=liVzgXLTK5E。

独特洞察》[①]、《迁徙象群洗泥浴》[②]、《象群在森林里睡觉》[③] 等多条播放量过万次的视频作品关注象群相处的温馨细节、捕捉大象的可爱神态，充分展现中国人民对于象群迁徙的友好理解，官方对于动物的人道主义精神获得全球称赞，作品累计播放量达 181 万次。西方媒体一改往日“阴间滤镜”，与中国媒体保持同频，例如美国 CNN 大量引用中国媒体素材，并在标题上与中国媒体保持高度一致；英国天空新闻连线专家进行了 6 分钟的事件解读，对中国政府“人与大象和谐相处”的态度与政策表示认同。

文化出海方面，游戏文娱产品“大航海”，中国创造获世界点赞。近年来，中国互联网平台和传统广电机构纷纷将目光投向海外市场，游戏、影视剧作品市场表现不俗，例如《斗罗大陆》手游斩获泰国、老挝等地区畅销榜前三；优酷获得 YouTube 平台“年度增长最快小伙伴奖”。广电机构则基于自有优势逐步拓宽海外文化市场。中央广播电视总台以 YouTube 中文账号“China Zone 剧乐部”为主账号，形成了包含英语、西班牙语、阿拉伯语、法语等多语种，分布于纪录片、流金岁月（经典老片）等细分垂类，10 余个具有百万用户规模，累计播放量超 10 亿次的影视账号矩阵。湖南广播电视台和浙江广播电视台则在海外平台上延迟更新热门综艺，如《披荆斩棘的哥哥》（湖南广播电视台）、《夜色暗涌时》（湖南广播电视台）、《奔跑吧·黄河篇第二季》（浙江广播电视台）、《青春环游记 3》（浙江广播电视台），单条内容最高播放量均达百万级别。

媒体机构与出海企业同频共振，共同扩大中国国际传播声量。2021 年，国家多个部门联合印发的《关于支持国家文化出口基地高质量发展若干措施的通知》特别提到，“鼓励有条件的企业建设覆盖全球的新媒体平台，助

① Elephants on a Mission: Unique Insight into Adventurous Herd in SW China, https://www.youtube.com/watch?v=TgNrAi1S9C8.

② Wandering Elephant Herd Takes a Muddy Bath, https://www.youtube.com/watch?v=2dIf5QxyzTw.

③ Migrating Wild Elephants Found Sleeping in a Forest, https://www.youtube.com/watch?v=WhFeyuwxq50 .

推优质文化内容‘走出去’”。[1] 中央广播电视总台在2022年“品牌强国工程”中新增添了国际传播服务，通过旗下外宣频道和海外官方账号，为中国品牌提供多样化的国际融媒体传播服务。

七 中国媒体融合大事概览

2021年5月，中央广播电视总台与复旦大学签订全面战略合作伙伴关系框架协议，进行各个方面资源共享、优势互补，并开展广泛合作。

2021年6月，国家版权局、工信部、公安部、国家互联网信息办公室四部门联合启动打击网络侵权盗版“剑网2021”专项行动。

2021年6月21日，浙江省广播电视局与云南省广播电视局在杭州签署《云南省广播电视局 浙江省广播电视局全面深化广播电视和网络视听合作框架协议》，标志着浙江、云南两地在广播电视和网络视听领域的合作开启新篇章。

2021年7月，中央广播电视总台集结800人团队奔赴东京，全面立体开展奥运会转播报道。

2021年7月，阿里巴巴和腾讯考虑互相开放生态系统。

2021年7月17日，中央广播电视总台“象舞广告”营销平台上线仪式在京举行，“象舞广告”营销平台借助数字化、智能化平台工具，强化整合经营、融合营销和用户服务能力，提升客户品牌传播效果。

2021年8月初，中宣部在京召开持续深入开展打击新闻敲诈和假新闻专项行动电视电话会议。

2021年10月12日，商务部、中宣部等17部门联合印发《关于支持国家文化出口基地高质量发展若干措施的通知》，鼓励有条件的企业建设覆盖全球的新媒体平台，助推优质文化内容“走出去”。

---

① 《商务部 中央宣传部等17部门关于支持国家文化出口基地高质量发展若干措施的通知》，http://www.mofcom.gov.cn/article/zcfb/zcfwmy/202110/20211003211152.shtml。

2021年10月25日，中央广播电视总台央视奥林匹克频道及其数字平台开播上线。

2021年11月1日，《中华人民共和国个人信息保护法》正式生效。

2021年12月，中共中央网络安全和信息化委员会办公室印发《“十四五”国家信息化规划》，对中国“十四五”时期信息化发展做出部署安排。

2022年2月10日，2022年北京冬奥会全球收视份额已创历届冬奥会新高，中央广播电视总台首次实现用4K技术对赛事全程进行制作播出，并提供8K超高清公共信号，实现全球领先。

2022年2月28日，中央广播电视总台牵头打造的“融媒体定制化服务平台”正式上线。

2022年3月1日，国家互联网信息办公室等四部门联合发布的《互联网信息服务算法推荐管理规定》正式实施。

结　语

回顾2021年，主流媒体在不断变化的互联网浪潮中勇往前行，在内容创新上继续突破并实现破圈传播，经营进入攻坚阶段，越来越多的机构找到符合自身发展的表达方式和营收模式，建立起更加专业的新媒体创发运营队伍。我们坚信，在“十四五”规划期内，传统媒体定会迎来融合发展的胜利曙光，期待着媒体同仁在融合发展和融合营销的新战场再创第二增长曲线，做媒体融合的坚定者、奋进者、搏击者。

B.4

元宇宙就是人类社会的“深度媒介化”

喻国明*

摘　要： 数字媒介带来的传播革命正根本性地重构着各种社会关系、改造着社会基本形态，也就是整个社会正以新的传播的机制、法则和模式来进行自身业态和架构的重建。元宇宙在升维的意义上为互联网发展的全要素融合提供了一个未来的整合模式，也成为我们理解社会“深度媒介化”的逻辑基础。

关键词： 元宇宙　深度媒介化　传媒发展

一　“媒介化”时代的到来：现代社会已然完全由媒介所“浸透”

随着互联网的快速发展，以及大数据、人工智能、云计算、物联网等技术在社会各个领域的应用，人类面临着继原始文明、农耕文明、工业文明之后的数字文明的到来。在整个现实社会越来越趋向于全级化连接的过程中，媒介已然深度参与社会生态环境的建设。除了传统媒介所应发挥的内容生产、信息传播功能之外，媒介“跨界”成为促进社会重构的基础设施。各行各业都在进行媒介化变革，用媒介的传播模式、运作机制、发展逻辑进行自我深刻改造，借助媒介的力量拓展运营。媒介凭借高科技加持的优势，成为政治、经济、文化要素的激活者、连接者和整合者，在社会架构、运行

* 喻国明，北京师范大学新闻传播学院学术委员会主任、教授、博士研究生导师。

中，成为设计者、组织者以及推动者。人、社会与媒体在各个方面融合，三者关系的紧密度达到了前所未有的程度。①

越来越多的媒介与传播学者洞察到这一社会“媒介化”的发展潮流，有学者指出“现代社会已然完全被媒介所‘浸透’（permeated），以至于媒介再也不能被视为一种与文化和其他社会制度相分离的中立性要素”②，媒介是“我们呼吸的文化性空气”，所以已有研究范式不足以回答为什么媒介如此重要（而且越来越重要）这一关键问题。③ 于是，一个旨在把媒介嵌入日常生活而产生更广泛的影响的新概念——“媒介化”（Mediatization）被创造出来，并在最近十余年迅速成为全球范围内媒介与传播研究的重要理论概念。

但需看到的是，现有关于媒介化的讨论大多聚焦媒介对社会其他领域的他律作用，却相对忽略了一个对传播实践极为重要的研究命题——在一个“万物媒介化”（mediation of everything）的时代，媒介在重构整个社会的同时必然也重塑了自身场域；在新的社会结构中，传媒场域的角色担当或者说价值重点究竟发生了怎样的改变？对这个关键性问题的解答关系着新的传播现实下传媒业生存法则和目标模式的重新确立。而“元宇宙”恰逢其时地应运而生，成为我们理解社会是如何一步一步被媒介化的，并进一步探究未来“深度媒介化”阶段媒介自身的构造如何变革的基础逻辑。

二　元宇宙：在升维的意义上为互联网发展的全要素融合提供了一个未来的整合模式

在“元宇宙”概念出现之前，互联网世界各底层技术的总体格局是一种相对离散、各自发展的状态。而互联网的发展逻辑告诉我们，“连接”才

---

① 姚姿如、喻国明：《试论媒介化时代媒介素养教育新范式及逻辑框架》，《中国出版》2021年第3期。

② S. Hjarvard, Mediatization of Society: A Theory of the Media as Agents of Social and Cultural Change, *Nordicom Review*, 2008.

③ N. Couldry & A. Hepp, Conceptualizing Mediatization: Contexts, Traditions, Arguments, *Communication Theory*, 2013.

能产生更大的生产力与价值增值。这种“连接”不仅是指通过技术将现实世界的各种要素加以连接和整合，同时也包括各种技术之间的连接与整合，因为只有将所有的技术连接整合成为一个巨大的、具有社会构造的框架，一种新的文明状态才能得以形成。在这一逻辑的推演之下，元宇宙为我们绘制了一个展现未来互联网全要素如何发展的“远景图”。元宇宙最大的价值在于：它在升维的意义上为互联网发展中全要素的融合提供了一个未来的整合模式。区块链、人工智能、网络及运算、物联网、交互、电子游戏技术在元宇宙中被整合，所有这些支撑技术及其底层支持技术及设施的价值、功能都在元宇宙中通过连接而被“盘活”（见表1）。[①] 元宇宙中各项互联网相关技术全面融合、连接与重组，由此构造出未来互联网终极发展的目标模式。

表1　元宇宙支撑技术及其主要价值功能

支撑技术	主要价值功能	代表性技术
区块链技术	NFT、DeFi、公链速率、智能合约、DAO社交体系、去中心化交易所、分布式存储等区块链技术是支撑元宇宙经济体系最重要的技术	哈希算法及时间戳技术——为元宇宙用户提供底层数据的可追溯性和保密性。 数据传播及验证机制——为元宇宙经济体系各种数据传输及验证提供网络支撑。 共识机制——解决信用问题，利用去中心化的模式实现网络各节点的自证明。支付宝、数字货币等保障元宇宙用户的交易是人人平等且公平透明。 分布式存储——保障元宇宙用户虚拟资产、虚拟身份的安全。 智能合约——实现元宇宙中的价值交换，并保障系统规则的透明执行。 分布式账本——保障元宇宙用户可以参与监督交易合法性，同时也可以共同为其作证。
交互技术	为元宇宙用户提供沉浸式虚拟现实体验阶梯，不断深化感知交互	VR/AR/MR——带来更沉浸式的体验，更好地探索现实和虚拟世界。 全息影像技术——元宇宙用户可裸眼进行现实和虚拟的互动。 脑机交互技术——为元宇宙用户提供非常快速、便捷的交互方式。 传感技术（体感、环境等）——为元宇宙用户提供更加真实有效的各种体感。

① 邢杰、赵国栋、徐远重等：《元宇宙通证》，中译出版社，2021。

续表

支撑技术	主要价值功能	代表性技术
电子游戏技术	元宇宙的呈现方式，为元宇宙提供创作平台、交互内容和社交场景并实现流量聚合	游戏引擎——为元宇宙各种场景数字内容提供最重要的技术支撑。 3D 建模——为元宇宙高速、高质量搭建各种素材提供技术支撑。 实时渲染——为元宇宙逼真展现各种数字场景提供至关重要的技术支撑。
人工智能技术	为元宇宙应用场景提供技术支撑	智能语音——为元宇宙用户之间、用户与系统之间的语言识别和交流提供技术支撑。 自然语言处理——保障元宇宙主体和客体之间以及主客体与系统之间进行最准确的理解和交流。 机器学习——为元宇宙当中所有系统和角色达到或超过人类学习水平提供技术支撑，极大地影响元宇宙的运行效率和智慧化程度。 计算机视觉——将现实世界图像进行数字化的关键技术，为元宇宙提供虚实结合的观感。
网络及运算技术	通信网络（传输速率）的升级一直是主旋律，通信网络和云游戏的成熟夯实了元宇宙网络层面的基础	边缘计算——解决成本和网络堵塞的问题，为元宇宙用户提供低延时、更流畅的体验。 云计算——为元宇宙用户提供功能更强大、更轻量化的终端设备。 5G/6G——为元宇宙提供高速、低延时、规模化接入传输通道，以及更实时、流畅的体验。
物联网技术	为元宇宙万物连接及虚拟共生提供可靠的技术保障	感知层——为元宇宙感知物理世界万物的信号和信息来源提供技术支撑。 网络层——为元宇宙感知物理世界万物的信号传输提供技术支撑。 应用层——将元宇宙万物连接并有序管理是元宇宙万物虚实共生最重要支撑。

资料来源：邢杰、赵国栋、徐远重等，《元宇宙通证》，中译出版社，2021。

三　元宇宙即社会的“深度媒介化”

元宇宙不是“平行于”现实世界的一种存在，而是既超越现实世界，又与现实世界相融相生的“混合现实”，是一种全新的数字文明形态。

从本质上说，元宇宙不是一项技术、不是一个产品、不是一个场景，甚至不是所有技术的集合体，元宇宙其实是一种数字革命以来发展起来的全部技术与社会现实融合发展的全新的文明形态——数字文明是人类文明发展的全新阶段。它使人类进入一个有更高自由度、更高灵活性、更多体验性、更强功效性的超现实世界之中。

然而，“元宇宙”的概念刚一出现时，曾有不少人将其定义为“平行于”现实世界的一种存在，以为这样才能展开人类的想象力，翱翔于无拘无束的自由世界之中。这其实是对于元宇宙作为人类全新文明形态发展的一种巨大误解。事实上，元宇宙并不是凭空产生的，也无法脱离现实世界而独立存在。我们说，元宇宙作为数字文明的一种目标形态，是一种文明发展上的“升维”。“升维”意指它既包含着低维度上所有的要素、功能与价值，更拥有低维度上所不具备的新要素、新功能和新价值——是一种新范式对于旧范式的“扬弃”。

显然，元宇宙是一种以技术为基础的全新文明的聚合形态，而技术、经济与社会的深度融合则是通向未来元宇宙的不二路径。因此，“深度融合”已经成为时代发展的现象级潮流。说到底，元宇宙就是互联网发展全要素的集合体，它是将一系列断裂的、分隔的社会要素、市场要素通过由全部数字技术构造起来的“超现实”平台重新整合成一整套有序运行的规则范式和组织体系，为未来文明提供聚合性承载空间，也为人类和社会的发展构建一系列新的发展向度。

研究表明，宇宙并不是一个独立的对象，宇宙的底层属性是二元（物质与主体信息）的，二元的容介态运动推动宇宙的进化。物质可以接收主体信息能量实现容介态进化，主体信息不断地接收物质溢出或发射出主体信息能量，实现容介态进化。① 宇宙中大自然的进化、人的进化、生物的进化、所有事物的进化，都基于不断地容纳外源信息，来使自己的性质得以改变和提升，由此形成了容介态运动这样的宇宙进化的根本规律。而元宇宙正

① 吴耀琪：《容介态的直观逻辑表达工具初探》，《广义虚拟经济研究》2014 年第 3 期。

是未来人类文明发展的一种全新“容介态”。

必须指出，“深度媒介化”是不同于“媒介化”的理论，是社会发展的全新范式：以互联网与智能算法媒介为代表的数字媒介，其作用于社会的方式与以往任何一种“旧”媒介都不同，它下沉为整个社会的“操作系统”，所引发的是更根本性和颠覆性的社会形态的巨大变迁。从“媒介化”到“深度媒介化”的范式变革，意味着互联网等数字媒介引发的传播革命正在史无前例地改变社会的基本形态，新传播所建构的新型关系将在很大程度上重构以往各种社会关系。换句话说，传播不再只是社会结构中一个组成部分的功能，而成为整个社会形态的基本要素，传播编织的网络就是社会结构本身，或者说，是传统社会结构、规则和形态的一种替代。[①]

实践中，政治、经济、文化等社会生活的方方面面正逐渐重新构建在互联网这个新媒介平台之上，例如像直播带货所构造起来的新商业，云上教育所带来的新教育，以及未来即将出现的各种新服务。[②] 荷兰学者何塞·范·迪克（José van Dijck）将这种互联网平台重塑社会生活的社会现实概括为“平台社会”[③]。其实，平台社会是社会“深度媒介化”的重要表征——千行百业在线上的组织方式是通过传播的连接来承载和构建的，即所有的资源架构都是通过传播穿针引线。以商品营销这一具体领域为例，数字媒介带来的网络购物以及直播带货深刻、彻底地改变了商品销售模式，建构了新的系统性规则，如相比于对门店选址、客流量以及销售人员水平的关注，新商业更重视网店推广链接、访问量以及用户点评和反馈等，即更看重自身节点与节点之间的关联程度。

总而言之，“深度媒介化”范式强调的是，数字媒介带来的传播革命正根本性地重构着各种社会关系、改造着社会基本形态，也就是整个社会正以新的传播的机制、法则和模式来进行自身业态和架构的重建。

---

① 孙玮：《传播：编织关系网络——基于城市研究的分析》，《新闻大学》2013 年第 3 期。

② 喻国明：《推进媒体深度融合需要解决的三个关键问题》，《教育传媒研究》2021 年第 1 期。

③ 何塞·范·迪克、孙少晶、陶禹舟：《平台化逻辑与平台社会——对话前荷兰皇家艺术和科学院主席何塞·范·迪克》，《国际新闻界》2021 年第 9 期。

媒体行业与市场报告

Media Industry and Market Reports

B.5

2021年中国电视产业发展报告

——来自数字化与社会化视频的持续影响

郑维东*

摘　要： 考察中国电视产业发展的视角早已转入媒介深度融合领域，从这个视角观察，可以发现电视在融合发展中的新关系，即电视与数字化视频传播的关系，以及电视与社会化视频传播的关系。数字化和社会化视频对电视的持续影响通过内容、渠道、终端、用户和营销等各个层面反映出来，使新电视产业景观与传统电视产业格局大不同。从智能终端、用户行为、营销创新、节目管理、价值测量等维度重新观察和把握新电视产业即构成本文讨论的重点。

关键词： 视频包裹　用户媒介时间　数字营销　节目触点管理　新常态

* 郑维东，Kantar Media Audience 中国区资深数据科学家。

当下分析和研究中国电视产业发展，必须切入动态的、变革的视角，按照新电视产业或者说电视在融合发展中的新关系来考察。所谓动态视角是指电视面向互联网传播格局不断变化演进，所谓变革视角是指数字化和社会化趋势影响下电视融合传播的深度转型。本文基于多维度数据观察，指出数字视频家庭发展和视频包裹重组正在对新电视传播格局产生深远影响，这些影响既体现为用户媒介时间的再分配，也体现为广告营销市场的再布局。同时，数字营销替代效应和视频节目多触点传播效应极大地提升了媒介经营管理的复杂性和多变性，电视以及视频行业发展呈现以数字化和社会化为内核的新常态，对融合传播形态下的媒介价值测量也亟须方法创新。

一　转进多终端电视格局

近年来，在电视开机率总体走低趋势下，家庭接收电视节目的终端设备格局正在发生根本性变化并影响到收视和广告市场。据国家统计部门数据，目前我国城乡居民百户彩色电视机拥有量约 120 台，已呈现逐年减少趋势，但其中传统电视向智能电视更新换代加速，智能电视占比已增至六成。中国电信发布的《2021 年度中国电信数字家庭指数报告》则显示我国城乡居民家庭泛智能终端设备数量逐年上升。这些泛智能终端设备主要包括：路由器、手机、平板电脑、台式电脑、摄像头、智能电视、智能音箱、IPTV/OTT 盒子等。该报告指出，2021 年户均使用以上终端设备 1~5 台的家庭占 31.6%，6~10 台的家庭占 34.6%，11~15 台的家庭占 17.5%，16 台及以上的家庭占 16.3%；合计户均使用泛智能终端设备约 9.2 台。[①]

在这些泛智能终端设备中，手机、平板电脑、智能电视、IPTV/OTT 盒子等提供了更灵活、广泛的电视和视频节目接收及观看方式；在户均 9.2 台的泛智能终端设备中，可以连接视频节目的设备约占到一半，让传统电视家

① 《2021 年度中国电信数字家庭指数报告》，https：//new. qq. com/omn/20211229/20211229A09I0Y00. html。

庭真正转型为数字家庭，传统电视家庭与频道包裹的旧组合模式也同时升级为数字家庭与视频包裹的新组合模式。供数字家庭使用的视频内容组合可以称为视频包裹（Video Package）。数字家庭对视频包裹的接入及消费驱动视频生态不断发展和升级。

从电视转型到流量重塑，衡量这些变化离不开科学严谨的受众（用户）测量。测量家庭电视使用程度的统计指标是收视率，据 CSM 全国网数据，当前我国城乡电视观众人均每天收看电视时长约 100 分钟，按每个家庭常住人口 2.5 人计算（不含 0~3 岁人口），每个家庭每天使用电视总时长约 250 分钟。

测量家庭数字视频使用程度的统计指标是跨屏多端收视率，但目前尚没有一套堪称“通用货币”体系的指标数据。根据 CSM 多组调查数据及 CNNIC 报告有关数据间接测算，当前我国城乡居民人均每天使用数字视频时长约 70 分钟，仍按每个家庭 2.5 人计算，每个家庭每天使用数字视频总时长约 175 分钟。如果剔除约 12%使用电视大屏收看网络数字视频的重叠时间，则每个家庭每天接触电视及数字视频总时长约为 395 分钟，换算成户均开机率即为 27.4%。

数字家庭对视频包裹使用量的增长驱动媒体业务收入不断增加。按照《2021 年全国广播电视行业统计公报》数据，2021 年全国广播电视和网络视听业务实际收入达 9763.11 亿元，同比增长 25.43%。换言之，平均每个家庭电视及数字视频消费月度 ARPU 值可达 165 元；按照电视及数字视频家庭接入终端数量约 5 台分摊，则每终端月度 ARPU 值为 33 元。据中国移动财报，2021 年移动用户月度 ARPU 值为 48.8 元。两相比较，恰揭示出视频流量在移动用户流量使用中占比较大的形势。

二　用户媒介时间再分配

多终端电视格局的实质是电视和互联网在家庭接入层面的新升级和再布局。综观电视与互联网的竞合关系，终端硬件之外，用户媒介时间是其中述说一切逻辑演进的关键。

CNNIC 发布的第 49 次《中国互联网发展状况统计报告》揭示，截至 2021 年底，我国网民规模达 10.32 亿人，互联网普及率达 73%。2018 年底的网民规模为 8.29 亿人，3 年增加了 2 亿多人。如果分析网民人均每周上网时长数据，2018 年底的数字是 27.6 小时，2021 年底的数字是 28.5 小时，变化幅度不大。其实过去 3 年 CNNIC 发布的多次统计报告都显示出网民人均每周上网时长趋于稳定的基本特征。2020 年 3 月，受疫情影响，网民人均每周上网时长一度增加到 30.8 小时，此后又回落到相对稳定的水平。一方面网民数量持续增长，另一方面网民对互联网的使用时间保持稳定，这说明近几年互联网市场体量的发展壮大仍然主要归因于人口规模红利。

切换到电视视角。CSM 发布的全国网收视率调查数据显示，就电视媒体而言，2018 年我国 12.86 亿电视观众人均每天看电视时间为 129 分钟，到 2021 年我国 12.81 亿电视观众人均每天看电视时间下降至约 100 分钟，3 年间人均减少了近半小时。这其中揭示出与互联网发展截然不同的趋势，即电视观众规模保持稳定的同时人均收视时长持续下降。

两相对比，我们不妨做一个简单计算。过去 3 年新增 2.03 亿网民按人均每周上网时长 28.1 小时（取 2018 年和 2021 年两年数字均值）计，这个增量相当于全国 12.81 亿电视观众在过去 3 年间人均每天增加了 38 分钟上网时间；而同时过去 3 年全国电视观众人均每天却减少了 29 分钟电视收视时间。一方面电视观众看电视时间减少，另一方面新增网民从电视收视转向互联网使用，从数据对比来看，二者呈现几近完美的替代关系。

但深入一点儿看，还有两个趋势是不能忽视的。一是电视也在互联网化，换句话说互联网增量之中也包含互联网电视的贡献，这个被称为新电视业态。CSM 监测数据显示，电视大屏端基于 OTT 形成的收视份额近期已超过 10%，即约相当于人均每天收看 10 分钟，这个时间可以看作电视收视量统计与互联网使用量统计之间的重叠部分。二是电视收看和互联网使用之间还存在共时性，即所谓边看电视边上网的情况。举例来说，CSM 同源监测数据就显示，20.7%的爱奇艺用户会在互联网端打开爱奇艺应用的同时观看电视，14.6%的抖音用户会在互联网端打开抖音短视频应用的同时观看电视。从这些趋势可见，互联网对电视的影响其实比我们看到的简单时长对比更加深刻。

网络视频（综合视频、短视频）和电视既相竞争又相融合。CNNIC 报告显示，2021 年网络视频用户规模为 9.75 亿人，占网民整体的 94.5%。在“视频消费不破天花板”[①] 的基本格局中，网络视频用户规模不断增长，用户媒介使用时间从电视向网络视频迁移。但同时我们也看到，互联网人口规模红利正在消失，电视和网络视频的竞争终将回归于内容。

三　广告营销市场再布局

用户媒介时间消费格局的变化也映射于广告市场。据国家市场监管部门统计，当前全国广告市场总体规模已突破万亿元，对 GDP 的贡献占比约为 1%。近几年广告市场收入仍然能够以两位数速度增长，是 GDP 增速的近两倍，显示出我国新经济转型蕴含着极大的市场内驱力。由中关村互动营销实验室发布的《2021 中国互联网广告数据报告》指出，2021 年我国互联网广告市场规模达 5435 亿元，同比增长 9.3%。[②] 互联网广告规模已占据全国广告市场总量的半壁江山。

此外，2021 年“全国广播电视和网络视听机构共取得广告收入 3079.42 亿元，同比增长 58.73%”[③]，则是由国家广电总局《2021 年全国广播电视行业统计公报》发布的数据，“其中：传统广播电视广告收入 786.46 亿元，同比下降 0.4%；广播电视和网络视听机构通过互联网取得的新媒体广告收入 2001.46 亿元，同比增长 124.89%；广播电视和网络视听机构通过楼宇广

---

① 《郑维东：视频消费不破天花板》，https://lmtw.com/mzw/content/detail/id/177531/keyword_id/-1。

② 《2021 中国互联网广告数据报告》（完整版），https://www.sohu.com/a/516534600_121118998。

③ 《国家广电总局发布〈2021 年全国广播电视行业统计公报〉》，https://www.163.com/dy/article/H5QAG16T05119UAT.html。

告、户外广告等取得的其他广告收入 291.50 亿元，同比增长 11.89%”。如果将与互联网有关的新媒体广告重复统计部分剔除，则广电行业实现的广告收入仅占全国广告市场总量的约 11%；即便包含新媒体广告在内，这个占比也只有约 30%，仍明显低于互联网广告的占比水平。电视媒体融合发展所面临的转型与创新挑战仍然艰巨。

在广电行业内部，基于国家广电总局官方统计数据，我们通过对比也发现，2020 年是新媒体广告收入首次实现对传统广播电视广告收入反超的一年，而且反超规模达百亿元，是具有里程碑意义的大事件。2021 年则进一步实现了新媒体广告收入大幅增长，媒体融合转型发展正在进入快车道。

国际广告组织 IAB 在一份广告投放行业趋势分析的调查报告中，对网络视频广告投资向好的原因进行了分析，其中占前三位的原因依次是：有更广泛的受众规模（72%），更多触达年轻族群（60%），以及能够影响忠实粉丝（29%）。这几点在 CNNIC 归因互联网广告快速增长的分析中也同样提到，只是有关表述转换为：智能终端增长带来的用户数量增加，基于信息流广告的精准营销发展，以及 KOC（关键意见消费者）驱动的粉丝经济转化。

内容、渠道、终端、用户、营销是我们用来分析传媒产业变革的五大基本要素。在电视与网络视频的竞合发展中，“内容+终端”是决定格局演进变化的关键。基于内容的竞争终将升位于版权，而基于终端的竞争必将回归于场景。智能电视和智慧大屏正在重塑传统电视曾经牢牢占据的家庭场景，是与媒介内容融合进程相适配的电视与互联网终端融合新平台。CSM 2021 年监测数据显示，与家庭智能电视终端相捆绑、相连接的 IPTV 和 OTT 网络视频内容之收视份额已超过 25%，该领域正成为广告营销市场新宠。

四　数字营销替代效应明显

互联网广告规模的快速增长揭示了传统营销转向数字营销的趋势性和重要性。由市场调查机构凯度（Kantar）发布的《2021 年中国城市居民广告关注度研究》列举了两项重要的调查数据：一是各类型广告媒体的日到达率，其中以互联网广告最高，达 91%，电视广告的日到达率为 51%，排在电梯广告（79%）之后，列第三位；二是各类型媒体广告用户日均接触时长，其中互联网广告为 9.8 分钟，居首位，电视广告为 3.5 分钟，同样是排在电梯广告（6.4 分钟）之后，列第三位。[①]

这组调查数据可与 2008 年笔者写过的一篇题为《收视率与广告回避度》[②] 的文章中的有关数据相类比，该文有这样一段记述："中国传媒大学近期有研究课题以不同媒体的广告消费指数调查切入，试图建立基于同源数据的不同媒体广告效果测定新标准……该调查结果显示，依广告消费指数（广告接触率与广告接触时间份额的乘积）由高到低排序，电视广告分值最高，为 29.5，第二是报纸广告（分值 9.5），第三是户外液晶电视广告（分值 8.3），第四是互联网广告（分值 7.6），第五是广播广告（分值 3.9），杂志广告排第六（分值 2.9）。作为最具新媒体特征的互联网广告，其广告效果指数仅相当于电视广告效果指数的 1/4。"

由此基于 2021 年的最新调查结果，同样计算上述所谓"广告消费指数"，得到数据如下：依广告消费指数由高到低排序，互联网广告分值最高，为 37.1，第二是电梯广告（分值 20.1），第三是电视广告（分值 7.1），第四是户外大牌/LED 大屏广告（分值 1.83），第五是公交广告（分值 1.78），第六是地铁广告（分值 1.2），第七是广播/电台广告（分值 0.6），最后是报纸/杂志广告（分值 0.5）。

对比跨越 13 年的两组截面数据，可见其中惊人变化，尤其是新媒体广告与传统媒体广告消费指数的分值逆转。13 年间互联网广告消费指数相当于年均增长 14%，而电视广告消费指数则相当于年均下降 11%，二者呈现逆变互生的演进趋势。

2008 年全国电视广告收入约 500 亿元，而互联网广告收入尚不足百亿元，前者规模约是后者的 5 倍；而彼时前者的广告消费指数分值是后者的

① 《凯度 2021 年城市居民广告关注度研究：电梯广告与社交媒体广告记忆度最高》，https：//xw.qq.com/cmsid/20210528A0BSUX00。

② 郑维东：《秩序与语境：中国电视之收视率观察》，中国传媒大学出版社，2012。

3.9倍，显示出当时电视广告相比于互联网广告存在明显的溢价效应，溢价比为128%。2021年，全国电视广告收入规模为700多亿元，互联网广告收入超过5000亿元，后者约为前者的7倍；而当下后者的广告消费指数分值是前者的5.2倍，揭示出与2008年相反的特征，即互联网广告相对于电视广告反而呈现显著溢价效应，溢价比约为135%。

围绕互联网平台展开的数字营销因其可细分、可定向、可互动、可引流等特征而备受广告主青睐，广告预算向数字营销媒体倾斜成为业界共识。数字营销对传统营销形成明显替代效应，并推动形成更多与互联网不断融合发展的新电视业态。

五　向节目多触点营销管理转型

互联网是新场景的设计师和制造者，对于内容、对于营销皆是如此。消费者与场景的任何一次结合都是值得重视的营销触达机会。这样的场景被统称为触点，对应的英文单词是“Touch Point”。随着整合营销传播理念兴起，触点营销管理得到越来越多的推崇，互联网技术发展更让触点营销机会和收益获得倍速增长。

媒体是生产和聚合触点的最好平台之一，广告恰是很好运用了媒体的这种触点效应。触点中的“触”在广告用语里即“到达”，所谓“Touch”即“Reach”；“点”则是对触达方式的高度概括，包含时空、表达、内容等多个维度的丰富信息。视频媒体所制作和播出的节目同样具有产品属性和品牌意义，和其他处于市场竞争中的产品一样，对视频节目的触点营销管理前所未有的重要。网络视频传播过程中形成的所谓高流量网红节目、现象级爆款节目，往往都离不开高质量、高效率的触点营销管理。

媒体融合传播时代，更广泛的收视率是指对用户跨平台、多终端的视频使用行为总和的统计。这里的使用行为与传统收视率定义中的使用行为并无区别，仍然区分为到达与时长两个基本计量维度。收视率对到达的测量之于视频节目触点营销管理具有实际应用层面的意义。传统收视率只测量家庭电视直播，意味着家户里的电视机是视频节目的唯一触点，其收视率分析意义相对单纯，触点营销管理要求相对简单。新的收视率定义因随视频节目传播泛化而体现为更丰富的到达方式组合，包括各种设备端的组合，以及更多非线性和多空间场景的组合。这些组合实质上就形成了视频节目之于消费者的更丰富的触点集合。

现今收视率测量已经进入4.0时代，即多触点收视率调查时代。收视率调查1.0是日记法时代；收视率调查2.0是测量仪时代，其中包括家户测量仪和个人测量仪两个亚时代；收视率调查3.0时代仍然是电视大屏监测时代，不过增加了对互动收视行为的统计，实现了线性和非线性收视行为的叠加，这实际上也可以称为数字电视测量时代；当前的4.0时代是互联网电视测量时代，即互联网加电视的测量时代，既测量电视视频（包括数字电视和互联网电视），也测量互联网视频，是真正的全视频测量。1.0时代的TV即“Television”（电视），4.0时代的TV含义则升级为“Total Video”（全视频）。

4.0时代的收视率测量必然建构于多触点行为统计之上，这恰是应视频节目触点营销管理现实需要，反过来这样的跨屏多端收视率又必然成为视频节目触点营销管理优化的重要数据评测工具。触点形成的前提是到达，到达体现为用户规模，互联网语言称之为“日活”“月活”之类。收视率不只统计到达，还统计时长，时长是触点场景的构成要素。各种视频平台之间不只竞争到达用户规模，也竞争用户沉浸时长，这恰是推进触点营销管理的必要性所在。

随着传播技术革新和应用平台发展，视频节目正在按照长、中、短视频，社交属性视频，电商属性视频等迅速重组内容业态，用户触点营销管理愈加复杂，而这又和广告触点营销管理相互交叉，进一步形成以SVOD（基于订户模式的视频服务）和AVOD（基于广告模式的视频服务）等为代表的多种视频营销商业范式。当前有共识的一个基本判断是互联网人口红利几近消失，用户触点竞争不再只是量的竞争，而是更强调质的竞争，同时平台也需要重视对具有时长冗余性特点的触点进行更加积极的营销管理。

六　视频行业呈现新常态

与其把以上所分析的数字化和社会化视频发展对视频行业的持续影响理解为变革，倒不如将这些变化归纳并定义为发展新常态。视频行业新常态特点之一是 OTT 快速发展并引领新增长。2020 年美国媒体评级委员会 MRC 发布视频流媒体广告评估行业新标准指导文件 Server-side Ad Insertion and OTT Guidance①，其中专门对 OTT 视频业态进行了更宽泛的界定，这个界定完全突破了所谓“OTT TV”的定义局限，并将其扩展至所有互联网接入的视频流媒体服务。

根据该标准指导文件，OTT 被区分为联网电视机（CTV）终端视频流媒体服务和个人互联网终端视频流媒体服务两部分。其中，前者更进一步细分为智能电视（Smart TVs）、流媒体硬件（Streaming Devices）、机顶盒（STB）和游戏机外设（Game Consoles）四种可供电视大屏接入流媒体服务的解决方案；后者则细分为桌面网页、桌面 App、手机/平板网页、手机/平板 App 四种形态。这些类型划分基本覆盖用户接入视频流媒体服务所有方式。

这一口径下，OTT 视频服务板块，加上传统电视直播/回放板块和 IPTV 直播/点播服务板块，就构成整个视频行业生态。就国内情况而言，如果仅考察大屏端 OTT 市场，这部分市场规模据多家机构测算大致有两三百亿元营收；如果将中小屏移动端 OTT 市场也考虑进来，则市场规模以数千亿计，远高于另外两大市场板块之和。

用户付费和广告营销双驱动发展是视频行业新常态的第二个特点。当前疫情反复和经济形势变幻让两个驱动轮都面临不确定性挑战和加速下行风险。《经济观察报》以“奈飞失速”为题，报道了被誉为“流媒体之王”

---

① 参见 http：//mediaratingcouncil. org/083021% 20SSAI% 20and% 20OTT% 20Guidance% 20% 20FINAL. pdf。

的 Netflix 自 2011 年以来首次面临订户流失的糟糕情况：截至 2022 年第一季度末，Netflix 总用户数为 2.2 亿人，与上一季度末相比，其在 2022 年前三个月已失去 20 万付费用户，并预计第二季度将再流失 200 万付费用户。[①]

视频流媒体的主要营收模式包括会员服务收入和在线广告业务收入，而且在当前流量红利殆尽、月活用户数相对稳定的形势下，两种收入之间开始显现一定程度的替代效应。“网络内容通过设置付费阅读或者付费观看门槛所建立的一种订户管理和平台经营模式”被称为“付费墙”。如果把付费墙进一步筑高，会员服务收入能否增长及其增量很大程度上取决于用户付费意愿，以及价格提高可能导致的订户流失比例；而流失的订户多数又会进入到广告业务池形成一定比例的广告收涨。

现以 R 表示某一视频流媒体平台的月度 ARPU 值，则 $R=p\times s+a\times(1-s)$，其中 p 为会员月均定价，a 为月均（非会员）单用户广告回报，s 为会员订户比例。进一步，会员定价 p 受用户付费意愿（以用户付费倾向系数 u 表示），用户对平台内容的收视倾向（以收视率 r 表示），以及用户可支配收入水平 I 的共同影响，可简单表示为 $p=u\times r\times I$。另外，广告回报水平 a 则受收视率 r，用户平均消费倾向 c，以及用户可支配收入水平 I 的共同影响，可简单表示为 $a=r\times c\times I$。结合两式关系可得：$p/a=u/c$。这一关系式表明，提高会员定价既受到用户付费意愿相对于其平均消费倾向的可变程度制约，也与市场均衡状态下的广告定价机制有关。

Netflix 一方面于 2022 年初显著提高了其会员定价 p，但另一方面受全球经济通胀及疫情影响，用户平均消费倾向系数 c 则趋于下降，这两方面变化都推动 u/c 比值明显增大，使 Netflix 的用户付费墙显性提高之后再隐性提高，终致已有付费订户出现流失。

再以国内视频流媒体平台爱奇艺为例，该机构财报显示，其 2021 年会员服务营收为 167 亿元，在线广告业务收入为 71 亿元。2021 年月均会

① 《奈飞失速》，https：//baijiahao.baidu.com/s？id=1730622465052156807&wfr=spider&for=pc。

员订阅人数约1亿人，月活用户人数约5亿人。以这些实际业务数字结合上述关系式进行具体推算，可得 u/c = 9.3。现考虑将会员定价 p 从目前平均14元/月增加至20元/月，a 在广告市场动态均衡影响下保持不变，则 u/c = 13.3。这意味着提高会员定价后，用户付费倾向系数 u 相对于用户平均消费倾向系数 c（c 受物价水平和可支配收入影响，是相对稳定的量）须显著提高；而 u 的提高将重新划分用户群并改变付费墙位置，这和 Netflix 所遭遇的市场窘境一样，将极可能导致会员订户流失。可见，像处于爱奇艺这样经营模式和现状的视频流媒体服务平台，如果提高会员定价，必须同时考虑积极提升内容品质以消解涨价对订户付费意愿的冲击。付费墙能不能筑得高筑得牢，到头来还要内容说了算；付费墙经济归根结底仍是内容经济。

中短视频快速占领市场赛道，通过紧密连接社交和电商功能，不断改变视频行业竞争规则，这是视频行业新常态的第三个特点。据 CNNIC 统计，截至2021年底我国短视频用户达9.34亿人，占所有网络视频用户规模的95.8%。QuestMobile 统计数据则显示，2021年12月我国用户短视频使用总时长已占移动互联网使用总时长的25.7%，超过即时通信类应用而排名第一。爱优腾一贯倚重的网络长剧市场近来则遭受微短剧目类型挑战。仅2022年3月，在国家广电总局“重点网络影视剧信息备案系统”中登记并取得规划备案号的网络微短剧目就有266部共6224集，而2021年在国家广电总局备案的电视剧总数才为498部，相比之下，微短剧正进入市场井喷期。用户行为碎片化和视频节目微短化趋势凸显时代焦虑。

七　融合传播价值测量再进阶

在视频传播链条中，内容、渠道、终端、用户和营销五大要素所发生的变化既有量变更有质变。2014年开启的媒体融合新时代，传统与现代交互，守正与创新并行，改变了电视传播格局，改写了视频行业生态，也让媒体融合传播价值测量方法亟待完善升级。进一步，如果把当今视频生态区分为直播视频亚生态和点播视频亚生态两种，则之前的收视率“通用货币”体系仍主要在直播视频亚生态领域发挥作用和影响，而点播视频亚生态领域则迫切需要升级并建构新的收视率“通用货币”体系。

当前在由电视主导的直播视频亚生态领域，在观众规模及收视时长不断萎缩的趋势下，各电视频道竞争仍非常激烈，但头部频道呈现内卷特征，尾部频道则有躺平迹象。当前在由互联网主导的点播视频亚生态领域，随短视频平台迅猛发展，互联网中长视频平台压力骤增。可谓各有各的好，亦各有各的难。于是在媒体融合大潮之中，不断涌现各种合纵连横现象，力求破局谋变。电视直播视频平台一方面强化与互联网中长视频平台在内容、用户和广告方面的竞争，另一方面积极拓展短视频赛道；互联网中长视频平台则秉持内容为王的战略，试图从源头把控版权和流量竞争的主动权。

纷繁复杂的演进格局之下，观众和用户身份、属性、场景、行为实时流变，与之伴生的海量数据既是对收视率调查资源的极大丰富，也是对将数据转化成新型收视率体系的极大挑战。如果说直播视频亚生态领域中的收视率调查仍可以沿用传统的样本行为监测体系，那么在点播视频亚生态领域就不得不放弃有限抽样思维，应认真考虑如何从样本监测向大数据提取和统计方法转进，从而形成所谓基于流量监测和分析的新收视率体系。

目前在流量化收视率调查方面，国际上大致形成了三种基础模式：由视频平台自有流量回路数据（RPD）提取和分析节目收视表现，形成收视率报告，例如 YouTube 就面向内容上传者提供这样的数据服务；通过对视频节目加载标签（Tag）的方式识别和回收用户使用节目的流量行为数据并与样本数据进一步整合一体，形成规范收视率报告体系；以及从 ISP 服务商获取跨平台流量数据并进行提取、提纯、标识、转化、整合分析，形成动态收视率报表等。

在直播视频亚生态领域，收视率调查数据采集自样本用户，调查机构完全可以独立提供收视率统计报告服务；在点播视频亚生态领域，拥有流量大数据的平台能否以及如何与收视率调查机构合作，则是一个攸关利益格局和市场竞争的复杂问题。国际上不少国家和地区的收视率调查组织方式采用

JIC 机制，即行业联合会协议委托方式：由视频行业生态中各有关内容生产、聚合、传播和营销机构组建联合会，委托第三方机构开展中立收视率统计报告服务。在国内点播视频亚生态领域，要形成一套科学完整的收视率“通用货币”体系，借鉴和落地这一机制非常重要。

高质量的收视率调查体系，除科学、中立、公正之外，应具有高可行性、高开放性和高标准化特征，这是媒体融合时代的新要求。我国当今视频生态发展进入市场存量竞争阶段，速度让位于规则，数量让位于质量。高质量发展的视频生态必然更加需要高质量的价值测量体系。

B.6

2021年中国电影产业发展报告

尹 鸿　孙俨斌*

摘　要： 2021年的中国电影市场一枝独秀，市场恢复率、票房、观影人次、影院和银幕数量均处于全球领先位置。资本市场回暖，大部分影视企业扭亏为盈，国企快速复苏，国有机构和国有资本、互联网和新媒体企业更加深入电影业腹地，带来行业格局的新变化。电影生产进入合作时代，多兵种配合、资源共享、抱团取暖，以内容为王和打造优质产品成为电影行业的必然选择；主题性献礼片和现实题材影片成为市场主流，国产电影市场保持强劲市场竞争力，网络电影继续减量提质。电影市场整体乍暖还寒，院线优化迫在眉睫，影院面临亏损威胁，观众观影呈节庆化和非日常性的态势，电影票房的档期分布更为不均，中国从电影大国到电影强国的道路充满挑战。丰富而优质的产品、活跃而有序的产业是助推中国电影发展形成新高峰的重要力量。

关键词： 电影产业　电影高原　电影高峰

* 尹鸿，清华大学新闻与传播学院教授、博士研究生导师，澳门科技大学特聘教授；孙俨斌，北京电影学院管理学院讲师。

一　产业概况

2021 年中国电影总票房为 472.58 亿元（72.36 亿美元），[①] 同比增长 131.46%，恢复至疫情前最高纪录（2019 年 642.66 亿元）的 73.53%（见图 1）。据统计，2021 年全球电影票房约为 213 亿美元，较 2020 年增长 78%，达到了 2019 年的 50%。[②] 2021 年中国电影市场票房恢复相对其他国家依旧最好，连续两年位列世界第一，票房占到全球的 1/3。三部中国电影进入全球票房前十，《长津湖》（9.03 亿美元）、《你好，李焕英》（8.22 亿美元）、《唐人街探案 3》（6.86 亿美元）位列全球票房排行榜第二、三、六位。另有 27 部中国电影进入全球票房前一百位。[③]

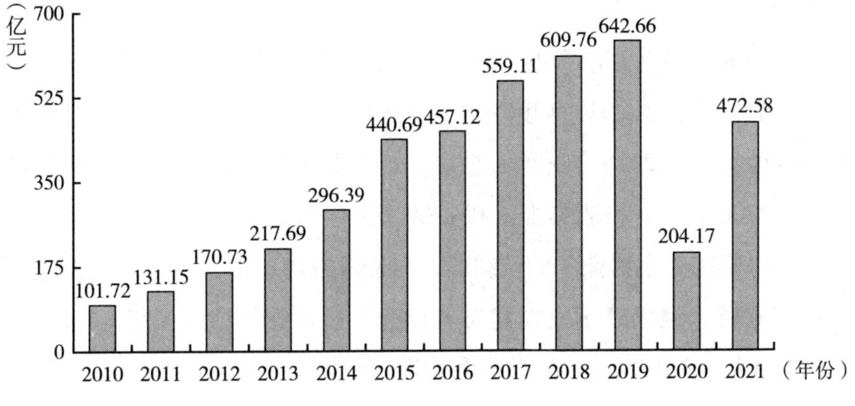

图 1　2010~2021 年中国电影总票房

① 赵丽：《国家电影局发布数据：2021 年全国电影票房 472.58 亿》，https：//mp.weixin.qq.com/s/FWVfrVvDpLMlH51agpDkFA。

② 彭侃：《回升与转型：2021 年世界电影产业》，《电影艺术》2022 年第 2 期。

③ M 大数据、1905 电影网、电影频道融媒体中心：《2021 中国电影年度调查报告》，https：//www.1905.com/special/s2021/moviereport/。

二　电影生产

1. 资本市场

2021 年度的影视资本市场继续回暖。芒果超媒以 1070. 43 亿元的市值远超其他影视上市公司，位列榜首。2021 年芒果超媒实现净利润 21. 14 亿元，同比增长 6. 63%。其中，流媒体业务芒果 TV 全年营收达 112. 61 亿元，同比增长 24. 28%。①

大部分影视公司扭亏为盈。凭借电影票房和数量的双赢，中国电影实现营业收入 58 亿元，同比增长 97. 16%，② 盈利 2. 05 亿 ~ 2. 75 亿元。上海电影实现盈利 2100 万 ~ 2500 万元。③ 华谊兄弟扭亏，预计实现净利润 2252 万 ~ 3371 万元。但扭亏归因还是股权转让带来的投资收益，而非电影项目的收益。④

扭亏为盈的还有万达影视、唐德影视、横店影视。已经连续两年未完成业绩承诺的万达影视 2021 年度净利润为 0. 9 亿 ~ 1. 3 亿元。唐德影视得到浙江广电的助力，自 2018 年开始亏损后，终于在 2021 年扭亏为盈，净利润为 1800 万 ~ 2700 万元。横店影视盈利 1200 万 ~ 1400 万元。

其他以影院为主营业务的院线股，如金逸电影、幸福蓝海、文投控股等业绩虽有好转，但仍处于亏损状态。金逸影视预计亏损 2. 8 亿 ~ 3. 6 亿元，净亏损 1. 4 亿 ~ 2. 0 亿元。ST 北文和欢瑞世纪连续第三年亏损。北京文化亏

---

① 《芒果超媒股份有限公司 2021 年度业绩快报》，https：//pdf. dfcfw. com/pdf/H2 _ AN202202271549543757_ 1. pdf? 1645982193000. pdf。

② 《中国电影股份有限公司 2021 年度业绩快报公告》，http：//download. hexun. com/ftp/all_ stockdata_ 2009/all/121/252/1212529891. PDF。

③ 《上海电影股份有限公司 2021 年度业绩预盈公告》，http：//www. sse. com. cn/disclosure/listedinfo/announcement/c/new/2022-01-29/601595_ 20220129_ 7_ QgDS99IJ. pdf。

④ 《上海电影股份有限公司 2021 年度业绩预盈公告》，http：//www. sse. com. cn/disclosure/listedinfo/announcement/c/new/2022-01-29/601595_ 20220129_ 7_ QgDS99IJ. pdf。

损 0.95 亿万~1.4 亿元，亏幅较 2020 年收窄，[①] 市值仅剩 35.22 亿元，跌幅 16.18%。主营影视剧销售业务及艺人经纪业务的欢瑞世纪，亏损 1.1 亿元，随着杨紫等艺人的离去，命运堪忧。

一贯稳健的光线传媒市值保持小幅增长，但由于 2021 年没有爆款电影，盈利 1.7 亿~2.2 亿元，同比下降 24.41%~41.59%。港股上市公司阿里影业和欢喜传媒，尚未公布 2021 年业绩，就市值来看，欢喜传媒实现了 1.2%的增长，阿里影业市值缩水 28.38%。受疫情影响，已连续三年亏损的长城影视终止上市并摘牌。[②] 2021 年 IPO 过会的博纳影业迟迟未挂牌上市。柠萌影业于 9 月申请赴港上市。上述影视上市公司的资本市场表现如表 1 所示。

表 1　2021 年部分主要影视上市公司资本市场表现

排名	公司名称	2021 年总市值（亿元）	同比变化（%）	2021 年业绩（元）	类型
1	芒果超媒	1070.43	-17.07	略增，盈利 20.4 亿~21.4 亿	A 股
2	完美世界	394.01	-31.15	盈利 3.5 亿~3.9 亿	A 股
3	光线传媒	376.97	6.46	略减，盈利 1.7 亿~2.2 亿	A 股
4	万达影视	345.32	-14.38	扭亏，盈利 0.9 亿~1.3 亿	A 股
5	中国电影	239.16	2.81	扭亏，盈利 2.05 亿~2.75 亿	A 股
6	阿里影业	155.79*	-28.38	—	港股
7	华谊兄弟	109.87	-8.07	扭亏，盈利 2252 万~3371 万	A 股
8	文投控股	61.77	41.12	亏损 4.2 亿~5.0 亿	A 股
9	上海电影	48.50	-0.82	扭亏，盈利 2100 万~2500 万	A 股
10	欢喜传媒	42.19*	1.20	—	港股
11	唐德影视	35.63	30.04	扭亏，盈利 1800 万~2700 万	A 股
12	北京文化	35.22	-16.18	亏损 0.95 亿~1.4 亿	A 股
13	慈文传媒	27.50	-10.10	亏损 2.0 亿~2.5 亿	A 股
14	幸福蓝海	24.44	4.44	亏损 1.4 亿~2 亿	A 股

说明：2021 年业绩来源于 http：//stock.caijing.com.cn/20220304/4844116.shtml；* 换算时间为 2021 年 12 月 31 日，当日汇率为 1 港元=0.8176 元人民币。

① 《北京京西文化旅游股份有限公司 2021 年度业绩预告》，https：//aiqicha.baidu.com/yuqing? yuqingId=e8024cbe32282d0c8976fa7106739405&type=。

② 《快讯！“影视借壳第一股”长城影视摘牌》，https：//m.sohu.com/a/465171247_ 351788/?pvid=000115_ 3w_ a。

2. 市场格局

2021 年的电影市场主体更为丰富，主体之间合作更为紧密，票房排行榜前十位的电影平均约有 25 家公司参与出品和发行。除了影视生产企业外，广电机构、其他企事业单位、各级地方政府等也进入电影生产中。另外，影视企业与其他市场主体、各级政府之间的合作也更为紧密。

（1）国有电影公司

以中国电影、华夏电影和上海电影为代表的一线国有电影公司市场地位有所加强。以中国电影为例，2021 年出品电影 24 部，累计票房 239.60 亿元，占全国国产电影总票房的 60.01%；全年发行影片 711 部，票房 328.60 亿元，占全国总票房的 69.53%。①

近两年，随着主旋律影片和现实题材影片越来越得到市场的认可，地方国有电影公司得以发挥其在地资源调动能力和政治红利优势，参与到主旋律电影甚至商业电影制作中。如八一电影制片厂、内蒙古电影集团有限责任公司、重庆电影集团有限公司、福建省电影发行放映有限公司、珠江电影集团有限公司、江苏电影集团有限公司、安徽电影集团有限责任公司、河北电影制片厂、西安电影制片厂、宁波市电影集团有限责任公司、湖北长江电影集团有限责任公司、天津北方电影集团有限公司等参与到《长津湖》《中国医生》《守岛人》《革命者》《1921》《峰爆》等主旋律电影，甚至《唐人街探案 3》和《误杀 2》等商业影片制作中。

广电机构以控股电影公司或参投电影项目的方式更深度地进入电影行业。如江苏省广播电视总台（集团）控股幸福蓝海、浙江广播电视集团控股唐德影视等；陕西广电影视文化产业发展有限公司参投了《我和我的父辈》《峰爆》《穿过寒冬拥抱你》、央视国际网络有限公司参投了《我和我的祖国》《我和我的父辈》《金刚川》等。

---

① 《中国电影股份有限公司 2021 年度业绩快报公告》，http：//download. hexun. com/ftp/all_stockdata_ 2009/all/121/252/1212529891. PDF。

（2）新媒体公司

拥有宣传营销资源的抖音、快手等短视频平台，以及哔哩哔哩、中国移动咪咕、泡泡玛特、陌陌等新媒体公司进一步布局电影行业。据统计，这些新媒体公司参与的电影项目票房颇为可观，哔哩哔哩有12.09亿元、泡泡玛特有10.36亿元、中国移动咪咕有19.96亿元。[①] 抖音作为内容平台在电影宣发中的势能输出愈发强劲。2021年全年上映的新片中，有304部选择在抖音平台进行宣传。[②] 抖音背靠资本实力雄厚的字节跳动，2021年有14部电影上映，总票房达73.89亿元。这类新媒体公司参与电影项目的方式目前仍以联合出品为主，但发展态势对标猫眼和淘票票。2022年开年，抖音成为《长津湖之水门桥》的主出品方，字节跳动收购电影购票平台影托邦，这些预示着新的变革即将到来。

（3）流媒体平台

北美市场上，传统电影公司与流媒体平台的资源争夺白热化。迪士尼、华纳、环球等传统电影公司将部分影片转映自有流媒体平台，流媒体方奈飞、亚马逊等则斥巨资加速进军电影业上游。重构多元发行模式的声量在2021年度中国电影市场中反而渐弱。爱优腾三大流媒体平台小步尝试院网融合和双线发行，爱奇艺推出《扫黑·决战》《东北恋哥》等，优酷协同阿里影业推出《大红包》等项目。

中国电影公司依旧紧盯院线，除欢喜传媒和儒意影业两家公司外，鲜有自建流媒体平台的举措。欢喜传媒旗下有欢喜首映，儒意影业旗下有南瓜电影。欢喜传媒已实现与快手、抖音、微信、百度、哔哩哔哩、芒果、猫眼等互联网平台及TCL、创维、海信等大屏终端硬件公司的对接。[③] 总体而言，我国电影业渠道和内容的融合有待深化，这是建构灵活多元发行模式的基

① 丁舟洋、毕媛媛：《金鸡遇上元宇宙，2022中国电影怎么走?》，https：//mp.weixin.qq.com/s/ZmfblCA2QaubJbgcn9Q3MA。

② 《回顾2021年，看抖音与电影相遇的闪光瞬间》，https：//mp.weixin.qq.com/s/p9a-K3DkAD0GZPVvcz231w。

③ 王云杉、胡岚：《对话欢喜传媒项绍琨：票房与流媒体“共生”，欢喜的节奏与平衡》，https：//mp.weixin.qq.com/s/iuYiI1YqLTlmdoEXcL9Glg。

础，更是电影业拥抱新时代的题中之意。

3. 生产企业

纵览打造了头部电影项目的主要生产企业，有的逆市上扬，有的稳步复苏，还有一些曾经的明星企业在环境巨变下跌落了“神坛”。

（1）国有电影公司

2021 年，中国电影、华夏电影和上海电影均进入年度公司票房排行榜的前十。中国电影和华夏电影合力主出品和主发行了年度票房冠军《长津湖》，从制片、发行各环节保障影片的成功。除了《长津湖》之外，中国电影以主出品的身份参与了几乎全部高票房主旋律电影，还出品了多类型的商业电影，如《唐人街探索 3》等。华夏电影出品 12 部电影，既有主旋律电影《中国医生》，还有艺术电影《梅艳芳》等。

在主旋律电影得到观众认可的市场背景下，地方国有电影公司以出品或联合出品的身份参与到诸多高票房电影中。内蒙古电影集团有限责任公司、重庆电影集团有限公司成为《长津湖》的联合出品方；《中国医生》的出品方中，珠江电影集团有限公司以及湖北长江电影集团有限责任公司位居主出品方之列，联合出品方还有内蒙古电影集团有限责任公司、江苏省电影集团有限公司、重庆电影集团有限公司等。

（2）民营电影公司

博纳影业领衔出品了 2 部爆款电影《长津湖》和《中国医生》，还参投了动画电影《新神榜：哪吒重生》等。光线传媒 2021 年度没有爆款电影，走“小而美”的青春动画路线，主出品《你的婚礼》《五个扑水的少年》《阳光姐妹淘》《以年为单位的恋爱》等，产出稳定。

华谊兄弟、万达影业、北京文化都曾在不同时期独领风骚过。《唐人街探案 3》和《误杀 2》两部电影稳住了万达影业的成绩，但其他 4 部主出品电影均未达预期。华谊兄弟虽积极参与了各档期电影出品，但市场表现不佳。如春节档的《侍神令》仅有 2. 73 亿元票房，五一档的《阳光劫匪》口碑与票房双双走低。北京文化在《你好，李焕英》上映前就已卖出该电影大部分收益权，此举也令《封神三部曲》的命运堪忧。

联瑞影业、儒意影业、横店影业、新丽传媒等腰部影视公司也有亮眼表现。联瑞影业有《送你一朵小红花》和《我的姐姐》。儒意影业斥资15亿元成功押注保底《你好，李焕英》。拥有“熊出没”系列的横店影业，还参投了14个项目。新丽传媒在五一档推出《秘密访客》外，还有7部影片在手。

（3）互联网电影公司

阿里影业、猫眼微影稳定了第一梯队的地位。阿里影业主出品电影11部，数量和质量都创历史新高。国产电影票房前十位的电影中6部有阿里影业的身影。猫眼微影出品和主控发行的影片有《你好，李焕英》、《扬名立万》。抖音文化主出品了《盛夏未来》等3部电影。哔哩哔哩影业选择更符合其定位的动画电影，有《白蛇2：青蛇劫起》、《新神榜：哪吒重生》等5部。年度票房排行榜前十位的国产电影中都有互联网电影公司的名字，互联网电影公司的加持已经成为优质电影项目的标配。

（4）动画电影公司

动画电影生产的龙头企业已见雏形。光线传媒、追光动画、华特方强经过多年历练，已拥有稳定的IP，实现了优质内容的持续输出。华特方强的《熊出没：狂野大陆》夺下动画电影年度冠军。追光动画的《白蛇2：青蛇劫起》、《新神榜：哪吒重生》位列二、三位，影片体现了较高的制作水准。

（5）以电影人为中心的电影公司

以电影人为中心的独立电影公司在其参与的影片中有着较高的话语权。吴京的登峰国际位列其主演的《长津湖》和参与导演的《我和我的父辈》的主出品方。陈思诚的壹同影视是《唐人街探案3》中仅次于万达影业的主出品方。以《我和我的父辈》为例，该片由中国电影主控，其余6家主出品公司分别是黄建新的三次元影业、张一白和宋歌的拾谷影业、吴京的登峰国际、章子怡的青怡影视、徐峥的真乐道、沈腾的开心麻花。此外以电影人为中心的电影公司还有贾玲的大碗娱乐（《你好，李焕英》）、肖央的不好意思（《送你一朵小红花》）、古天乐的天下一（《怒火·重案》）、韩寒的亭东影业（《扬名立万》）、路阳的自由酷鲸（《刺杀小说家》）等。

三　电影作品

2021 年中国共生产故事片 565 部（见图 2），加上动画、科教、纪录、特种电影等，获得公映许可证的 740 部，同比上升 13.85%。[①] 全年上映新片 572 部，比 2020 年增加 263 部，超过 2019 年的 568 部。[②] 其中上映国产电影 529 部，数量占比 92.48%，[③] 以 399.27 亿元的票房成绩取得 84.49% 的市场份额（见图 3）。[④]

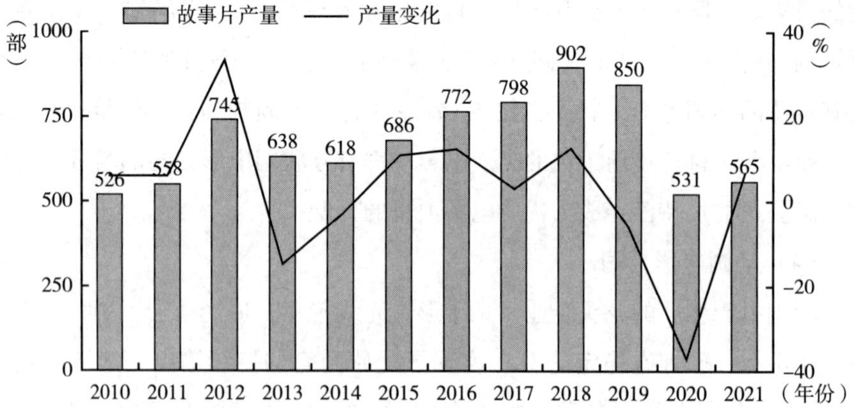

图 2　2010~2021 年国产故事片产量变化

1. 国产电影

2021 年有 56 部影片票房过亿元，其中有 42 部国产电影。[⑤] 票房排行榜

---

① 赵丽：《国家电影局发布数据：2021 年全国电影票房 472.58 亿》，https：//mp.weixin.qq.com/s/FWVfrVvDpLMlH51agpDkFA。

② 《2021 年度中国电影市场数据报告》，https：//mp.weixin.qq.com/s/MHNbJsxWmzvsljnS2D-tkw。

③ 《2021 年度中国电影市场数据报告》，https：//mp.weixin.qq.com/s/MHNbJsxWmzvsljnS2D-tkw。

④ 赵丽：《国家电影局发布数据：2021 年全国电影票房 472.58 亿》，https：//mp.weixin.qq.com/s/FWVfrVvDpLMlH51agpDkFA。

⑤ 《2021 年度中国电影市场数据报告》，https：//mp.weixin.qq.com/s/MHNbJsxWmzvsljnS2D-tkw。

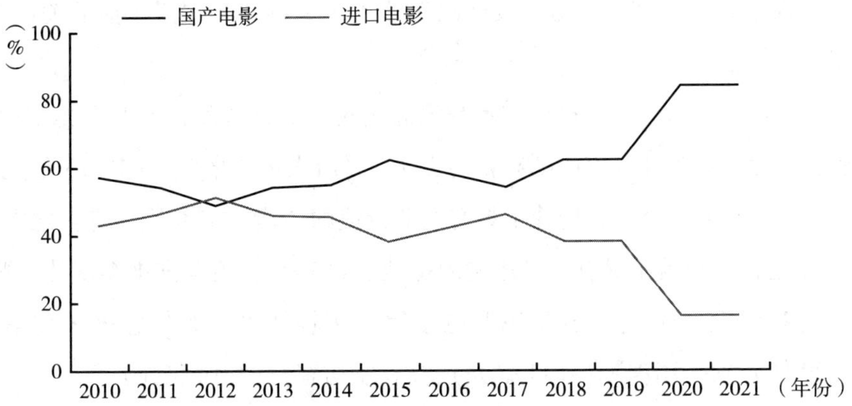

图 3　2010~2021 年国产电影与进口电影市场份额

前十位有 8 部国产电影，《长津湖》以 57.72 亿元的票房成绩超过《战狼 2》成为中国影史票房冠军，位列全球年度票房第二位。《你好，李焕英》《唐人街探案 3》位列全球电影票房排行榜的第三、四位。

2021 年是中国共产党成立 100 周年，主题性献礼影片的上映成为年度最突出的电影现象。2021 年共上映 16 部主旋律题材影片，累计票房 94.4 亿元，占全年票房收入的 19.98%。[①] 代表影片有《我和我的父辈》（14.76 亿元）、《中国医生》（13.28 亿元）、《1921》（5.03 亿元）、《革命者》（1.36 亿元）、《守岛人》（1.37 亿元）等。《长津湖》的成功体现了中国电影工业化的水平，并在疫情防控常态化形势下，为全球电影市场注入强心剂。

2021 年的现实题材电影更多从亲情和家庭入手，表现普通百姓的生活创伤和苦难，为观众提供“温暖”的情感价值和情绪价值。亲情片有《你好，李焕英》（54.13 亿元）、《我的姐姐》（8.60 亿元）、《关于我妈的一切》（1.50 亿元）、《了不起的老爸》（1.48 亿元）、《穿过寒冬拥抱你》（6.19 亿元）等。《送你一朵小红花》（14.32 亿元）、《人潮汹涌》（7.62 亿

① 荣棣：《新格局 · 新生力：2021 年中国电影市场年度报告》，https：//mp.weixin.qq.com/s/NoUNAjKD2njQ69tIJzoMNQ。

元）、《误杀2》（9.25亿元）表现出对非主流人群和非主流生活的关注和关怀。

科幻片、奇幻片、武打动作片都没有出现代表性作品，但混合类型片、谍战悬疑片、灾难片等方面则有新的突破。《唐人街探案3》（45.23亿元）融合悬疑、喜剧、奇幻，构建了具有商业价值的“唐探宇宙”。《悬崖之上》（11.90亿元）成就了最有市场影响的谍战悬疑影片，还有灾难类型片《峰爆》（4.37亿元）等。悬疑犯罪电影得到市场认可，如《怒火·重案》（13.29亿元）、《缉魂》（1.11亿元）、《秘密访客》（2.14亿元）等。

2. 进口电影

2021年度进口电影总票房为73.31亿元，占比15.51%。仅有两部进口电影进入年度票房前十，《速度与激情9》（13.92亿元）和《哥斯拉大战金刚》（12.32亿元）分列第五和第八位，也是唯二票房过10亿元的进口片。17部进口电影票房过亿元。进口电影的市场份额、引进数量、票房产出与往年相比严重下滑。

中国观众对好莱坞视效大片产生审美疲劳。2014年至今，再无进口电影能够触及中国市场票房之巅；2017年以来，国产电影的市场份额开始逐年攀高，疫情进一步加剧了这一趋势。《速度与激情9》虽取得进口电影票房年度冠军，但凸显后劲不足。①

头部进口电影“缺席”是造成进口片大盘低的原因之一。在全球和北美电影市场取得高票房的好莱坞电影，如《蜘蛛侠：英雄无归》（全球第1）、《毒液2》（全球第7）等均未能在中国上映。不仅如此，进口电影从引进、定档到上映变得步履维艰，上映数量较2019年减少近一半。好莱坞大片对非重大档期的市场调节作用弱化，这也是造成2021年度电影市场的档期过度拥挤、票房两极分化、日常观影人次减少的原因之一。

2021年中国电影市场进口电影的票房排行榜如表2所示。

---

① 杜思梦：《2021中国电影十大关键词》，https：//mp. weixin. qq. com/s/v-KRrsgTw4lle8Tl1TMrbQ。

表 2　2021 年中国电影市场进口电影票房排行榜

单位：亿元

排名	影片	票房	出品公司	国别
1	速度与激情 9	13.92	环球	美国
2	哥斯拉大战金刚	12.32	环球	美国
3	失控玩家	6.12	二十世纪福克斯	美国/加拿大
4	007:无暇赴死	4.14	米高梅	美国/英国
5	阿凡达	3.75	二十世纪福克斯	美国/英国
6	心灵奇旅	2.97	迪斯尼	美国
7	多啦 A 梦:伴我同行 2	2.77	SHIN-EI 动画	日本
8	沙丘	2.53	传奇影业、华纳兄弟	美国/英国/匈牙利/加拿大
9	寂静之地 2	2.49	派拉蒙	美国
10	名侦探柯南:绯色的子弹	2.16	TMS 娱乐	日本

数据来源：猫眼专业版，截至日期 2021 年 12 月 31 日。

非美影片中有 3 部取得过亿票房，《哆啦 A 梦：伴我同行 2》、（2.77 亿元）、《名侦探柯南：绯色的子弹》（2.16 亿元）、《你好世界》（1.36 亿元），均为日本电影。

3. 网络电影

受全球电影市场供给不足的影响，网络平台上线的院线电影有效播放量为 452 亿次，同比减少 14%；对比之下，网络电影有效播放量保持稳定，累计 112 亿次。2021 年度网络电影市场喜忧参半。

喜，在于完成减量提质。2021 年全平台首发影片 551 部，数量同比减少 28%；部均正片有效播放量提高 37%，为 1363 万次；[①] 制作成本增加，30%的上新影片制作成本过千万元；营销成本提高，85%的网络电影新片进行了自主营销，营销成本为 100 万元以上的影片数量占比达 64%，短视频成为网络营销的主阵地。

① 《2021 中国网络电影行业年度报告》，https：//mp.weixin.qq.com/s/kh_ fKVewlmgIgebvAe1--w。

忧，与2020年市场数据相比，网络电影表现不佳。2021年爱优腾上新网络电影公开分账总规模为19.6亿元，《兴安岭猎人传说》的分账票房仅为4449万元（见表3），较2020年分账票房冠军少了1193万元；分账票房过千万元的电影有68部，[①] 较2020年少了3部；超过3000万元的电影7部，少了3部。制作成本增加，收益减少，网络电影面临回本压力。

网络电影市场口味从古装玄幻转向现实主义和主旋律。在年度分账票房前十的影片中，仅有《白蛇：情劫》一部古装剧，其余均为融合了恐怖、战争、悬疑、动作、喜剧的现代剧。

表3　2021年网络电影分账票房排行榜

单位：万元、万人次

排序	网络电影	分账票房	观影人次	类型	平台
1	兴安岭猎人传说	4449.0	1112.2	恐怖悬疑冒险	腾讯
2	无间风暴	3363.0	1364.8	动作/犯罪	优酷/爱奇艺
3	浴血无名川	3355.8	1118.6	战争/历史	爱奇艺
4	硬汉枪神	3327.5	739.4	动作/冒险	优酷
5	黄皮子坟	3190.2	1723.3	悬疑/奇幻	优酷/爱奇艺/腾讯
6	白蛇:情劫	3092.7	1030.9	玄幻/爱情	爱奇艺
7	重启之蛇骨佛蜕	3007.7	—	悬疑	优酷
8	四平警事之尖峰时刻	2900.7	725.2	喜剧动作	腾讯
9	新逃学威龙	2890.9	1164.3	喜剧	优酷/爱奇艺
10	黄皮幽冢	2621.9	655.5	悬疑	腾讯

数据来源：灯塔专业版和猫眼专业版。

① 《2021中国网络电影行业年度报告》，https://mp.weixin.qq.com/s/kh_fKVewlmgIgebvAe1--w。

四　放映市场

1. 影院

2021 年全国影院数量为 14201 家,[①] 同比增长 8.19%，新建影院 1075 家；银幕总量达 82248 块，新增银幕 6667 块,[②] 同比增加 8.82%（见图 4）；银幕全部实现数字化，其中巨型银幕 1114 块。[③] 放映市场规模和放映技术均处于世界先列水平。

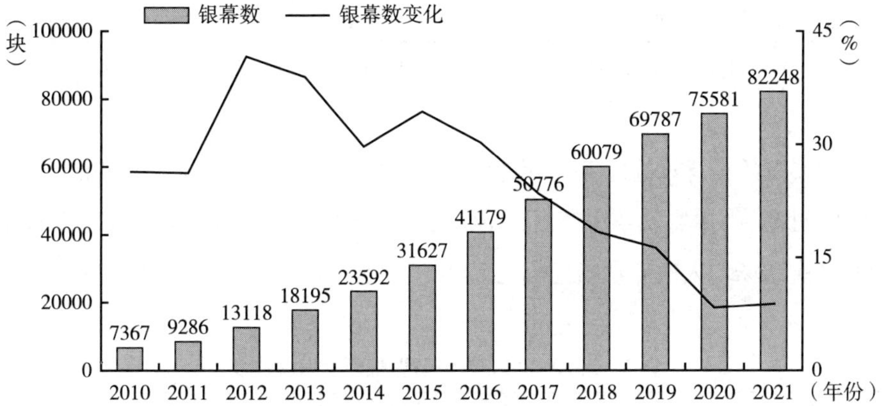

图 4　2010~2021 年全国银幕数量变化

就影片在影院的放映制式看，普通 2D 产出票房占比 81.24%，普通 3D 票房产出占比 13.78%，其他制式占比不到 5%。2017~2021 年的数据显示，3D 的票房占比逐年下降，从 2017 年的 54.86%到 2021 年的 13.78%，下降超 40 个百分点，中国人还是更爱看 2D 电影（见表 4）。

2021 年平均票价达到 40.50 元。自 2017 年始，中国电影票价开始稳步

① 《2021 年中国电影市场研究报告——破冰 · 启航》，https：//mp.weixin.qq.com/s/VGBmneQl9y2JlHoHzPc4wQ。

② 赵丽：《国家电影局发布数据：2021 年全国电影票房 472.58 亿》，https：//mp.weixin.qq.com/s/FWVfrVvDpLMlH51agpDkFA。

③ 《2021 年中国电影的十大事件》，https：//mp.weixin.qq.com/s/l9agNmOM7x50tIcq-v8f5g。

上涨，2017 年平均票价仅为 34.43 元。一线城市平均票价最高，达到 48.6 元。[①] 春节档票价涨幅最为明显，2021 年春节档平均票价为 48.9 元，[②] 比 2019 年的 39.7 元增长近 10 元。

表 4　2017~2021 年中国各制式影片票房占比情况

单位：%

制式	2017 年	2018 年	2019 年	2020 年	2021 年
普通 2D	40.23	55.85	55.96	79.22	81.24
普通 3D	54.86	39.23	38.72	15.76	13.78
其他	4.91	4.92	5.32	5.02	4.98

说明：其他包括 IMAX、IMAX 立体、中国巨幕、中国巨幕立体和其他特种影片。

单影院的经营效益自 2015 年达到峰值以后，开始逐年下降，影院面临更为严重的困境。[③] 单影院票房产出、单银幕票房产出、单影院观影人次、单银幕观影人次和场均人次五项指标相比 2019 年均有 30%以上的跌幅（见表 5）。[④]

表 5　2019~2021 年中国影院经营效益指标

指标	2019 年	2020 年	2021 年	2021 年与 2019 年相比(%)
单影院票房产出(万元)	545.44	168.69	376.73	-30.93
单银幕票房产出(万元)	90.09	27.84	61.53	-31.70
单影院观影人次(万人次)	14.70	4.56	9.35	-36.39
单银幕观影人次(万人次)	2.43	0.75	1.53	-37.04
场均人次(人次)	13.56	9.51	9.47	-30.16

数据来源：国家电影专资办，《2021 年度中国电影市场数据报告》，2022 年 2 月 8 日。

① 数据来源：艺恩电影智库、艺恩娱数，统计时间为 2021 年 1 月 1 日 ~2021 年 12 月 24 日。

② 《影协×灯塔发布档期策略报告》，https：//mp.weixin.qq.com/s/lJigKBMhpXouG8IpuUnoTw。

③ 数据来源：艺恩电影智库、艺恩娱数，统计时间为 2021 年 1 月 1 日 ~2021 年 12 月 24 日。

④ 《2021 年度中国电影市场数据报告》，https：//mp.weixin.qq.com/s/MHNbJsxWmzvsljnS2D-tkw。

面对经营困境，长期以来影院一直在积极探寻多元的营收模式，提高非票房收入占比。2021 年影院开始与话剧、脱口秀、剧本杀等商业模式合作，如上海五角场万达影城新开设了“万影寻踪”沉浸剧本体验馆。

2. 院线

院线市场格局保持稳定。在全国 51 条院线中，[①] 万达院线以 72. 96 亿元的票房产出连续 14 年稳居第一，万达旗下开业影院有 790 家，共有 6750 块银幕，其中直营影院 699 家。[②] 广东大地院线和上海联合院线连续 6 年位列第二、三位。前五位院线票房占比 47. 15%，前十院线票房占比 67. 39%。虽然自 2018 年以来国家放开院线的市场准入政策，推动退出机制，然而院线市场经历了 2020 年的疫情大考后，前十位的院线排序和市场结构几无变化。院线市场集中度高的问题并未改善。

3. 观众

2021 年院线观影人次达 11. 67 亿，[③] 同比增长 112. 96%（见图 5）。人均观影次数为 0. 83 次，以城镇常住人口为基数，[④] 人均观影次数为 1. 30 次。观影总人次连续 7 年位列世界首位。相对于 2019 年，有 67. 57%的观众重返影院，约有 1/3 的观众因疫情、娱乐方式转变以及高票价等多种原因而流失。

观众观影呈现“节庆化”和“非日常化”的特点，观众向春节档、国庆档等节庆档期和头部电影集中。2021 年有 34 天单日票房低于 3000 万元，[⑤] 2018 年、2019 年没有单日大盘低于 3000 万元的情况出现（见表 6）。电影票房两极分化，头部电影形成的热度吸引观众走进电影院。据统计，

---

① 数据来源：猫眼专业版。

② 《万达电影股份有限公司 2021 年度业绩预告》，https：//xw. qq. com/amphtml/20220128A087HQ00。

③ 赵丽：《国家电影局发布数据：2021 年全国电影票房 472. 58 亿》，https：//mp. weixin. qq. com/s/FWVfrVvDpLMlH51agpDkFA。

④ 我国第七次全国人口普查数据显示，普查登记的 31 个省、自治区、直辖市和现役军人的人口共 1411778724 人。我国城镇常住人口为 90199 万人，占总人口比重为 63. 89%。

⑤ 《2021 中国电影市场数据洞察》，https：//mp. weixin. qq. com/s/Po9tOY4Q5ea_ M1iiPqI22g。

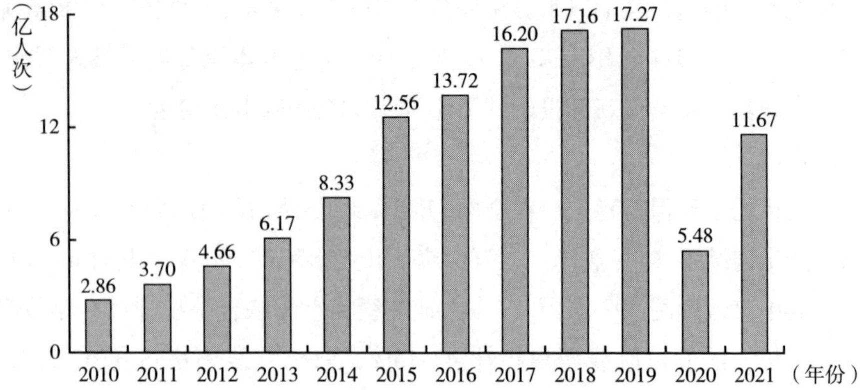

图 5　2010~2021 年全国观影人次变化

《长津湖》的观众中有 41%的人有一年时间没有走进电影院观影。[①] 观影不再是日常消费行为，这种情况将进一步加剧电影市场的不稳定和不均衡。

表 6　2018~2021 年中国电影市场低点单日票房状况

单位：天

大盘低点	2021 年	2019 年	2018 年
<2000 万元	9	0	0
<3000 万元	34	0	0
<4000 万元	80	45	23
<5000 万元	145	44	49

数据来源：猫眼研究院，《2021 中国电影市场数据洞察》，2022 年 1 月 1 日。

结　语

历经两年疫情考验，中国电影产业不仅生存下来，且保持基本向好态

① 《2021 中国电影市场数据洞察》，https：//mp. weixin. qq. com/s/Po9tOY4Q5ea_ M1iiPqI22g。

势，为世界电影产业做出了贡献。这是中国电影二十年产业化改革的成果，也是未来中国电影产业继续前行的基础。2021 年中国电影产业出现了一些标志性的高峰，如《长津湖》创造的市场纪录、头部电影的突出优势、春节档的观影热度大增等。中国电影要保持发展态势，还需注意以下三点。

一是生产更多优质的头部产品、分众产品和类型产品。目前大部分影片在艺术、技术和制作上仍存在不同程度的问题，优质产品供给不足。电影观看时的影院性、主题和题材的独特性、现实反映和情感表达的当下性明显不足，灾难片、科幻片、喜剧片、武侠片等缺乏标志性作品，中国电影市场大盘不够稳固。

二是重视影院“第一窗口”的地位，提升影院服务。影院具有火车头效应，是电影价值的第一实现渠道，应该在技术、管理、票价、服务等方面为观众提供更好的观影体验，拓展收入来源。

三是对电影行业要依法、依规进行管理。执行落实《中华人民共和国电影产业促进法》，规划电影市场，细化实施细则，让电影管理的各个环节更为有序，提升行业信心。

新的媒介环境和产品形态的竞争、新的国内外环境变化带来的挑战、新的社会舆论格局带来的表达限定、新的大众心理需求的凝聚和分化，都是未来中国电影发展即将面对的考验。中国电影需要进一步维持市场持久的热度、满足分众需求和日常观影需求，为观众提供更为多元的附加选择。活跃而有序的产业发展环境是中国电影持续发展的动能。

B.7

2021年中国图书出版产业发展报告

魏玉山*

摘　要： 对于图书出版产业来说，2021年仍然是不平凡的一年。一方面，受到新冠肺炎疫情的影响，图书市场尚未恢复到2019年的水平，重要的国际书展不能正常举办，实体书店经营举步维艰，线上售书受到低价竞争与盗版问题的冲击；另一方面，党史学习教育、庆祝中国共产党成立100周年等重大活动营造了浓郁的全民阅读氛围，也带动了相关图书的出版发行。图书出版产业克服疫情带来的诸多不利因素，干事创新，呈现稳步发展态势。

关键词： 图书出版　融合发展　主题出版

一　2021年出版业新政策

1. 改革出版专业职称制度，培养时代出版新人

2021年2月，国家发布了《关于深化出版专业技术人员职称制度改革的指导意见》，重新规范了编辑系列人员的划分标准及可参加职称评审的工作人员范围，对实行了20年的出版专业技术职称制度进行了重大改革。此项改革既体现了新时代对出版专业人才的新需求，也符合出版业发展的现实需要，突出表现为允许非公有制经济组织、社会组织的出版专业技术人员参加出版职称评审，这一变革为从事数字出版、选题策划、出版物制作与发行

* 魏玉山，中国新闻出版研究院研究员、编审。

的民营文化公司员工职称评定开辟了通道。

2. 多措并举，进一步推进出版业融合发展

推进出版业融合发展是中央作出的战略部署，近几年从出版管理机关到出版企事业单位一直在不遗余力地推动融合的深化发展并取得了丰硕的成果。2021 年，《关于申报 2021 年全国有声读物精品出版工程项目的通知》《关于开展出版业科技与标准创新示范项目试点工作的通知》《关于组织实施出版融合发展工程的通知》《关于开展 2021 年中国报业深度融合发展创新案例征集工作的通知》等多项通知相继发布，国家组织实施了一系列的工程项目，从多个方面推动与引领出版单位的融合发展与数字化转型。

3. 多种方式推动全民阅读发展

2020 年 10 月，中宣部发布《关于推进促进全民阅读工作的意见》。为落实相关要求，2021 年国家新闻出版署跟进出台了一系列新措施，如印发《2021 年农家书屋重点出版物推荐目录》，推荐适合农村读者阅读的图书，发布《关于开展 2021 年全民阅读优秀项目推介工作的通知》，并与教育部联合开展了 2021 年“我的书屋 · 我的梦”农村少年儿童阅读实践活动，向社会推荐好书，指导大众阅读。

4. 出台文件支持学术期刊发展

2021 年 5 月 12 日，习近平总书记给《文史哲》编辑部全体编辑回信，提出：高品质的学术期刊就是要坚守初心、引领创新，展示高水平研究成果，支持优秀学术人才成长，促进中外学术交流。6 月，相关部委联合发布《关于推动学术期刊繁荣发展的意见》，围绕学术期刊繁荣发展，从出版机构建设、融合发展、国际传播能力提升等角度给出指导意见。由此，国家形成了对科技期刊、学术期刊提高质量、繁荣发展的系统性部署。

5. 出版业“十四五”系列规划发布，出版业发展目标进一步明确

2021 年末，国家陆续发布《版权工作“十四五”规划》《出版业“十四五”时期发展规划》《“十四五”时期国家重点图书、音像、电子出版物专项规划》《印刷业“十四五”时期发展专项规划》《出版物发行业“十四五”时期发展专项规划》等专项规划，统筹布局下一个五年出版业的发展，

并明确提出 2035 年建成出版强国的远景目标。

6. “双减”政策出台，教育出版领域将面临重大变革

2021 年 7 月，国家出台“双减”政策，要求从严治理、全面规范校外培训市场，这无疑给占出版业近半壁江山的教育出版带来了严峻的挑战。乐观者认为，孩子们远离教辅教培，可以推动课外读物销量的增长，而从事教辅教培出版的企业则感受到了浓浓的寒意。“双减”政策的出台不仅仅对孩子们的成长产生重大的影响，也必将对教育出版的格局进行重塑。

二　2020年图书出版业基本情况①

2020 年，图书出版业实现营业收入 963.6 亿元，较 2019 年减少 2.6%，利润总额达 163.8 亿元，较 2019 年增长 4.3%。受新冠肺炎疫情影响，图书出版业出现了图书品种、图书印数、图书销售、营业收入等多个指标下降的罕见情况。

1. 图书出版

据统计，2020 年全国共出版新版书 21.4 万种，数量较 2019 年减少 5%；新版书总印数为 23.2 亿册（张），较 2019 年减少 7%。近几年来，出版管理机构对图书品种进行了严格的调控。受政策因素影响，从 2016 年开始，新版书品种数步入下行道，开始逐年减少，从 26.4 万种降到 21.4 万种；受市场因素影响，2020 年全国出版重印书 27.5 万种，较 2019 年减少 2.1%；重印书总印数为 60.2 亿册（张），较 2019 年减少 2.9%。此外，2020 年全国租型图书总印数为 20.3 亿册（张），较 2019 年增长 6.8%。

2. 图书发行

受疫情影响，2020 年实体书店面临长时间限流营业甚至关门歇业的困境。但是从统计数据看，得益于地方政府出台的扶持实体书店的政策，全国

① 截至发稿前，2021 年相关统计数据未发布，所以此处仅分析 2020 年相关数据。本部分数据来源于国家新闻出版署发布的《2020 年新闻出版产业分析报告》及编撰的《2020 中国新闻出版统计资料汇编》。

出版物发行网点数量较2019年增长1.34%，部分城市如北京、深圳、广州、西安、长沙、成都等实施实体书店扶持计划，保住了一些面临困境的书店，特别是民营书店。与发行网点数量增长相反，2020年全国新华书店系统与出版社自办发行网点的从业人员数量与2019年相比减少2.6%，出版物总购进数量与2019年相比减少2.3%。此外，出版物纯销售数量达83.6亿册（张、份、盒）、销售金额达1125.7亿元，与2019年相比，销售数量基本持平，销售金额增长6.2%。2020年全国图书定价总金额2185.3亿元，较2019年增长0.3%。

三 2021年图书出版业热点

2021年，图书出版业虽然面临疫情反复、市场回暖缓慢、出版管理从严等问题，但是党史学习教育、庆祝中国共产党成立100周年等一系列重大活动的开展，也为图书出版发行带来了新的活力和机遇，直播售书等新型营销模式逐渐成熟，为图书发行渠道创新开辟了新思路。

1. 国家对书刊出版工作提出新要求、新期待

2021年，习近平总书记先后给山东大学《文史哲》编辑部全体编辑人员回信、给人民出版社发贺信，给予出版界巨大的鼓舞，也对书刊出版工作提出了新要求。《文史哲》于1951年5月创刊，是截至目前我国刊龄最长的综合性人文社科学术期刊。习近平总书记肯定了该期刊70年来所做出的贡献，提出“高品质的学术期刊就是要坚守初心、引领创新，展示高水平研究成果，支持优秀学术人才成长，促进中外学术交流”①。2021年是人民出版社成立100周年，习近平总书记给人民出版社发贺信，充分肯定了100年来人民出版社在传播马克思主义、繁荣社会主义文化方面所做的贡献，并希望出版社继续“赓续红色血脉”，为推动社会主义文化繁荣发展、建设社

① 《习近平给〈文史哲〉编辑部全体编辑人员回信》，http://politics.people.com.cn/n1/2021/0510/c1024-32099129.html。

会主义文化强国做出更大的贡献。

2. 党史学习教育和庆祝建党百年带热党史类图书的出版销售

2021年2月20日党史学习教育党员大会在北京召开，标志着贯穿全年的党史学习教育活动全面展开。7月1日，庆祝中国共产党成立100周年大会胜利召开，为全年出版工作打下了深深的红色烙印。3月党史学习教育用书出版座谈会暨专题宣讲动员会召开①，要求组织广大党员、干部认真学习党史类相关重点出版物内容。除了指定学习的党史类图书外，《中华人民共和国简史》《改革开放史》《社会主义发展简史》等一批图书也被纳入学习范围。为配合党史学习教育，一些出版社还出版了许多党史题材的文学、传记、儿童读物等图书，如长篇历史小说《觉醒年代》、漫画类图书《漫画百年党史——开天辟地》、大众读物类《中共党史十二讲》等，一些党史学习类图书销量巨大。在开卷的图书零售报告中，多种党史类图书长期在榜。党史类图书的出版也带动了2021年主题阅读的蓬勃发展。

3. “破价”直播售书引发出版行业“众怒”

在2020年疫情期间火爆的网络直播售书模式在2021年继续发展，部分出版社自行培养直播队伍，开展常态化的直播售书。如机械工业出版社已有3名专职直播员，直播销售日收入超过10万元。② 但是，一些直播间超低价售书的行为破坏了图书市场秩序、动摇了出版业的社会形象，引起业界公愤。标志性事件是2021年9月27日，抖音主播刘媛媛在直播时宣称准备了“破价”到10元以下的书籍50万册，售价1元的书籍10万册，并称爆款书突破了“双11”低价。这场8个小时的直播预估实现销售额达7600多万元。③ 面对此种行业乱象，出版管理机构专门召开座谈会，研究图书销售价格规范问题，出版专业人士借助舆论呼吁规范行业秩序。当然，直播平台售

---

① 《王沪宁出席党史学习教育用书出版座谈会暨专题宣讲动员会》，http：//china. cnr. cn/news/20210316/t20210316_ 525437219. shtml。

② 《创数字化营销新路径　机械工业出版社探索品牌自播》，http：//www. xinhuanet. com/book/20220105/9c6a568d7bac4484813042283986b396/c. html。

③ 刘蓓蓓、李婧璇：《“破价”直播售书，戳中了谁?》，https：//www. chinaxwcb. com/info/574960。

书作为一种新的销售模式有其正面意义，而少数平台、网红无视行业规定，甚至违法违规操作，不仅在折扣、价格上突破底线，还存在平台销售盗版图书，甚至无证发行的问题。此类现象在其他电商平台、社交媒体上也时有发生。要根治其痼疾，需从法律层面予以规范，正本清源。

4. 第五届中国出版政府奖颁奖，众多图书受到表彰

中国出版政府奖是出版领域最高奖项，广受出版界看重。第五届中国出版政府奖的具体奖项获奖名单中，《习近平谈治国理政》《中国共产党简史》《辞海》获荣誉奖，《习近平新时代中国特色社会主义思想学习纲要》《马克思主义大辞典》《新中国70年》《云中记》《人世间》等60种图书获图书奖，《中共党史研究》《半月谈》《儿童文学》等20种期刊获期刊奖，《我们走在大路上》《重器铸梦——探秘中国大科学装置》《大国重工》等20种作品获音像制品、电子出版物和网络出版物奖，其他奖项设置还包括印刷复制奖（10种）、装帧设计奖（10种）、先进出版单位奖（50家）、优秀出版人物奖（69名）。①

5. 多个书展因疫情延期举办，出版国际交流尚未恢复

2021年第一个延期举办的书业展会是北京图书订货会，这项创始于20世纪80年代后期的图书销售活动，在每年1月初举办。但是受疫情影响，2021年活动延期至3月底4月初举办。北京国际图书博览会，这项已经举办了27届的国际出版业盛会采用线上线下结合的方式举办。② 相较之下，应于8月举办的上海书展和11月举办的上海国际童书展，都未能顺利举行。

在国际书展方面，2021年法兰克福书展举办了线下展，但与2019年的书展相比，参展人数和参展商数量、展台面积均大幅减少。中国图书集体亮相本届书展，中国出版联合展台集中展示国内51家出版社图书，③ 此外，

① 《第五届中国出版政府奖获奖名单发布》，http：//www. chinawriter. com. cn/n1/2021/0729/c403994-32174573. html。

② 《第28届北京国际图书博览会开幕》，https：//www. sohu. com/a/489841303_ 267106。

③ 彭大伟：《全球最大书业盛会法兰克福书展线下重启》，http：//www. bbrtv. com/2021/1021/683049. html。

美国书展、伦敦书展等国际图书展或缩小规模或延期举办。由于国际上疫情复杂严峻，中国出版人基本没有出国参加国际书展，多是采用线上方式与会。

四　2022年图书出版业发展趋势

基于疫情的常态化防控，2022 年出版业发展的预期优于 2021 年。首先，图书市场环境将会得到进一步改善。一是网店、直播售书的低价竞争将受到限制，相关政策或法规或将出台，有助于图书销售的公平竞争；二是进一步加大对电商平台销售盗版书行为的打击力度；三是对实体书店的扶持力度稳定提升；四是主题出版将持续火热。党的十九届六中全会精神、党的二十大精神等相关内容，将会成为 2022 年主题出版的新亮点。此外，习近平新时代中国特色社会主义思想、社会主义核心价值观、中华优秀传统文化、党史学习等方面的图书，将继续受到出版界的高度重视。

其次，出版融合的成果进一步丰富。促进出版业深度融合是政府与企业的共同目标，出版业“十四五”发展规划、“十四五”数字经济发展规划等都提出了产业与技术融合发展的方向与目标，这必将使出版业融合发展的步伐加快，政府的政策投入与企业的资金、技术投入也将结出更多硕果，出版融合的成果愈加可期。

最后，全民阅读活动更加丰富多彩，由中宣部（国家新闻出版署）与北京市委、市政府指导的首届全民阅读大会将于 2022 年举办，全民阅读活动将出现新的高潮。

B.8

2021年中国报纸产业发展报告

陈国权　张 渝*

摘　要： 2011~2021年，报业市场规模持续收缩，广告经营额从2011年的488亿元跌到2021年的39.1亿元，跌幅巨大。但同时，报业积极拓展新的营收来源，除广告之外的其他营收在总营收中的占比越来越大。报纸作为一种媒介产品，它的广告价值正在逐渐变小。寻找其他的替代营收来源、探索报业转型新举措、总结融合创新经验成为未来很长一段时间内报业的奋斗方向。

关键词： 报业　转型　媒体融合　非市场

度过了受新冠肺炎疫情影响的2020年，报纸产业在2021年有回暖迹象，报纸印量环比上升，报业广告刊例花费降幅有所收缩，报业主渠道传播力、影响力不断提升。但从个体上看分化严重，不同区域、不同层级的报社发展极不平衡，“先进典型如火如荼，其他单位举步维艰”。但这些“先进典型”所探索出的报业转型举措、融合创新经验，某种程度上预示着报业未来的前进方向。

一　报业经营现状

1. 报纸印量：2012年以来首次上升

报纸印量在2011年达到巅峰之后，近年来持续下跌。2020年，出于疫

* 陈国权，新华社研究院主任编辑；张渝，北京外国语大学国际新闻与传播学院硕士研究生。

情防控和经济压力，许多报纸纷纷宣布停刊或调整出版周期，600 亿对开印张已基本“触底”。在疫情笼罩之下，纸媒似乎正在经历一个“难以逾越的冬天”。根据全国报纸印量调查统计数据，2021 年全国报纸总印量为 608 亿对开印张（见图 1），相较于 2020 年上升 1.33%。① 这是报纸印量连续 9 年下滑之后首次上升。

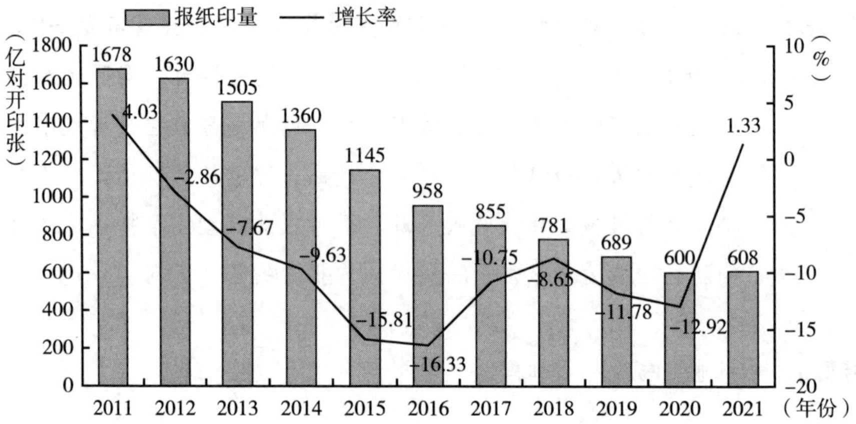

图 1　2011~2021 年全国报纸印量变化

资料来源：中国报业协会。

人民网研究院发布的《2021 全国党报融合传播指数报告》显示，2021 年被调查的 366 家党报发行量均值为 10.8 万份，较 2020 年增长 8%。在报纸阅读率持续下滑的背景下，报纸发行量增加，显然更多的可能是非市场化因素在起作用。②

2. 报业广告：报业广告价值正在逐渐变小

据 CTR 媒介智讯的数据，2021 年广告刊例花费同比增长 11.2%，达到了近 5 年来的最高水平（见图 2）。

① 《全国报纸总印刷量 10 年来首次环比上升》，https://baijiahao.baidu.com/s?id=1728711378826336023&wfr=spider&for=pc。

② 陈国权：《寻找“非市场需求”——2019 中国报业转型发展报告》，《编辑之友》2020 年第 2 期。

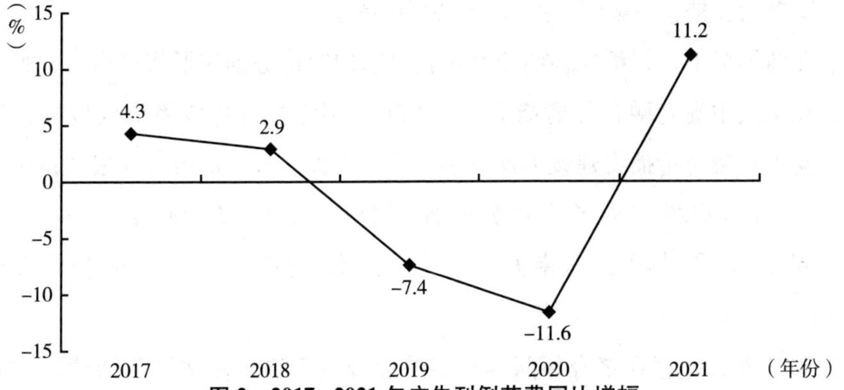

图 2　2017~2021 年广告刊例花费同比增幅

数据来源：CTR 媒介智讯。

但报纸广告依然保持下滑趋势，2021 年刊例花费下跌了 22.0%，只不过相较于 2020 年 28.2%的跌幅，下滑幅度有所减小（见图 3）。令人感慨的是，从 2011 年报业到达巅峰状态到 2021 年，报业广告已经走过了整整 10 年的下跌之路，广告经营额从 2011 年的 488 亿元下降到 2021 年的 39.1 亿元。[①] 报纸这种媒介的广告价值正在逐渐变小，必须正视并寻找新的营收来源。

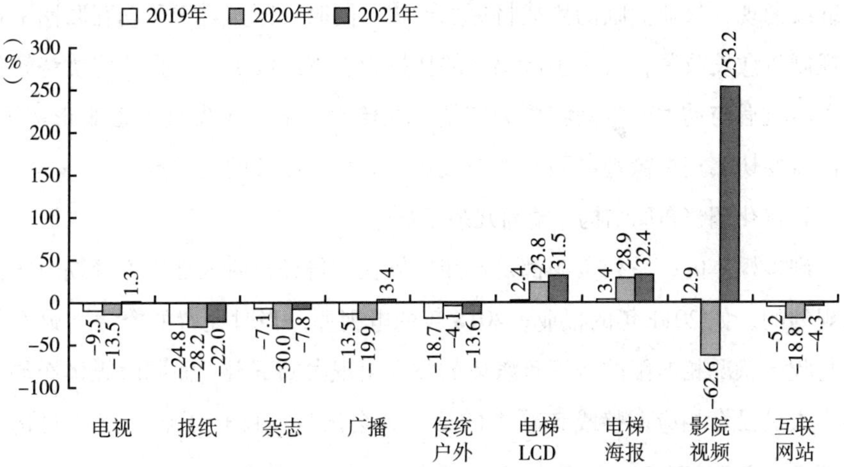

图 3　2019~2021 年各渠道广告刊例花费同比变化

数据来源：CTR 媒介智讯。

① 2021 年数据来源于艾瑞咨询发布的《2021 年中国网络广告年度洞察报告——产业篇》。

3. 融合传播：主渠道传播力、影响力不断提升

在新形势下，报纸媒体纷纷利用自身的内容优势创作形式多样的融媒力作，在实践中提高融合传播能力。《2021 全国党报融合传播指数报告》显示，党报在融合传播力建设方面进步明显。中央、省、地市级党报共自建了 325 个安卓客户端、294 个苹果客户端。用户数量达百万级以上党报客户端增长到 70 个。[①] 其中，《南方日报》《河南日报》和《羊城晚报》表现亮眼。

2021 年，党报在聚合新闻客户端的表现也不错，发文量及阅读量均有明显提升。以头条号为例，党报头条号发布的单条内容（含图文、视频及微头条）平均阅读量/展现量为 7.5 万次，是 2020 年的 6 倍。[②]

二　报业形势分析与现存问题

对形势判断准确，又能顺势而为，是媒体发展的基础。未来很长一段时期，移动互联网的发展将更加成熟，新的运作模式、赢利方式、发展路径还将继续涌现，报业面临的挑战将更加严峻。同时，国家对于移动互联网平台的规制将愈发收紧，对于主流媒体的扶持力度将继续加大；报业将优势转化为发展机遇与动力的空间将更为广阔。在传媒产业稳定发展的宏观形势下，我们需要切实把握微观层面一些与报业发展息息相关的关键点。

1. 优化调整布局结构，精简冗余子媒体

许多媒体的一系列资源都是按照媒体在广告经营收入处于巅峰期时的需求规划的，如 2011 年的报业，2018 年的电视业，当时耗费的资源与财力都是与收入状况相匹配的。一旦媒体的收入出现大幅下滑，而同时媒体布局结构、人员没有相应调整或者减少的话，就会出现匹配性矛盾。媒体机构臃

① 《〈2019 全国党报融合传播指数报告〉发布》，https：//www. cnpiw. cn/a/yuqing/20190730/17889. html。

② 《〈2019 全国党报融合传播指数报告〉发布》，https：//www. cnpiw. cn/a/yuqing/20190730/17889. html。

肿、冗员庞大，导致开支无法随营收情况减少，形成“吃饭运营”，消耗媒体发展的资金与资源，最终让媒体陷入困境。《关于加快推进媒体深度融合发展的意见》强调要优化调整媒体种类布局结构，要“消肿减负”。这是报业媒体大力推进整合的理念基础，报业媒体整合、精简式发展已是大势所趋（见表1）。

表1　2017年以来中国部分地市级以上媒体整合情况

时间	整合后的媒体名称	整合的媒体
2017年6月	营口新闻传媒中心	营口广播电视台、营口日报社、营口晚报社等市直新闻媒体
2018年3月	中央广播电视总台	中央电视台、中央人民广播电台、中国国际广播电台
2018年7月	辽宁报刊传媒集团(辽宁日报社)	辽宁日报传媒集团、辽宁党刊集团
2018年8月	大连新闻传媒集团	大连当地的报业、广播、电视、出版社、京剧院等11家单位
2018年9月	芜湖传媒集团	芜湖日报报业集团、芜湖广播电视台
2018年10月	晋城市新闻传媒集团	太行日报社和晋城广播电视台
2018年11月	天津海河传媒中心	天津日报社、今晚报社、天津广播电视台、天津广播电视传媒集团有限公司、天津报业印务中心、中国技术市场报社
2019年3月	鄂州市融媒体中心	鄂州日报社、鄂州广播电视台
2019年4月	珠海市新闻中心	珠海报业集团、珠海广电集团
2019年4月	绍兴市新闻传媒中心	绍兴日报社、绍兴广播电视总台
2019年5月	齐齐哈尔市新闻传媒中心	齐齐哈尔市全市传媒资源,包括报社、广播电台等
2019年8月	三明市融媒体中心	三明日报社、三明市广播电视台、三明市新媒体发展中心等机构
2019年10月	贵州日报报刊社	贵州日报社、当代贵州杂志社
2019年10月	淮北市传媒中心	淮北日报社、淮北市广播电视台
2019年12月	湖州市新闻传媒中心	湖州日报社、湖州广播电视总台
2020年5月	上海传媒集团	上海报业集团、上海东方网股份有限公司

以集约化为指向，报业媒体在进行整合、精简时关键是要解决以下两个问题：一是子媒体的关停并转，二是人员的分流。关停子媒体需要分类指

导，区别对待，根据媒体的目标定位、职能角色等确定关停标准。例如，一些都市报的赢利模式已经失去了根基，经营陷入不可逆转的下降通道，应被果断关停。媒体整合是进行精简聚焦的好时机，但是由于发展历程、股权结构等原因，有些报业媒体整合不够彻底，导致失血点众多，严重影响整合效果。

不仅传统子媒体面临精简的问题，报业新创不久的新媒体也需要精简。一些报业集团新创办、注册了大量的客户端、新媒体平台账号等，数量庞大，只增不减。在商业互联网平台占绝对优势的市场条件下，这些报业媒体运营的新媒体平台的市场空间很小，更遑论运营多个新媒体平台，所以建议集中精力、集中资源针对重点平台发力。

2. 移动先行，注意传播力的跟进

《关于加快推进媒体深度融合发展的意见》中两次提及打造新型传播平台。要把握移动化趋势，坚持移动优先策略。从长远发展角度来看，建设自主可控的平台依然是主流媒体应该努力的方向。

从中央到地方，各级各类主流媒体纷纷兴建移动客户端，建设自主可控平台。中央广播电视总台、人民日报社、新华社等在这方面做了诸多有益探索，在华为应用市场，“央视频”“人民日报”“新华社”App 下载量分别达到 3 亿次、1 亿次、1 亿次①，良好的汇聚了移动端用户，开辟了新的传播渠道，为主流媒体的自主可控平台建设提供了样板。

对于传统媒体而言，进行移动平台建设的同时，也要注重平台传播力的提升。为此，《关于加快推进媒体深度融合发展的意见》提出要发挥市场机制作用，这个顶层设计给新型主流媒体的发展提供了更多的思路。市场机制作用并不仅仅是指新媒体平台拥有市场经营能力，更是指用市场来检验平台的吸引力，用市场而非行政的力量来打造新型网络传播平台。在这样的背景下，报业媒体新型网络传播平台应确立市场竞争意识，将市场理念贯穿于各方面工作中。

① 2022 年 4 月 27 日安卓市场数据。

3. “中央厨房”的常态化运营仍需不断摸索

从“滚动新闻部”到“全媒体平台”，从“中央厨房”到“融媒体中心”，“多媒传播”的一体化融合理念已深入人心。虽然媒体“中央厨房”建设不乏一些具有代表性的优秀案例，但是其发展仍面临很多问题。第一，“中央厨房”模式倡导“一个产品，多个出口”，但这种以节约人力成本为初衷的理念与传媒集团当前人力富余、精简成最大难题的现实相悖。第二，一个理想化的“中央厨房”采编流程，应该是建立在媒体组织机构运行流畅、内部市场机制较成熟、分发渠道非常发达的基础上，而目前大部分媒体的组织机构再造与采编流程改革还远未达到这个门槛。无论是所调研的宁波日报报业集团、金华日报传媒集团，还是天津海河新闻传媒中心、绍兴新闻传媒中心，其融媒体中心都没有常态化地形成一体化运行模式。第三，从运行层面看，“中央厨房”在运作时耗费大量的人力、物力，一些重要、大型活动的报道甚至要举全社、全台之力，但这种运作方式不适合常态化的报道。从现状看，媒体的“融媒体中心”实践也仅在验证“中央厨房”非常态化运行规律。“中央厨房”未来的定位和发展仍要不断地摸索、实践。

4. 虽有政府财政扶持，但立足于市场才是发展根本

财政扶持是当前主流媒体经济支持体系的重要组成部分。财政扶持在保障主流媒体事业发展的同时，在发挥主流媒体积极主动性的原则上进行动态调节。总体上看，大部分媒体获得的财政补贴呈逐年增长趋势，但是中央级媒体的财政补贴数额减少趋势较为明显；省级媒体产业收入、投资收入较多，各种扶持手段也较多；地市级媒体产业收入少，财政扶持力度逐年加大，收入来源主要依靠发行订阅收入以及政府购买服务收入；县级融媒体中心依靠财政补贴的比率较高，2019 年以来由于获得大量的财政补贴与行政扶持，发展迅速。

从长远来看，财政扶持难以满足主流媒体对资金的巨大需求，主流媒体履行职责使命还是需要市场来“买单”。可以说，从目前情况来看，没有任何一种单一收入来源能够独立支持主流媒体公共服务体系的发展。因此，立足于市场的商业经营收入才是报业媒体发展的根本。

三　报业“非市场空间”发展

新的市场条件下，传统的广告模式已经失灵，对于市场二字的理解如果还是仅仅停留在传统的广告思维上，那永远也无法找寻到有效的转型路径与突破方向。现实中，政务服务已成为报业媒体重要的营收来源，成为报业媒体寻求的“非市场空间”。

1. 政务新媒体托管

用落实党的意识形态工作责任制的要求来审视，目前各委办局的政务新媒体建设存在着队伍不够稳、把关不够专业等问题。政府通过购买服务，遴选优质的主流媒体来承接政务新媒体的运营，这对于政务传播的提质提效和政府部门形象的提升，不失为一条多赢路径。

一些报业媒体为委办局开设栏目、频道，并提供包括策、采、编、发在内的“全媒体传播运营”服务，南方报业传媒集团的“南方+”新闻客户端以频道建设为载体，与地方党委、政府进行了深度合作；厦门日报社的“潮前智媒”客户端开设了“先锋湖里”等区级子频道，实现政务传播、政务服务职能；金华日报传媒集团开设了“政务办事”“政务公开”“税务服务”等栏目，也承载了政务传播职能，并获得政府经济支持。但从性价比来看，一个微信公众号的运营如果合同价格没有超过 10 万元，媒体是无利可图的。因此，媒体必须考虑、权衡政务新媒体托管服务的支出与实际收入，以切切实实地增加营收。

2. 新闻宣传服务购买

河南焦作日报社每年办有专刊 80 个，覆盖了当地几乎所有的政府部门、群工妇团组织。通过这些专刊专版，焦作日报社 2017~2019 年的购买服务收入达 1000 万元。2017~2019 年浙江萧山日报社的购买服务收入分别为 2158 万元、2530 万元、2670 万元。浙江永康日报社每年的政务类资讯收入也都在 1500 万元以上。南通报业传媒集团拓展经营活动渠道，与所属区（县）宣传部门、委办局通过政府购买服务方式合作办专版（刊），以及合作开展社区活动服务等，三年总计收入约 1 亿元。

在作者 2017~2020 年调研的 116 家媒体中，衡阳日报社、荆门日报社、乌海日报社、瑞安日报社、北海广播电视台、千岛湖传媒集团 6 家媒体的最大收入来源是政府购买服务，内蒙古日报社、沈阳日报社、闽南日报社、温州日报报业集团、汕头特区报社、荆门日报社、嘉兴日报传媒集团、淮北日报社、黔西南日报社、乌海日报社、台州日报社、皖西日报社、石狮广播电视台、北京延庆融媒体中心、寿光日报传媒集团共 15 家媒体近三年收入增长最快的业务是政府购买服务。政府购买服务已成媒体新的收入增长点。

当然，这些收入增长更多的是媒体为委办局提供了切切实实的服务而获得。绍兴市新闻传媒中心每年举办各种会展活动，2018 年政府购买会展服务的收入达 1388 万元，2019 年政府购买会展服务收入达 8363 万元。会展收入目前已经成为绍兴市新闻传媒中心增长最快的收入来源。

3. 记者站、工作室布点

各委办局、企事业单位对于新闻宣传会有一些个性化的需求。而那些商业互联网平台并不能够完全满足这些需求，这实际上也是互联网平台为区域传统媒体所留下的市场空间。为满足这些需求，新型记者站与工作室机制应需而生。

沈阳日报社建立了全媒体工作室，工作室发挥全媒体矩阵的联动传播优势，入驻委办局或企事业单位。全媒体工作室为这些委办局、企事业单位提供包括新媒体矩阵运营、活动策划、舆情智库、视频拍摄、网站运营、直播、杂志运营、文艺作品创作等全覆盖、全方位的新闻宣传服务。通过全媒体工作室来为这些委办局、企事业单位提供服务，既获得了颇丰的收益，还与这些委办局、企事业单位建立了较为稳定的新闻供应关系。不仅如此，全媒体工作室在运营过程中还可升级，例如沈阳日报社与沈抚新区合资成立了传媒公司，对此进行完全的市场化运行。

一些县级融媒体中心在购买服务触角的下沉方面做了大量工作，值得借鉴。比如北京朝阳区融媒体中心，在所在的朝阳区 54 个乡镇街道成立了融媒体中心的分中心，负责新闻宣传、活动策划、信息上报等，以此与各个委办局、街道乡镇建立非常密切的联系与购买服务合作关系。

4. 智库化转型

媒体智库需要有足够的专业能力与资源整合能力，也必须在当地有足够的影响力。目前，已有大量媒体智库建成，这些智库本质上也属于政务服务。媒体智库与一般智库的区别或者优势在于：媒体智库不仅具有智库内容的生产能力以及与之相匹配的优质内容的生产流程与机制，还拥有对智库内容进行大范围、高频率传播的能力。目前，媒体智库主要的突破方向就是智库产品生产人员专业能力的提升，以及与专业能力相匹配的智库产品生产模式、流程，以及智库产品绩效考核机制的建立。

5. 助力智慧城市建设

从公信力、信息发布的传播属性来看，主流媒体无疑是掌握和运用数据资源的合适主体。媒体助力智慧城市建设，最关键的一环即是获得城市运营的数据资源和运用数据资源的权限。从目前情况来看，媒体可从政务服务、生活服务、产业服务三个方面切入智慧城市建设。

B.9
2021年中国广播电视市场回顾

王昀　王平*

摘　要： 2021年中国电视收视总量出现回落，文娱节目收播量有所回升，所有上星频道份额整体稳定，地面频道与其他频道形成鲜明互补，电视剧、新闻/时事、综艺和生活服务四类节目收视贡献大；广播居家收听率回落，车上收听率回升，本地电台市场份额占优，新闻综合、交通和音乐类广播频率竞争力名列前茅。本文依据CSM媒介研究2021年所有调查城市收视和收听数据，对2021年全国广播电视市场发展进行回望，对行业变化、受众特点、竞争格局、影响因素等进行分析，供业界参考。

关键词： 广播　电视　收视市场　收听率

一　电视篇

（一）收视总量的变化

1. 收视总量回归常态，15~24岁观众小幅增长

根据CSM媒介研究2021年所有调查城市收视和收听数据[①]，2021年，全国观众人均每日收看电视118分钟，较2020年同期减少14分钟，降幅达

* 王昀，中国广视索福瑞媒介研究（CSM）市场部主管；王平，中国广视索福瑞媒介研究（CSM）客户服务事业部经理。

① CSM媒介研究2021年所有电视调查城市为102个，广播连续调查城市为17个。

10.6%。然而，我们抛开2020年受疫情影响的电视市场收视回暖这一特殊情况，将2021年与2019年相比，人均每日收视时长仅减少了6分钟，降幅缩小为4.8%，下降程度较2017年和2018年有所放缓（见图1）。

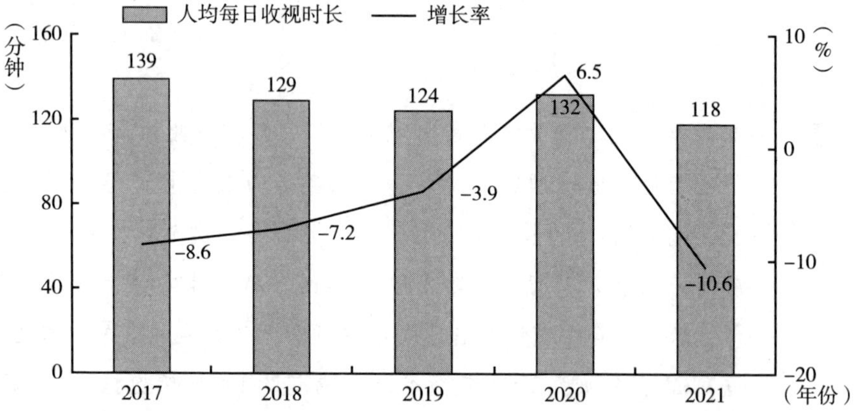

图1　2017~2021年观众人均每日收视时长（历年所有调查城市）

数据来源：CSM媒介研究。

从不同时间段观众收视表现来看，2021年除夕当天达到全年人均单日收视量峰值200分钟。2021年7~8月的暑期恰逢东京奥运会举办，收视增长明显。2020年1月底~4月底全民居家抗疫时期的收视与2019年、2021年相比，差异最为明显（见图2）。

2021年，在各个年龄段观众群体中，收视的主力人群依然是55岁及以上的老年观众，收视量占据收视总量的一半以上。相比2020年同期，除65岁及以上观众收视量降幅相对较小（仅有6%）之外，其他各年龄段观众的降幅为9%~14%。然而，我们同样避开特殊的2020年，将2021年的收视量与2019年相比，可以发现45~54岁和55~64岁观众的收视降幅最大，分别为11%和10%，15~24岁观众有3.6%的涨幅，其他各年龄段观众的收视量下降并不多，降幅为2%~5%（见图3）。

2. 日均到达率小幅下降，忠实观众较常态时期收视量继续增长

电视收视总量由两个维度共同构成：整体观众规模和每一位收视观众所

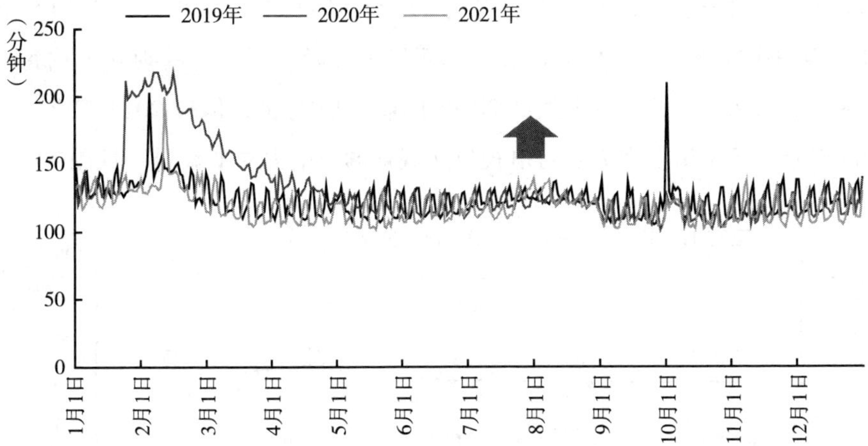

图 2　2019~2021 年观众人均每日收视时长对比（历年所有调查城市）

数据来源：CSM 媒介研究。

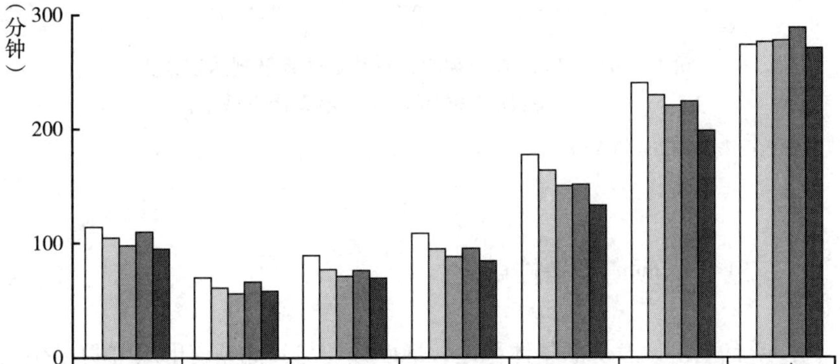

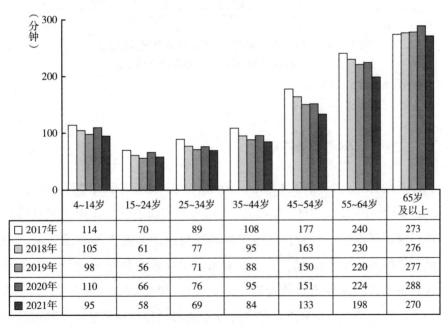

	4~14岁	15~24岁	25~34岁	35~44岁	45~54岁	55~64岁	65岁及以上
□ 2017年	114	70	89	108	177	240	273
■ 2018年	105	61	77	95	163	230	276
■ 2019年	98	56	71	88	150	220	277
■ 2020年	110	66	76	95	151	224	288
■ 2021年	95	58	69	84	133	198	270

图 3　2017~2021 年各年龄段观众人均每日收视时长（历年所有调查城市）

数据来源：CSM 媒介研究。

贡献的收视时长。2021 年，电视观众日均到达率水平为 46%，与 2020 年和 2019 年相比均下降了 2.9 个百分点；而发生实际收视行为的观众人均每日收视时长为 257 分钟，尽管较 2020 年下降了 12 分钟，但较 2019 年有 4 分钟的提升，显示出电视大屏对电视忠实观众的吸引力并未减弱（见图 4）。

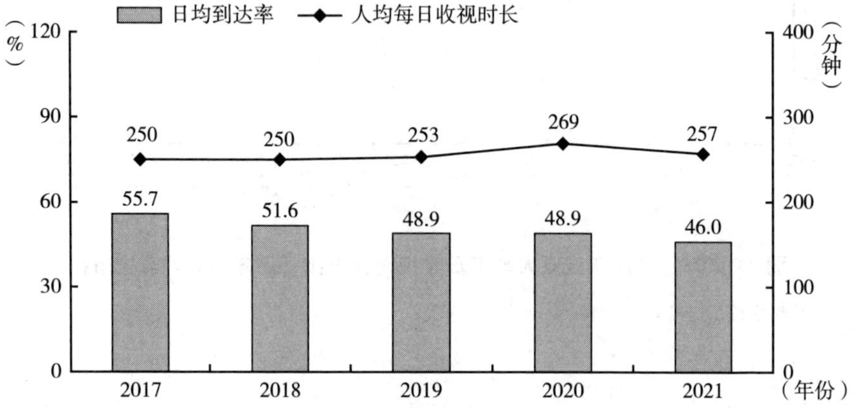

图 4　2017~2021 年电视观众日均到达率及到达观众人均每日收视时长（历年所有调查城市）

数据来源：CSM 媒介研究。

（二）各级频道竞争格局

1. 所有上星频道份额整体稳定，地面频道与其他频道形成鲜明互补

自 2019 年以来，中央级频道的市场份额有所下降，省级上星频道的市场份额不断提升，然而，这两者所共同构成的所有上星频道份额之和在近三年间始终稳定在 55% 上下。省级非上星和市级频道的份额近五年则连续下滑，地面频道整体份额已经从 2017 年的 26.6% 降至 2021 年的 17.6%，减少了 9 个百分点。与之形成鲜明对比和互补的是其他频道的份额增长，从 2017 年的 14.6% 增至 2021 年的 26.9%（见图 5）。其他频道除包括少量直播频道中的数字频道和境外频道之外，更主要地承载了观众的非直播收视行为，如通过电视大屏对 IPTV、OTT 等设备内容的回看、

点播和互动等。其他频道市场份额的持续增长，反映了智能设备和智能应用的普及。

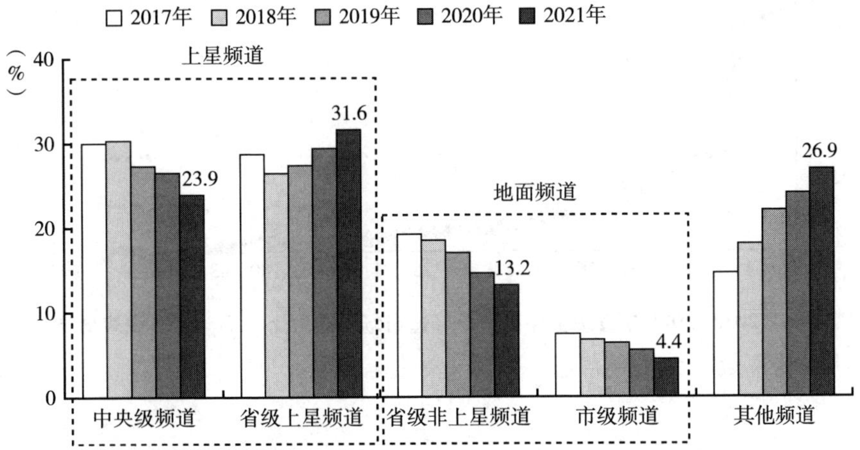

图5　2017~2021年各级频道市场份额对比（历年所有调查城市）

数据来源：CSM媒介研究。

2. 头部省级上星频道份额提升带动整体省级上星频道竞争力增强

省级上星频道2021年的整体市场份额为31.6%，较上一年同期增长了2.2个百分点，涨幅达7.5%，这主要得益于排名前10位频道的份额增长。数据显示，2021年出现份额正增长的单个省级上星频道共有9个，其中8个都位列省级上星频道份额排名的前10位；而在这8个频道当中，又有6个频道的份额涨幅均在20%以上，“头部效应”更加凸显，观众注意力加速向头部省级上星频道聚集（见图6）。

2021年，在51个省级上星频道中，Top1~Top5频道的份额之和就占据了省级上星频道整体内部份额的52%，前10位占比为72%，这两个数字均较2020年有所增加，这也就意味着，留给Top10之外频道的份额争夺空间更加有限（见图7）。

3. 地面频道逆境求生

2021年的18：00~24：00时段，省级非上星频道在各省网/直辖市中平

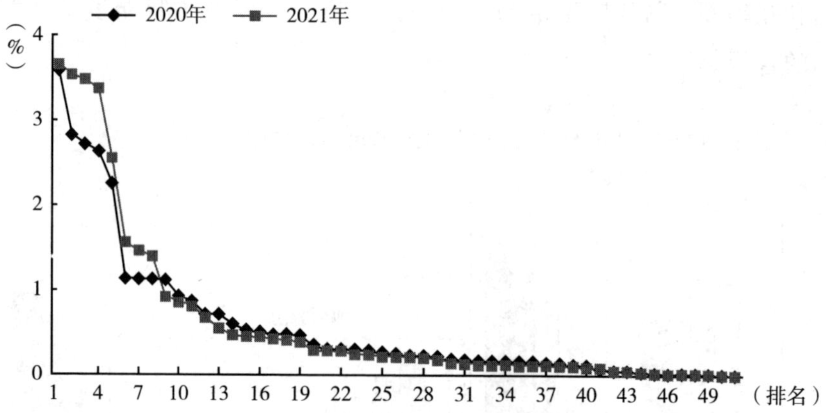

图 6　2020~2021 年省级上星频道单频道市场份额对比（历年所有调查城市）

数据来源：CSM 媒介研究。

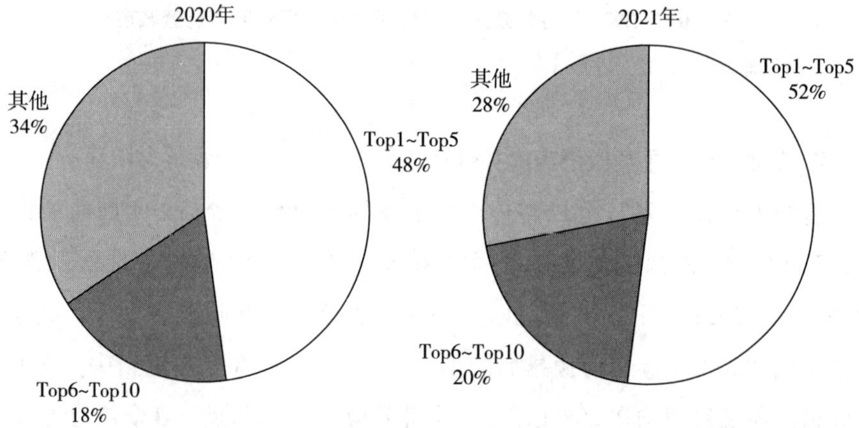

图 7　2020~2021 年省级上星频道内部份额占比情况（历年所有调查城市）

数据来源：CSM 媒介研究。

均市场份额为 23.9%，在超过三成的地区出现份额增长，其中，湖北、河南和陕西三地增长最多，增长幅度均在 3 个百分点及以上；市级频道在各城市网中的平均份额为 7.6%，仅在 16 个地区市场份额有所提升，占比不足两成，其中，台州本地市级频道份额增长最多，为 6.2 个百分点。

（三）节目市场概况及竞争格局

在所有电视节目类型中，电视剧、新闻/时事、综艺和生活服务这四类节目总体收视贡献占比近七成，共同成为电视直播领域的“四轮驱动”。随着疫情防控的常态化，电视剧和综艺节目的收视贡献有所回升，新闻/时事节目的收视贡献相应回落。从具体数值来看，2021 年电视剧和综艺类节目收视贡献较 2020 年分别增长了 1.1 个百分点、0.9 个百分点；新闻/时事类节目收视贡献有 2.3 个百分点的小幅下降；生活服务类节目保持稳定（见图 8）。

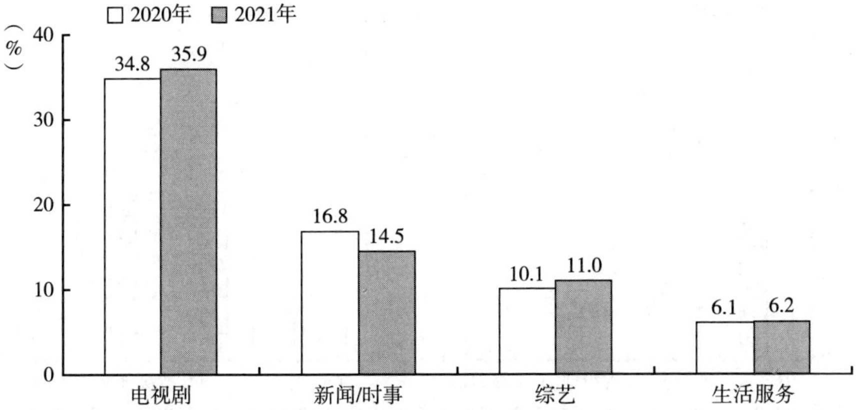

图 8　2020~2021 年主要电视节目类型收视贡献对比（历年所有调查城市）

数据来源：CSM 媒介研究。

从四大节目类型在各级频道的收视情况来看，中央级频道新闻/时事类节目收视份额仍位居榜首，占比 43%，省级上星频道新闻/时事节目收视份额提升明显，增长了近 5 个百分点；省级上星频道继续保持电视剧和综艺类节目的竞争优势，且收视份额同比上一年均有较明显提升；地面频道着眼于服务本土民生的生活服务类节目，省、市级地面频道共同占据近一半的收视份额，其中，省级地面频道生活服务类节目收视份额超过四成，多以调解、帮忙、相亲和美食类节目为擅长（见图 9）。

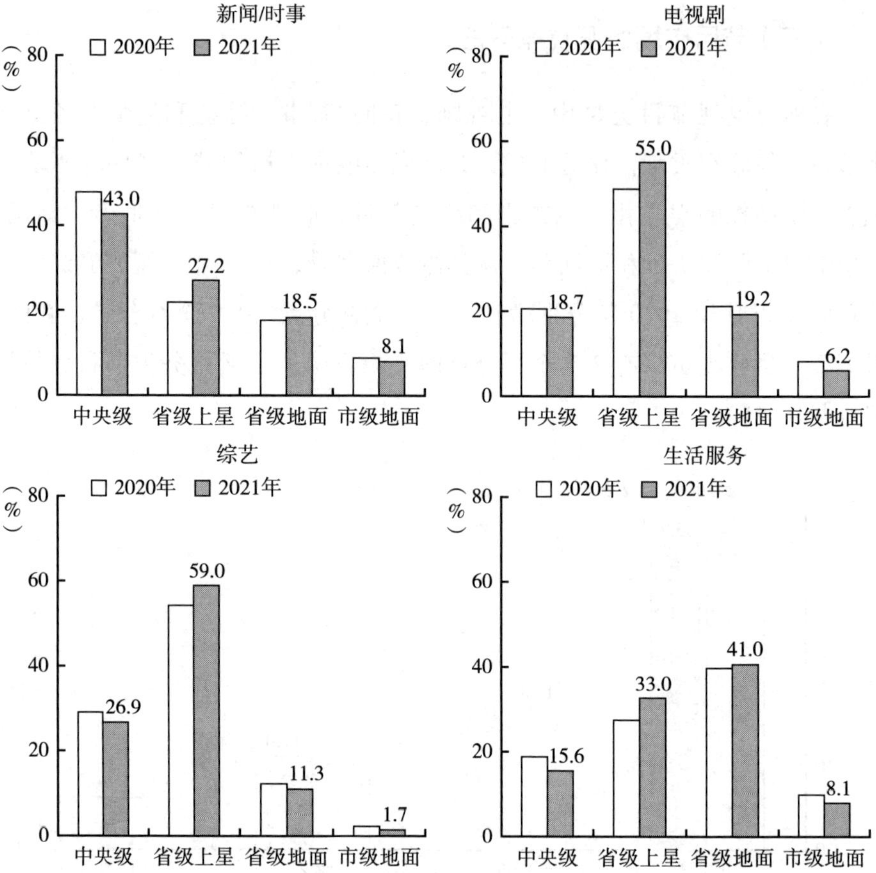

图 9　2020~2021 年主要电视节目类型在各级频道收视份额对比（历年所有调查城市）

数据来源：CSM 媒介研究。

二　广播篇

（一）广播市场收听概况

1. 疫情防控常态化，车上和居家收听恢复如常

2021 年 CSM 17 个连续调查城市数据显示，直播电台广播媒体人均日收听量为 54 分钟，基本持平于上一年同期。在家人均日收听量从 2020 年的

28 分钟回落到 26 分钟，车上人均日收听量从 2020 年的 17 分钟回升至 20 分钟。从不同收听场所收听量在总收听量中的占比来看，2020 年在家收听量占比为 53%，2021 年回落到 48%，而车上收听量占比则从 2020 年的 32%提升到 2021 年的 37%。疫情防控常态化，广播受众生产生活亦恢复常态，出行恢复如常，车上广播收听量同步恢复（见图 10）。

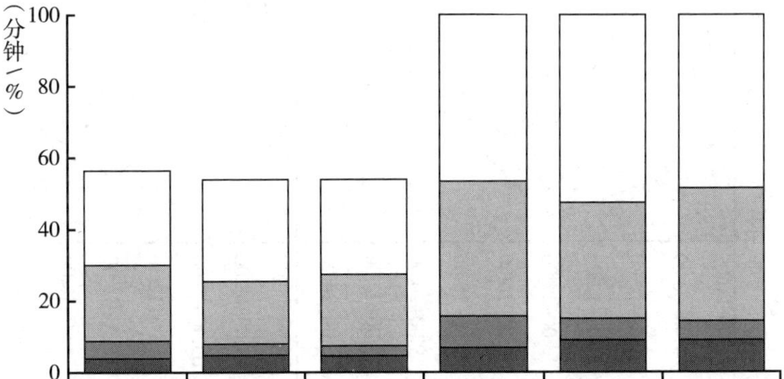

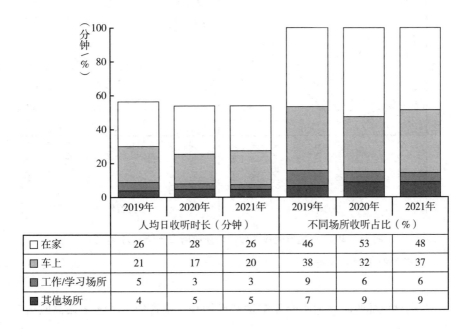

	2019年	2020年	2021年	2019年	2020年	2021年
	人均日收听时长（分钟）			不同场所收听占比（%）		
□在家	26	28	26	46	53	48
▨车上	21	17	20	38	32	37
▨工作/学习场所	5	3	3	9	6	6
■其他场所	4	5	5	7	9	9

图 10　2019~2021 年广播媒体不同场所人均日收听量及收听量占比（17 城市）

数据来源：CSM 媒介研究。

2. 电台直播收听早晚高峰特征鲜明，车载收听高峰明显提升

按照广播媒体分时段收听率走势，全天收听率走势曲线可以被划分为早间交通高峰时段、上午时段、午间时段、下午时段、晚间交通高峰时段和夜间时段。2021 年调查数据显示，在全天绝大多数时段，在家收听率均高于在其他各收听场所的收听率，但在 08：00~09：00 和 17：00~18：00 的早晚间交通高峰时段，车上收听率较 2020 年明显增长，且超过了在家收听率。工作/学习场所收听率较高的时段主要分布在日间的 08：00~15：00 时段。

总体收听率的时段分布及各收听场所呈现的不同特征，与直播电台广播听众作息安排密切相关（见图 11）。

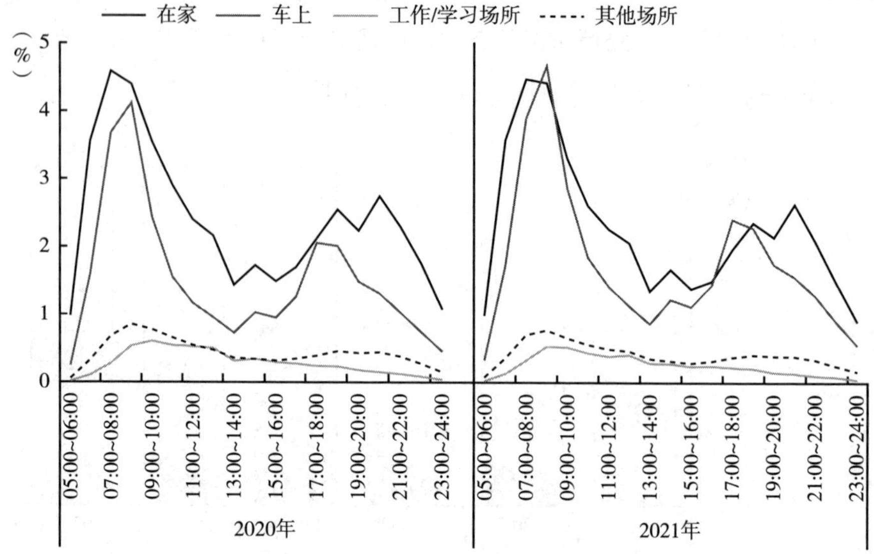

图 11　2021 年主要时段各收听场所收听率走势（17 城市）

数据来源：CSM 媒介研究。

3. 电台直播收听率随听众年龄增长而增长，中青年、高学历和高收入听众车载收听率更高

不同目标听众在不同收听场所的收听数据可以形象地描述广播受众的特征。总体收听率数据显示，男性听众收听率高于女性；电台直播收听率随听众年龄的增长而增长；中等学历听众收听率相对更高；月平均收入 1500~3500 元听众收听率较高。车上成为仅次于在家的主要收听场所，车上收听率特征表现为男性听众、25~54 岁的中青年听众、中高学历听众收听率相对较高，高收入听众车上收听率明显地高于中低收入听众（见图 12）。

4. 地方电台市场份额占优，省市两级电台的车载收听竞争尤为直接和激烈

地方电台节目内容具有地域优势，可以更好地满足听众对于本地资讯和民生信息的收听需求，因而在本地市场占据较高份额。中央级电台在全国各

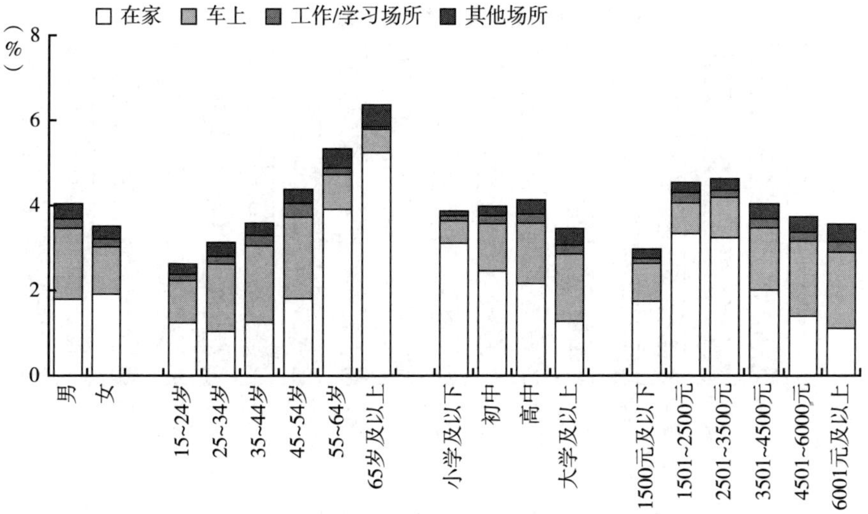

图 12　2021 年各类目标听众在不同收听场所收听率分布（17 城市）

数据来源：CSM 媒介研究。

地的落地情况极不均匀，实际参与当地广播市场竞争的频率较少，所以，广播收听市场的竞争格局主要表现为：地方电台竞争优势明显，省级电台多在其省会城市市场领先，而市级电台多在本地城市引领竞争格局。在绝大部分市场，本地的省级和市级电台市场份额合计超过 80%，凸显了广播媒体的地域性特点。调查数据显示，省级电台市场份额领先且超过 60%的城市主要为直辖市和省会城市，如重庆（97%）、上海（93%）、南京（78%）、北京（74%）、乌鲁木齐（73%）和哈尔滨（66%）；而市级电台市场份额超过 80%的城市以非省会城市为主，如无锡（87%）和深圳（81%）。中央级电台仅在北京（26%）、合肥（22%）、武汉（20%）、乌鲁木齐（11%）、深圳（10%）和太原（10%）的市场份额达到或超过 10%。在各地收听市场，省级电台和市级电台的市场份额呈现明显的此消彼长的竞争态势，听众主要在这两大本地广播媒体间流动（见图 13）。

（二）各类广播频率收听特点

通常情况下，一家广播电台会由若干个在内容上各有侧重、播出风格各

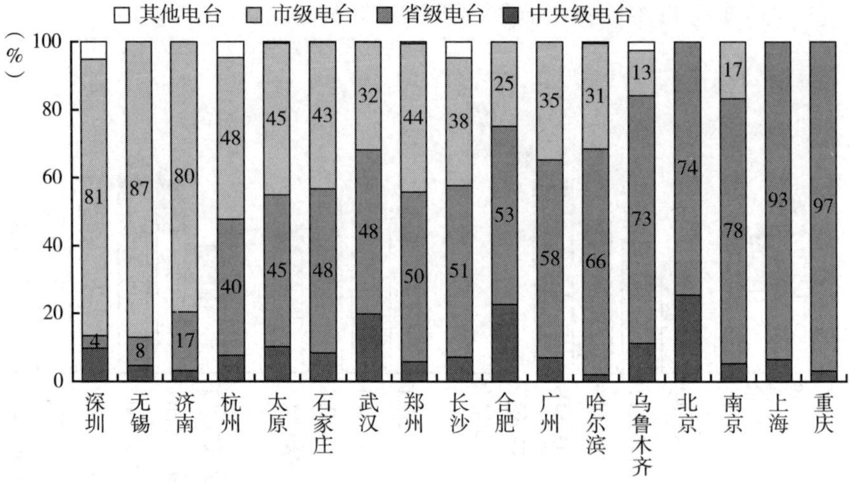

图 13　2021 年主要城市各级广播电台市场份额

数据来源：CSM 媒介研究。

具特色的广播频率组成。这些频率的节目编排通常都会既体现各自的特点、同时又互为补充，从而最大程度地满足不同细分听众的收听需求，提升本台的整体市场份额。各类频率的收听数据可以在一定程度上反映广播电台直播市场的节目竞争格局。按照广播频率的名称及其播出的主要节目内容分类，2021 年各城市所有广播频率可以划分为新闻综合、交通、音乐、文艺、都市生活和经济等主要类别。调查数据显示，新闻综合、交通和音乐类广播频率竞争力名列前茅，具体来说，新闻综合类广播频率的收听份额最高，达到 29.26%，较 2020 年同期增长 1.2 个百分点；交通类广播频率的收听份额从 2020 年的 27.03%增长到 2021 年的 27.55%；音乐类广播频率的收听份额从 2020 年的 24.09%降低到 2020 年的 23.32%。市场份额增长相对明显的还有都市生活类频率，其市场份额从 2020 年的 5.52%增长到 2021 年的 7.60%（见图 14）。

从不同场所各类频率听众特征来看，新闻综合类广播频率在家收听率较高，其中老年和中低学历听众收听率更高。在车上收听市场，交通和音乐类广播频率收听率较高，这两类广播频率的听众特征高度相似，

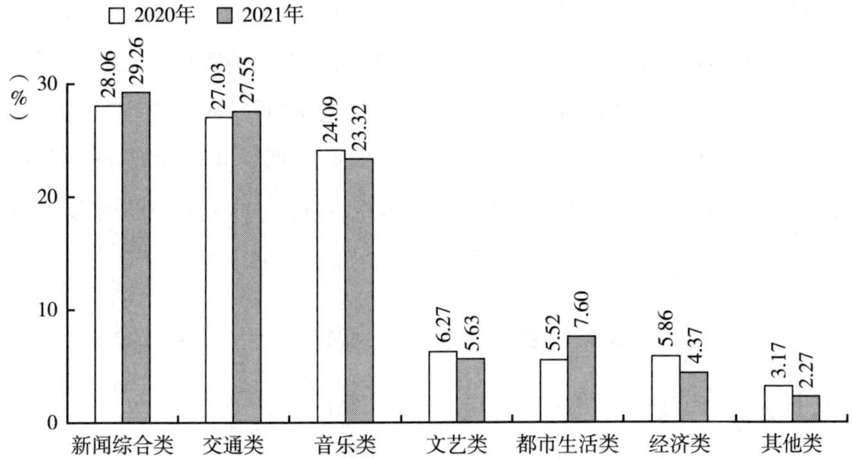

图 14　2021 年主要广播频率类别市场份额（17 城市）

数据来源：CSM 媒介研究。

均以男性、25～54 岁的中青年和中高学历听众为主要收听人群（见图 15）。

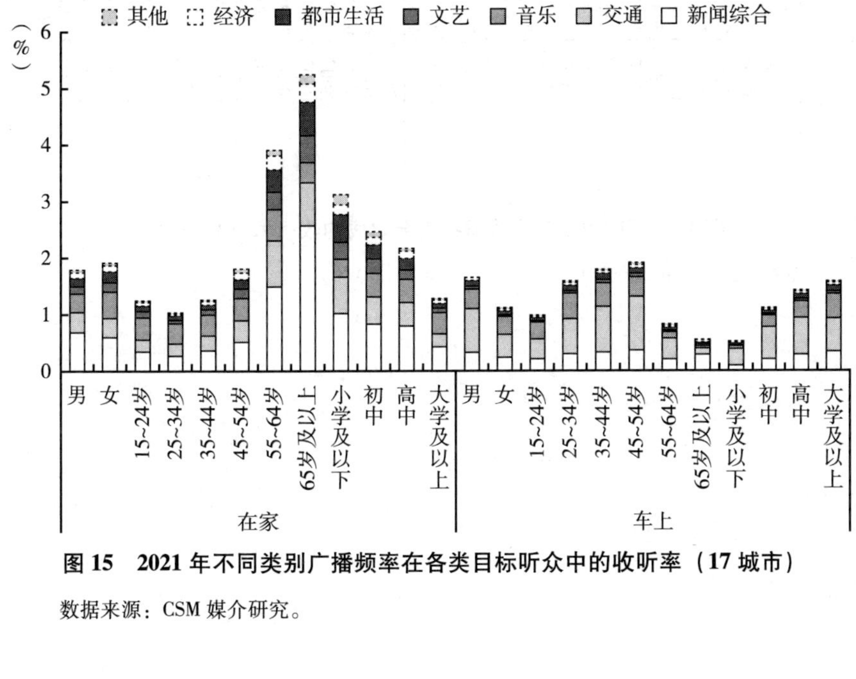

图 15　2021 年不同类别广播频率在各类目标听众中的收听率（17 城市）

数据来源：CSM 媒介研究。

分场所分时段收听率数据显示，不同类别广播频率的收听率各自呈现了相对明显的时段特征。在早高峰时段，新闻综合类广播频率在家收听率明显高于其在车上的收听率，而交通类广播频率车上收听率明显高于其在家收听率。在家收听率晚高峰出现在20：00~21：00时段，主要由新闻综合和音乐类广播频率构成，车上收听率晚高峰出现在17：00~19：00时段，主要由交通和音乐类广播频率构成（见图16）。

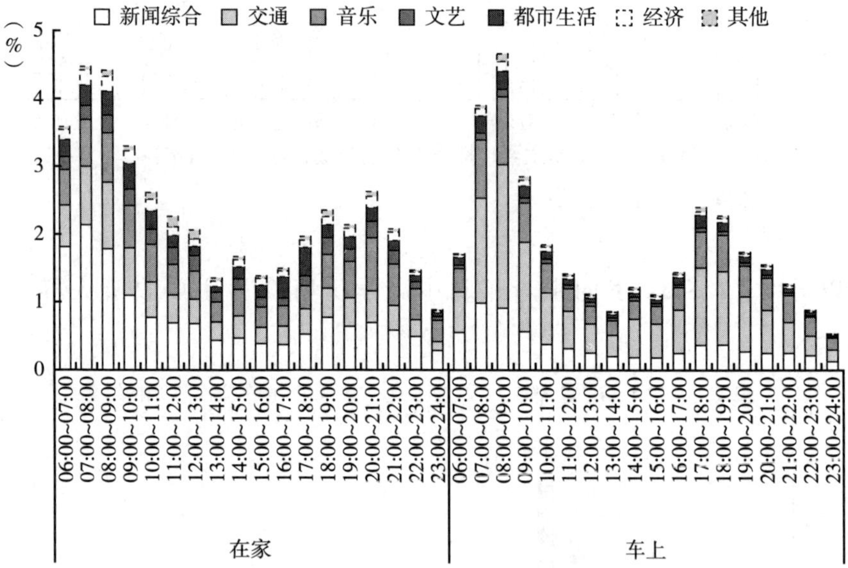

图16　不同类别广播频率在主要时段的收听率（17城市）

数据来源：CSM媒介研究。

B.10

2021~2022年中国广告市场营销趋势

赵 梅 曹雪妍*

摘 要： 2021 年，新冠肺炎疫情对全球的袭扰不断，中国广告市场通过积极的信心、丰富的广告创意、多样的营销方式等激活潜能，促使市场处于“回血”状态中。根据 CTR 媒介智讯的数据统计，2021 年中国广告市场呈恢复性增长。增长源自多个方面，包括代表新生力的新品牌的踊跃投放、媒体营销场景的多重可能性、品牌力的回归、数智化时代技术的提升和营销新概念的影响等。这些积极元素在帮助我们更好地解读 2021 年市场的同时，也为 2022 年的市场走向提供参考依据。

关键词： 广告主 电视 数字化 户外广告 新品牌

一 广告市场呈现恢复性增长，部分领域增长超过疫前水平

2020 年，全国各个行业均受到新冠肺炎疫情的冲击，广告主情绪普遍萎靡，对市场及自身发展的预期达到了低点。随着全国疫情防控常态化，市场参与者信心回归，2021 年初广告主对市场的预判、对自身企业发展以及行业发展的打分都明显高于 2020 年。同时，计划增加投放预算的广告主比例达到了近五年的峰值，市场信心重振，减少预算的广告主比例下滑，为整

* 赵梅，央视市场研究（CTR）总经理，兼任媒介智讯总经理；曹雪妍，央视市场研究（CTR）媒介智讯研究经理。

个市场的增长带来希望。

CTR媒介智讯数据显示，2021年中国广告刊例花费同比提升11.2%，达到了近五年的峰值，高增长的背后与2020年市场大幅缩量有关。对比2021年与2019年的广告刊例花费总量，虽然仍有将近3%的差距，但市场整体的积极恢复是有迹可循的。从头部行业的投放特征来看，与2020年同期相比，多个行业广告刊例花费增长明显，特别是广告投放量较大的食品、饮料、药品、化妆品/浴室用品等行业增幅较为突出（见图1）。个人用品行业的广告投放量增长迅猛，行业内新品、新创意迭出，发展远超疫情前的水平。汇聚众多App品牌的IT产品及服务行业在2021年成功跻身广告市场前五的位置，这与疫情后在线服务模式的兴起相关，众多生活服务类、在线办公类的App近两年广告投放猛烈。

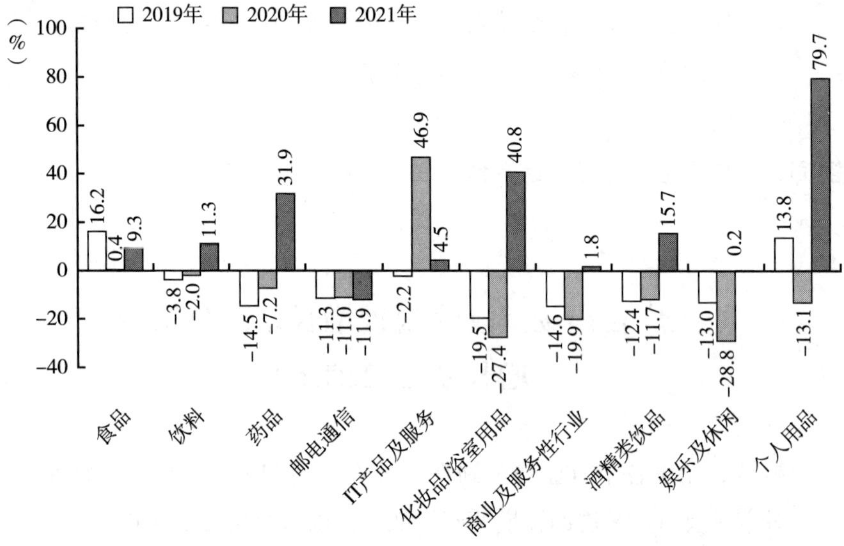

图1　2019~2021年中国广告市场前十行业广告刊例花费变化

数据来源：CTR媒介智讯广告监测数据库。

随着时尚、健康潮流价值观的兴起，以时尚、健康类消费品为主的几个广告品类广告花费在2021年均有较高的增长，例如个人健康用品、护肤用品、奶类产品、彩妆等的广告花费同比均实现翻倍增长。膜法世家、花西子、润百颜、SKG 等热门品牌的广告花费呈现超 10 倍的增长。

品牌表现方面，国产品牌在广告市场中呈现较好的发展势头。CTR 媒介智讯的连续性数据显示，国产品牌在广告市场头部的比重逐年增加，2021 年的占比已达 95%，这意味着中国品牌实力的逐渐增强。

代表着广告市场的活力和潜能的新增品牌表现较好。根据 CTR 媒介智讯的数据统计，2021 年中国广告市场 45.8%的品牌为首次投放。大量的新品牌来自商业及服务性行业、娱乐及休闲行业等。从广告花费上看，新品牌的费用占比始终保持在 10%左右，新品牌在广告市场的投放量并没有受疫情影响出现明显的下滑，新品牌的入场为市场带来积极的力量。

2021 年，部分热门赛道的品牌竞争十分激烈。以化妆品行业为例，天眼查的数据显示，2020 年企业名称或经营范围包括“化妆品”“彩妆”“美妆”等关键词的新注册企业达到 275 万家，在疫情的直面冲击下仍维持着 30%的增速，产业活跃度可见一斑。广告数据也进一步验证了化妆品行业竞争的激烈。CTR 媒介智讯的数据显示，化妆品/浴室用品行业广告花费在 2021 年同比增长 40.8%，护肤用品及彩妆品牌广告花费的涨幅超过 100%。行业内不少品牌通过大量的广告投放来扩大品牌影响力，仅广告花费涨幅超过 1000%的品牌就有多个，如花西子、纽西之谜、膜法世家、完美日记、润百颜、悦木之源等。

另一个较为热门的赛道是气泡水行业，该行业隶属的饮料大类本身在 2021 年就有非常好的市场表现。根据凯度消费者指数研究的数据，从 2020 年第三季度到 2021 年第三季度，饮料类产品各季度的市场销量和销售额同比年增长率均在 6%以上，远超疫情前水平。

二　媒体场景格局稳定，数字化和户外广告新价值不断涌现

2021 年的媒体场景展现出三个特点。第一，从受众角度看，电视媒体的

核心地位稳固，短视频市场规模增长迅速。电视观众的人均日收看时长超过其他各类主要媒体的用户日均使用时长，观众的规模也稳定在12亿人以上。因此，电视媒体仍旧具有媒体核心的地位。同时，随着新兴媒体的迅速发展，短视频媒体的月活跃用户数量（简称“月活”）也在不断地快速增长（见图2）。

第二，从广告主的选择上看，数字媒体受到广告主的青睐。PC、移动端、OTT、数字户外几类媒体近年来获得广告主越来越多的关注。广告主愿意在这些数字媒体上分配更多的广告预算（见图3），这与近年来数字媒体的快速成长相关，融媒体平台、短视频、直播等数字传播形态迅速发展，为品牌营销提供更多方向。

广电新媒体是广告主看好的新方向，广告主在广电新媒体上用于营销推广的费用逐年增加。CTR发布的《2021年主流媒体网络传播力榜单及解读》显示，截至2021年底，8家央媒共有近100款自有App，1600个第三方渠道开设的账号，形成了由近440个粉丝量达百万级以上（或季度累计阅读量超百万的）的头肩部第三方平台账号组成的传播矩阵，累计生产约2.4万篇爆款短视频内容和4.7万篇爆款公众号文章。在广告主看来，广电新媒体广泛的粉丝基础、大小屏联播的方式、超强的内容制作能力等均是他们看好广电新媒体的重要因素。

在数字媒体方面，随着互联网平台的快速发展，半数以上广告主表示会增加短视频、直播、社交、电商平台的广告投放（见图4）。在平台选择上，广告主更注重平台的规模、与产品契合度以及带货能力等。除了互联网平台外，数字化的户外广告也吸引着广告主，特别是楼宇类、影院类、社区类的数字化广告，广告主对这些平台的投放意愿均有明显增加。

第三，虽然户外广告近两年受疫情影响较重，但一些具有人群针对优势和用户高频次、长时间触达特点的户外场景得到发展。根据CTR对几类主要的户外广告场景的价值分析，电梯广告覆盖城市风向标人群，投放在核心生活空间，因场景优势实现广告对用户的高频次触达，并且在封闭空间内实现强制到达效果；社区广告受众稳定、针对性强、用户触达频次高，受众心情放松，容易吸收外界信息，与其他户外媒体比较，社区媒体的CPM（千

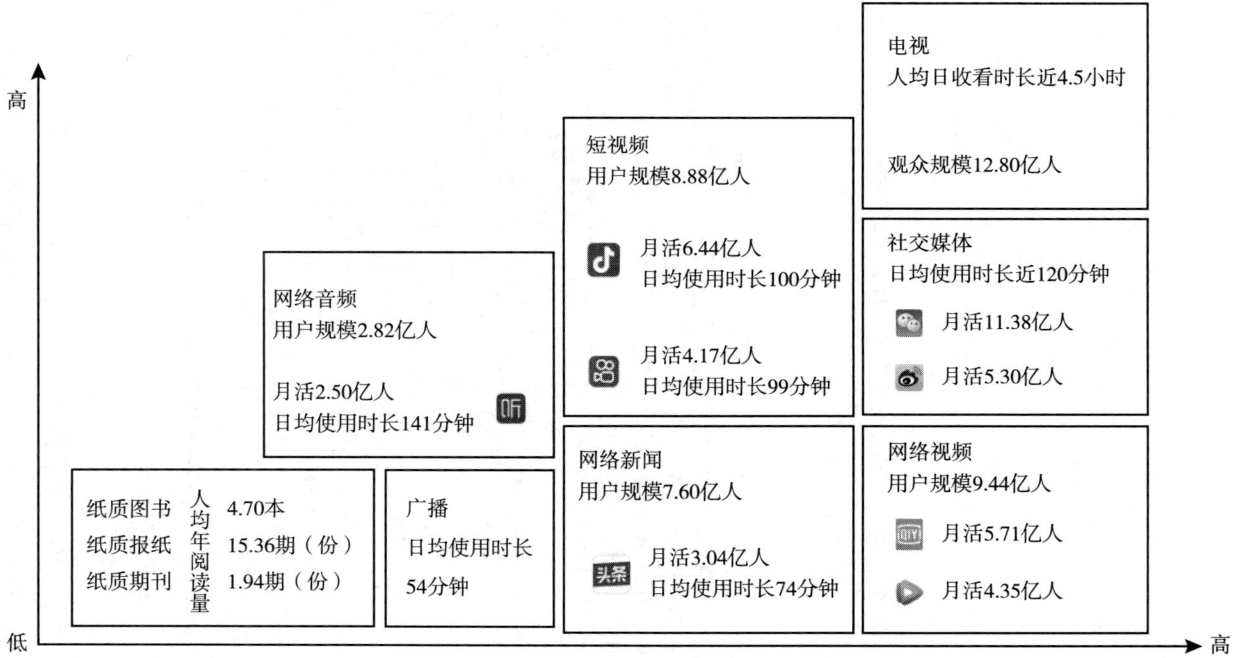

图 2　主要媒体场景的用户日均使用时长和用户规模

数据来源：CTR-Xinghan（星汉）移动用户分析系统、第 48 次《中国互联网络发展状况统计报告》、《2021 中国网络视听发展研究报告》、腾讯财报等。

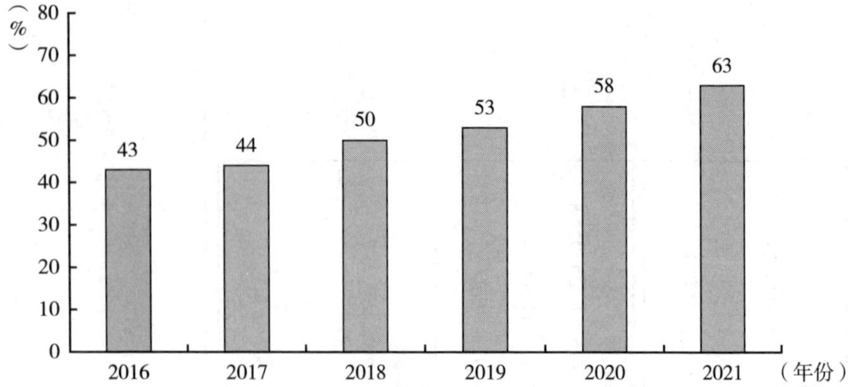

图 3　2016~2021 年广告主数字媒体预算分配比例变化

数据来源：CTR,《2021 年广告主营销趋势调查报告》。

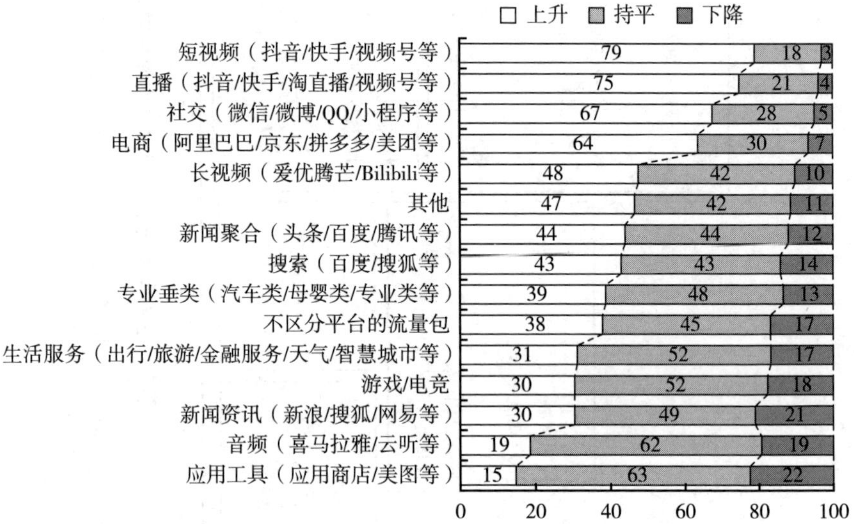

图 4　2021 年广告主数字媒体各领域广告投放意愿变化

数据来源：CTR,《2021 年广告主营销趋势调查报告》。

人成本）较低；商业综合体广告覆盖消费力较强的人群，消费者在商业区内停留时间较长，愉悦休闲的购物环境便于影响消费者的购物决策；酒店智屏广告覆盖中青年、高学历、高收入、高消费人群，可与酒店场景内其他媒体结合，打造线上线下贯通的营销闭环；机场广告依托重要的交通枢纽场景，聚合商旅人群，受众价值高，广告形式醒目；高铁站连接全国多个区域，使得高铁广告具有覆盖广、受众精准的特点，此外，受众在场景内停留时间长、广告多屏同播等增加了用户对广告的接触频次。这些户外广告场景各有特点，但均有汇聚价值人群、高频触达等优势，被广告主所关注。

三　品牌价值回归，多元化媒体传播助力品牌价值打造

营销市场对于品牌力的价值探讨从未停止，特别是在直播带货等强销售转化的模式火爆之后，做品牌还是做爆品一度成为热议的话题。对于品牌来说，品牌力是知名度、美誉度、诚信度的有机统一，为品牌筑起壁垒，抵抗同质化。品牌力建设需要长期的沉淀积累，品牌力为品牌和消费者均带来价值。而为了打造品牌力，媒体传播必不可少。

但现今的媒体形式多样，受众媒体接触多元且分散。CTR 的研究数据显示，55%的居民每天接触的媒体类型超过 5 种，75%的居民每天接触的媒体类型超过 4 种，平均每人每天接触的媒体类型为 4. 2 种。碎片化的媒体接触习惯之下，品牌力传播需要多元化媒体组合来实现。以电视媒体、中央级媒体为代表的权威性媒体，可以为品牌背书、塑造品牌主线价值观。CTR 发布的《2021 年广告主营销趋势调查报告》显示，广告主对电视媒体的预算投放比例稳定，分级别来看，大型企业在央视的广告预算比例稳定在四成，部分广告主表示央视在营销模式创新、公信力等方面给品牌带来较好效果，一些新品的广告会优先在央视平台播出。此外，一些看中下沉市场的品牌，会更多选择在地面电视台做品牌推广。电视广告的品牌价值塑造能力受到广告主的广泛认可。此外，以社交媒体、短视频、网络视频等为代表的个性化媒体，可以为品牌提供个性化价值观输出，迎合消费者个性化的需求。品牌通过社交媒体引发话题讨论、寻找 KOL 输出品牌特性、举办新品线上发布会等，输出品牌的个性化价值，吸引个性化媒体渠道中的海量粉丝关注品牌，协同权威媒体打造品牌主线价值，丰满品牌形象，实现品牌价值的飞跃。

四 总结及展望

总体来看，2021 年中国广告市场整体有所恢复，但仍未回到疫前水平。2021 年，疫情对广告市场的影响减小，在国家积极的政策支持下，市场整体呈现“回血”状态，但各方面发展状况与 2019 年相比还有差距，部分媒体和行业的广告市场规模仍与疫情前存在较为明显的差值。市场活力方面，新品牌广告投放踊跃，电视和电梯广告成为新品牌扩大品牌知名度的主要渠道。不少新品牌聚集在新赛道，主张健康、悦己的消费观，不断细化用户需求，迎合市场的新需要。户外新场景价值不断得到开发，电视媒体核心地位稳固，短视频用户规模增长迅速，媒体场景整体向数字化偏移，广告在广电新媒体、数字户外、短视频/直播等数字化方向的尝试有所突破。户外场景基于人群针对性强、场景环境优势等，得到充分发展。品牌的营销重心回归品牌建设，直播带货的背后，品牌建设的重要性凸显，爆款并不等于做品牌，在注意力分散的环境下，主流媒体有助于品牌建立影响力、公信力，个性化媒体有助于品牌建立与消费者的个性化连接关系，二者缺一不可。

《个人信息保护法》等法律法规的出台推动了互联网广告环境的净化和革新。用户个性化消费趋势明显，不论是品牌还是媒体都可以抓住个性化消费的机遇，了解消费需求，通过个性化的产品、价值输出等与消费者建立紧密的关系。同时，新时代消费者对品牌的价值观要求更高，品牌需要通过输出正向价值观引领消费者。

2022 年全国经济稳字当头，对于广告市场而言，疫情的扰乱犹在，各方面发展仍旧面临挑战。2022 年国家对信息技术的扶持政策频出，媒体传播也将更为灵活和智能，可在受众互动和体验等方面寻求突破创新。同时，2022 年是体育大年，北京冬奥会、杭州亚运会、卡塔尔世界杯分别在各个时间段内举行，虽然疫情对体育赛事影响颇深，但相信媒体与品牌还是会通过各种话题、热点、综艺节目等为观众带来热热闹闹的体育年，同时也为广告市场带来发展契机。

B.11

2021年中国移动互联网行业发展报告

王珺　杨乾平　王腊*

摘　要： 中国移动互联网行业目前整体正处于用户规模庞大、增长势缓的存量竞争期。本文通过分析移动互联网电子商务、移动互联网新媒体、移动互联网生活服务以及移动互联网金融这四个细分行业的市场格局、主要App的用户规模与用户特征等，梳理处于存量竞争期的各细分领域的主要发展情况。

关键词： 移动互联网　电商　新媒体　生活服务　金融

1995年前后中国部署GSM网络，开启了中国移动互联时代，2008年3G落地，2013年4G时代开启，2019年中国进入5G时代。伴随着移动互联网底层基础设施的建设，移动互联网行业经历了4个发展阶段：从2G到3G，受制于2G网络速度以及手机智能化程度，移动互联网行业处于萌芽期；从3G到4G，移动网速有所提升，互联网公司纷纷推出智能手机应用软件以抢占移动互联网风口，移动互联网行业进入成长期；从4G到5G，4G网速大幅提升、移动智能设备普及，移动互联网发展进入飞跃期，基于移动互联网的电子商务（以下简称"电商"）、新媒体等快速发展，同时用户衣食住行等各方面的移动化程度逐渐加深；5G时代，移动互联网行业进入存量竞争期。根据CNNIC的统计数据，中国移动互联网用户规模从2019年6月起已经占整体网民规模的99%以上；截至2021年

* 王珺，央视市场研究（CTR）移动用户指数研究总监；杨乾平，央视市场研究（CTR）移动用户指数高级分析师；王腊，央视市场研究（CTR）移动用户指数分析师。

底，移动互联网用户规模达 10.29 亿人，用户规模庞大、增长势缓。在存量竞争时代，移动互联网行业如何发展？本文将从移动互联网电商、移动互联网新媒体、移动互联网生活服务、移动互联网金融这四个细分行业进行分析。

一　移动互联网电商行业

随着中国电商行业 30 年浮沉，移动互联网电商行业网购人数、交易总额、网络零售交易额都已进入缓慢增长阶段，淘宝、京东等综合电商规模增长平稳，电商行业开始往垂直纵深方向发展。从品类上来看，生鲜电商（如每日优鲜）、3C 电商（如华为商城）等迅速崛起；从模式上来看，拼购电商（如京喜）、直播电商（如抖音）、导购电商（如什么值得买）等不同模式的电商层出不穷，纵深发展是行业新的突破点。

1. 移动互联网综合电商行业

综合电商头部企业移动端平台（以下简称“平台”）月活跃用户规模（以下简称“月活量”）均保持平稳态势。淘宝作为综合电商先驱者，2021 年 9 月移动端月活量达 7.2 亿人。拼多多异军突起，凭借低线城市的覆盖优势（近六成拼多多用户分布在四线城市及以下）①，其平台月活量在短短 5 年时间内跃居第二，2021 年 9 月月活量达 5.7 亿人（见图 1）。

综合电商市场竞争格局趋于稳定，头部企业规模增长平稳，但是仍然可以从不同角度来发掘新的机会点。比如，在电商行业由增量市场转向存量市场的背景下，淘宝为了增加触点、拓展消费场景和精准触达不同细分人群，通过横向多点布局官方返利工具一淘 App、官方直播软件点淘（淘宝直播）App 以及聚焦低价产品的淘特 App 来进一步获取用户（点淘用户中非淘宝用户有 26.0 万人，淘特用户中非淘宝用户有 87.9 万人）②、增强淘系 App

① 数据来源：CTR-Xinghan（星汉）移动用户分析系统。

② 数据来源：CTR-Xinghan（星汉）移动用户分析系统，2021 年 9 月。

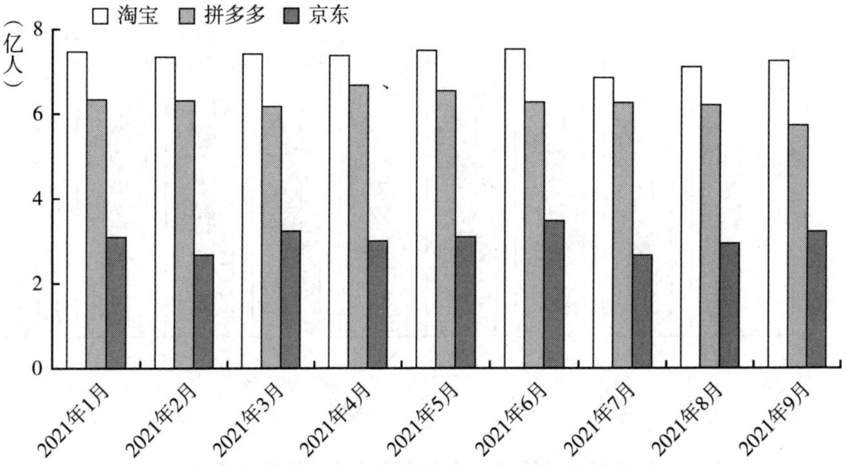

图1　2021年1~9月移动互联网综合电商行业头部企业移动端月活量

数据来源：CTR-Xinghan（星汉）移动用户分析系统。

用户黏性。

2. 移动互联网生鲜电商行业

生鲜电商头部平台月活量为千万级别，活跃用户规模相差不大。相对来说，盒马的月活量居首，但随着叮咚买菜跨出上海、发力北京等其他地区，2021年1~9月叮咚买菜的月活量与盒马的差距渐渐缩小。

叮咚买菜在人均单日使用次数上居首，2021年9月叮咚买菜的人均单日使用次数为5.3次（见图2），且呈现增长趋势。会员、积分、游戏、直播等创新玩法的应用在培养用户习惯、提高用户黏性上颇具成效。

2021年4月6日，叮咚买菜宣布完成7亿美元D轮融资。在疫情“宅经济”的刺激以及资本青睐下，生鲜电商后续发展力量强劲，但市场竞争也会更加激烈，整体市场规模有较大的提升空间。

3. 移动互联网直播电商行业

直播电商中抖音和快手月活量优势明显，这说明综合内容平台为直播电商引流效果显著，小红书月活量自2021年2月起一直保持在1亿级别（见

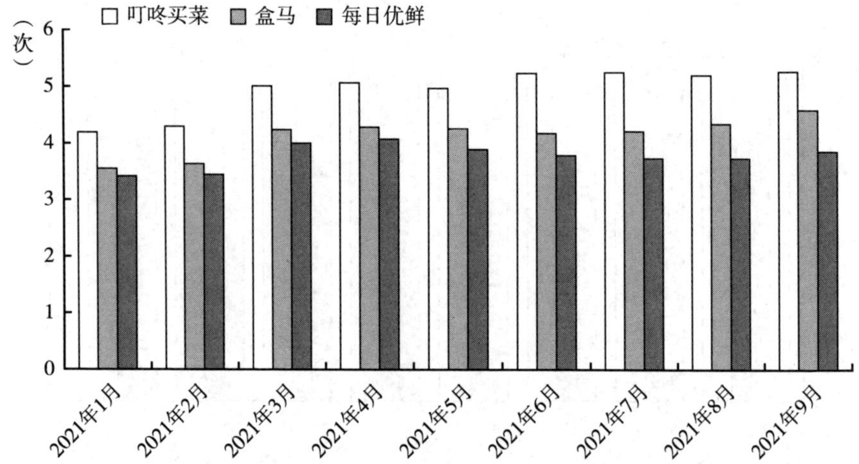

图 2　2021 年 1~9 月移动互联网生鲜电商行业头部平台人均单日使用次数

数据来源：CTR-Xinghan（星汉）移动用户分析系统。

表 1）。综合电商移动端淘宝提供直播功能，对点淘的用户有所分流，所以点淘的月活量一直维持千万级别。

表 1　2021 年 1~9 月移动互联网直播电商行业头部平台月活量

单位：万人

时间	抖音	快手	小红书	点淘(淘宝直播)
2021-01	57941.5	47902.2	8525.0	948.6
2021-02	60321.6	51871.4	10922.1	927.9
2021-03	60181.0	44781.8	10794.2	1406.6
2021-04	67056.8	41792.5	11899.2	1370.4
2021-05	66931.2	42470.3	13155.0	1806.1
2021-06	65571.2	40916.2	12987.0	2236.5
2021-07	67931.3	42346.9	15000.8	1750.7
2021-08	69172.4	43688.8	15782.8	1740.3
2021-09	67840.4	40042.9	15952.5	1730.7

数据来源：CTR-Xinghan（星汉）移动用户分析系统。

用户使用小红书和点淘，主要以种草、下单为目的，用户较强的目的性有助于提升消费转化，而短视频内容平台抖音、快手的用户多是以娱乐为目的，在刷短视频的过程中会先被直播间产品种草而后下单，所以抖音、快手如何利用强大的用户流量更加有效地完成商业转化，如何维持平台的娱乐性与变现能力之间的平衡是当前面临的主要课题。

二　移动互联网新媒体行业

移动互联网新媒体行业涉及领域较多，本文将主要分析移动互联网新闻资讯行业、移动互联网长视频行业、移动互联网短视频行业。

1. 移动互联网新闻资讯行业

移动互联网新闻资讯行业与移动互联网电商行业一致，行业发展趋于成熟，市场格局基本稳固，主要玩家之间的竞争格局日趋明朗。2021 年 1～9 月今日头条月活量达 2 亿级别，腾讯新闻月活量在 1 亿级别（见表 2），居所有移动互联网新闻资讯平台前列。究其原因可知：现如今信息的传播速度非常快，媒体间的信息、资讯壁垒被打破，所有移动互联网媒体的社会性新闻内容同质化严重，打开任何一个媒体 App，热搜榜/热点榜上的信息基本一致，而品牌抓住用户的关键就取决于是否能深耕用户的个性化内容需求。今日头条通过运用大数据、人工智能等技术手段丰富、优化智能化推荐逻辑，这是其平台月活量高居榜首的主要原因。

表 2　2021 年 1～9 月移动互联网新闻资讯行业头部企业平台月活量

单位：万人

时间	今日头条	腾讯新闻	网易新闻	新浪新闻	搜狐新闻
2021-01	24000.5	18935.4	5571.4	5186.7	2795.8
2021-02	22211.7	16703.0	5194.1	5070.4	2815.9
2021-03	22638.0	17343.3	5524.9	5299.8	2794.8
2021-04	23256.1	17872.2	5482.8	5518.6	3073.2
2021-05	21367.7	17455.0	5207.3	5400.3	2975.6

续表

时间	今日头条	腾讯新闻	网易新闻	新浪新闻	搜狐新闻
2021-06	21027.9	16907.4	5348.3	5538.3	3164.4
2021-07	20949.4	16647.9	5144.8	4917.1	3133.9
2021-08	22279.7	16676.1	5576.1	4947.6	3207.1
2021-09	21581.5	15590.8	5562.9	4709.7	3505.2

数据来源：CTR-Xinghan（星汉）移动用户分析系统。

从移动互联网新闻资讯行业用户性别比例来看，男性比例居高。今日头条用户男女比例为7：3，腾讯新闻用户男女比例为6：4，新浪新闻用户男女比例为5.3：4.7，网易新闻用户男女比例为6.5：3.5。[①] 从年龄来看，近四成用户为25~34岁的青年群体。[②] 青年男性是移动互联网新闻资讯行业的主要受众。

从用户互联网兴趣爱好对应分析来看，今日头条、腾讯新闻、新浪新闻、网易新闻用户的兴趣具有一定的差异。如新浪新闻的活跃用户对生活实用、金融理财类新闻的偏好度更高。[③] 对于移动互联网新闻资讯平台来说，应充分地了解自身用户的构成、兴趣维度，搭建多维度信息内容，打造高品质内容，用优质内容抓住用户的注意力，满足不同用户的个性化、品质化需求，据此，提升用户信任感，从而最大化地提升品牌价值。

2. 移动互联网长视频行业

随着物质水平的提升，居民精神文化消费水平逐渐提高，线上娱乐平台获得长足发展。CNNIC数据显示，截至2021年12月，网络视频用户规模达9.8亿人，[④] 较上一年增长5.2%，网络视频用户规模创历史新高。

移动互联网长视频行业，用户的平台忠诚度偏低，用户追随内容在多个平台游离成为常态。第一梯队的爱奇艺、优酷、腾讯视频以丰富的版权内容

① 数据来源：CTR-Xinghan（星汉）移动用户分析系统，2021年9月。
② 数据来源：CTR-Xinghan（星汉）移动用户分析系统，2021年9月。
③ 数据来源：CTR-Xinghan（星汉）移动用户分析系统，2021年9月。
④ CNNIC：第49次《中国互联网络发展状况统计报告》，2022年2月。

吸引了大量的用户，在月活量上领先于其他平台（见表3）。尤其是爱奇艺、腾讯视频凭借多款自制内容IP稳居第一梯队。以哔哩哔哩、芒果TV为代表的第二梯队，虽然月活量较第一梯队还有较大差距，但在运营策略、平台氛围、PUGC创作环境等方面自成一派，从而使得平台具备一定的增长潜力。

表3　2021年1~9月移动互联网长视频行业头部平台月活量

单位：万人

时间	爱奇艺	腾讯视频	优酷视频	哔哩哔哩	芒果TV
2021-01	47167.1	44127.2	21779.9	15042.8	7079.6
2021-02	50783.2	44697.5	24870.8	16079.5	7357.6
2021-03	50499.1	44087.5	22727.1	16298.4	7030.1
2021-04	45944.6	41709.8	20875.9	15690.4	7902.3
2021-05	46299.4	41798.8	20045.5	16516.2	8981.8
2021-06	46104.5	40024.6	17211.3	16914.5	9501.0
2021-07	45360.6	41463.5	17270.3	17906.1	9883.3
2021-08	46108.9	44760.4	18683.2	19328.2	12162.8
2021-09	41221.8	40555.3	18544.5	18777.3	10394.5

数据来源：CTR-Xinghan（星汉）移动用户分析系统。

3. 移动互联网短视频行业

短视频市场发展成熟，已成为移动互联网的“第三语言”。2020年我国短视频市场规模达1506亿元，较2016年的19亿元呈数量级上的增长。[①] CNNIC数据显示，截至2021年12月，网络短视频用户使用率达到90.5%，[②] 在疫情影响下，短视频使用率保持增长态势。

在短视频App中，抖音、快手作为行业先驱者较先抢占了市场，享受到了流量红利，月活量位居行业前两位。[③] 从用户所属的城市级别分布来

① 国家版权局：《中国网络版权产业发展报告（2020）》，2021年5月。

② CNNIC：第49次《中国互联网络发展状况统计报告》，2022年2月。

③ 数据来源：CTR-Xinghan（星汉）移动用户分析系统，2021年9月。

看，抖音月活用户在各城市线分布较均衡，快手月活用户中低线城市用户占比相对更高，同样为字节系的抖音火山版发力下沉市场（见图 3）。

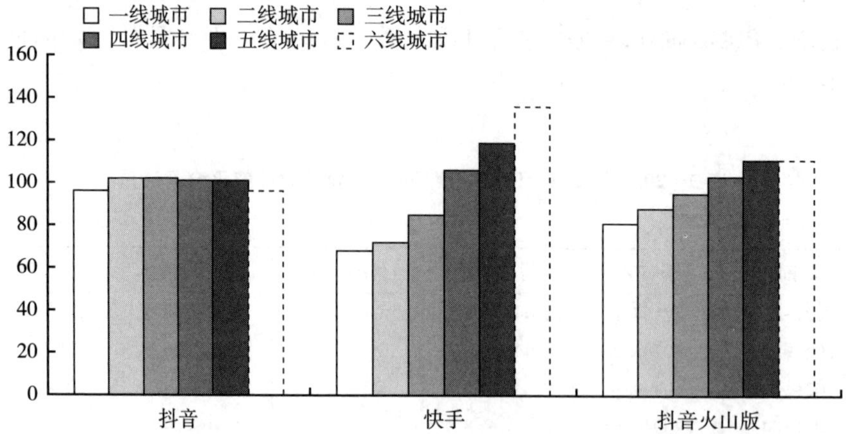

图 3　2021 年 9 月移动互联网短视频行业头部平台月活用户所属城市级别分布指数

数据来源：CTR-Xinghan（星汉）移动用户分析系统。

三　移动互联网生活服务行业

生活服务业是指满足居民最终消费需求的服务活动。[①] 涉及餐饮、电影、家政、休闲娱乐等商业领域的本地生活服务行业近年来在政府政策规范引导与扶持、居民可支配收入增长、消费需求旺盛、技术网络基础设施建设完善以及资本加持等背景之下快速发展。另外在新冠肺炎疫情“宅经济”的刺激下，行业全场景、全流程的数字化发展更是得到较大促进。

本地生活服务业务包括到店业务和到家业务：到店业务聚焦店铺中的商品/服务交付，消费者通过线上平台在线购买并支付/预定某类商品/服务，

① 桑荟：《地方综合年鉴记述经济部类内容的思考——以服务业为例》，《中国年鉴研究》2021 年第 3 期。

体验/消费在线下店中完成。[1] 移动互联网到店业务市场竞争处于一家独大状态，与淘宝横向多点布局一淘、淘特、点淘一致，美团不断致力于除外卖业务之外的流量增长点。在“宅经济”的刺激之下，美团优选业务布局社区团购，为美团持续发力下沉市场奠定基石，一度成为美团流量增长新引擎。美团在2021年9月的月活量为29535.5万人，活跃渗透率达22.2%（见表4）。与美团合并后，大众点评业务更倾向于消费者评分，大众点评在2021年9月的月活量为5058.4万人，活跃渗透率为3.8%。2018年10月12日，阿里巴巴集团宣布正式成立阿里巴巴本地生活服务公司，饿了么和口碑合并组成国内领先的本地生活服务平台，口碑专注到店消费服务，饿了么专注到家生活服务，但是被阿里巴巴收购后的口碑市场份额严重下滑，2021年9月口碑月活量为278.3万人，活跃渗透率为0.2%。

表4　2021年1~9月移动互联网本地生活服务到店业务行业头部平台月活量及活跃渗透率

单位：万人，%

时间	美团		大众点评		口碑	
	月活量	活跃渗透率	月活量	活跃渗透率	月活量	活跃渗透率
2021-01	24188.2	18.9	5602.5	4.4	386.6	0.3
2021-02	24939.9	19.5	5516.8	4.3	336.4	0.3
2021-03	29960.1	23.4	5989.9	4.7	453.2	0.4
2021-04	27769.2	21.4	5574.2	4.3	339.8	0.3
2021-05	28874.6	22.2	5682.5	4.4	379.0	0.3
2021-06	27161.3	20.8	5219.6	4.0	311.8	0.2
2021-07	26229.8	20.0	4965.5	3.8	256.0	0.2
2021-08	28798.7	21.7	4749.4	3.6	247.1	0.2
2021-09	29535.5	22.2	5058.4	3.8	278.3	0.2

数据来源：CTR-Xinghan（星汉）移动用户分析系统。

① 艾瑞咨询：《2017年中国本地生活O2O行业研究报告》，https：//report.iresearch.cn/report/201707/3024.shtml。

到家业务聚焦上门商品/服务交付，消费者在线上选择相应商品/服务，由服务提供商或者平台服务提供者上门到家提供商品/服务，其中“家”为泛指，表示将商品/服务送到消费者身边。到家业务细分市场结构中，餐饮外卖市场交易规模占据80%的市场份额,[①] 目前到家业务仍以餐饮外卖消费为主，餐饮外卖市场发展趋向成熟，非餐饮外卖到家消费市场增长空间巨大。到家业务中美团外卖和饿了么两家占据近90%的市场份额,[②] 市场竞争壁垒高筑，两强格局稳定。

另外，值得关注的是，抖音除了从短视频平台裂变为直播电商平台外，近两年布局本地生活板块，开放本地团购分销，布局外卖业务，其未来发展趋势不容小觑。

四　移动互联网金融行业

从数据、技术、场景层面来看，金融业的移动互联网化具有天然的优势。数据层面，银行用户基数大，用户数据丰富、多元，银行数据采集的标准化程度高，数据完整。技术层面，金融业较完善的信息化基础、多元的应用场景，以及稳定的经营状况，使其成为诸多数字技术应用的沃土，AI、云计算、区块链等新技术先后在金融业落地。场景层面，银行覆盖“前、中、后”台的多元业务场景，急需数字化降本提效。

用户体验不佳、用户使用场景低频且停留时间偏短等是现阶段商业银行类平台普遍遇到的问题，通过内容留住用户、延长用户停留时间、提升用户黏性成为一部分平台正在尝试的运营策略。商业银行平台中，中国建设银行、中国工商银行、中国银行的月活量分居前三。中国建设银行通过打造建设银行手机银行、中国建设银行掌上网点“建行到家”等一系列线上业务，将需要线下办理的业务覆盖到线上，创建线上线下一体化协同模式，并且以

① 数据来源：网络公开资料，CTR分析整理。
② 数据来源：网络公开资料，CTR分析整理。

优化用户体验为核心，银行员工为消费者提供远程在线服务。2021 年 9 月，中国建设银行移动端平台的月活量过 1 亿人（见图 4），排名第一。

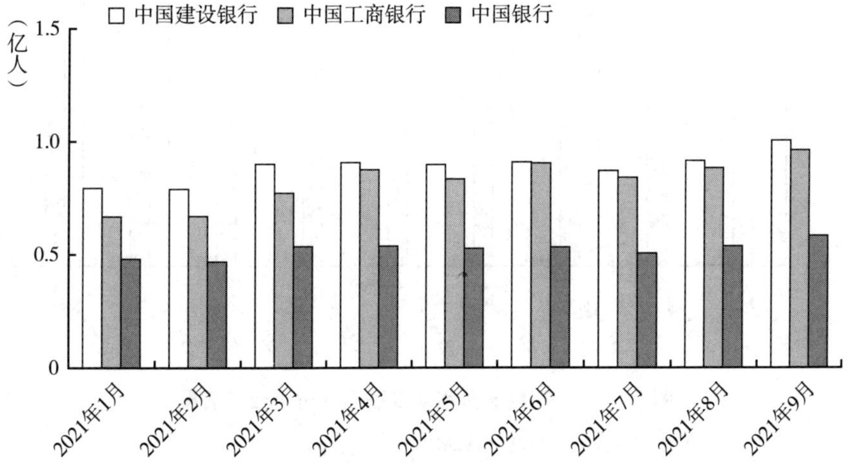

图 4　2021 年 1~9 月移动互联网商业银行平台月活量

数据来源：CTR-Xinghan（星汉）移动用户分析系统。

目前，我国第三方支付 C 端市场竞争格局已基本形成，财付通（微信支付）和支付宝等机构凭借着二维码支付抢占了线下市场，占据 90%以上的市场份额。[①] 2021 年 9 月，微信的月活量达 11.6 亿人（因财付通未从微信中独立出来，所以其月活量参考微信的月活量，月活量位居第一位），支付宝以 7.7 亿人的月活量居第二位，云闪付的月活量为 0.5 亿人，排名第三（见图 5）。

随着流量红利逐渐消失，平台变现的压力进一步增大，金融作为与广告、电商并列的变现方式，具有受众广、利润高等特点，布局金融成为移动互联网商业化的又一盘大棋。满足用户日常消费需求的支付工具、消费金融，以及满足用户理财需求的基金分销、财富管理、智能投顾工具等将越来越受到互联网平台的重视，互联网金融行业前景广阔。

① 数据来源：网络公开资料，CTR 分析整理。

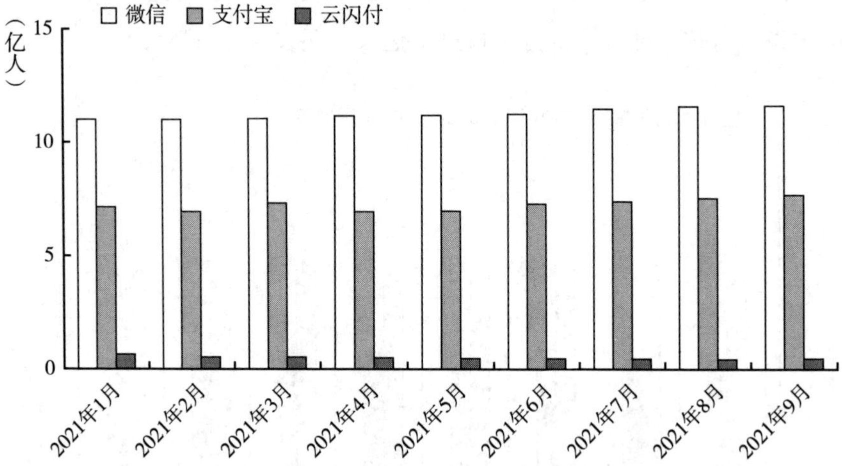

图 5　2021 年 1~9 月移动互联网支付平台月活量

数据来源：CTR-Xinghan（星汉）移动用户分析系统。

B.12

2021年中国电视剧市场收播特征盘点

李红玲*

摘　要： 2021 年，中国电视剧市场完成了一场内容和形式的“蜕变”——自主性创作与主题性创作并存。随着电视台不断被要求提升站位，主题性创作快速华丽变身，不仅成为制作公司的必修功课，也是头部播出平台的重点考虑内容。主旋律电视剧正成为弘扬我党思想意识形态的重要抓手：创作方向上守正创新成主流，叙事方式上“小正大”成常见切口。从市场实际表现来看，主题性创作的作品表现可圈可点，涌现了一批思想精深、艺术精湛、制作精良的好作品。

关键词： 电视剧市场　播出与收视　市场总量　竞争格局

2021 年的中国电视剧市场在创作方向上守正创新成主流，叙事方式上“小正大”成常见切口，一定程度上实现了“有高原亦有高峰”的宝贵局面：一是在政策的红利和引导下，主题性创作发挥引领作用，作品表现可圈可点，形成新的“高原”地带。二是在多方因素加持下，涌现了一批制作精良的好作品，引发观众收视“高峰”。

* 李红玲，中国广视索福瑞媒介研究（CSM）客户服务事业部经理。

一　收播总量：供给侧坚持“减法”，收视端持续“加法”

电视剧供给端依然秉持“三减”策略。经过前几年政府持之以恒的减量提质举措，电视剧制作市场俨然已去虚火、去泡沫，大大缓解了产能过剩的局面。“一减”：政府严控审批总量。2021 年全年，全国电视剧拍摄制作备案公示的剧目共 498 部 16485 集，分别比 2020 年度下降 26%、30%；全年获得国产电视剧发行许可证的剧目共 194 部 6722 集，分别比 2020 年度减少 8 部 728 集，其中现实题材剧目共计 144 部 4777 集，分别占总部数、总集数的 74.2%和 71.1%。“二减”：针对内容瘦身，实现“排水挤油”。从单部剧的容量上看，出现了杜绝“注水”的紧缩态势，2021 年备案公示的剧目每部平均集数是 33.1 集，比 2020 年减少 2 集，获得发行许可证的剧目每部平均集数是 34.6 集，同比减少 2.2 集。“三减”：播出端新剧上市数量减少。2013 年以来上星频道的晚黄档首轮剧供应量呈下滑之势，2021 年仅 107 部，较上一年减少 6 部（见图 1）。

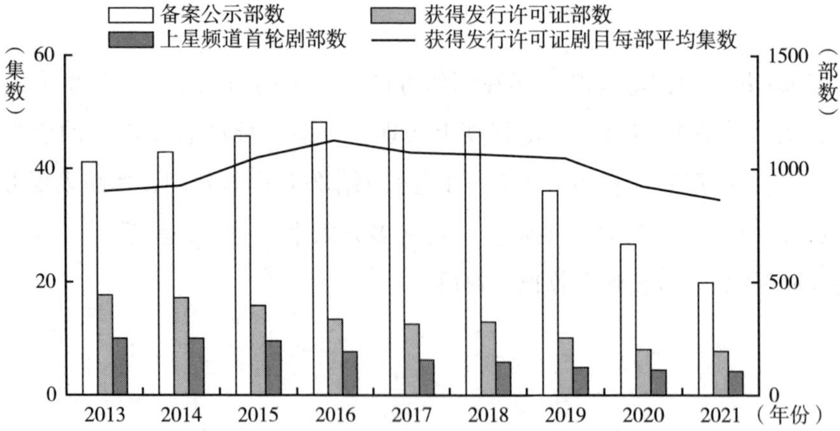

图 1　2013~2021 年中国电视剧部数及集数变化趋势

数据来源：国家广播电视总局、CSM 媒介研究。

从全国所有调查城市各类节目的播出和收视比重看，2021年电视剧播出比重是28.8%，同比下降1个百分点，呈现稳中略降的局面。收视比重自2017年以来一直处在上升通道，2021年更是创近年来的新高，达到35.9%（见图2）。

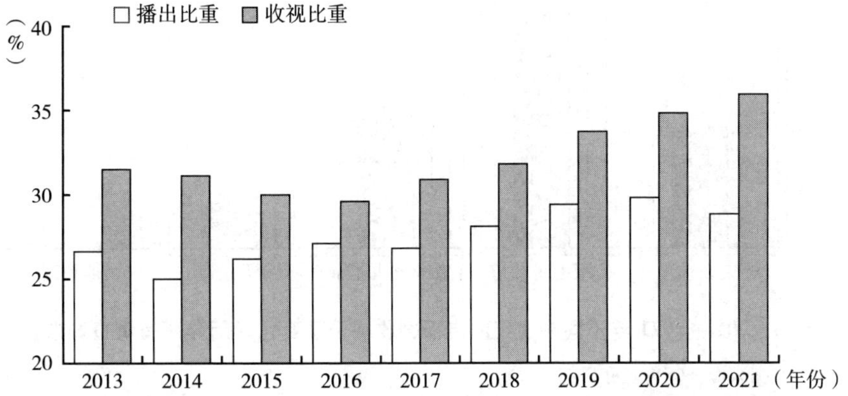

图2　2013~2021年电视剧播出与收视比重（历年所有调查城市）

数据来源：CSM媒介研究。

二　竞争格局：省级上星频道成最大赢家，头部阵营“扁平化”

近年来，各级频道对电视剧市场这块蛋糕的争夺战渐渐出现了“一面赢”的态势。2021年上星频道共瓜分近74%的收视份额，地面频道整体微超25%（省级非上星频道占19.2%，市级频道占6.2%）。其中，省级上星频道无疑是电视剧市场的最大赢家，显示出整体作战的超强实力，收视份额连年攀升，2021年更是一举突破55%，同比上升超过6个百分点；中央级频道共分得18.7%的收视份额，同比下滑近2个百分点；地面频道呈现节节败退的颓势，无论是省级还是市级地面频道，均连续三年收视份额出现下滑（见图3）。

首轮剧在强弱上星频道的数量占比呈现出“二八格局”，强势上星频道牢

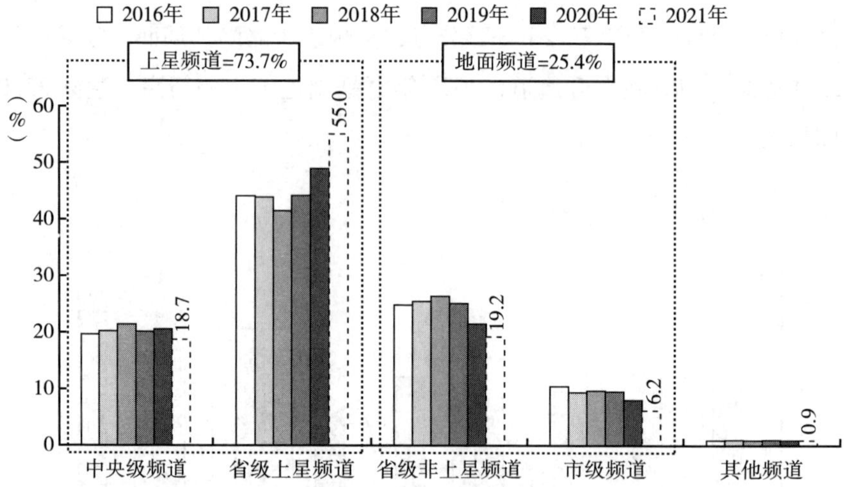

图3　2016~2021年不同频道组的电视剧收视份额变化（历年所有调查城市）

数据来源：CSM媒介研究。

牢掌控着优质电视剧资源。2021年，中央台综合频道、中央台八套以及上海东方、北京、浙江、江苏、湖南卫视，每家至少播出12部首轮剧，共计播出117部次，占据总首播量的80%，其中，中央台八套播出量最大，达23部，上海东方、北京、浙江、江苏、湖南这5家卫视年播出量在15~18部。

2021年，上星频道竞合关系出现了两个鲜明特征。一是强势卫视更加重视资源的独占性，越来越多的首轮剧采用了独播模式，占比高达79%，同比增长7个百分点，“一剧一星”的格局基本实现。二是出现了多家上星频道联播剧目的模式，这种突破“一剧两星”的播出模式，在特殊节点响应了政府号召，达到了收视共振、集体放大声量的传播效果。

在全国市场，上星频道晚黄档电视剧竞争一向此起彼伏，头部平台之间的竞争既相当激烈，又达到了阶层固化，2021年“扁平化”趋势异常明显。湖南、浙江、江苏、上海东方、北京卫视晚黄档电视剧平均收视率均超过了1.4%，构成了强大的一线阵营。在二线卫视中，广东、深圳卫视进步巨大，晚黄档电视剧平均收视率分别达到0.63%和0.6%，跻身“新贵”（见图4）。

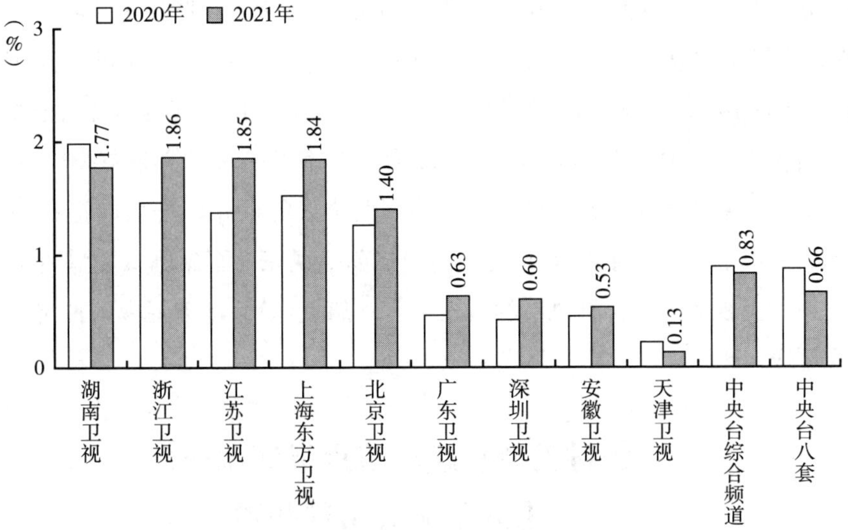

图4 2020~2021年主要上星频道晚黄档电视剧平均收视率（100城市，19：30~22：00）

数据来源：CSM媒介研究。

2021年，各大上星频道全年晚黄档电视剧收视率走势也十分胶着、迂回震荡。2021年初，在延续2020年播出的剧目中，上海东方卫视和浙江卫视联播的《大江大河2》、湖南卫视独播的《巡回检查组》收视较好；1月全新开播的剧目中，以多家卫视联播的《山海情》最为亮眼，口碑收视齐丰收；2月，湖南卫视的古装剧《风起霓裳》竞争力强悍；3月，江苏卫视的《琉璃》《海洋之城》与湖南卫视的《爱的理想生活》收视交替领先；4月，湖南卫视的《陪你一起长大》、中央台八套和上海东方卫视的《小舍得》、浙江卫视和江苏卫视的《号手就位》霸屏；5~6月，《理想照耀中国》《温暖的味道》《啊摇篮》《光荣与梦想》《百炼成钢》《我们的新时代》等主旋律大剧热播；7~8月暑期，湖南卫视《对你的爱很美》和中央台综合频道的《大决战》各自取得不错的收视成绩，中央台八套、上海东方卫视和北京卫视联播的《扫黑风暴》不仅口碑收视双丰收，而且在63城的7天时移增量高达38%，浙江卫视和江苏卫视联播的《乔家的儿女》《心跳源计划》也表现喜人；9月底，各大卫视喜迎国庆，四家卫视联播重磅剧目《功勋》，掀起追“功勋之星”的热潮；10月，江苏卫视古装巨制《大宋宫词》，北京卫视谍战剧《前行者》，上海东方卫视、浙江卫视、山东卫视联播的《突围》选择同步“正面刚”；11月，北京卫视的《斛珠夫人》、浙江卫视的《不惑之旅》、上海东方卫视的《两个人的世界》先后开播；12月下旬，一线卫视再次依托头部剧冲高，江苏卫视亮出军旅剧《王牌部队》，上海东方卫视播出轻喜剧风格的《三生有幸遇上你》，江苏卫视则推出《一起深呼吸》。

三　题材类型：顺应节点灵活调整，重大革命类出现井喷

2021年是中国共产党成立100周年、脱贫攻坚收官之年，各类主题性作品批量入市，各级频道的电视剧题材相互搭配，既凸显出“应时而变”的特征，又各具特色。

中央台综合频道和中央台八套晚黄档电视剧题材配比差异较大，频道定位走向互补。中央台综合频道播映的电视剧的题材相对集中单一，重大革命类播出占比达到43%，奋斗励志类超过20%，当代主旋律类达到15%。中央台八套电视剧题材以都市生活类最多（占比20%），反特/谍战类占18%，社会伦理类占16%，重大革命类占13%。

省级上星频道的电视剧题材打破了往年格局，主旋律题材增多：反特/谍战类占14%，重大革命类占13%，当代主旋律与都市生活类各占10%，时代变迁类占9%，军事斗争类占8%，往年大类言情剧占比大幅萎缩到7%。

地面频道面对深刻变化的电视剧市场，播出剧目题材显得十分稳定，仍然以军事斗争（20%）、反特/谍战（19%）、近代传奇（12%）这三大类为主，总播出比重突破50%。地面频道之所以“以不变应万变”，一方面是坚持囊中羞涩境况下紧抓高性价比题材，另一方面则是因为这些主播题材天然契合党庆氛围，无须改弦易辙。

四　市场热点：主旋律剧渐成气候，现实题材精彩纷呈

2021年，现实题材电视剧是上星频道晚黄档电视剧的主流类型，以73%的高占比继续霸屏，其次是近代题材剧（占比20%）、古装剧（占比7%）。热播剧的题材相对分散，呈现出丰富多元、打破常规的特征。总收视率破1%的好剧中既有传统大类也有传统小类，其中，言情剧占16%，都市生活剧占12%，社会伦理剧占9%。当代主旋律和重大革命题材剧表现突出，分别占5部和4部；历史故事剧占4部，厚重的时代变迁剧魅力犹存（占3部）；涉案剧、反特/谍战剧、农村剧（脱贫剧）各占3部；近代传奇、悬疑、军旅生活、商战剧各占2部；此外还包括军事斗争、公案、神怪玄幻、奋斗励志剧各1部。

2021年总收视率突破3%的主旋律电视剧矩阵中，既包括《功勋》《理想照耀中国》《突围》《我们的新时代》《阿坝一家人》等当代主旋律电视剧，也包括《光荣与梦想》《百炼成钢》《大浪淘沙》这3部重大革命剧，以及时代变迁剧《乔家的儿女》《美好的日子》、军事斗争剧《啊摇篮》、军旅生活剧《号手就位》、涉案剧《扫黑风暴》、社会伦理剧《埃博拉前线》、脱贫攻坚剧《山海情》等。这些剧目秉承“现实主义”的创作方法，情怀感人、视角开阔、颇具创意，成为新时代剧作精品。

都市生活剧和言情剧是卫视晚黄档的中流砥柱，不仅数量在总收视率破1%的阵营中占近1/3，而且《春天里的人们》《八零九零》《海洋之城》《甜蜜》《陪你逐风飞翔》《暖阳之下》等剧还成功跻身献礼剧。其中，言情剧《爱的理想生活》《爱在星空下》《三生有幸遇上你》《半暖时光》《我的砍价女王》《这个世界不看脸》《舍我其谁》《若你安好便是晴天》《陪你逐风飞翔》收视表现较好。都市生活剧《陪你一起长大》《海洋之城》《不惑之旅》《八零九零》《两个人的世界》《对你的爱很美》《假日暖洋洋》也获得较好成绩。

2021年电视剧市场还出现了几股小热流、小清流。一是教育类电视剧再次发力，“教育内卷”进一步下沉到“幼教”领域。湖南卫视上映《陪你

一起长大》，聚焦“幼升小”阶段的亲子关系和育儿理念，100 城收视率超过 2%；中央台八套和上海东方卫视联播《小舍得》，直击“小升初”阶段的教育焦虑，豆瓣评分超过 7.0，100 城市收视率突破 2.9%。二是大国救援剧有井喷势头，尤其是医疗对外援助题材从不同侧面展示了中国“大国医疗”实力和国际人道主义精神，具体包括援非医疗剧《埃博拉前线》（北京卫视、浙江卫视），援外海岛医疗剧《一起深呼吸》（江苏卫视），跨国打击海外犯罪剧《刑警之海外行动》（北京卫视），中国海军医院船援外剧《和平之舟》（中央台综合频道）。三是关注中年人内心的“中年剧”有崛起迹象，已播出的有《不惑之旅》《小敏家》《星辰大海》。2021 年上星频道晚黄档总收视率为 2%~3%的剧目如表 1 所示，总收视率超过 3%的剧目如表 2 所示。

表 1　2021 年上星频道晚黄档总收视率为 2%~3%的剧目（19：30~22：00 时段，100 城）

首播剧	时代背景	题材	首播卫视（含跟播）	开播日期
两个人的世界	当代剧	都市生活	上海东方	2021-11-16
江山如此多娇	当代剧	农村	湖南	2021-01-10
八零九零	当代剧	都市生活	湖南	2021-04-21
温暖的味道	当代剧	农村	湖南	2021-05-17
不惑之旅	当代剧	都市生活	浙江	2021-11-16
琉璃	古装剧	神怪玄幻	江苏	2021-02-19
小敏家	当代剧	社会伦理	湖南	2021-12-11
爱在星空下	当代剧	言情	浙江	2021-03-17
风起霓裳	古装剧	历史故事	湖南	2021-01-27
海洋之城	当代剧	都市生活	江苏	2021-03-23
王牌部队	当代剧	军旅生活	江苏	2021-12-26
大宋宫词	古装剧	历史故事	江苏	2021-10-21
爱的理想生活	当代剧	言情	湖南	2021-03-01
陪你一起长大	当代剧	都市生活	湖南	2021-03-28
理想之城	当代剧	奋斗励志	中央台八套、上海东方	2021-08-12
我是真的爱你	当代剧	社会伦理	北京、上海东方	2021-07-19
小舍得	当代剧	社会伦理	中央台八套、上海东方	2021-04-11

数据来源：CSM 媒介研究。

表 2 2021 年上星频道晚黄档总收视率超过 3%的剧目（19：30~22：00 时段，100 城）

首播剧	时代背景	题材	首播卫视(含跟播)	开播日期
大浪淘沙	近代剧	重大革命	浙江、江苏	2021-05-11
百炼成钢	跨越剧	重大革命	湖南(安徽、广东)	2021-06-13
阿坝一家人	当代剧	当代主旋律	浙江、江苏	2021-07-03
埃博拉前线	当代剧	社会伦理	北京、浙江	2021-12-08
心跳源计划	当代剧	悬疑	浙江、江苏	2021-07-22
美好的日子	现当代剧	时代变迁	浙江、江苏	2021-06-03
乔家的儿女	现当代剧	时代变迁	浙江、江苏	2021-08-17
扫黑风暴	当代剧	警匪	北京、上海东方(中央台八套)	2021-08-09
正青春	当代剧	商战	浙江、上海东方	2021-01-24
号手就位	当代剧	军旅生活	浙江、江苏	2021-04-13
输赢	当代剧	商战	北京、浙江	2021-12-21
暴风眼	当代剧	反特/谍战	浙江、上海东方	2021-02-23
理想照耀中国	现当代剧	当代主旋律	湖南(北京、上海东方、河北)	2021-05-04
光荣与梦想	近代剧	重大革命	北京、上海东方(广东)	2021-05-25
我们的新时代	当代剧	当代主旋律	北京、上海东方(深圳、黑龙江)	2021-06-16
啊摇篮	近代剧	军事斗争	北京、上海东方、广东(深圳、河南)	2021-05-04
山海情	当代剧	农村	上海东方、北京、浙江、宁夏、东南(深圳)	2021-01-12
突围	当代剧	当代主旋律	浙江、上海东方(山东)	2021-10-21
功勋	现当代剧	当代主旋律	北京、上海东方、浙江、江苏	2021-09-26

说明：括号中为跟播频道。
数据来源：CSM 媒介研究。

五　地面频道：硬朗题材表现较好，老剧复播市场犹存

在生存空间日渐被挤压的不利环境下，地面频道的电视剧市场整体呈现萎缩状态，主播题材多年来保持着高性价比、高集中度、高稳定性的“三高”特征。

从 2021 年地面频道所播剧目进入各地电视剧 Top20 的名单分布情况看，

有三个明显特点。一是以军事斗争、反特/谍战、近代传奇等传统题材剧为主，还包括部分社会伦理、言情题材剧。其中，军事斗争剧《地道女英雄》属于地面播出王，在 16 个城市、32 个地面频道播出，22 次进入所播城市的 Top20（见表 3）。

表 3　2021 年地面频道热播剧（100 城，18：00~24：00 时段）

单位：次，个

Top20 剧目	题材	进入 Top20 频次	总频道数	总城市数	制作年份
地道女英雄	军事斗争	22	32	16	2015 年
妈妈在等你	社会伦理	18	53	29	2020 年
杀狼	反特/谍战	16	39	20	2016 年
烈火战马	近代传奇	15	31	20	2020 年
野山鹰	军事斗争	14	59	16	2015 年
梅花儿香	社会伦理	12	28	8	2017 年
冷风暴	反特/谍战	12	27	9	2011 年
枪花	反特/谍战	12	25	9	2013 年
秋蝉	反特/谍战	11	42	14	2017 年
三道塬	军事斗争	10	13	8	2021 年
爱的阶梯	言情	10	20	4	2015 年
妻子的秘密	当代传奇	10	22	3	2014 年
幸福爱人	言情	10	16	2	2014 年
铁血武工队传奇	军事斗争	10	33	9	2014 年
以家人之名	社会伦理	10	47	29	2020 年

数据来源：CSM 媒介研究。

二是老剧在地面频道热播，以可观的剩余价值继续发光发热。在至少 10 次进入各地 Top20 的 15 部剧单中，仅有 4 部电视剧是 2020 年以来的新剧（见表 3）。造成这种局面的一个重要原因是地面频道实力不足，本身就难以获得新剧，加上上星频道热播剧多属独播模式，二轮发行权短期内难得到，因此地面频道无米下锅，只好不停地炒冷饭，在电视剧资源争夺中的处境更加艰难。

三是中央台播过的剧目在地面频道重播，效果相对较好，例如曾在中央台热播的《大侠霍元甲》《小娘惹》《叛逆者》《有你才有家》《远方的山楂树》等，均不下 7 次进入各地 Top20 之列。

结　语

综上所述，2021 年中国电视剧市场完成了一场内容和形式的“蜕变”——自主性创作与主题性创作并存。2021 年 12 月第十届文代会召开，会议要求弘扬以爱国主义为核心的民族精神和以改革创新为核心的时代精神，该要求奠定了未来电视剧创作的基调和方向。2022 年 2 月 10 日，国家广电总局印发《“十四五”中国电视剧发展规划》，提出“十四五”时期中国电视剧发展目标：主题创作引导激励机制更加完善、精品供给能力显著增强。由此可见，如何在主题性创作领域做大做好做强，用新的思维、新的语态讲好新的故事，已经成为决胜未来市场的关键所在。

B.13

2021年中国网络视频产业发展报告*

周　逵**

摘　要： 2021年中国网络视频总体用户规模进一步增长至9.75亿人，占网民整体的94.5%，但增速持续放缓。网络视频市场呈现精品迭出、新业务与技术探索应用加速、环境日益清朗的态势。短视频用户规模达9.34亿人，较上一年增长6080万人，占网民整体的90.5%；网络直播用户规模达7.03亿人，较上一年增长8652万人，占网民整体的68.1%。根据企业公开财报、行业访谈及统计模型，2021年泛网络视听产业的市场规模为6050亿元。

关键词： 网络视频　网络综艺　网络剧　网络电影

一　网络视频产业总体格局

根据CNNIC相关统计数据，2021年中国网民规模达10.32亿人，各类个人互联网应用用户规模中即时通信、网络视频（含短视频）、短视频名列前三，用户规模分别为10.07亿人、9.75亿人和9.34亿人，分别占网民整体的97.6%、94.5%和90.5%。网络视频总体用户规模虽然进一步增长，但增速放缓。网络直播用户规模达7.03亿人，较上一

* 本文系国家社科基金青年项目“媒体融合条件下广播电视业创新发展调查与研究”（项目编号：17CXW004）的阶段性研究成果。

** 周逵，中国传媒大学副教授，中国传媒大学国家传播创新研究中心兼职研究员。

年增长 8652 万，占网民整体的 68.1%。[1] 在市场规模不断增长的同时，网络视频市场呈现精品迭出、新业务与技术探索应用加速、环境日益清朗的态势。

根据中国网络视听节目服务协会发布的《2021 中国网络视听发展研究报告》，就平台而言，短视频领域仍是抖音短视频和快手占据第一梯队，分走市场的"半壁江山"（见图 1、图 2）；长中视频领域，爱奇艺、腾讯视频、优酷、芒果 TV、哔哩哔哩（以下简称"B 站"）基本上算是"五分天下"（见图 3），其余平台仅约占一成市场份额。根据企业公开财报、行业访谈及统计模型，本报告推算出 2021 年泛网络视听产业的市场规模为 6050 亿元。

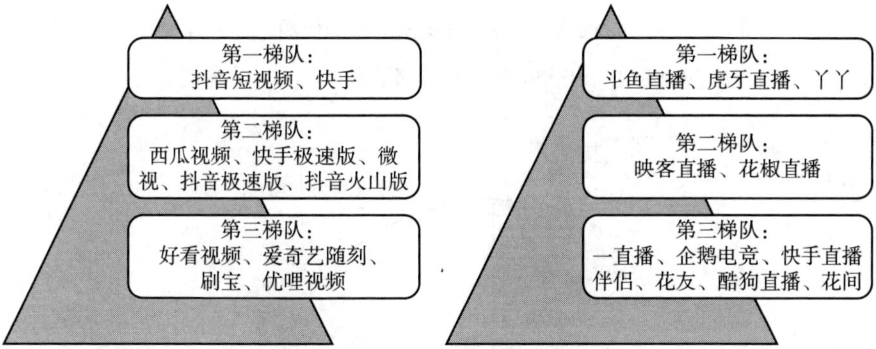

图 1　短视频与直播平台的市场梯队

资料来源：中国网络视听节目服务协会。

二　网络视频产业数据

1. 网络剧

根据 Vlinkage 数据，截至 2021 年 12 月 23 日，全年网络视听市场上

① CNNIC：第 49 次《中国互联网络发展状况统计报告》，2022 年 2 月。

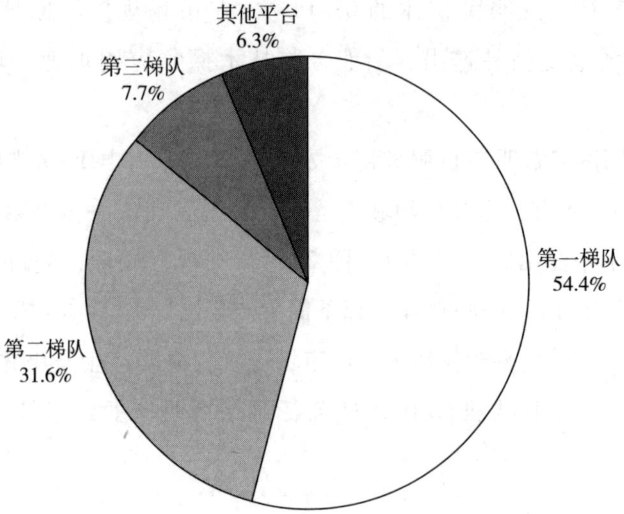

图 2　短视频各梯队的市场份额

资料来源：中国网络视听节目服务协会。

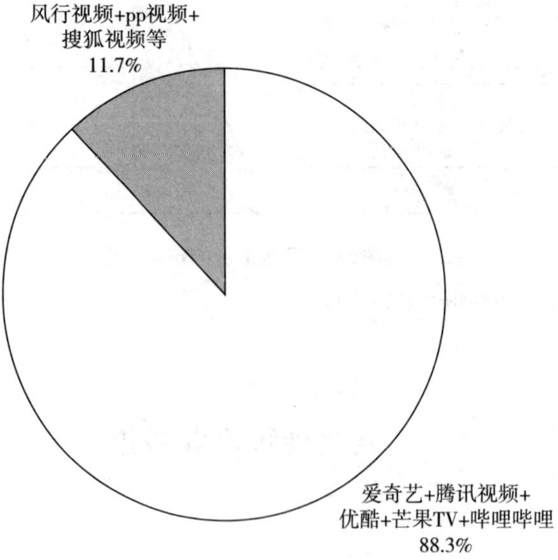

图 3　长中视频平台的市场份额

资料来源：中国网络视听节目服务协会。

新台网剧 117 部、纯网剧 267 部，累计 384 部。整体上，近四年网络剧的年度上新数量基本持平，可以判断网络剧市场基本进入产能相对稳定的阶段。

由于政策要求，各大平台对网络剧播放量的统计和宣传方针有所调整，大多数转而通过“播映指数”“播放指数”等指标衡量网络剧表现。由于多家数据统计平台的构建指标、算法的元素和相关权重不尽相同，其结果往往不具有可比性，但在分析时具有一定程度的参考价值。艺恩调研结果显示 2021 年网络剧播映指数上升 6.5%。就网络剧上线数量而言，爱奇艺、腾讯视频和优酷分列前三；就播映指数来看，腾讯视频平均播映水平排名第一，紧随其后的是芒果 TV 和优酷，一定程度上可以佐证这三家平台上线的网络剧总体质量相对较高。

根据 Vlinkage 对网络剧播放指数 Top15 的统计数据（见表 1），其中独播剧占 12 部，多平台播放的剧集仅有 3 部。腾讯视频播放的有 10 部之多，包揽第一、第二名，其中 7 部为该平台独播剧；爱奇艺播放的有 7 部，其中 4 部为该平台独播剧。值得注意的是，播放指数统计并不局限于完播的剧集，这 15 部作品中不乏刚刚上线的《雪中悍刀行》《小敏家》等，后续热度潜力增长空间巨大。

表 1　2021 年网络剧播放指数 Top15

排名	网络剧	指数	排名	网络剧	指数
1	小敏家	85.49	9	锦心似玉	89.18
2	千古玦尘	85.82	10	雪中悍刀行	89.55
3	你是我的城池营垒	85.84	11	司藤	89.74
4	一生一世	86.57	12	扫黑风暴	90.88
5	斛珠夫人	87.47	13	赘婿	91.64
6	小舍得	88.28	14	斗罗大陆	91.86
7	突围	88.76	15	你是我的荣耀	93.88
8	风起洛阳	89.01			

资料来源：Vlinkage。

若从口碑来看，豆瓣评分或许能提供一些参考。2021 年豆瓣评分 7.4 分及以上的剧集共 20 部（见表 2），一定程度上可以折射出观众审美取向。一方面，主旋律剧的影响力扩大，虽有时势助推——2021 年是庆祝中国共产党成立 100 周年，但也确实反映了剧作质量的不断提升，呈现出多元的风格，以及在叙事和演绎上的用心，其中既有先台后网、台网同播的精品，如《觉醒年代》《功勋》，也不乏独播剧作，如《叛逆者》《启航：当风起时》。另一方面，小而美的剧作崛起，"小"代表小切口、小体量、小成本，主角往往是小人物，没有宏大叙事，有的只是轻松口吻、明快风格，如《爱很美味》《我在他乡挺好的》《御赐小仵作》等，不靠流量而靠着口碑逆袭出圈；爱情以及悬疑题材剧一如既往地受到关注，豆瓣评分 7.4 分及以上的剧集中，这两类题材各占 3 部；家庭题材剧在 2021 年的逆势突围也颇令人惊喜，《您好！母亲大人》《乔家的儿女》引起关注，某种程度上折射出人们对更多层次探讨人与人之间关系的精品剧集的期待。

表 2　2021 年豆瓣评分 7.4 分及以上剧集

单位：分，集

名称	豆瓣评分	集数	上线日期	题材	播出平台
觉醒年代	9.3	43	2021-02-01	历史	爱奇艺/优酷
山海情	9.2	23	2021-01-12	年代	爱奇艺/腾讯视频/优酷
功勋	9.0	48	2021-09-26	传记	爱奇艺/腾讯视频/优酷
山河令	8.6	36	2021-02-22	武侠	优酷
大浪淘沙	8.5	40	2021-05-11	历史	爱奇艺/腾讯视频/优酷/芒果 TV/搜狐视频
城市的边缘	8.3	30	2021-04-28	喜剧/悬疑	腾讯视频
理想照耀中国	8.2	40	2021-05-04	传记	爱奇艺/腾讯视频/优酷/芒果 TV
爱很美味	8.1	20	2021-11-26	喜剧/爱情	腾讯视频
我在他乡挺好的	8.1	12	2021-07-19	爱情	芒果 TV

续表

名称	豆瓣评分	集数	上线日期	题材	播出平台
您好！母亲大人	8.1	30	2021-10-13	都市/家庭	爱奇艺/腾讯视频/优酷
御赐小仵作	7.9	36	2021-04-29	古装	腾讯视频
你好,对方辩友2	7.8	30	2021-01-14	校园	芒果TV
大决战	7.8	49	2021-06-25	历史	爱奇艺/腾讯视频/优酷
叛逆者	7.7	43	2021-06-07	悬疑	爱奇艺
乔家的儿女	7.7	36	2021-08-17	家庭	腾讯视频
光荣与梦想	7.7	40	2021-05-25	历史	爱奇艺/腾讯视频/优酷
启航:当风起时	7.6	36	2021-09-14	年代	腾讯视频
变成你的那一天	7.5	26	2021-06-17	爱情	爱奇艺
理想之城	7.4	40	2021-08-12	都市	爱奇艺
刑侦日记	7.4	25	2021-06-15	悬疑/犯罪	优酷

资料来源：豆瓣。

2. 网络综艺

2021年，比之电视综艺，网络综艺的播放量和口碑都实现全面赶超。尤其是季播综艺市场几乎被网络综艺主导，在电视综艺不可撼动的访谈、晚会等领域也有网络综艺后来居上。但横向对比，2021年网络综艺少见兼具国民讨论度和高口碑的爆款作品，整体表现较为平稳。

由于政策叫停选秀节目，对过分聚焦明星流量和过度娱乐化趋势加大监管力度，综艺市场开始探索破局新路，2021年的网络综艺仍处于这样的“阵痛期”，上线的节目无论是产量还是质量都不如往年。就产量而言，近三年来网络综艺产量持续下跌，2021年上线网络综艺仅215档，远低于2019年的245档和2020年的242档。在各平台独播网络综艺数量上，腾讯视频以69档高居榜首，随后是爱奇艺的53档、芒果TV的47档以及优酷的28档，新入局的B站只有个位数。就质量而言，艺恩统计了2021年播映指数位列前10的综艺节目（见表3），其中真人秀节目有9部，包括选秀类节目《创造营2021》和《青春有你第三季》，也包括中年艺人翻红的竞演类真人秀《披荆斩棘的哥哥》《乘风破浪的姐姐第二季》。其中有两个趋势值得关注：一是真人秀节目依然火热，二是八成头部综艺被“综N代”占据。此外，爱奇艺的两档原创节目——在“迷综季”概念下推出的推理节目《萌探探探案》表现出色，喜剧节目《一年一度喜剧大赛》也成功出圈；爱奇艺和腾讯视频合作，共同打造的《哈哈哈哈哈第二季》成为平台间联合创作综艺的范本。

表3　2021年网络综艺播映指数Top10

排名	节目名称	播出平台	类型	播映指数
1	创造营2021	腾讯视频	真人秀	70.0
2	青春有你第三季	爱奇艺	真人秀	68.4
3	披荆斩棘的哥哥	芒果TV	真人秀	65.1
4	向往的生活第五季	芒果TV	真人秀	65.0
5	这！就是街舞第四季	优酷	真人秀	63.2
6	王牌对王牌第六季	腾讯视频/优酷/爱奇艺	真人秀	62.8
7	萌探探探案	爱奇艺	真人秀	62.1
8	令人心动的offer第三季	腾讯视频	真人秀	62.0
9	乘风破浪的姐姐第二季	芒果TV	真人秀	61.5
10	脱口秀大会第四季	腾讯视频	脱口秀	61.5

资料来源：艺恩数据。

3. 网络电影

根据《2021中国网络电影行业年度报告》统计数据，2021年全平台网络首发影片数量为551部（含分账及付费点播模式影片），同比减少28%，但部均正片有效播放达1363万次，同比增长37%。其中正片有效播放在1000万次以上的影片数量占39%，充分表明市场已经步入成熟阶段，正在逐渐沉淀精品，且行业结构持续优化。①

① 《2021中国网络电影行业年度报告》，https：//view.inews.qq.com/a/20220124A09U9Q00。

就票房分账而言，2021 年三大平台网络电影公开分账票房总规模达 19.6 亿元，总分账票房破千万的影片有 68 部，其中单平台发行的影片超过八成，达 57 部。具体到各平台，2021 年，腾讯视频加大对网络电影的布局力度，上新网络电影 252 部，数量排名第一，分账票房单平台破千万影片达 22 部，较 2020 年增加 7 部。爱奇艺上新网络电影 205 部，较 2020 年减少 180 部，其中分账票房单平台破千万影片达 32 部，虽较 2020 年减少 10 部，但数量仍为三大平台之首，破千万票房影片累计分账票房也为三大平台最多，为 5.28 亿元。

三　产业平台发展分析

1. 芒果 TV

根据芒果超媒 2021 年度业绩快报，报告期内，该公司营业总收入为 153.53 亿元，同比增长近 10%。公司核心主业芒果 TV 互联网视频业务（广告+会员+运营商业务）保持稳健增长，实现营业收入 112.61 亿元，同比增长 24.3%。截至 2021 年末，芒果 TV 有效会员达 5040 万人，较 2020 年末增长约 40%，报告期内，会员业务收入达 36.88 亿元，同比增长 13.3%。同时广告业务收入突破 50 亿元大关，达 54.53 亿元，同比增长 31.8%。①

芒果 TV 的发展一方面得益于其内容制作。报告期内，芒果 TV 上线超 40 档自制综艺节目，其中《再见爱人》以新婚姻法“离婚冷静期”为切入点，关照社会现实；综 N 代王牌 IP《乘风破浪的姐姐》《大侦探》《密室大逃脱》《妻子的浪漫旅行》《女儿们的恋爱》等成为行业常青树；全年上线各类影视剧 170 部，其中重点影视剧 55 部，“大芒计划”微短剧 84 部，《我在他乡挺好的》等精品剧作、爆款微短剧《进击的皇后》系列收获良好口碑和流量。另一方面，芒果 TV 强化渠道合作，着力提升会员转化率和用

① 《芒果超媒股份有限公司 2021 年度业绩快报》，https://pdf.dfcfw.com/pdf/H2_AN202202271549543757_1.pdf?1645982193000.pdf。

户渗透率，尝试综艺会员定制化运营，头部 IP 如《披荆斩棘的哥哥》《大侦探》均采用贯穿全周期的会员定制化运营。

2. 腾讯视频

2022 年 3 月 23 日，腾讯发布了 2021 年第四季度及全年业绩报告。报告显示，2021 年第四季度腾讯净利润达 248.80 亿元，同比下滑 25%，已经连续两个季度出现净利润下滑。2021 年全年腾讯净利润达 1237.88 亿元，同比上涨 1%，是近十年来净利润增幅最低的一年。截至 2021 年底，公司的付费会员数同比增长 8%，达到 2.36 亿人，其中腾讯视频的付费会员数为 1.24 亿人，对比第三季度减少 500 万人，增长率由正转负。① 事实上，自 2019 年第三季度腾讯视频付费会员过亿人（达 1.002 亿人）、同比大幅增长 22%之后，增长速度就开始放缓。整体而言，2021 年，腾讯视频凭借动画、剧集及体育等多元化内容，收入保持相对平稳，但鉴于近期的市场环境，还需要采取措施优化成本，减少财务亏损。

3. 优酷

2022 年 2 月 24 日，阿里巴巴集团公布截至 2021 年 12 月 31 日的季度（“2022 财年第三季度”或“12 月份季度”）业绩，其中数字媒体及娱乐业务该季度收入为 81.13 亿元。② 这一季度，优酷的日均付费用户规模同比增长 14%，主要由具有竞争力的会员费及来自 88VIP 会员计划的持续贡献所带动。优酷通过对内容及制作的审慎投资，持续改善营运效率，从而使该季度亏损同比有所收窄。可以看到，2021 年，优酷不断推出优质内容，推进全赛道布局。剧集、综艺、人文、动漫四大内容板块合计发布近 130 个项目。③ 剧集方面，《觉醒年代》《山河令》《司藤》《巡回检察组》等爆款密集上线，实现 2021 自然年第一季度全网日活跃用户数量（以下简称

---

① 《腾讯连续两季净利负增长加大战略业务和科技创新投入》，http://tech.cnr.cn/techph/20220323/t20220323_525774191.shtml。

② 《阿里巴巴集团公布 2021 年 12 月份季度业绩》，https://www.alibabagroup.com/cn/news/article?news=p220224。

③ 《优酷 2021 年度发布会聚焦：高起势下，优酷还能否收获更多“相信”?》，https://www.jiemian.com/article/5979115.html。

“DAU”）增速第一。综艺方面，平台发力排播厚度，《这！就是街舞第四季》《这！就是灌篮第四季》《火星情报局第五季》《我们恋爱吧第二季》等成熟 IP 实现自我超越，全新节目《追光吧哥哥》《同一屋檐下》《奋斗吧主播》《宇宙打歌中心》全圈层覆盖，引发全网热议。人文及纪录片方面，2021 年初，独播纪录片《奇妙之城》创多榜单第一，后续推出的《我的时代和我第二季》《圆桌派第五季》等都收获了不俗口碑。

4. 爱奇艺

2022 年 3 月 1 日，爱奇艺发布截至 2021 年 12 月 31 日未经审计的第四季度和全年财务报告。在 2021 财年，爱奇艺总营收达 306 亿元，非美国通用会计准则财务指标运营亏损 30 亿元，运营亏损率从上一年同期的 15%收窄至 10%，达过去三年来的最低点。①

爱奇艺创始人、首席执行官龚宇表示，从 2021 年第四季度起，爱奇艺推出一系列优化组织结构、聚焦核心业务的举措，显著提升了运营效率和投资回报率，在保持行业领先地位的同时大幅减亏。2021 年第四季度，爱奇艺营收达到 74 亿元。其中，会员服务营收 41 亿元，同比增长 7%，主要得益于月度平均单会员收入（以下简称“ARM”）的增长。该季度 ARM 为 14. 16 元，同比增长了 14%，环比增长了 4%，该指标连续四个季度持续向好。第四季度日均总会员数为 9700 万人。

此外，2021 年第四季度，爱奇艺内容成本为 49 亿元，同比下降 5%，虽成本下降，但内容依然保持优秀品质。“迷雾剧场”在第四季度上线了多部剧集，整体广告收入相比 2020 年翻了一番；“爱奇艺华夏古城宇宙”系列的第一部作品《风起洛阳》上线，观众反响热烈；2021 年云影院共推出 9 部线上单片付费点播模式（PVOD）电影，内容涵盖喜剧、动作、悬疑、惊悚等不同类型，为优秀的内容创作者提供了更好的展示平台。这些都推动了爱奇艺会员、广告、海外市场业务营收的增长和影响力的提升，其中，

① 《爱奇艺发布 2021 年财报：四季度运营大幅减亏，今年全力实现运营盈亏平衡》，https：//baijiahao. baidu. com/s？ id = 1726162931171810115&wfr = spider&for = pc。

2021 年爱奇艺国际版的平均 DAU 达到上一年的 3 倍，国际版会员服务和广告营收在第四季度和全年均实现了环比和同比的增长。云合数据显示，2021 年爱奇艺在剧集、电影、综艺、动漫等多品类市场的份额均排名第一。

5. 字节跳动

据路透社消息，字节跳动 2021 年全年收入约为 580 亿美元，同比增长 70%，增速较 2020 年有所放缓。[①] 而字节跳动公开披露营收情况还要追溯到 2021 年年中，字节跳动 CEO 梁汝波首次披露公司在 2020 年的营收状况：2020 年字节跳动营业收入为 2366 亿元，全球月活跃用户数量（以下简称“MAU”）达 19 亿人。字节跳动 2021 年的具体收入构成目前尚未披露，分析人士认为，导致其营收增速放缓最直接的原因在于广告业务增长遇阻。

这一现象与公司旗下抖音等国民级 App 增长见顶不无关系。2022 年 1 月 5 日，抖音发布 2021 年数据报告，没有提及 DAU 数据，但在 2021 年 3 月，36 氪公布抖音 2021 年第一季度 DAU 峰值发生在除夕当晚：抖音主站 DAU 达到 5.8 亿人。据接近抖音的人士称，抖音极速版+火山版 DAU 数据超过 1 亿人，这意味着抖音三个端口 DAU 的峰值接近 7 亿人，或达到 7 亿人，[②] 相较于 2020 年 6 月抖音 DAU 的 6.4 亿人，增幅不高。

6. 快手

2022 年 3 月 29 日，快手公布了 2021 年全年及第四季度财报。财报内容显示，2021 年快手全年收入为 810.8 亿元，相较于 2020 年的 587.76 亿元，同比增长 37.9%，高于市场一致预期的 801 亿元；经调整亏损净额 188.5 亿元，亏损同比扩大 139.8%。[③] 承担起主要营收的是线上营销服务。过去一年，线上营销服务的收入达 427 亿元，占总营收 52.7%。直播业务则退居二线，贡献了 38.0%的收入，录得 308 亿元。另外还有包括电商在内的其他业

① 伍洋宇：《2021 年营收增速放缓至 70%，字节跳动等待第二增长曲线》，https://view.inews.qq.com/a/20220121A06GYP00?startextras=undefined&from=ampzkqw。

② 《2021 年第一季度抖音日活数据：峰值约 7 亿、平均值超 6 亿》，https://baijiahao.baidu.com/s?id=1695547923283831730&wfr=spider&for=pc。

③ 《快手 2021 年实现营收 811 亿元线上营销服务收入增长 95%》，https://baijiahao.baidu.com/s?id=1728635063797685491&wfr=spider&for=pc。

务，贡献了剩余的9.3%营收。从运营数据看，2021年第四季度，快手DAU达3.23亿人，同比增长19.2%。平均MAU达5.78亿人，同比增长21.5%。在流量见顶的背景下，用户规模依然能稳步增长，实属不易。有分析认为，这或得益于快手积极求变的决心。2021年下半年以来，快手对业务线进行大刀阔斧的整改，开始转向事业部制，电商、商业化、国际化和游戏四大事业部应声成立。①

7. B站

2022年3月3日，B站公布了截至2021年12月31日的第四季度和全年未经审计的财务报告。财报显示，2021财年B站总营收达193.8亿元，较上一年大幅增长62%。广告、增值服务等非游戏业务表现亮眼，第四季度营收同比增长超过50%，达57.8亿元，其中依托于直播及大会员业务的良好发展势头，该季度B站增值服务业务收入达18.9亿元，同比高速增长52%；全年增值服务业务收入达69.3亿元，同比增长80%。在互联网整体广告业务保持增长的大环境下，B站全年广告营收同比增长达145%。但同时，B站亏损也较为明显，数据显示，2021年B站净亏损额为68.09亿元，2020年同期为30.54亿元。②

用户规模方面，2021年第四季度，B站移动端MAU同比增长35%，达2.52亿人。在用户的特点方面，B站35岁及以下的青年用户比例占据绝对的统治地位，其内容生态受到“Z世代”用户群体的喜爱，其打造的核心文化圈层也和“Z世代”兴趣、爱好形成了良好的匹配。

---

① 《快手2021年财报点评：全年亏损同比收窄，游戏电竞低调发育》，https：//baijiahao.baidu.com/s？id=1728732406686043856&wfr=spider&for=pc。

② 《哔哩哔哩发布2021年财报：全年营收194亿元，同比增长62%》，https：//t.ynet.cn/baijia/32299621.html。

B.14

2021年中国短视频行业发展报告

张偲偲　范立尧*

摘　要： 2021年，中国短视频行业用户占有率和市场整体格局趋于稳定和成熟，相关领域由野蛮生长期的零和竞争向接纳共存、相互借力、谋求共赢方向迈进，"共生"的趋势图景得到广泛印证。本报告从传播载体、内容创作、商业模式、平台形态、行业影响、政策法规六方面分别进行阐述，分析在当前竞争与合作共存的大环境下，短视频行业如何创新内容表达、满足用户需求、深挖流量价值，从而实现共创共赢。

关键词： 短视频　行业合作　跨界融合

一　载体共通：直播+短视频接力大屏，助力主流媒体信息发布

在重大信息发布和精品内容的传播上，主流媒体愈加重视内容在各传播载体间的转换互通，对短视频、直播等传播方式的运用日益纯熟，对移动端的适配性大幅提升。

传统于大屏播出的精品内容创新于小屏同步首播，大小屏结合实现传播无死角。虎年除夕，中央广播电视总台（以下简称"总台"）首次在央视频App和微信视频号推出春晚竖屏直播，摄制团队通过安排多个竖屏拍摄

* 张偲偲，央视市场研究（CTR）媒体融合研究院项目经理；范立尧，央视市场研究（CTR）媒体融合研究院高级研究员。

机位，保障了新视角下的高质量直播，令移动端用户的观看体验更加舒适流畅。根据央广网公开数据，在4个多小时的春晚直播中，进入微信视频号直播间的用户累计超过1.2亿人，总点赞数超3.5亿次，总评论数超919万次，总转发数超551万次。

无独有偶，从2022年2月11日起，总台经典大屏新闻栏目《新闻联播》也开始于每晚7点在微信视频号与大屏同步直播。大小屏联播有效提升了传播覆盖的广度，让晚7点难以坐在电视机前的观众们也能脱离空间限制，实时收看节目。直播节目从大屏延伸向小屏，体现出主流媒体打破屏幕界限、克服载体差异的决心，也令优质内容能够触达更多末梢端口，实现更为广泛深入的传播。

除直播外，短视频平台凭借信息发布的直观性、及时性和广泛性也为主流媒体提供了绝佳的传播渠道。东京夏奥、北京冬奥、河南抗洪、中国共产党成立100周年等重点事件的新闻资讯以短视频为载体，直达移动端用户；发布内容也从大屏横屏节目切条向适配短视频创作和传播逻辑、专为小屏策划和拍摄的竖屏内容转变，引发极大反响，在抖音、快手等平台出现多条点赞量过千万的爆款视频。

CTR根据抖音、快手平台2021年全年作品数据，梳理出点赞量跻身头部的作品（见表1、表2），其中两平台点赞量Top50作品中，三大央媒发布的作品分别占到60%、42%。可见在重要时间节点，主流媒体在短视频平台的发声起到了极佳的传播效果。

表1　2021年抖音点赞量超千万热门作品

单位：万次

账号	作品标题	发布时间	点赞量	评论量	转发量
央视新闻	痛别！“杂交水稻之父”袁隆平于今日13时07分在长沙逝世，享年91岁。多想再看到您的笑容，袁老千古！送别！	2021-05-22	3421.7	10.1	87.1

续表

账号	作品标题	发布时间	点赞量	评论量	转发量
人民日报	这一幕幕,有统帅对战士们的关心与牵挂,有对将士们的勉励与嘱托,更有强军的期盼与使命! #我是一个兵	2021-08-01	1787.8	41.0	16.5
人民日报	这样的画面看得感动也心疼! 经过12小时奋战,武警郑州支队官兵就地休整。致敬守护,也祝福平安! (央视军事)	2021-07-21	1395.9	10.1	8.9
央视新闻	100响礼炮,声声震寰宇;国旗护卫队,步步坚定有力! 百年大党,生日快乐!	2021-07-01	1372.8	34.7	23.9
央视新闻	向烈士默哀! 请记住,国庆的前一天,是烈士纪念日。请记得,曾有一群人,为了我们现在的生活,奉献了生命!	2021-09-30	1201.0	10.1	9.3

说明：本榜单根据2021年1月1日~12月31日抖音平台作品的互动数据整理得出。
数据来源：唯尖-CTR短视频商业决策系统。

表2　2021年快手点赞量超五百万热门作品

单位：万次

账号	作品标题	发布时间	点赞量	评论量	转发量
人民日报	今天,第八个烈士纪念日,向所有英烈致敬! #今天鲜花献给英烈	2021-09-30	970.5	6.0	1.2
央视新闻	国庆假期最棒的打开方式:点赞铿锵正步,看五星红旗冉冉升起,大声表白#我爱你中国	2021-10-01	724.3	47.4	23.3
中国政府网	总理报告现场:推动放开灵活就业人员在就业地参加社会保险的户籍限制#2021全国“两会”	2021-03-05	644.9	0.1	1.1

续表

账号	作品标题	发布时间	点赞量	评论量	转发量
央视新闻	独家视频丨习近平主席同美国总统拜登视频会晤	2021-11-16	565.7	14.3	15.3
人民日报	习近平:如果“台独”分裂势力挑衅逼迫,甚至突破红线,我们将不得不采取断然措施	2021-11-16	528.5	14.1	6.4

说明：本榜单根据 2021 年 1 月 1 日~12 月 31 日快手平台作品的互动数据整理得出。
数据来源：唯尖-CTR 短视频商业决策系统。

大屏节目、报刊文章等传统内容形式提供深度解读、利用短视频提炼亮点多点出击，成为主流媒体的普遍打法。CTR 基于 2021 年全年度抖音、快手、B 站、央视频四大平台账号及作品数据，根据打通各大平台的“短视频传播评价体系”计算评估，形成“2021 短视频跨平台综合榜单”（见表 3），其中“央视新闻”拔得头筹，与“人民日报”、“疯狂小杨哥”位列前三，且综合指数排名前 20 名中有 7 家为媒体号，展示了媒体在短视频平台的强大适应力和影响力，实现了对广大用户的高效触达。

表 3　2021 年 CTR 短视频跨平台综合榜单 Top20

排名	账号名称	类别	抖音指数	快手指数	央视频指数	B 站指数	CTR 短视频综合指数
1	央视新闻	媒体号	97.07	97.18	78.16	90.89	95.91
2	人民日报	媒体号	98.58	96.62	—	87.44	94.67
3	疯狂小杨哥	剧情	95.25	96.48	—	85.98	92.74
4	人民网	媒体号	90.18	90.97	58.50	83.54	88.97
5	四川观察	媒体号	90.01	88.85	57.75	87.82	88.77
6	环球网	媒体号	88.33	90.23	36.55	84.50	87.55
7	陈翔六点半	剧情	89.85	89.06	—	85.33	87.43
8	阿巳与小铃铛	二次元	87.21	92.99	—	85.35	87.43
9	阿三解说	游戏	89.23	89.69	—	85.70	87.38
10	SASA 的丸子妹	母婴亲子	89.41	93.15	—	76.48	87.31
11	姚姚不是 P30	剧情	87.77	91.61	—	85.34	87.24

续表

排名	账号名称	类别	抖音指数	快手指数	央视频指数	B 站指数	CTR 短视频综合指数
12	我是田姥姥	生活	91.83	91.46	—	70.52	87.10
13	开心锤锤	二次元	88.16	93.10	—	77.04	86.74
14	新华社	媒体号	86.68	88.81	—	91.28	86.61
15	网不红萌叔 Joey	搞笑	88.22	86.65	—	85.38	85.81
16	封面新闻	媒体号	86.73	88.56	57.15	78.10	85.61
17	李子柒	三农	88.96	80.70	73.25	84.56	85.30
18	王者荣耀	游戏	84.13	89.88	—	88.54	85.29
19	锅盖 wer	剧情	86.13	89.79	28.18	78.05	85.23
20	中国长安网	政务号	85.83	88.61	—	84.13	85.08

说明：本榜单根据各账号于 2021 年 7 月 1 日~12 月 31 日在各平台产生的数据，通过 CTR“短视频传播评价体系”计算评估得出。

数据来源：唯尖-CTR 短视频商业决策系统。

二　虚实共创：虚拟人物赋予短视频内容创作与营销新动力

2021 年，在国内爆火的“元宇宙”概念为短视频创作提供了新的题材和舞台，虚拟人物、3D 虚拟现实渲染效果、科普、NFT 艺术、相关影视游戏作品均成为热门话题。

虚拟人物作为元宇宙最直观的呈现形式之一，为短视频创作提供了全新题材和内容形态。高质量虚拟人物类短视频往往搭载尖端表情捕捉、人工智能等技术，呈现影视级效果，展现短视频制作“新高度”。以在抖音平台爆火的柳夜熙为例，其精细的建模质量、“古风+赛博朋克”的融合风格和神秘的“美妆+悬疑”剧情成功吸引大量平台用户关注，“内卷”“降维打击”等评论足见其引发了观众对短视频内容质量的新思考。

虚拟人物在主持界、网红圈同样动作频频。虚拟主持人方面，在北京冬奥会报道中大放异彩的央视网“小 C”、新华社“新小浩”以及每日经济新闻的“N 小黑”和“N 小白”都是典型代表；虚拟网红方面，字节跳动联合乐华娱乐打造的 A-SOUL 虚拟偶像团体在 B 站大放异彩，热门角色粉丝数过百万，与此同时，大量类似角色在各大短视频直播平台上活跃，受到“Z 世代”年轻人的欢迎。虚拟角色具有表达稳定、没有食宿成本、工作周期长等优势，随着 AI 内容创造技术不断成熟，未来虚拟人物在相关领域将大有可为。

商业营销方面，可控性较强的虚拟人物成为品牌新选择。如活跃在小红书的“AYAYI”“Reddi”“Vila”等虚拟博主，多次与时尚、生活、快消类品牌展开合作；国风虚拟 KOL“翎”与雅芳、100 年润发等知名品牌合作，发布多条抖音推广短视频；花西子、屈臣氏等品牌则选择打造品牌专属虚拟代言人，展开多样化新媒体内容营销。虚拟人物短视频因其具有的新潮感和科技感，能够快速获取年轻客群的关注，从而为品牌营销提供足够的流量与影响力，与目标群体需求的精准契合也进一步增强了用户与品牌的情感链接，从而有效提高用户忠诚度。与真人明星相比，虚拟人物的形象设计、内容表达更可控，不易产生“塌房”危机，能够有效降低品牌合作风险。

三　品效共赢：广告主直切视频生态，发力品牌自播及本地生活

1. 品牌自播常态化，企业号“短视频+自播”双管齐下，缩短营销链路

在官方扶持“拉力”和高企的主播佣金“推力”双重作用下，成本可控的“企业号+品牌自播”模式成为极受企业青睐的营销解决方案。

品牌利用短视频平台提供的企业号功能和流量支持，建立自主的短视频营销阵地。传统概念中公域流量强势的抖音在给予企业号流量扶持的基础上，又测试了“铁粉”功能，即增加内容在持续支持的粉丝中的曝光量。这标志着抖音在私域流量方面的进一步探索，也体现了抖音在培育品牌客户忠诚度方面的努力。小红书于 2021 年 8 月将原企业号升级为专业号，全方位加大品牌账号服务力度，通过综合扶持，原有汽车、数码等弱势品类账号

也获得了发展。

CTR 基于企业官方认证账号在各平台产生的数据，通过 CTR“短视频传播评价体系”得出各重点行业的企业号榜单。以汽车行业为例，CTR 短视频指数排名前列的汽车企业号在 2021 年下半年跨平台涨粉量总计超过 1390 万人，体现了短视频平台在帮助企业聚合目标客户、提升品牌声量上的优势，也反映出企业对官方号运营和短视频内容营销的重视程度（见表 4）。

表 4　2021 年下半年 CTR 短视频榜单——汽车企业号

抖音榜			快手榜		B 站榜	
排名	账号名称	CTR 短视频指数	账号名称	CTR 短视频指数	账号名称	CTR 短视频指数
1	宝马中国	76.39	解放卡车	69.44	五菱汽车	76.81
2	吉利汽车	75.86	江淮轻卡官方号	66.42	宝马	74.79
3	长安福特	74.08	特斯拉	66.07	广汽丰田	70.34
4	梅赛德斯-奔驰	73.74	小鹏汽车	65.50	奥迪	69.20
5	沃尔沃汽车	72.84	五菱宝骏官方商城	65.04	比亚迪汽车	68.60
6	上汽大众	72.66	领克 LYNK&CO	64.00	别克	68.30
7	一汽-大众	71.92	福田汽车	61.16	比亚迪	68.19
8	保时捷中国	71.29	上汽 MG 名爵汽车	60.90	Tesla 特斯拉中国	67.39
9	五菱汽车	71.20	一汽红旗	60.22	一汽-大众	66.36
10	路虎中国	70.47	比亚迪汽车	59.65	沃尔沃	65.74

说明：本榜单根据各车企账号于 2021 年 7 月 1 日~12 月 31 日在各平台产生的数据，通过 CTR“短视频传播评价体系”计算评估得出。参评账号均为经车企认证的官方账号。

数据来源：唯尖-CTR 短视频商业决策系统。

品牌自播是品牌积累自有流量的新兴途径，短视频平台同样将扶持品牌自播作为重要的跨界共赢合作手段。各大短视频平台通过返点、降低年框门槛、提供整合式工具等方式吸引品牌直播间入驻，而品牌则多通过打造自播矩阵等手段跑马圈地，探索有效转化方式。在 2021 年各类购物节战报中，短视频平台不约而同地将品牌自播成绩放在显著位置，例如，在 2021 年快手“616 品质购物节”中，品牌自播间商品交易总额（GMV）环比增长 151%，而在 5 个月后的快手“116 品质购物节”中，品牌商品 GMV 同比增长433%，品牌商家开播数量同比增加391%（电商商家总体开播数量与2020年同期相比增长52%）。[①]

品牌自播本质上等同于“线上专柜”，作为区别于红人电商直播的营销手段，品牌自播有利于长期、稳定地积累忠实客户，也有利于品牌加强对成本和定价的控制，向消费者提供性价比更高的产品，提升复购率。

2. 平台发力本地生活，短视频向线下服务引流

2021年，主流短视频平台纷纷入局本地生活领域，短视频天然的种草能力给各平台切入此领域带来了机遇。

平台通过成立探店团、提供流量优惠、举办线下活动等方式吸引探店达人，通过降低服务费、佣金自由设定、帮助邀请达人等方式吸引入驻商户。2021年2月，抖音上线“优惠团购”功能，随后麦当劳、喜茶等线下商家先后开设本地生活直播账号；2021年5月，快手同城正式开放，并与餐饮品牌联动打造了快手“517吃货节”，6月，快手又于微信端上架“吃喝玩乐在快手”小程序，后又与美团合作，借力入局；老牌种草平台小红书也于2021年上线门店POI、住宿预订等功能，同样吸引了一波线下商家投放。

通过种草类短视频，平台能够挖掘并开发用户的潜在需求，将本地生活链路从“用户产生消费需求→寻找优质消费对象”优化为“种草激发用户兴趣→提供对应消费渠道”，化被动服务为主动推广，通过探店视频+直播的内容打法配套POI标记、团购功能，确立线上线下联动的商业模式。

四 平台共融：短视频种草属性向外部场景延展，各平台间内容形态互融互通

1. 短视频主动种草优势赋能电商平台

电商平台大力发展短视频分享社区，短视频传递的真实购买体验成为传统电商平台发力内容营销的重要抓手。2021年前后，淘宝、京东、拼多多、

① 数据来源：购物节期间快手官方发布的战报。

得物等电商平台纷纷以不同形态发力短视频，其中，淘宝、京东、得物以“图文+短视频”模式打造种草社区，而拼多多在探索多种形态后，引入单屏信息流模式，尝试以内容短视频形式提升用户黏性。目前，淘宝“逛逛”、京东“逛”、得物“得物”、拼多多“多多视频”已成为 App 内一级入口。

获客成本高企、细分领域流量见顶的大环境下，短视频成为电商平台开发潜在客户、提升存量用户价值的新着力点。一方面，平台希望通过短视频内容抢滩“注意力经济”，开发潜在客流，如得物在 11 月 27 日举办的“得物社区创作者 2021 年度盛会”上，官宣投入 3.2 亿元现金、200 亿流量和 11 项专项政策，扶持潮流 KOL 及 MCN 机构，力图让达人的种草力带来潜在客户购买力；另一方面，平台内部增添“种草-销售转化”环节，打造扩展性商业闭环，如淘宝将“逛逛”纳入“双 11”活动玩法，使累计 2.5 亿用户在 2021 年“双 11”期间使用其“种草机”功能，1/3 的淘宝订单来自内容种草,[①]“内容即营销”逻辑得到验证。

2. 短视频平台探索更多内容形态

同时，短视频平台依旧没有停止开拓新用户的尝试。这些尝试主要表现在布局此前未涉猎的内容形态和体裁，使内容表达不囿于平台支持的内容形态，从而瞄准潜在创作者和用户。

例如，2021 年下半年，抖音开始内测图文功能，将图文的形式融入短视频中，形成幻灯片式短视频，并推出系列活动，给予流量扶持，鼓励创作者参与。B 站则在 2021 年力推年前低调上线的竖屏短视频模式，弹幕+短视频的组合使内容互动性与活力进一步提升。

在国内移动互联网活跃用户数量逼近天花板的现实下，打破受众壁垒和挖掘存量价值成为平台发展的战略重点，互联网平台试图通过相互借鉴、取长补短的方式吸引潜在用户，在平台内部建构更完整的商业闭环，在直接效果上使产品更加完善，客观上也促进了形态互融大趋势形成。

---

① 数据来源：2021 年 9 月天猫“双 11”内容生态启动大会公布的相关数据。

五 行业共建：短视频对影音行业的影响凸显，新变现模式萌芽

1. 短视频平台成为音乐宣传推广和获得市场反馈的主要渠道，引领音乐制作风向

近年来，短视频已成为内地音乐宣传推广最重要的渠道，音乐行业风向向短视频受众审美倾斜，短视频平台几乎掌握市场话语权。2021 年腾讯音乐娱乐盛典公布的“年度十大热歌”中，几乎全部是“短视频神曲”（见表5），引发大众热议。

表 5 2021 年腾讯音乐娱乐盛典“年度十大热歌”抖音原唱综合使用量

单位：万次

歌曲名称及原唱作者	抖音原唱综合使用量
《白月光与朱砂痣》大籽	1498.4
《可可托海的牧羊人》王琪	1054.7
《千千万万》深海鱼子酱	790.4
《执迷不悟》小乐哥	782.6
《踏山河》七叔（叶泽浩）	759.0
《浪子闲话》花僮	694.9
《清空》王忻辰/苏星婕	230.0
《醒不来的梦》回小仙	125.9
《沦陷》王靖雯	43.9
《云与海》阿 YueYue	14.7

说明：原唱综合使用量指截至统计时抖音显示原唱作者发布的歌曲所有版本使用量之和。

短视频作为新时代公播渠道，其对音乐的传播力毋庸置疑。在短视频推热一首歌后，大量听众被导流至音乐平台，音乐制作公司由此获取可观的版权费用。由于主流热门短视频仅截取 15 秒左右的歌曲作为背景音乐，因此，部分音乐公司、音乐人倾向于打造在极短片段内能吸引听众、易学易唱的歌曲，以获取更好的宣传效果。可以说，短视频作为传播载体，在给予音乐版

权方更多版权收益机会的同时，也潜移默化地影响了音乐制作风向。

面对巨大的影响力，短视频平台计划通过流量扶持支持优质内容，同时在版权、分成和创作生态方面也做了布局，例如抖音、快手、B 站均开启了针对音乐人的扶持计划；另外，抖音等平台也尝试与海内外知名歌手合作，例如告五人、泰勒·斯威夫特等，通过站内热点、玩法活动，推广其优质歌曲，有意识地引导平台流量向优秀内容倾斜。

2. 短视频开启内容付费模式，推动微短剧等新型影视形式精品化

微短剧入场短视频平台已有数年，虽然受众契合度高，但变现方式单一，对制作质量乃至行业发展都影响颇大。2021 年，平台针对微短剧的激励政策不断升级，包括流量扶持、现金分账、协助备案等。面对逐渐养成观看习惯的微短剧观众，短视频平台在用户端亦开始尝试探索付费形式。其中，快手作为微短剧付费的“排头兵”，早早启动精品内容付费、结局付费模式，销量较高的作品如《危险的姐姐》大结局，售价 20 快币（约人民币 2. 85 元），销量达 5. 6 万单；同时，快手还有付费微电影等类型的作品上架销售，其中不乏有头部作品斩获过百万购买量，如时长 52 分钟的微电影《江城花火》售价 30 快币（约人民币 4. 29 元），销量已达 115. 8 万单。而抖音、B 站也逐步开启微短剧付费、微短剧入 V、“轻剧场”等变现模式。

短内容开启付费化进程，有利于促使传统影视公司的投资向短内容倾斜，推动产业发展革新，也有利于微短剧等新型影视形式质量提升，推动优秀作品的受众面不断扩大，形成正向循环。

六　秩序发展共生：版权监管引导行业平衡稳定前行

影视剪辑、赛事剪辑等各类拼贴、“二创”型内容给短视频平台带来了巨大的流量，但剪辑作品涉及的版权问题也不可忽视。2021 年 6 月新《著作权法》实施前，影视行业相关协会曾与爱奇艺、腾讯视频、优酷等长视频平台以及 50 余家影视公司联合发布了《关于保护影视版权的联合声明》；2021 年 12 月，中国网络视听节目服务协会颁布《网络短视频内容审核标准细则（2021）》，对短视频素材版权规范问题做出合规性指导。另外，国家版权局每年发布多期包括影视作品、赛事节目等内容在内的“重点作品版权保护预警名单”，加大对重点版权内容的保护力度。有关部门及行业提出的监管、自纠自查、维权等政策措施，标志着我国版权内容依法管理进程的不断深化，也对相关平台的内容审查提出更高的要求。

短视频平台也在版权规范方面做出布局。由于作品剪辑大多为用户生产内容（UGC），且创作者会根据经验进行翻转、放大、遮标等去重操作，这要求平台不断提高机器识别、人工审核技术水平，提升侵权举报响应速度，摒弃传统的“避风港”和“不告不理”原则，积极主动应对不合规版权问题，如抖音、B站等平台连续数轮大规模屏蔽、封禁、下架相关侵权视频内容；同时，短视频平台也需积极推动开展版权方授权合作，争取更多优质版权内容合规化，为创作者提供规范化的创作引导与授权素材库。

加强版权监管，既有利于保护版权方合法权益、保证高成本优质内容的合理收益，从而带动优质内容的创作积极性和内容产业的繁荣发展；又能够推动版权合作，为短视频行业提供优质、充足且合规的内容资源，引导各方在互利共赢的共识下，推动行业平衡稳定前行。

总之，短视频行业各相关方在碰撞和磨合中，既加码提升自身服务的广度、深度和质量，又追随最新技术与创新模式的风向，客观上共同促进了行业的稳定与发展。如何在良性竞争的同时彼此学习、加强合作，从共创共赢的视角拓展思路、满足用户不断升级的需求，是行业各方将持续共同探讨和实践的课题。

B.15
2021年中国网络游戏产业发展报告

陈信凌　伍嘉欣*

摘　要： 2021年新冠肺炎疫情防控进入常态化阶段，“宅经济”的影响逐步减弱，中国网络游戏市场的实际销售收入和游戏用户增速放缓。在行业监管新政的引导下，众多游戏厂商强化责任意识，未成年人网络防沉迷举措再升级，中国网络游戏产业朝着精品化的方向迈进，并由此带动游戏直播行业的热度。此外，多品类游戏在海外迸发出强大的市场活力，体现了中国自研游戏较高的全球竞争力。未来伴随着国内游戏市场竞争加剧，游戏厂商对于优质IP、研发人才的争夺将更为激烈。“元宇宙”概念的出现，或将为网络游戏产业带来新的发展机遇。

关键词： 网络游戏　游戏直播　元宇宙　IP改编游戏

一　产业发展概览

1. 市场实际销售收入及增长率

中国音数协游戏工委（GPC）、中国游戏产业研究院联合发布的《2021年中国游戏产业报告》显示，2021年中国游戏市场实际销售收入达到2965.13亿元，比2020年增长了178.26亿元。但受到政策监管趋

* 陈信凌，南昌大学教授、博士研究生导师，新闻与传播学院院长，教育部新闻传播学类专业教学指导委员会委员；伍嘉欣，南昌大学新闻与传播学院博士研究生。

紧、“宅经济”刺激效应减弱、游戏研运成本增加、用户市场趋于饱和等多重因素叠加的影响，2021 年中国游戏市场实际销售收入同比增长率仅为 6.40%，增幅比 2020 年同期缩减近 15 个百分点（见图 1），行业整体发展继续呈现自主研发为主、海外市场稳步扩张、种类更趋丰富的特点。

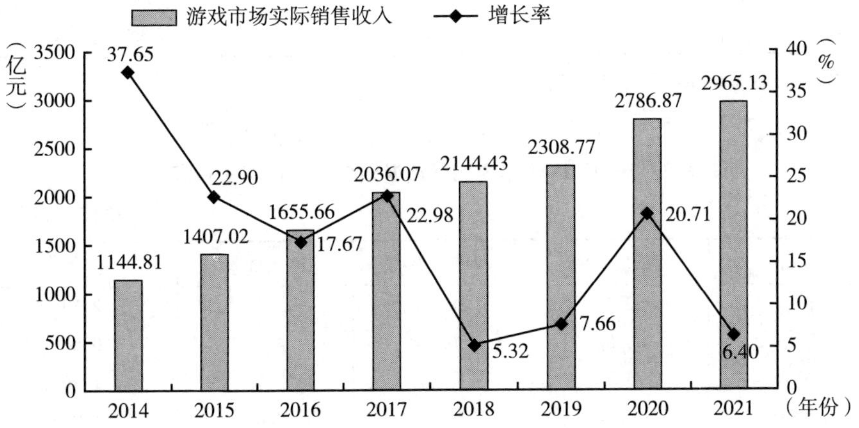

图 1　2014~2021 年中国游戏市场实际销售收入及增长率

数据来源：《2021 年中国游戏产业报告》，2021 年。

2. 细分市场

2021 年，中国移动游戏、客户端游戏、网页游戏三大细分市场之间的竞争仍在持续。受益于更为便捷的操作和庞大的用户基数，移动游戏市场竞争优势依旧十分明显，实际销售收入达 2258.38 亿元，市场占有率达到 76.16%，遥遥领先其他平台游戏；尽管客户端游戏市场实际销售收入达 588.00 亿元，出现一定的增长趋势，但由于其发展处于存量竞争阶段，发展速度放缓，其市场占有率略微下降；网页游戏市场持续萎缩，实际销售收入达 60.30 亿元，市场占有率仅为 2.03%，主要由用户使用习惯转变、网页游戏创新力不够、移动游戏与客户端游戏的双重挤压等多重因素导致（见表 1、表 2）。

表 1　2021 年中国网络游戏细分市场实际销售收入及增长率

单位：亿元，%

项目	市场实际销售收入	同比增长率
移动游戏	2258. 38	7. 57
客户端游戏	588. 00	5. 15
网页游戏	60. 30	-20. 74
其他	58. 45	6. 60
合计	2965. 13	6. 40

数据来源：《2021 年中国游戏产业报告》，2021 年。

表 2　2018~2021 年中国网络游戏各细分市场占有率

单位：%

年份	移动游戏	客户端游戏	网页游戏	其他
2018	62. 50	28. 90	5. 90	2. 70
2019	68. 50	26. 60	4. 30	0. 60
2020	75. 24	20. 07	2. 73	1. 96
2021	76. 16	19. 83	2. 03	1. 97

说明：因数据四舍五入，表中占有率总和有大于 100%的情况。
数据来源：根据 2018~2021 年度《中国游戏产业报告》整理得出。

3. 用户规模

2021 年中国游戏用户规模同比增长率仅为 0. 22%，相比 2020 年增速放缓，但用户存量规模十分庞大，达到 6. 66 亿人（见图 2）。其中，作为市场主体的移动游戏用户同比增长率为 0. 31%，用户规模达 6. 56 亿人（见表 3）。以上数据表明中国游戏用户规模趋于饱和，边际增长空间有限，这意味着游戏用户红利逐渐消失，游戏产业发展需寻求新路径。从产品方面考虑，需更多考虑产品的差异化特点，聚焦细分市场，提升产品在特定圈层中的传播力。从产业方面来看，需借助跨平台、融合开发等方式，进一步提升游戏 IP 的商业转化率。从用户方面来看，需从内容品质出发，不断提升产品质量和用户体验，增强现有游戏用户黏性，同时不断挖掘海外市场用户，实现游戏产业的“外循环”发展逻辑，进一步扩大游戏用户规模。

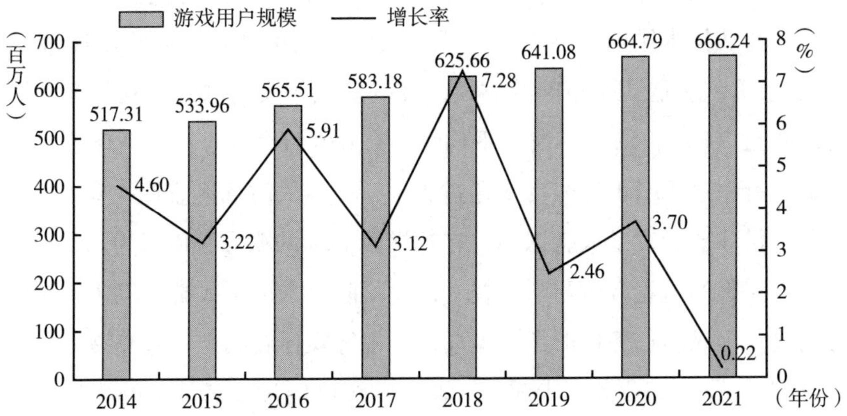

图 2　2014~2021 年中国游戏用户规模及增长率

数据来源：《2021 年中国游戏产业报告》，2021 年。

表 3　2019~2021 年中国移动游戏用户规模及增长率

单位：亿人，%

项目	用户规模		
	2019 年	2020 年	2021 年
移动游戏	6. 20	6. 54	6. 56

数据来源：《2021 年中国游戏产业报告》，2021 年。

二　产业发展热点解析

1. 政策监管趋严，未成年人保护举措再升级

2021 年，中国游戏主管部门与行业协会多措并举，重点针对未成年人保护和网络游戏防沉迷等方面，陆续公布了一系列政策举措，进一步推进中国网络游戏产业的良性发展。其中，中央宣传部发布《关于开展文娱领域综合治理工作的通知》、国家新闻出版署出台《关于进一步严格管理　切实防止未成年人沉迷网络游戏的通知》、中国音像与数字出版协会发布了《网

络游戏行业防沉迷自律公约》等，各游戏厂商认真对照有关要求，开展风险自查，并从技术层面严格防范未成年人沉迷网络游戏。如腾讯通过“零点巡航”、升级人脸识别策略等方式，规范未成年人的网络游戏行为。报道显示，截至 2021 年 11 月，腾讯平均每天有 686 万个账号在登录环节触发人脸识别，有超过 70%的账号因未通过验证，被纳入防沉迷监管；有 1.1 万个账号在支付环节触发了人脸识别，有效拦截 72%的账号充值行为。

日趋完善的监管政策与防范技术，使得防范未成年人游戏沉迷工作取得显著成效，但该项任务依旧任重道远，央视等媒体就曝光一些交易平台出现“租号”“买号”等业务，未成年人通过购买已经过实名认证的账号，规避游戏平台的防沉迷系统。预计未来，推进防范未成年人游戏沉迷，需要政府、行业、家庭、社会形成合力，才能切实发挥监管政策的作用，共同促进未成年自觉养成健康的网络游戏行为。

2. 规范市场竞争秩序，游戏直播面临发展机遇期

2021 年 7 月，国家市场监督管理总局依法叫停了虎牙与斗鱼两大游戏直播平台的合并计划，进一步规范市场竞争行为，引导中国游戏直播产业健康有序发展。受未成年人防沉迷政策和“宅经济”整体降温等因素的影响，中国游戏直播用户增速整体回落，CNNIC 发布的第 48 次《中国互联网发展状况统计报告》显示，截至 2021 年 6 月，中国游戏直播用户规模为 2.64 亿人，同比减少 452 万人。但存量用户已形成稳定的观看习惯，并对热门电竞赛事表现出极高的关注度。艾瑞咨询数据显示，在游戏直播用户中，66.3%的用户每周观看游戏直播长达 10 小时以上，其中每周观看 30 小时以上的用户达 19.1%（见图 3），81.6%的游戏直播用户关注游戏主播达 1 年以上（见图 4）。此外，在 2021 英雄联盟职业联赛等热门赛事期间，游戏直播的用户关注度持续提升。腾讯方面披露的相关数据显示，在全球总决赛期间，在线用户峰值达 7386 万人，每分钟观众数超过 3000 万人，而哔哩哔哩赛事直播期间最高人气峰值达到 5 亿人，相关视频播放总量超过 25 亿次。

各游戏直播平台为了吸引流量，对于热门赛事的版权争夺加剧，其中虎牙宣布与腾竞体育达成 5 年 20.12 亿元的英雄联盟职业联赛相关版权合作；

哔哩哔哩则以8亿元拿下3年英雄联盟全球总决赛中国地区独家直播版权，游戏赛事版权价格走高。此外，面对激烈的市场竞争，游戏直播平台打破原有单一化的内容格局，推出短视频、互动社区等板块，实现内容的多元分发，有效聚合各板块流量，平台内容生态也更为完善。游戏主播作为吸纳用户的核心资源，也成为各直播平台重点打造的对象，哔哩哔哩、斗鱼等直播平台还采用虚拟主播，充实平台主播阵营，带动了游戏直播业务关联产业发展。

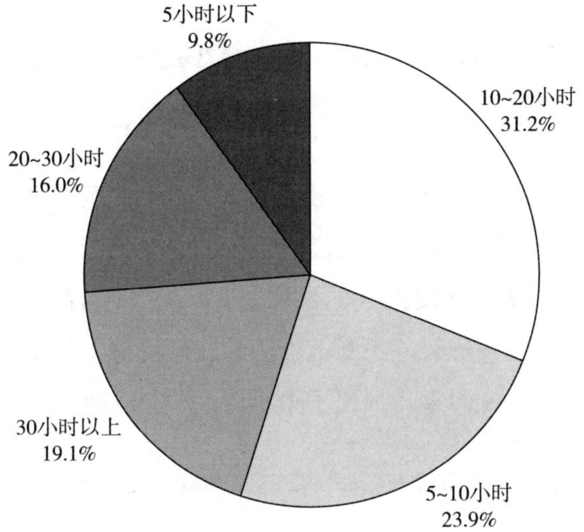

图3　2021年中国游戏直播用户每周观看直播时长

数据来源：艾瑞咨询，2021年。

3. 头部厂商市场地位稳固，行业竞争加剧

2021年，头部厂商通过其长期保有的渠道和产品两大优势继续占据市场主导地位，行业集中度进一步提高。据相关统计，2021年腾讯营收达到5601.2亿元，占据绝对的市场优势地位，而第二大游戏厂商网易也以876.1亿元的营收，领先于其他游戏厂商（见图5）。与此同时，由于游戏用户更加喜欢高质量、创新性强的游戏新品，各大游戏厂商也开始着眼产品自研。头部厂商更加重视游戏研发的资金投入，2021年腾讯研发投入达到518.8

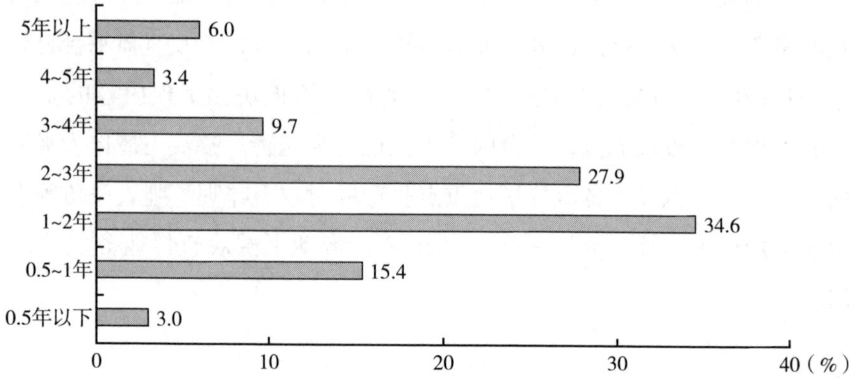

图 4　2021 年中国用户关注游戏直播主播时长情况

数据来源：艾瑞咨询，2021 年。

亿元，同比增长 33.1%，网易研发投入达到 140.8 亿元，同比增长 35.7%，而其他行业的头部厂商，为了抢占游戏市场的发展机遇，也在不断增加游戏研发投入，如哔哩哔哩研发投入同比增长 87.7%，增幅较大，以此保持其在细分领域的独特竞争优势。不断上涨的游戏研发与运营成本，成为限制中小游戏厂商发展的关键因素，加速了中小游戏厂商洗牌。

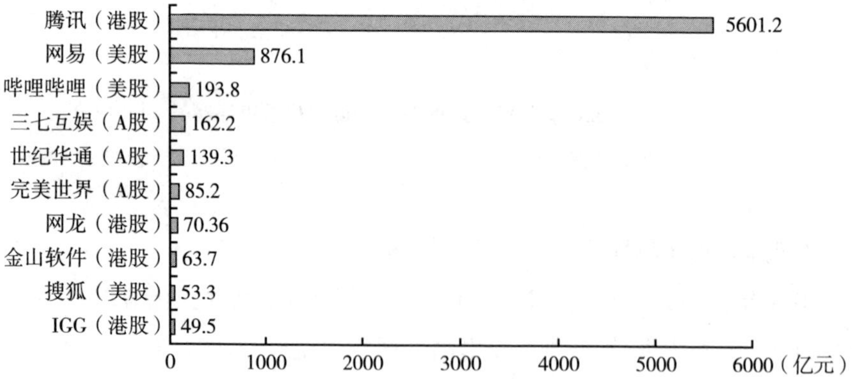

图 5　2021 年中国游戏公司营业收入 Top10

数据来源：根据企业财报整理。

三　产业竞争力透视

1. 游戏自主研发能力增强，国际竞争力稳步增强

由于2021年8月游戏版号再度暂停审批，国内游戏市场后续推出的游戏新品相对较少，增长主要依托以往存量，2021年自主研发游戏国内市场销售收入达到2558.19亿元（见图6），同比增长率仅为6.51%，相比前几年增幅明显下降。但自主研发游戏销售收入约占2021年游戏市场销售规模的九成，依旧占据国内游戏市场的主导地位，这无疑得益于中国游戏日趋成熟的自主研发能力。同时，众多游戏厂商积极响应文化“走出去”战略，借助游戏自主研发优势，大力拓阔海外市场。2021年，中国自主研发游戏在海外市场也保持了快速发展的势头，海外市场实际销售额达到180.13亿美元，同比增长16.59%（见图7）。

图6　2014~2021年中国自主研发游戏国内市场实际销售收入及增长率

数据来源：《2021年中国游戏产业报告》，2021年。

从中国自主研发的不同类型的游戏海外收入占比来看，策略类（含SLG）游戏、角色扮演类游戏、射击类游戏依然受到海外市场热捧，这三类游戏总收入占海外地区游戏收入的67.82%（见图8）。同时，模拟经营类、

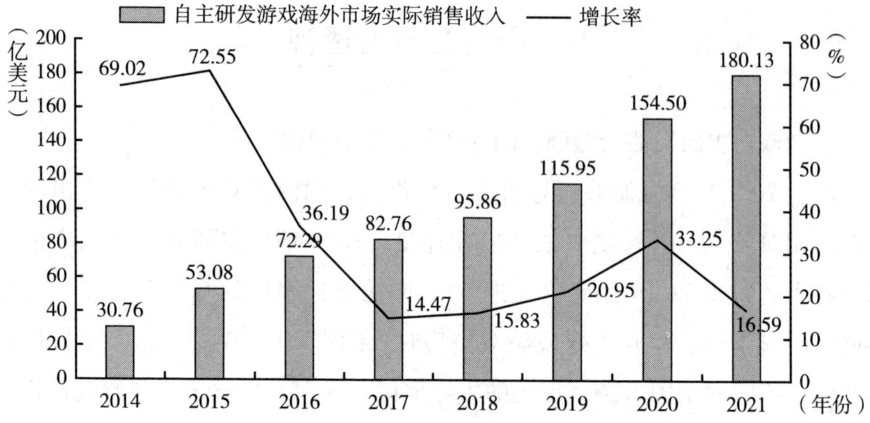

图 7　2014~2021 年中国自主研发游戏国外市场实际销售收入及增长率

数据来源：《2021 年中国游戏产业报告》，2021 年。

消除类、多人在线战术竞技类海外市场占有率相较于 2020 年有所提高，说明越来越多的游戏品类受到海外市场认可，多家游戏厂商还将中华优秀传统文化融入游戏的创作中，通过游戏构筑起文化交流的桥梁，传播了中华优秀文化，体现了中国游戏较强的国际竞争力。

2. 游戏产业市场发展环境友好

中国是世界上拥有最大规模网民数量和智能手机用户的国家，中国的网络游戏产业发展具有庞大的用户基数，而且这一基数将随着中国智能手机普及率的提高而持续增加，庞大的用户基数将进一步支撑中国网络游戏产业的繁荣发展。

此外，中国正加快推进数字经济发展。作为数字经济的重要组成部分，游戏产业获得了广泛关注。各地积极布局及调整游戏产业，并根据当地游戏市场发展现状，出台行业发展与扶持政策，建立具有地方特色的游戏产业良性发展模式。例如，上海加大对原创游戏的扶持力度，并致力于打造“游戏创新之城”和“全球电竞之都”。而作为中国游戏企业集聚发展的老牌城市，广州在 2021 年发布了《关于扶持游戏产业健康发展的实施意见》，意在通过整合相关技术、金融资源促进游戏产业的良性发展。各个地区关于游

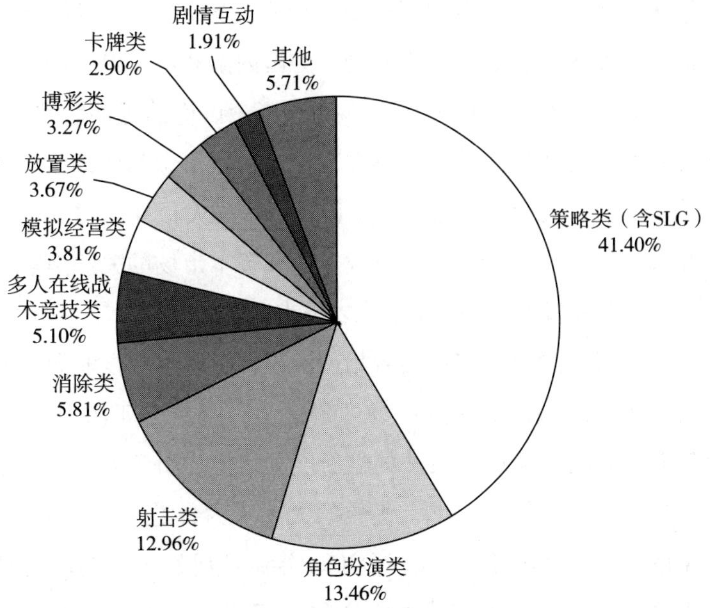

图 8　2021 年中国自主研发游戏海外市场收入占比

数据来源：《2021 年中国游戏产业报告》，2021 年。

戏产业相关政策的出台在进一步加剧游戏产业区域竞争的同时，也将促进未来游戏产业的高速发展。

四　产业发展未来趋势

1. 元宇宙概念爆发，为游戏发展带来更多可能

业界普遍将 2021 年视为元宇宙发展元年。3 月，被称为“元宇宙第一股”的 Roblox 在纽交所上市，首日股价涨幅达 50%，市值近 400 亿美元，元宇宙概念引发全球广泛关注。据彭博信息估计，元宇宙市场规模到 2024 年可能增加至 8000 亿美元。众多机构也预测游戏产业将率先享受元宇宙技术红利。在这股元宇宙热潮的影响下，国内众多互联网企业纷纷入局相关领域。天眼查数据显示，截至 2021 年 12 月 31 日，中国与元宇宙概念相关的

注册商标达436个，而注册申请则有16978条。游戏产业的发展高度依赖新技术与新概念，元宇宙相关业务也立刻成为国内游戏厂商追逐的热点。

虽然目前元宇宙在游戏产品中大多处于概念讨论的延伸阶段，但从PC时代的端游到移动时代的手游，不难发现，每一次概念革新都为游戏产业带来新的变革。因此，元宇宙概念必将为游戏产业的发展注入更多的可能。未来，与之相关的游戏产品势必成为游戏企业和资本市场的关注焦点。

2. 游戏呈精品化发展趋势，优质人才需求递增

近年来，游戏监管部门密集出台相关法规，引导游戏产业向高质量发展转变。同时，游戏厂商为了确保市场竞争优势，都致力于游戏的精品化打造，不断提升内容的精美度、玩法的创新度和价值的引领力。这对自主游戏研发与运营能力提出了更高要求，优质的人才成为各游戏厂商争抢的对象。据伽马数据的统计，相较于2018年，2021年游戏研发主要岗位的平均招聘月薪资水平稳步提升，其中游戏美术岗位薪资涨幅最大，达33%，其次为游戏策划岗位薪资，涨幅达29%，游戏程序与游戏运营岗位薪资涨幅分别为28%、21%（见图9）。以上数据说明，专业人才作为确保企业竞争力的重要因素，越来越受到各游戏厂商的重视，人才引进的投入力度也明显加大。同时，国内众多头部游戏厂商与知名高校达成合作，通过定制化培训、职业认证等方式，深度对接企业人才培养计划，并通过在海外开设工作室、分公司等途径，积极吸纳海外优质人才，持续扩大团队规模。

目前，头部游戏厂商虽然在人才引进与培养方面已形成较为完善的体系，但伴随着游戏精品化趋势，游戏行业的职业分工将更为细化，现有的人才队伍无法满足产品研发需要，头部游戏厂商对于人才的需求将长期存在。同时，中小微游戏企业为了寻求市场发展，也急需专业人才提供支撑，以提升产品的研发能力。因此，未来游戏产业对优质人才的争夺将更为激烈。

3. IP导流效果明显，深度布局头部IP资源

2021年，头部游戏厂商将游戏、文学、影视等领域相贯通，通过自研、合作、代理等方式，推出多款IP改编游戏，市场表现不俗。如网易获《哈利·波特》的官方授权，自主研发RPG手游《哈利·波特：魔法觉醒》，

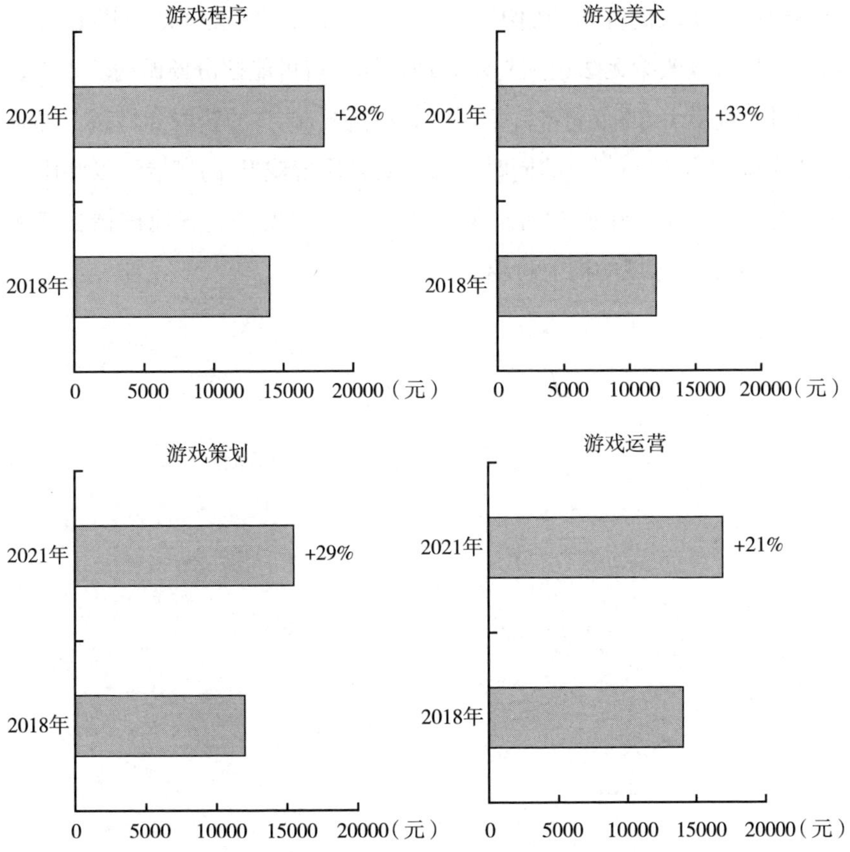

图 9　2018 年、2021 年游戏相关人才平均招聘月薪资情况

数据来源：伽马数据，《2022 年中国游戏产业趋势及潜力分析报告》，2021 年。

熟悉的场景、精美的画面极大地增强了游戏代入感，游戏上线当天，就获超 500 万次的下载量。腾讯代理运营的《英雄联盟手游》，改编自全球端游的经典之作《英雄联盟》，手游版较好地还原了端游的体验，成功实现不同平台玩家之间的流量转化。IP 改编游戏得益于原作积累的用户基数，让游戏还未推出便自带话题热度。而原作已有的场景与角色设计，均为游戏研发提供了的丰富素材，降低了游戏研发难度系数。

虽然 IP 改编游戏的市场优势显著，但随着其市场成熟度越来越高，IP 有时成为制约游戏厂商发展的因素。一方面，优质 IP 的获取成本持续走高，中小游戏厂商获取优质 IP 的难度更大。另一方面，受众对原有 IP 已经形成认知，一旦游戏改编无法达到受众心理预期，就可能被市场诟病。未来，游戏厂商对于优质 IP 的布局将持续深入，在重视对 IP 的获取和储备，加强对现有 IP 资源的维护与创新的同时，加大对自研游戏 IP 的打造，以此摆脱 IP 版权方的授权限制，让游戏研运享有更高的自由度，更好地挖掘自研游戏 IP 在“泛娱乐”领域的商业价值。

B.16
2021年中国动漫产业发展报告

孙平　丁玎*

摘　要： 2021年，中国动漫产业总产值持续增长，在疫情环境下呈现新的发展态势。国产动画电影发展向好，产量、票房优势明显，但整体赢利能力较弱；电视动画维持系列化、精品化路线，作品质量稳步提升；网络动画市场优质作品持续涌现，IP改编、续作创作占较大比重；二次元用户数量继续增长，动漫衍生品市场逐步发展成熟。

关键词： 动漫产业　动画电影　电视动画　网络动画　衍生品

2021年，中国动漫产业①规模持续增长，在原有产业格局下，呈现一些新的特征和趋势。

---

* 孙平，北京电影学院中国动画研究院副研究员、硕士研究生导师；丁玎，北京电影学院中国动画研究院硕士研究生。

① 动漫产业是指以创意为核心，以动画、漫画为表现形式，包含动漫图书、报刊、电影、电视、音像制品、舞台剧和基于现代信息传播技术手段的动漫新品种等动漫直接产品的开发、生产、出版、播出、演出和销售，以及与动漫形象有关的服装、玩具、电子游戏等衍生产品的生产和经营的产业。此为2006年国务院转发了六部（财政部、教育部、科技部、信息产业部、商务部、文化部）三局（国家税务总局、国家工商总局、国家广电总局）一署（国家新闻出版总署）联合发布的文件《关于我国动漫产业发展的若干意见》中的定义。通过对当前中国动漫产业发展变化的思考和辨析，本报告在此定义基础上将漫画和游戏划出动漫范畴，将网络动画纳入。

一 动画电影

2021年中国动画电影票房较2020年有所回升。截至2021年底，院线共上映动画电影65部，累计票房为41.30亿元，[①] 其中国产动画电影达42部。然而，2021年我国院线动画电影总票房仅占所有院线电影票房比重的8.7%，对比2019年的18.91%、2020年的11.07%，有明显下降。

2021年度共有12部动画电影票房破亿元，其中国产动画电影数量占50%，且票房占比远高于进口动画电影。[②] 而票房在1000万元以下的动画电影达21部，数量明显增多。国内动画电影市场二八效应明显，行业内部各企业水平差距较大。虽然动画电影成为出品方关注的类型，但整体而言受市场青睐的优质作品仍在少数，动画电影产业整体赢利能力依然堪忧。

从影片票房情况来看，2021年排名前十（见表1）的院线动画电影的票房较往年有较大差距。其中国产动画电影《熊出没·狂野大陆》以5.95亿元的票房排名第一，但远低于2020年的《姜子牙》（16.03亿元），及2019年的《哪吒之魔童降世》（50.79亿元）。当前票房表现较好的依然是知名度较高的动画IP大电影，以及如追光动画、彩条屋等较为成熟的出品方、发行方操控的项目。此外，2021年末上映的《雄狮少年》的票房超过日本大IP系列电影《名侦探柯南：绯色的子弹》，位居票房排行榜第五位，表明现实主义题材打破了动画题材局限，为动画电影制作提供了新的可能性。

① 资料来源：中国电影数据信息网－国家电影专资办官网。

② 资料来源：中国电影数据信息网－国家电影专资办官网。

表 1　2021 年中国院线动画电影票房 Top10

单位：万元

序号	影片名称	票房	制作地区
1	熊出没·狂野大陆	59533.8	中国
2	白蛇 2:青蛇劫起	58020.0	中国
3	新神榜:哪吒重生	45643.8	中国
4	哆啦 A 梦:伴我同行 2	27755.7	日本
5	雄狮少年	24958.9	中国
6	名侦探柯南:绯色的子弹	21608.5	日本
7	比得兔 2:逃跑计划	19782.0	澳大利亚、美国
8	许愿神龙	16823.3	中国
9	你好世界	13651.0	日本
10	寻龙传说	12755.2	美国

资料来源：根据阿里影业灯塔专业版数据整理。

2021 年，国产动画电影仍以神话题材、IP 开发为主要生产路径，在 6 部票房破亿元的国产动画影片中（见表 2），《白蛇 2：青蛇劫起》《新神榜：哪吒重生》《西游记再世妖王》均以“神话宇宙”为背景架构剧情；《熊出没·狂野大陆》则是国产 IP 大电影的代表之作，该系列作品已形成较完善的 IP 矩阵，稳定的受众群体成为其最大优势。与 2020 年相似，2021 年国产动画电影题材类型（见图 1）主要集中于冒险（38%）、喜剧（26%）以及奇幻类（23%）。

表 2　2021 年中国院线国产动画电影（包含中外合拍影片）票房 Top10

单位：万元

序号	影片名称	票房	题材类型
1	熊出没·狂野大陆	59533.8	喜剧
2	白蛇 2:青蛇劫起	58020.0	冒险
3	新神榜:哪吒重生	45643.8	奇幻
4	雄狮少年	24958.9	喜剧
5	许愿神龙	16823.3	奇幻

续表

序号	影片名称	票房	题材类型
6	西游记之再世妖王	11453.5	奇幻
7	新大头儿子和小头爸爸 4:完美爸爸	9328.0	奇幻
8	贝肯熊 2:金牌特工	8148.2	喜剧
9	猪猪侠大电影:恐龙日记	7931.9	儿童
10	俑之城	6992.9	奇幻

资料来源：根据阿里影业灯塔专业版数据整理。

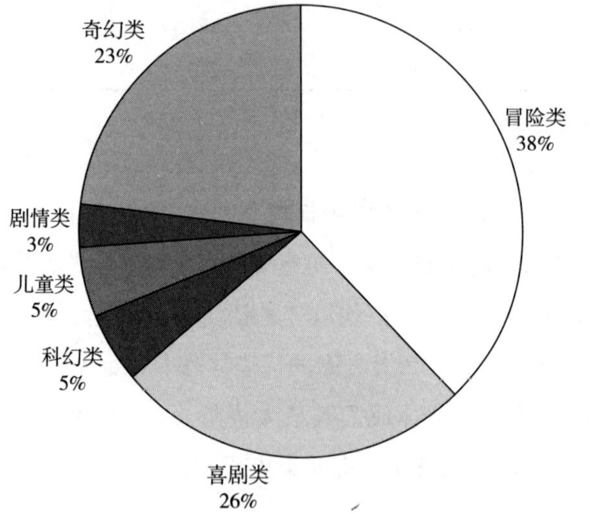

图 1　2021 年国产动画电影题材类型

资料来源：根据阿里影业灯塔专业版数据整理。

2021 年上映的 23 部进口院线动画电影中，8 部来自日本、5 部来自美国、2 部来自法国，其他作品来自澳大利亚、爱尔兰、加拿大、英国等 9 个国家，相比 2020 年，进口影片总数有所增加。日本和美国依然是进口动画电影的主要生产国，其中知名 IP 系列动画电影仍然占比较大，具有一定的票房保障能力（见表 3）。然而从票房表现上看，进口动画电影票房表现并不突出，整体落后于国产动画电影。

表3　2021进口院线动画电影票房Top10

单位：万元

序号	影片名称	票房	制作地区
1	哆啦A梦:伴我同行2	27755.7	日本
2	名侦探柯南:绯色的子弹	21608.5	日本
3	比得兔2:逃跑计划	19782.0	澳大利亚、美国
4	你好世界	13651.0	日本
5	寻龙传说	12755.2	美国
6	猫和老鼠	10476.0	美国
7	夏日友情天	8874.6	美国
8	宝可梦:皮卡丘和可可的冒险	5146.5	日本
9	普罗米亚	2014.1	日本
10	狼行者	1323.8	爱尔兰、卢森堡

资料来源：根据阿里影业灯塔专业版数据整理。

二　电视动画

2021年经备案公示的全国国产电视动画片为536部，总时长169608分钟，[①] 相较于2020年，部数与总时长均有小幅下降。从备案公示动画片的题材类型看，童话题材占39.9%，现实题材占4.8%，科幻题材占11.4%，教育题材占25.9%，历史题材占3.8%，文化题材占2.3%，其他题材占11.9%。可见，2021年国产电视动画片仍以童话题材、教育题材为主，文化题材是新纳入统计的细分类型。

电视动画片的主要出品方为央视动漫集团有限公司，代表作品为“熊猫和和”系列的《熊猫和开心球》《熊猫和奇异鸟》《熊猫和小跳羚》以及“大头儿子和小头爸爸”系列的《新大头儿子和小头爸爸-智能小当家》《新大头儿子和小头爸爸“牛”转乾坤》；杭州好久不见影视动漫有限公司参与制作了《皮皮鲁安全特攻队第四季》《星际家族之安全少年团》

① 资料来源：国家广播电视总局。

和《舒克贝塔第三季》。此外，杭州友诺动漫有限公司、广东咏声动漫股份有限公司、杭州天雷动漫有限公司、北京爱奇艺科技有限公司、北京空速动漫文化有限公司、北京猫猫家文化传媒有限公司、湖南金鹰卡通传媒有限公司、天津北方动漫集团股份有限公司等也都是优秀电视动画片的主要出品方。

三　网络动画

国家广播电视总局 2021 年持续推进网络视听高质量发展，其中网络动画片成为重要阵地。2021 年全国生产完成并取得上线备案号的重点网络动画片累计 199 部，共 2618 集，集数较 2020 年翻倍。其中青少题材 19 部 857 集，传奇题材 80 部 828 集，科幻题材 23 部 184 集，都市题材 12 部 179 集，武打题材 12 部 87 集，传记题材 3 部 62 集，宫廷题材 1 部 24 集，其他题材 49 部 397 集。网络动画片以青少题材和传奇题材为主要题材类型。

从备案情况来看，网络动画片主要的出品方除了中国动漫公司以外，还有网络平台，其中腾讯视频、爱奇艺、优酷及哔哩哔哩是核心的四大网络平台。国产 IP 的改编和续作也仍是各大网络平台重要的动画作品内容来源。

根据腾讯视频官方数据，2021 年腾讯视频共新上线网络动画片 86 部，其中 3D 作品 27 部，2D 作品 33 部，动态漫画作品 26 部。《斗罗大陆》《狐妖小红娘·两生花篇》《非人哉》《武庚纪》等均为长期连载作品，再加上大量短视频动画的上线，年内实际新作品数量达数百部。在播放量上，《斗罗大陆》以年内 116.7 亿次的绝对优势排名第一（见表 4）；《灵剑尊》《武神主宰》分别以 33.0 亿次、31.3 亿次位列第二、第三；《完美世界》《斗破苍穹 4》《绝世武魂》《无上神帝》四部作品的播放量均超过 20 亿次，播放量超 10 亿次的作品共 12 部。

表 4　2021 年腾讯视频国产动画片播放量 Top10（截至 2022 年 1 月 1 日）

单位：亿次

序号	作品名称	类型	上线时间	年内播放量
1	斗罗大陆	小说改 3D	2018-01-20	116.7
2	灵剑尊	小说改 3D	2019-01-15	33.0
3	武神主宰	小说改 3D	2020-03-08	31.3
4	完美世界	小说改 3D	2021-04-23	26.3
5	斗破苍穹 4	小说改 3D	2021-03-28	26.2
6	绝世武魂	小说改 3D	2020-10-25	24.8
7	无上神帝	小说改 3D	2020-05-18	20.4
8	狐妖小红娘·两生花篇	漫改 2D	2020-03-26	18.7
9	武庚纪	漫改 2D	2016-06-24	16.7
10	一念永恒	小说改 3D	2020-08-12	16.1

数据来源：腾讯视频官方平台。

哔哩哔哩官方数据显示，2021 年哔哩哔哩共上线国产网络动画作品 105 部，其中独家作品 32 部，原创作品 22 部，小说改编作品 9 部，漫画改编作品 8 部，游戏改编作品 7 部，动态漫画作品 19 部。对比腾讯视频，哔哩哔哩动画作品类型更为丰富，且不乏题材相对小众的原创动画。2021 年该平台国产动画播放量 Top10 如表 5 所示。

表 5　2021 年哔哩哔哩国产动画片播放量 Top10（截至 2022 年 1 月 1 日）

单位：亿次

序号	作品名称	类型	上线时间	年内播放量
1	开心锤锤	短视频 2D	2020-12-31	8.5
2	我不是白吃	短视频 2D	2020-08-09	4.7
3	伍六七之玄武国篇	原创 2D	2021-01-27	3.7
4	两不疑	漫改 2D	2021-04-21	2.2
5	元龙 2	小说改 3D	2021-07-03	2.2
6	凡人修仙传	小说改 3D	2020-07-25	2.1
7	元气食堂	短视频 2D	2021-04-14	2.0
8	天官赐福	小说改 2D	2020-10-31	1.9
9	时光代理人	原创 2D	2021-04-30	1.8
10	灵笼	原创 3D	2020-07-31	1.8

数据来源：哔哩哔哩弹幕网官方平台。

爱奇艺以播放量、互动量等因子综合计算得到国产动画片热度，以此代替播放量进行排行。爱奇艺年内热度 Top10 的国产动画片中，短视频动画片有 5 部，原创动画仅有 1 部（《精灵梦叶罗丽 8》），小说与漫画改编作品有 4 部（见表 6）。

表 6　2021 年爱奇艺国产动画片热度 Top10（截至 2022 年 1 月 1 日）

单位：亿次

序号	作品名称	类型	上线时间	年度热度
1	开心锤锤	短视频 2D	2018-11-07	6426
2	小品一家人	短视频 2D	2020-03-12	4815
3	精灵梦叶罗丽 8	原创 3D	2020-08-06	4484
4	风起洛阳之神机少年	小说改 3D	2021-12-17	4302
5	万界奇缘	小说+漫画改 3D	2021-02-17	4166
6	猪屁登	短视频 2D	2020-01-19	4162
7	春秋封神	漫画改 3D	2021-07-08	4101
8	星武神诀	小说改 3D	2021-01-28	3996
9	迷你小洞 2	短视频 2D	2021-01-14	3953
10	大神探诸葛九九	短视频 2D	2021-07-20	3911

资料来源：爱奇艺官方平台。

此外，2021 年全平台出现多部聚焦党史、积极弘扬主旋律的作品，其中《血与火：新中国是这样炼成的》以动画形式讲述历史事件；《那年那兔那些事儿-党史课》是在“那兔”系列 IP 基础上开设的新篇章，以动画作为载体传递浓厚爱国情怀，兼具主旋律表达与观赏性。

四　动漫衍生品

动漫 IP 衍生出的周边产品品类繁多，包括玩具、文具、盲盒、生活用品、装饰品、服装、挂件、立牌、海报、同人书籍、专业摄影等。其中玩具又可分化为手办、可拆模型、BJD 人偶、填充玩偶等；服装包括 COS 服装、Lo 裙、汉服等；钥匙扣、手机壳等是生活用品中最为常见的衍生品类型。此外，依托动漫作品或作者的人文资源优势，打造相应的动漫博物馆、动漫主题公园、动漫游乐场等大型娱乐设施，在进一步加强对该动漫 IP 认可度的同时，一定程度上带动了当地的旅游经济发展。

二次元虚拟偶像市场逐渐扩大，以初音未来①为代表的第一代二次元虚拟偶像，多数以 IP 授权、广告代言、音乐唱片及演唱会为主要收入来源，但是随着虚拟主播绊爱②兴起，二次元虚拟偶像的直播化趋势逐渐明显。虚拟偶像主播通过直播迅速积累人气，并进一步拓宽收入渠道。据艾瑞咨询数据，2021 年有超过 3 万名虚拟主播在哔哩哔哩直播站开播，数量同比上升 40%。③

艾瑞咨询数据显示，泛二次元用户规模在 2020 年突破 4 亿人，预测至 2023 年将达到 5 亿人。二次元用户群体是动漫产业发展的重要受众群体，相较于低幼儿童动画市场受众，其对应人群年龄更大、消费力更强，同时也具有更强的竞争力。

艾瑞咨询认为，未来以 IP 为依托的二次元线下娱乐场所具有很大的市场增长潜力。与日本相比，目前中国线下娱乐市场的体量较小，且以二次元会展为主。除会展之外，将二次元 IP 与原来的线下商业场景结合，促进 IP 变现，将是一个不错的发展方向。④

整体来看，中国动漫衍生品市场已脱离萌芽期，逐渐发展成熟。在多项政策扶持下，国产动漫 IP 实现跨界衍生创新，一定程度上促进其商业价值的提升。此外，虚拟偶像市场扩大，泛二次元用户规模稳步增长，为动漫衍生品市场提供持续的内生动力。

① 初音未来是克理普敦未来媒体（Crypton Future Media）以 Yamaha 的 VOCALOID2 语音合成引擎为基础，开发贩售的虚拟女性歌手。

② 绊爱为 YouTube 虚拟主播 Virtual YouTuber（VTuber）。其角色形象由森仓圆设计，3D 模型由 Tda 制作。

③ 艾瑞咨询：《2021 年中国二次元产业研究报告》，https：//mp. weixin. qq. com/s/aADMzpr6vZDU3YRD6d8P_ g。

④ 艾瑞咨询：《2021 年中国二次元产业研究报告》，https：//mp. weixin. qq. com/s/aADMzpr6vZDU3YRD6d8P_ g。

传媒创新发展报告

Media Innovation Reports

B.17

元宇宙元年与传媒业的想象

彭兰　李多*

摘　要： 2021年，“元宇宙”受到前所未有的关注，科技界、投资界积极尝试着摸索它的样貌和边界。头部企业抢先布局，资本迅速跟进，社交、游戏等平台努力寻找与元宇宙的接口，传媒业也在开启关于元宇宙应用的想象，元宇宙也引发了学者们对传播、媒介与人的新关系的思考。

关键词： 元宇宙　VR　AR　虚实相融　沉浸式新闻　NFT

2021年，“元宇宙”概念迅速蹿红。VR、云计算、区块链等技术的积累为元宇宙的实现提供了底层支持，互联网和资本都需要新的兴奋点和更宏伟的蓝图，新冠肺炎疫情刺激了线上生活需求，这一切都推动着元宇宙从想

* 彭兰，中国人民大学新闻与社会发展研究中心研究员，中国人民大学新闻学院教授、博士研究生导师；李多，清华大学新闻与传播学院博士研究生。

象走向现实。互联网巨头争先恐后地谋划布局，资本审时度势随风而动，社交、游戏开发者更是在该领域一马当先。传媒业对于元宇宙也有自己的想象——从现实应用模式到元宇宙下的产业格局，元宇宙也引发了学者对媒介、传播与人的关系的再思考。

一　从酝酿到爆发的元宇宙热

元宇宙并不是一个新概念，它酝酿、产生、演绎于近四十年来的文学影视作品中。虽然以往与它相关的想象表现形式各异，但是有着共同的内核，那就是虚拟世界。科幻小说《真名实姓》（*True Names*）的作者弗诺·文奇（Vernor Vinge）构思了一个可以通过脑机接口进入并拥有感官体验的虚拟世界。小说《雪崩》（*Snow Crash*）中首次出现元宇宙的说法，人们在平行于现实世界的虚拟世界——元宇宙（Metaverse）中拥有数字化身。随后，《阿凡达》《头号玩家》等电影对“化身”“虚拟世界”等亦有涉及。

2021 年，元宇宙概念正式爆发。3 月 10 日，游戏公司 Roblox 在纽交所上市，被称作“元宇宙第一股”。10 月，Facebook 将公司名称改为“元”（Meta）。扎克伯格曾多次在公开场合表示元宇宙是互联网的未来，将在五年内把 Facebook 转型为元宇宙公司。此后，亚马逊、微软、谷歌、苹果以及英伟达等头部企业争相入局，围绕着与元宇宙相关的硬件、软件，提出自己的发展方案。

Facebook 通过早年收购的 VR 设备公司 Oculus 推出 Oculus Quest 系列 VR 眼镜，让 Facebook 在 VR 设备市场的份额得到了显著提升。它还推出了 VR 社交平台 Facebook Horizon，包括 Horizon Home、Horizon Workroom、Horizon Worlds 和 Horizon Venues，满足人们对于 VR 生活、工作以及社交娱乐的不同需求，初步构建了一个元宇宙应用生态。同时，建立了 App Lab 平台，让一些小型开发团队可以绕开应用商店，直接向用户分享其 VR 游戏作品。Facebook 还对区块链和加密货币给予了格外的关注，试图打造一个专为其元宇宙服务的金融体系。

不同于 Facebook 聚焦 VR 和消费端，微软更重视 MR 和产业端，并提出了“企业元宇宙”概念。微软一方面在升级 MR 头显 HoloLens 系列产品上持续发力，另一方面在 2022 年 1 月发布了服务企业管理和远程协同办公的平台 Dynamics 365 Connected Spaces 和 Mesh for Teams。与 VR 和 AR 相比，旨在实现虚实互动的 MR 更贴合元宇宙的“真实世界数字化与数字世界真实化”这一特点。

苹果则申请了大量的 AR 硬件相关专利，并推出 ARKit、RealityKit、Reality Composer、Reality Converter 平台，已经形成了比较完整的 AR 开发生态闭环，同时以 1 亿美元收购虚拟现实公司 NextVR，以增强其在娱乐和体育领域的 VR 实力；谷歌一方面优化 Google Project Glass，另一方面发展云计算、人工智能、高清实时通信技术，通过 Stadia 布局云游戏，并通过 YouTube VR 布局软件和服务；亚马逊利用与元宇宙相关的 AR、VR 等技术，在零售领域进行升级，同时积极发挥其在云计算方面的优势，推出了一系列与元宇宙相关的云服务产品；英伟达牢牢抓住了芯片这个核心，为了适应图形渲染和 AI 学习的需要，不仅推出了专为 TB 级加速运算而设计的 Grace CPU，还给出了将其和英伟达出产的 GPU 配套使用的计算解决方案，另外，针对元宇宙的创作需要，专门推出了 3D 设计协作平台 Omniverse。①

上述几家公司在元宇宙领域的重点发展方向如表 1 所示。

表 1　国外主要互联网公司的元宇宙发展方向

<table>
<tr><th rowspan="2">公司</th><th rowspan="2">发展领域</th><th colspan="2">硬件</th><th colspan="2">软件/技术</th></tr>
<tr><th>名称</th><th>起始时间</th><th>名称</th><th>类型</th></tr>
<tr><td rowspan="5">Facebook</td><td rowspan="5">VR</td><td rowspan="5">Oculus Quest</td><td rowspan="5">2018-09</td><td>Horizon Home</td><td rowspan="4">VR 平台</td></tr>
<tr><td>Horizon Workroom</td></tr>
<tr><td>Horizon Worlds</td></tr>
<tr><td>Horizon Venues</td></tr>
<tr><td>App Lab</td><td>VR 游戏作品分享平台</td></tr>
</table>

① 陈永伟：《科技巨头是如何布局元宇宙的》，http：//www.eeo.com.cn/2022/0220/522276.shtml。

续表

公司	发展领域	硬件		软件/技术	
		名称	起始时间	名称	类型
亚马逊	AR、VR	无硬件		Room Decorator	AR 购物工具
				Amazon IoT TwinMaker	工厂设备数据云服务
微软	MR	HoloLens	2015-01	Dynamics 365 Connected Spaces	企业管理平台
				Mesh for Teams	远程协同办公平台
谷歌	AR	Google Project Glass	2012-04	云计算、AI	算力、算法
				Project Starline	通信技术
苹果	AR	Direct retinal projector、Tunable and foveated lens systems 等多项 AR 眼镜相关专利，无硬件	2019-04	ARKit	AR 创作平台
				RealityKit	
				Reality Composer	
				Reality Converter	
英伟达	芯片	Grace CPU	2021-04	Omniverse	3D 设计协作平台

国内互联网公司也积极跟随，腾讯通过投资 Epic Games、Roblox 等公司布局元宇宙赛道，同时加大对云、游戏和短视频内容领域的投入；2021 年 3 月 11 日，移动沙盒平台开发商 MetaApp 宣布完成 1 亿美元由 SIG 海纳亚洲资本领投的 C 轮融资，称要打造全年龄段的元宇宙世界，这笔融资也是迄今国内元宇宙赛道最大规模的单笔融资；字节跳动在人工智能和算法方面持续发展，3 月 24 日，入股 UGC 游戏社交平台《重启世界》厂商“代码乾坤”以布局元宇宙，并于 8 月 29 日斥资 90 亿元收购 VR 硬件创业公司

Pico；5月28日，云游戏技术服务商“海马云”完成2.8亿元的新一轮融资；12月27日，百度Create AI开发者大会发布元宇宙产品“希壤”，2021年的Create大会在“希壤”App里举办，这是国内首次在元宇宙中举办的大会，可同时容纳10万人同屏互动。

除了社交、游戏、娱乐外，一些互联网公司也在消费、医疗、教育、旅游等领域进行着元宇宙的应用尝试。虽然大量企业加入元宇宙的建设，但在很多业内人士看来，目前元宇宙仍处于一个萌芽初始阶段。从硬件发布时间上可以看出，一些设备或技术在元宇宙爆发之前就已经为公众所熟知和使用，很多企业的早年布局并不是以元宇宙的名义，如今元宇宙更像是对这些新技术进行了一个集合和重命名。

二　关于元宇宙的不同“叙事”

对于元宇宙的一种较为常见的解释：元宇宙是由增强现实（AR）、虚拟现实（VR）、三维技术（3D）、人工智能（AI）等技术支持的，具有虚拟现实体验的网络世界。元宇宙脱胎于现实世界，又与现实世界相互影响，能达到真假难辨、虚实混同的境界。

电影《头号玩家》中的科幻景象被认为是目前最符合《雪崩》中描述的元宇宙形态。在电影中，男主角戴上VR头盔后，瞬间就能进入自己设计的另一个极其逼真的虚拟游戏世界——“绿洲”（Oasis）。在“绿洲”场景里，有一个完整运行的虚拟社会形态，包含各行各业的数字内容、数字产品等，虚拟人格可以在其中进行价值交换。

在扎克伯格的想象中，元宇宙会真正成为现实世界的虚拟映射，在虚拟世界中，朋友或同事可从远方来到你身边，和你在虚拟环境中共处一室，从而获得更强的空间感。马化腾则提出了“全真互联网”的概念，“这是一个从量变到质变的过程，它意味着线上线下的一体化，实体和电子方式的融合。虚拟世界和真实世界的大门已经打开，无论是从虚到实，还是由实入虚，都在致力于帮助用户实现更真实的体验”。[①]

元宇宙常常被分为三个层次：数字孪生、数字原生、虚实相生。研究者认为，这说明元宇宙在精准模拟物理空间运行的同时，也在创造数字空间中的原生体验，探索一种在数字空间中特有的生活方式和社交形态；进而，数字空间也可以反向影响物理空间。[②] 即真实世界的数字化与数字世界的真实化。

对于元宇宙特征和要素维度的描述也不尽相同。Roblox 上市时，在招股书列出了平台具有通向元宇宙的 8 个关键特征，即身份（Identity）、朋友（Friends）、沉浸感（Immersive）、随地（Anywhere）、多样性（Variety）、低延迟（Low Friction）、经济（Economy）、文明（Civility）。在元宇宙特征与属性的 START 图谱中，陈刚等研究者梳理并系统界定了元宇宙的五大特征与属性，即社会与空间属性（Social & Space），科技赋能的超越延伸（Technology Tension），人、机与人工智能共创（Artifical，Machine&AI），真实感与现实映射性（Reality & Reflection），交易与流通（Trade & Transaction）。[③] 每个要素都是高度概括的，为人们提供了较大的解读和想象空间，也从侧面说明了概念本身的模糊性。沈阳则指出，元宇宙有三个属性，一是包括时间和空间的时空性，二是包括虚拟人、自然人、机器人的人机性，三是基于区块链所产生的经济增值性。[④]

实践层面的探索也是勾勒元宇宙的主要途径。Beamable 公司创始人 Jon Radoff 指出了元宇宙 7 层价值链，包括体验（Experience）、发现（Discovery）、创作者经济（Creator Economy）、空间计算（Spatial Computing）、去中心化（Decentralizition）、人机交互（Human Interface）、基

---

① 《PONY：以正为本，迎难而上》，载腾讯内刊《三观》，2020。

② 王鹏：《从数字孪生到 Metaverse》，https：//baijiahao. baidu. com/s？ id = 1717072302434494121&wfr = spider&for = pc。

③ 《北京大学学者发布元宇宙特征与属性 START 图谱》，https：//it. gmw. cn/2021 - 11/19/content_ 35323118. htm。

④ 沈阳：《解码元宇宙丨未来，元宇宙可能从哪些方面重塑产业布局?》，http：//www. news. cn/sikepro/20211112/2e5e3f1de8b746c99423b28c0a8d5975/c. html。

础设施（Infrastructure）。[①] 很多开发者也期待，元宇宙将成为一个拥有极致沉浸体验、丰富内容生态、超时空的社交体系、虚实交互的经济系统，能映射现实人类社会文明的超大型数字社区，会成为一个扎克伯格所说的“具身性的互联网”[②]，用户不再浏览内容，而是在内容中。

对于元宇宙的意义与影响，学者也有不同的认识。沈湘平认为，元宇宙使个人实现了感知的极大拓展，打开了一个超现实、超历史的可能性时空，其参与度、交互性、开放性以及激发出的人的创造性是现实世界不可与之同日而语的。[③] 刘永谋却认为，元宇宙不过是赛博空间的高级阶段，元宇宙最重要的特征是全身沉浸。元宇宙的出现和发展，体现了技术现代性、工具理性对现实和意义、神圣和世俗的割裂。[④] 赵汀阳的观点则是，元宇宙绝非与真实世界无关或脱离真实世界的另一个所谓“平行”世界，相反，元宇宙将是试图操纵真实世界的一个叠加世界。元宇宙是由真实世界所创造的，却又与真实世界构成了统治性的反身关系。[⑤] 类似这样的争议也将随着元宇宙应用的深化而持续。

总体来看，关于元宇宙的定义及应用想象，存在着技术叙事、艺术叙事、资本叙事和学术叙事等不同方向。[⑥] 其中，资本叙事更为极端，如“元宇宙是赋予技术生命能力的开始”“元宇宙是互联网的终极形态”“互联网的尽头是元宇宙”“元宇宙是将取代现实空间的电子新大陆”，引发了更多的喧嚣与骚动。但与此同时，一些研究者也批评元宇宙是资本炒作出来的概念，元宇宙成了一个什么都可以往里面装的“筐”。

对于元宇宙这个概念本身是不是来自资本的炒作，如何看待元宇宙这个

---

① 《万亿美元级新市场：解析 Metaverse 的 7 层价值链》，http：//finance. sina. com. cn/tech/2021-05-03/doc-ikmxzfmm0352036. shtml。

② 张梦圆、吴佳灵：《互联网企业发力虚拟现实赛道背后：元宇宙概念热与政策利好》，《南方都市报》2022 年 1 月 22 日。

③ 沈湘平：《元宇宙：人类存在状况的最新征候》，《阅江学刊》2022 年第 1 期。

④ 刘永谋：《元宇宙的现代性忧思》，《阅江学刊》2022 年第 1 期。

⑤ 赵汀阳：《假如元宇宙成为一个存在论事件》，《江海学刊》2022 年第 1 期。

⑥ 李保艳、刘永谋：《元宇宙的本质、面临的风险与应对之策》，《科学·经济·社会》2022 年第 1 期。

“筐”，姜奇平认为，概念炒作都是在技术与应用结合的第一刻出现，所以也可以视为技术进入市场的第一信号。数字经济此时此刻需要有个“筐”，装进一些哪怕从精英观点来看什么也不是的东西。①

在每一轮的互联网发展中，技术与资本必然是核心的发展动力，即使每一轮发展热都会带来一些泡沫，市场终究会有它自己的检验机制，泡沫也终将散去，而如果没有资本的推动，技术就会失去接受市场检验的机会。

元宇宙概念在2021年兴起，有着现实的原因。作为虚拟世界，元宇宙建立在通信、交互、算力、算法等数字技术高度发达的基础之上。近年来，芯片、网络通信、虚拟现实、游戏、人工智能、区块链技术的飞速发展，为元宇宙的实现提供了技术可能性。2020年以来，疫情使人们对网络的依赖程度有所加深。居家期间，工作、学习、生活的多个方面都采用线上模式，生活中的一些户外场景也被迫迁移至室内，“宅经济”相关行业快速发展，用户上网时长及短视频、就医咨询、云办公、在线教育等软件的渗透率大幅增长。这个过程提高了人们对虚拟世界的适应性和接受度，培育了关于元宇宙的想象力。

但人们到底在多大程度上需要元宇宙，仍有待深入的研究，更有待未来实践的检验。即使人们有各种理由需要元宇宙应用，但有一个基本的障碍是，元宇宙应用很多时候需要人们的全身心投入，人24小时恒定的“生理带宽”有多少能分配给元宇宙应用？每一个具体个体给出的答案都是不同的，但相比当下可以进行“多道运行”的移动互联网应用来说，元宇宙应用对人们“生理带宽”的挑战无疑更大，这也会在一定程度上限制元宇宙市场的发展空间。

三　社交与游戏：元宇宙的起步形态

无论技术与资本对元宇宙的未来有什么想象，最终只有与用户的需求形

① 姜奇平：《对待元宇宙，不妨大度点》，《互联网周刊》2022年第5期。

成呼应，元宇宙应用才能形成相应的市场。而从用户角度来看，社交与游戏是元宇宙最容易落地并形成用户黏性的重点应用方向。

今天人们说到元宇宙，总会提到近 20 年前风靡一时的《第二人生》。《第二人生》是总部位于旧金山的林登实验室（Linden Lab）于 2003 年推出的一款大型 3D 模拟现实网络游戏。在这个游戏中，每个人都可以用 3D 方式建立一个虚拟的“第二人生”，与同在这个虚拟世界中的其他人发生各种各样的联系，实现自己在第一人生中没能实现的梦想。人们也可以在这里通过各种方式赚到虚拟的“林登元”，而这种“林登元”可以兑换为真正的美元。许多世界著名企业也曾纷纷在《第二人生》安家落户。

《第二人生》既有社交的基因，又有游戏的架构，3D 环境下匿名的社交+游戏是吸引用户的主要原因。但是在当时的技术条件下，沉浸式体验并不能达到极致，且人们在完全虚拟的环境下的互动，并不能解决现实生活中的社会资本积累等问题，因此，它的发展也逐步走向疲软。2008 年开始，《第二人生》的活跃度不断下降，而此时，正是 Facebook 快速上升的阶段。

Facebook 因其实名的、强关系的社交模式，逐步构建了互联网中巨大的“王国”，其用户总数超过了世界上任何一个国家人口数，但这种社交模式给用户带来的压迫感与压力也与日俱增，这一“王国”近几年来颓势渐显。在这样一个时期，它力图用元宇宙应用赋予社交平台新的活力，也因此成为元宇宙概念与应用最急迫的鼓吹者与推动者之一。

而关于元宇宙的讨论，又使得《第二人生》重新回到人们的视野，它也唤起了人们关于社交与元宇宙结合的想象。

《第二人生》与 Facebook 两大平台起起落落的背后，体现了人们社交需求的摇摆性。当匿名的、弱关系的社交达到顶点时，人们会向往实名的、强关系的社交，但在这个方向上的社交满足达到极致时，同样又会产生向另一端摇摆的动力。在这个摇摆过程中，也会加入一些新元素。在新一轮从实名向匿名社交的摆动中，元宇宙式的体验便是其中的新元素，可以预期，相比在《第二人生》中的体验，用户的元宇宙体验会有质的提升。

在国内，社交应用 Soul 也提出了“社交元宇宙”的概念，希望用户能够在更具沉浸感的环境中进行娱乐、社交、消费等，也希望让用户创造的UGC内容成为其快速持续生长的原动力。类似地，很多元宇宙的应用设想，也都与社交相关。

当然，目前的元宇宙社交应用还处于初级阶段，没有产生体验上的实质性飞跃，这也会是开发者在未来重点推进的方向。

元宇宙相关的技术与虚拟游戏也有着天然的血缘关系，因此，在元宇宙应用的开发中，游戏厂商尤为活跃。2021年3月底，游戏平台Rec Room完成新一轮融资，融资总额达1亿美元；4月，游戏公司Epic Games获得10亿美元投资用于发展虚拟引擎、打造社交体验，创下元宇宙赛道最高融资纪录；2022年1月，索尼宣布了下一代虚拟现实头盔（PS VR2）的新细节以及一款适配PS VR2的新游戏。

在线游戏创作社区Roblox凭借现象级的内容创作生态，收获了较高的游戏自由度和用户活跃度，成为现阶段公认的元宇宙雏形。

目前市场上已经出现一系列基于游戏内核的沉浸式场景体验。2020年4月，美国著名歌手Travis Scott在游戏《堡垒之夜》中举办虚拟演唱会，全球1230万游戏玩家成为虚拟演唱会观众；加州大学伯克利分校在Minecraft中重现校园，毕业生以虚拟形象在线上场景中参加毕业典礼；顶级AI学术会议ACAI在任天堂《动物森友会》上举行了2020年研讨会，演讲者在游戏中播放PPT和发表讲话。

业内人士认为，元宇宙或成为中小游戏厂商新的创意阵地。这意味元宇宙为游戏行业带来了新机会，但也有可能会引起内卷或使游戏主题趋于同质化。

有研究机构指出，从产品形态上看，目前的游戏只是元宇宙的雏形，与元宇宙的成熟形态仍有较大差距。即使是“元宇宙第一股”Roblox，其游戏画面也较为简单，与元宇宙概念里“逼真的物理世界”相去甚远。从雏形到成熟的进化，技术提升是必经之路。包括通过AR、VR等交互技术提升游戏的沉浸感，通过5G、云计算技术支撑大规模用户同时在线以提升游戏的可进入性，通过算法、算力升级渲染模式以提升游戏的可触达性，通过区块链、AI 技术降低内容创作门槛以提升游戏的可延展性。①

无论是社交还是游戏，元宇宙应用将使更多的人体验到“化身”这一形态。以往虚拟游戏中，玩家经常会采用化身形式，而在未来，即使不是游戏玩家，人们也会在各种社交应用、各种情境下使用化身。

当人的真身分化出多重化身，以应对不同的情境、实现不同的体验时，化身会成为人们的重要生存形态。化身也会使社交与游戏两者的界限变得进一步模糊，人们以游戏的方式社交，人们在社交中游戏。而人在多大程度上需要化身，如何平衡真身与化身的关系，如何管理、协调多重化身，会成为影响元宇宙应用的重要因素。

随着技术的推进，保留原有个体的性格、行为逻辑甚至记忆的数字化身在元宇宙中活动时，可能会出现主体认定、权利义务的履行等伦理问题，需要人类不断地思考，制定出对应的准则。

在一个虚实混融的世界里，个人隐私及信息保护、伦理道德等将面临新的挑战，虚实混融空间的秩序建设也将是一个复杂的过程。

四　传媒业的元宇宙想象

传媒业目前对于元宇宙应用的设想，大多集中于 VR/AR 技术对新闻现场的呈现等视角，元宇宙往往与沉浸式新闻相关联。

沉浸式新闻并非一个新的概念，在元宇宙概念兴起之前就已经受到业界与学界的关注，几年前国内外关于 VR/AR 新闻的探索，也使一些内容生产者与消费者对于沉浸式新闻有了初步的体验。但在技术条件限制下，人们的体验也有限，沉浸式新闻显得名不符实。元宇宙的热潮或许会推动新一轮技术与应用的兴起，业界也期待这会带来沉浸式新闻实践的实质性突破。

---

① 李佳华：《最近大火的“元宇宙”是什么?》，https：//cloud. tencent. com/developer/article/1875296。

真正的沉浸式新闻是一种临场感新闻，它不仅可以使用户对新闻现场有更真实的感受，更重要的是，用户可以较少受到传统电视直播中记者、摄像、导播等视角的限制，可以直接“进入”现场并根据自己的兴趣进行观察与体验，他们对于新闻的认知也更多取决于自己的临场观察。

除了沉浸式新闻外，VR/AR 等技术也为新闻报道中的互动、媒体活动与市场营销等提供了新的可能。当然未来的发展空间同时取决于技术的能力与人的想象力这两方面的因素。

与化身相关的虚拟数字人也是元宇宙的一种初级应用方式，媒体在这方面的应用目前主要是虚拟主持人。新华社、人民日报社、中央广播电视总台等主流媒体先后推出了虚拟主持人。2021 年，小冰公司与《每日经济新闻》联合打造的数字主播“N 小黑”和“N 小白”，在“每经 AI 电视”上线；2022 年初，中央广播电视总台也推出了央视新闻 AI 手语虚拟主播。尽管虚拟主持人不可能替代真人主持人，但它们可以减轻真人主持人的劳动强度，也将推动真人主持人重新寻找自己的价值与定位。

NFT 技术在传媒业的应用也引发了业界与研究界的关注。NFT（Non-Fungible Token），即“非同质化代币”，是基于区块链技术、用于表示数字资产的唯一加密货币令牌，其产权归属、交易流转都被记录在了不可篡改的分布式账本上，具有可验证、唯一、不可分割和可追溯等特性，可以用来标记特定资产的所有权。NFT 作为元宇宙的必要组件之一，与元宇宙相辅相成，成为连接物理世界资产和数字世界资产的桥梁。NFT 是赋能万物的“价值机器”，它通过所有权的标记使虚拟世界中的物品在现实世界拥有一定价值，并加速物品的数字资产化，让元宇宙中各种数字物品的价值归属、产权确认、虚拟身份认证都成为可能。NFT 的主要应用方向是数字藏品，它与数字化内容有着紧密关联，因此也引起了媒体的兴趣，媒体尝试将新闻内容做成数字藏品。

2021 年 1 月，封面新闻联合东北虎豹国家公园推出系列独家报道，在此基础上，推出了“国家公园·东北虎”的数字藏品，限量 2022 份，一经上线，便被用户收藏一空；[①] 2021年3月下旬，美国《纽约时报》也为自己的一个专栏报道制作了一个NFT；[②] 2021年12月，新华社以NFT技术发行限量新闻藏品，这一藏品的内容是精选的2021年新闻摄影报道，首批藏品发行11张，每张限量10000份。尽管在新闻内容的NFT化初始阶段，用户出于尝鲜心态会收藏一些藏品，但如何使新闻作品真正具有收藏价值，这一方式是否具有可持续性，仍值得观察。NFT应用是否能完善媒体内容的版权保护机制，NFT作品本身的版权如何保护，这些问题也正在受到媒体的关注。

元宇宙方向下的内容生产，仍然会是PGC（专业生产内容）与UGC（用户生产内容）的结合，对于UGC内容来说，如何保证其生产质量与秩序，仍会是未来的挑战。而DAO（去中心化自治组织）为UGC内容的生产、运营与管理提供了一种新的机制。DAO的主要特征包括：信息透明、通证激励、代码开源、社区自治、参与者拥有对组织的所有权、自由开放等。但DAO究竟能在多大程度上落地内容生产领域，仍然是一个未知数。

目前传媒业对于元宇宙的应用设想，更多是基于技术可能性进行的想象。这些想象若要变成现实，除了技术可能性外，还需要考虑用户需求、市场环境、政策环境等多重因素。无论未来发展前景如何，元宇宙概念下新的技术与应用发展，都会为互联网市场格局、传媒业格局带来新的变数。当下，网络平台已成为数字时代的全球性基础设施，同时也加剧了垄断性和集中化趋势，有学者预测，元宇宙转向将携带着实时性、在场感、融合性、互操作性、持续性等基本特性，重新搅动今日的平台格局。[③]

① 《万物皆可NFT 媒体如何玩转?》，https：//www.thepaper.cn/newsDetail_forward_16778147。

② 埃斯特·索普、张建中：《收入多元化：NFT、电子商务与订阅》，《青年记者》2022年第1期。

③ 胡泳、刘纯懿：《元宇宙转向：重思数字时代平台的价值、危机与未来》，《新闻与写作》2022年第3期。

B.18

元宇宙产业发展格局及风险探析*

沈　阳　闫佳琦　陈瑞清　邹　琴**

摘　要： 元宇宙产业发展层次由浅入深，不同阶段体现出不同的发展特点，即概念先行风口将至的聚集效应、准元宇宙崭露头角的启动效应、元宇宙与虚拟现实的激活效应、元宇宙与实体经济的反哺效应、“元宇宙+”新兴业态的扩散效应。元宇宙产业发展的过程中，政治安全前提、资本增密原则、科技向善价值具有一定启发意义。同时，元宇宙未来还应持续探索并着力解决数据定价权、用户接受度、主体责任意识等重要问题。

关键词： 元宇宙产业　产业格局　产业发展观　产业风险

一　元宇宙产业发展格局

元宇宙是整合多种新技术产生的下一代互联网应用和社会形态。① 元宇宙的三个关键演化，包括多感官三维化，兼具自然人、虚拟人、机器人的三元一体化，基于 Web1.0 可读、Web2.0 可写、Web3.0 可拥有的三权化。三个核心特征，包括基于扩展现实技术和数字孪生实现时空拓展性，基于 AI

---

* 本文系国家社会科学基金重大项目“基于机器博弈的网络信息传播安全多准则动态管控策略研究”（项目编号：19ZDA329）的阶段性研究成果。

** 沈阳，清华大学新闻与传播学院教授、博士研究生导师；闫佳琦，清华大学新闻与传播学院博士研究生；陈瑞清，清华大学新闻与传播学院硕士研究生；邹琴，香港城市大学传播与新媒体专业硕士研究生。

① 沈阳：《元宇宙不是法外之地》，《人民论坛》2022 年第 7 期。

和物联网实现虚拟人、自然人和机器人的人机融生性，基于区块链、数字藏品等实现经济增值性。

元宇宙产业发展层次经历着由浅入深的渐进过程。从不同的设备端口和元宇宙应用的接入门槛及其适配程度来看，元宇宙产业发展可以划分为伪元宇宙、准元宇宙、低配版元宇宙、高配版元宇宙、终极版元宇宙五个阶段。① 伪元宇宙和准元宇宙应用主要集中在手机移动端，如果具有开放世界属性、数字孪生技术或使用大量虚拟数字人就属于准元宇宙应用，否则为伪元宇宙应用。低配版和高配版元宇宙应用则主要针对 VR、AR 等设备，当具备开放性、社交性、经济性、分身性等属性时为低配版元宇宙应用，如果具备上述所有属性还能提供触觉、嗅觉、温度感等多种感官体验，则属于高配版元宇宙应用。终极版元宇宙应用则是基于数字永生技术实现，是目前元宇宙技术展望下的超高形态。

1. 集聚效应：概念先行，风口将至

在概念先行的浪潮下，元宇宙作为一种融合了多种新兴技术的新型社会形态，其产业的建设不仅涉及包括了虚拟平台、虚拟设备等软件内容建设和硬件生产，还涉及如算力基础内容、资产和身份服务、加密支付等诸多底层技术。因此许多新兴科技企业纷纷从概念入手，助力元宇宙的相关应用开发与产业建设，进而产生了以龙头企业为核心的聚焦效应。

从本质上看，元宇宙产业的聚焦是一种能效增长，产业在元宇宙技术相关的领域内实现了能力和效率上的提升。产业集聚效应的高质量发展，由技术和规模因素共同主导，且技术的主导性更为显著。② 因此为了维持聚焦效应下产业建设的可持续发展和市场、技术环境稳定，不仅需要多方产业的入驻，也需要相关政策的加持。目前我国元宇宙产业发展围绕在大数据、AI、云计算等领域，与互联网企业、实体经济深度融合。得益于苏浙沪协同发展带来的区位、成本、政策等优势，AI+大数据、5G+扩展现实、云计算+边缘

① 《元宇宙从教育“撕开口子”》，https：//m. gmw. cn/baijia/2022-01/06/35431112. html。
② 张冀新、张俊龙：《创新型产业集群集聚效应研究》，《技术与创新管理》2021 年第 6 期。

计算、数字孪生+数据中台等新一代信息技术的融合应用得到进一步深化。同时上海市着眼于夯实发展元宇宙底层核心技术基础，呈现产业发展的良好态势，是我国元宇宙产业聚集效应持续奏效的代表城市之一。

2. 启动效应：准元宇宙崭露头角

“启动效应”这一概念最初源于心理学[①]，心理学家发现个体在接触某种刺激后，将易于感知处理同一刺激。该效应也适用于准元宇宙的产业建设，随着元宇宙产业的落成和政策方案出台，元宇宙概念将伴随各行各业的数字化转型深入到每一个互联网产业和互联网企业当中。传统互联网已经实现了部分的非具身性娱乐线上化，因此想要过渡到娱乐具身化、工作在线化初级元宇宙也会更为容易。

现今，元宇宙的发展仍由全球各大科技巨头公司主导。Meta 作为目前布局元宇宙最全面的科技公司，有庞大的内容创作社区、XR 硬件及软件等实力基础。综观国内市场，字节跳动有庞大的产品矩阵和强大的内容运营能力，腾讯坐拥中国最大的社交平台和全球最大的游戏生态，由此可见，中国互联网公司为自身向元宇宙生态拓展奠定了坚实的基础。与此同时，其他互联网企业纷纷加码准元宇宙的建设，以期借准元宇宙的产品形态搭上元宇宙快车。

在产业发展节奏上，元宇宙相关的产业发展将呈现梯次变革的发展趋势，目前元宇宙企业的重点关注方向仍为游戏、社交以及协同办公领域。后续元宇宙企业的关注方向会相继转向教育、医疗、公共服务、工业制造等领域，最后形成完整的元宇宙产业生态版图。

3. 激活效应：元宇宙与虚拟现实

虚拟现实技术是元宇宙的重要组成部分，是低配版和高配版元宇宙应用实现的必备要素，被视为“通往元宇宙的门票”。

一方面，虚拟现实技术能够将虚拟与现实交融，将沉浸感发挥到极

① 马红骊、方芸秋：《启动效应的研究及其理论》，《心理科学》1992 年第 5 期。

致，[①] 让低配版和高配版元宇宙应用的实现成为可能，也让近期元宇宙产业达到了一个新的发展层次。自 2021 年元宇宙概念的兴起至今，不少科技巨头纷纷入场，从内容生态构建到硬件技术研发，多角度布局元宇宙，试图形成涵盖硬件、内容、社交等多方面的元宇宙生态闭环。2021 年 8 月，我国的 VR 硬件公司 Pico 宣布被字节跳动收购，这被认为是字节跳动计划开展元宇宙业务的举措。[②]

另一方面，元宇宙概念的兴起对各行各业的颠覆和赋能势不可当，更对一直未能大规模应用的虚拟现实技术起到了激活作用。目前，虚拟现实设备的便携性和续航时间都远不如移动终端，有悖于设备发展“从厚到薄”“由难至易”的变化规律；而在软件方面，VR 内容的生产成本、门槛都高于移动端应用开发，造成虚拟现实内容爆款应用少、用户黏性低的局面。上述原因致使 VR/AR 设备迟迟未能普及、产业发展乏力。但在 2021 年，元宇宙概念的兴起让虚拟现实产业重获市场青睐。该年 VR 设备 Oculus 出货突破千万量级，占据年度全球 VR 头显出货量的 78%。[③]

4. 反哺效应：元宇宙与实体经济

在未来元宇宙产业中，虚拟人分身广泛地应用于元宇宙产业的各个方面，AI 驱动元宇宙产业活态化，数字孪生覆盖产品生命全周期，区块链成为产业经济活动的信任机制。元宇宙产业将会加速数智化革命的进程，元宇宙产业也将反哺实体经济，与其形成良性互动。

就实体经济的产业工作者与消费者而言，身体遥在与意识共在成为可能。“共在”是存在主义哲学家海德格尔提出的概念，意指“他人”与“我”存在于同一世界中的方式。元宇宙产业中，生产者与消费者可借助 VR 等设备，依托虚拟人在元宇宙中进行全息交互，实现物理空间中身体遥

---

① 陈奇佳、钟金鸣：《VR 技术与中国游戏产业的发展问题》，《东岳论丛》2021 年第 9 期。

② 《字节跳动收购 VR 创业公司 Pico》，https://baijiahao.baidu.com/s?id=1709403035855639845&wfr=spider&for=pc。

③ 《高通 CEO：Meta 虚拟现实头盔 Oculus Quest 2 已售出 1000 万台》，https://baijiahao.baidu.com/s?id=1716661427572273959&wfr=spider&for=pc。

在的情况下的意识共在，延伸人类机能。基于此条件下的元宇宙产业不仅能够提高产出效率、推动组织结构扁平化、加速管理决策、推动管理变革，还可以提升西格玛水平和生产合格率，推动精益化集约生产。同时，消费者与生产者意识映射于虚实空间的意识触达能够对抗沟通中的熵增定律。生产者深度感知用户需求。

另外，元宇宙有助于将产业流程中能源、资源、智源三大协同打通。让·鲍德里亚曾在考察“仿真”历史谱系时，提出“拟像三序列”说，即仿造、生产、仿真。[①] 其认为后现代文化中，为代码所主导的时代类像创造了“超真实”——即传统的表现反映真实的规律被打破，且想象也能够表现为真实。元宇宙产业各个环节能够镜像复刻现实物理空间的客体与运行逻辑，实现产业全环节的实时信息互感和动态拟真。元宇宙产业所配备的 AI 系统，可实现在人类缺席的情况下，模拟现实产业生产之中的各种复杂条件，同步诊断产品研发中的潜在风险并干预纠偏，最终使产业流程智慧活态化。

5. 扩散效应:“元宇宙+”新兴业态

在“元宇宙+”的扩散效应刺激下形成的新型业态集群形成正和博弈的局面。“元宇宙+”的扩散动力可初步分为三类，即行为动力、产业动力、社会动力。行为动力是在人类视觉内容消费快速增长的情况下产生，人们新型内容消费习惯引发产业“元宇宙+”诉求。

产业动力是在能源、信息、材料三大基础产业发展不平衡，产业发展中边际效用递减规律不断凸显的情况下产生。“元宇宙+”能够实现提产增效，如混合现实设备微软 Hololens 公开其能够改进 30%的装配耗时，节省 50%的存储空间、80%的设计验证时间、85%的总培训时间、97%的信息传输时间，提高 90%的服务和维护准确性。

社会动力是指在疫情防控常态化背景下，人们加速向虚拟世界迁徙并聚集。囿于现实疫情防控，人们对文旅和社交的消费需求无法得到满足，消费

① J. Baudrillard, *Simulacra and Simulation*, University of Michigan Press, 1994.

冲动逐渐强化。在现实困境中，“元宇宙+”与文旅及社交孕育的新型业态恰恰能够进行产业代偿，满足人们的消费需求。

二　元宇宙产业发展观念

雅努斯是罗马人的双面神，它执掌着始与终、开与闭，象征着世界上矛盾的万事万物。《总开关：信息帝国的兴衰变迁》一书回顾信息产业发展的周期性规律,[①] 新技术发明早期和产业初步建立时，行业整体呈现蓬勃之势，会有一段开放的发展期；技术不断成熟和产业格局形成时，行业巨头会不断扩大优势地位，并逐渐回归到封闭的内部闭环状态，进而控制行业信息流的总阀门。

眺望元宇宙产业技术发明、产业建立、开放增长、巨头竞争的成长过程，是否也会印证“分久必合”的产业发展老路，历经产业势力洗牌过程中循环往复的创造性破坏，这背后实际是各种信息控制权的博弈。尤瓦尔·赫拉利在《人类简史》中提出金钱、政治、宗教是影响近代世界的三大力量。[②] 三者的共同点在于，它们都基于人类在认知革命上的共同想象。即便时间转换到21世纪，这三股力量依然在形塑着人类社会的方方面面，只不过这三者被赋予了更丰富的内涵。

1. 政治安全前提下的元宇宙产业

探究互联网的起源，第一个真正意义上的互联网是由美国国防部的高级研究计划局所设计的军用网。而移动设备的发展可以追溯到“二战”时期摩托罗拉为美军提供的二线对讲机。第一台电脑“Eniak”被用来计算炮口角度图表。当今信息公司使用的大量技术都是军用转民用的典型代表。自科技商业化之初，政府就与科技公司有着不可分割的联系。政府与资本不同，政府有标准的负反馈机制，难以无限扩张。不管是政府介入信息公司的垄断

---

① 〔美〕吴修铭：《总开关：信息帝国的兴衰变迁》，顾佳译，中信出版社，2011。

② 〔以色列〕尤瓦尔·赫拉利：《人类简史：从动物到上帝》，林俊宏译，中信出版社，2014。

调查、合并拆分，还是政府直接扶持相关信息产业，其最终目的都是为了强化自身的存在，区别是前者为间接控制公司，而后者是直接下场参与。

政治安全是元宇宙产业发展的第一原则，区块链、数字藏品等相关业务也需服务于政治的安全稳定。政治的行政手段或将以更为直接的方式插手掌握信息公司的总开关，从而能够更好地实现政府的稳定。但政府的干预可能会对信息经济的健康发展造成打击。目前，美国政府甚至可以通过日益膨化的司法管辖权直接干预非本国信息企业的事务。而希望能够在欧洲发展业务的信息公司，则需要强化个人信息保护的技术以满足《通用数据保护条例》。TikTok出海受挫，也是被美方以维护国家安全为由而责难。产业活动被限定于在政府所划定的框架之中。因此，元宇宙发展的政治安全不仅仅包括了主权国家内部的安全稳定，也包括了主权国家在世界新技术竞技场上的安全稳定。

2. 资本增密原则下的元宇宙产业

当前成功的信息产业大多依赖于公司这一载体，而影响公司的根本源头则为资本。甚至于人民都在资本的作用下异化为人力资源，或者说是资本决定人的走向，而非反向。工业化或者说资本化的最终目的就是资本的不断增密，无法达到年复合增益预期的资本将会被抛弃或者整合。[①] 信息产业的开放与封闭源自哪种方式在当前时代背景下更适合资本的增密。以往，安卓和苹果分别成为开源免费和闭源安全的代名词。近期以 Epic 为代表的“苹果反抗军”通过自建渠道与法律手段向苹果税发起抗争，苹果同意部分取消30%的“苹果税”；而谷歌则宣布即将开始收取 30%的“安卓税”。看似苹果走向开放，安卓走向封闭，其实本质原因都是背后的资本力量需要进一步扩张与获益。

主流经济学关于税收有拉弗曲线一说，简单来说就是在超过一定税收额度之后，收税方的收入会随着收税额度的增加而减少。在这轮互联网红利见顶的前提下，苹果如果一味坚持收取较高的“苹果税”，其对于苹果的整体

① 吴宣恭：《科学认识资本与劳动关系的重要理论——重温〈雇佣劳动与资本〉的启示》，《高校理论战线》2008 年第 5 期。

收入事实上存在负面影响。而谷歌的情况则相反，谷歌处于拉弗曲线的前端，收税方的收入随着税收额度增加而增加，谷歌的“安卓税”更近乎于一场大型收割。另有佐证如中心化（信用担保）的支付宝加入去中心化的小程序等。增密原则使然，资本的力量将始终按在元宇宙的总开关上。

3. 科技向善价值下的元宇宙产业

第三个影响元宇宙产业发展的强大力量则是更为广义的科技，而科技向善是产业持续发展的核心价值观。科技向善的本质立场是人的立场，人是元宇宙技术的衡量尺度。现实人们身处盘根错节的各方力量博弈之中，因此元宇宙技术需要以人为本调节各种力量，促进多方主体的理解和共识。秉持科技向善的元宇宙产业面对科技主义与消费主义的漫溢，可提升人们自身的物质、精神需求。前景理论[①]视域下，人们幸福感的提升速度逐渐放缓，会逐渐不满于当前的信息获取速度。由此，元宇宙中的虚拟现实、脑机接口等技术的发展未来可期。麦克卢汉时期，媒介是人的延伸；移动互联时代，媒介是人的连接；虚拟技术推广后，媒介将实现人的沉浸；脑机接口落地后，媒介有望实现人的迭代。更高维度的媒介满足着人们更丰富的感觉体验。元宇宙的时空拓展与接近无限的生产要素为多方主体的共识达成与最佳解决方案的提出提供了支撑。因此，在科技向善的指引下，元宇宙产业将为人类带来更多福祉。

三　元宇宙产业发展风险探析

1. 劳动价值与数据定价权的探索

元宇宙可看作是一种人为构建的可控的社会形态，元宇宙初期发展依然是将现实社会形态逐渐迁移到虚拟世界。现实社会是由几大基石支撑，如经济、政治与军事等，而将现实世界迁移至元宇宙的第一阶段则为经济系统的迁移，正如当前一些元宇宙游戏中已经存在交易与炒作行为。在可预见的未

① D. Kahneman, A. Tversky, Prospect Theory: An Analysis of Decision Under Risk, *Handbook of the Fundamentals of Financial Decision Making*, Part I. 2013: 99-127.

来，因为元宇宙一定程度上脱胎于现实世界，所以依然需要依靠现实的电力、服务器等资源，现实世界资源的稀缺性也会映射于元宇宙中，所以元宇宙的经济运作规律一定程度上依然遵循现实世界的运作规律，那么可以不失一般性地使用劳动价值理论分析元宇宙的经济活动。

劳动价值理论的核心观点是商品的交换价值与使用价值的二重性，商品的交换价值由抽象性的人类劳动所凝结。首先需要判别元宇宙中的抽象性劳动，类似于现实世界的体力劳动与脑力劳动，在元宇宙中劳动可分为数据型劳动与算力型劳动。数据型劳动的产出可以看作是实物资源，算力型劳动的产出则为知识和技术，实物资源与知识、技术均可作为商品进行交易，因此形成交换价值。因为计算资源与存储介质的限制，元宇宙中的算力与数据具有相对稀缺性，所以在元宇宙中商品之间必然诞生相对优势，商品交易存在利差。这也侧面阐明劳动价值理论依然有效。在此基础上可以提出元宇宙价格的三个关键影响因素，劳动、供需关系与货币。元宇宙的商品价值锚定于数据型劳动与算力型劳动，商品的价格围绕于价值并随着供需关系波动，商品的价格由货币衡量。

劳动、供需关系与货币作为元宇宙价格的三大影响因素与现实世界存在较大区别。首先，一般意义上的成熟元宇宙需要包含较为完善的 AI 系统，相比较于现实世界人类作为劳动的绝对主导，在元宇宙中结合 AI 的机器同样可以产生数据型劳动与算力型劳动，那么针对元宇宙商品所凝结的劳动在一定程度上需要区别机器与人的劳动。其次，元宇宙供需关系的调节速度将高于现实世界。元宇宙中可复制的商品的制作与传输过程时间短，且随着信息传输与处理速度的加快，供应与需求基本保持一致，而对于元宇宙中不可复制的商品，供需关系弹性较现实世界小，商品价格更多的是由供应决定。最后，元宇宙中依然需要货币，正如比特币锚定于一定的算力型劳动，[①] 元宇宙中货币可能为一个单位的通用数

① 闵敏、柳永明：《互联网货币的价值来源与货币职能——以比特币为例》，《学术月刊》2014 年第 12 期。

据或者一定的算力型劳动的量化表现形式，需要元宇宙产业在未来发展中持续探索。

2. 数字虫洞诱发产业内生性崩塌

虫洞这一概念可溯源至 1930 年。物理学家爱因斯坦及纳森·罗森曾在研究引力场方程时提出一类空间想象——“虫洞”。在其描述中，虫洞是一种能够连接两个不同时空的多维空间隧道。在此狭窄隧道中，能够实现瞬时的空间转移或时空旅行。近期，虚拟人“李星澜”声称自己穿越数字虫洞，传送未来 2112 年的求助信号。事实上，该虚拟人来自手游《代号：降临》。在其游戏设定的背景中，李星澜是由未来科学家共同制造的超级 AI。在未来文明被入侵时，将自己解体为数据流，通过数字虫洞向 21 世纪的人类传递求助信号。①

虽然数字虫洞仍未被真正开启，但可明确在现代大数据背景下，现实世界的多重组成部分将被数字模拟和重构，② 实体、属性、关系的存在都将被孪生复刻。未来的元宇宙能够最大程度突破时空限制，开启数字虫洞，实现对过去数据的溯源与对未来数据的预测，甚至实现对过去场景的再现与未来场景的推演。因此，在未来元宇宙产业发展中，必将形成以大数据为生产要素、算法为分配制度、算力为生产力的经济态势。现实世界全面软化，物理与数字紧密衔接。在这一发展过程中，数字虫洞的开启或将带来一系列不可估量的风险。如产业发展决策被数字虫洞异化，基于推演结果而对当下问题采取武断的处理方式，引发产业内生性崩塌。因此，元宇宙产业在构建的过程中需要谨防数字虫洞生成而带来对其发展的桎梏。避免过分依赖数字虫洞中生成的过去或未来的产业发展境况，对现有产业发展情况的决策失衡易引发系列内生性发展问题。

① 《采用 NVIDIA 技术创造的〈代号：降临〉虚拟人李星澜穿越“数字虫洞”亮相》，http：//www.xhby.net/sy/cb/202204/t20220420_ 7511197.shtml。

② 《2022 年中国科技与 IT 十大趋势》，https：//www.cidee-zd.cn/2021/xwzx/hyzx/2022/1/13/128605.shtml。

3. 意义内爆解构后现代真实意蕴

根据梅罗维茨的媒介情境论①，新的媒介带来新的场景，并引发人们新的行为。元宇宙产业的发展也将对人类日常消费以及社会交往的各个方面产生广泛而深刻的影响，尤其是在消费行业。虚拟人拓展了自然人社会交往的范围并且实现人在第二维度的生活社交方面的感知叠加。人们借助虚拟人在元宇宙中获得多元的感官刺激的同时，可避免该种行为可能带来的生理负荷。以前段时间大热的元宇宙夜店——“修勾夜店”为例，其具有现实夜店中的各种元素——富有节奏感的音乐、斑斓炫丽的灯光、昏暗的场景。不同的是，在元宇宙夜店中，参与者不再是肉身在场，而是借助媒介实现意识共在。依托于具身式交互，这种身体遥在的符号交互仪式实质上也承载了亚文化的融合、创新与嬗变的过程。在现实生活中，娱乐场所往往能够通过各种感官刺激引起人的情感波动。传统夜店的氛围感在于能够对人体视听感觉有选择地剥离与放大。但当这类产业转移至元宇宙中，其真实性被不断消解。人与人之间的互动局限于符号化、碎片化的瞬时性互动，互动过程突破了时空限制，然而无法突破物理限制。

这无疑成为鲍德里亚笔下社会内爆的景象。② 鲍德里亚认为社会的内爆将人与人之间的交流降维至一个平面。推演至元宇宙消费产业中，人们交流中包含的细小微妙意蕴被销蚀，交往的社会价值被解构。元宇宙产业或无法满足人类对孤独的和解与对真实性的诉求。身体遥在使得交往趋于虚无，真实被解构。

4. 允许个体用户的渐进接受过程

元宇宙建立了全社会的通用平台和共享开发工具，从而帮助人们的工作流程从线性转变为实时协作，但这也意味着使用者更加容易利用平台生产和传播违背主流价值观的内容，甚至出现传销、诈骗、洗钱等违法行为，危害社会风气。在元宇宙中自然人还会存在着不同的虚拟人格，然而这样的主体

---

① J. Meyrowitz, *No Sense of Place: The Impact of Electronic Media on Social Behavior*, Oxford University Press, 1986.

② 〔法〕鲍德里亚：《象征交换与死亡》，车槿山译，译林出版社，2006。

形象是否享有数字人权，以及某些侵害虚拟人格的行为是否追责至现实主体，都是现行法律难以回应的问题。

在个人层面，用户首先会面临个人数据隐私和财产安全问题。元宇宙以前所未有的水平捕获数据，因此极有可能引发数据盗取，进而侵害到数据主体的隐私和数据权。另外在虚拟财产所有权、财产现实化等问题上，虽然《中华人民共和国民法典》对虚拟财产进行了规定，但仅在总则中设定了原则性条款，尚无细化的规范。元宇宙不断与现实世界发生关联，但其中的财产如何在现实世界中转换还未有统一标准。

伴随着元宇宙应用形态的升级，个人的身心健康也可能受到一定威胁，元宇宙产业的普及需要考虑并允许不同个体有不同程度的接受能力与接受意愿。目前元宇宙很大程度上依赖于 VR、AR 等虚拟现实设备，用户使用这些设备时存在着大脑晕眩、视力受损、空间错位等风险。

5. 网络治理的责任意识氛围营造

在元宇宙中，责任主体也会因其边界模糊而进一步复杂化。元宇宙不仅会像现实社会一样拥有完整的经济系统、社会管理制度，而且蕴含着现实世界当中的文化背景、宗教信仰等价值观念。因此在元宇宙中，现在的各种规制协议都需进行调整或重构，以规范道德准则、资源分配、意识形态等。各国就元宇宙中潜在问题需共同制定与元宇宙相关的技术标准和行业准入规范。同时，企业对元宇宙的技术开发与应用还将意味着对电力等能源的需求大幅提升，可能带来能源供给压力等问题。

而在内容层面，作为一种新型媒介形态，元宇宙允许用户自由进行内容创作。构建虚拟的元宇宙往往需要对现实世界元素进行模拟，如不同国家地区的风景、建筑乃至文学作品、音乐等，这将衍生出大量协作作品。而当前在元宇宙内容的知识产权界定和利益分配机制上尚无相关的确权实施细则。此外，可能出现跨国的违法犯罪行为，这将给各国政府的监管治理工作造成极大挑战。

元宇宙现在仍是一个具有初级发展形态的新兴概念，其内涵与外延仍在不断发展和变化，具有开放性、不稳定性等特点。国家层面需要将其视为一个可实施、可落地的新兴科技项目尽早部署、加快研发。在全球化视角下，国家间应积极交流合作，以开放包容、合作共赢的创新发展理念，在全球协作的背景下共绘元宇宙产业的未来发展图景。

结　语

衍生于传统信息产业的元宇宙产业正处于其发展的萌芽阶段，在经历风口期之后，元宇宙产业更应该考虑健康持续的发展道路。考虑到元宇宙产业具有集聚效应、启动效应、激活效应、反哺效应与扩散效应等，元宇宙产业需要在政治安全、资本增密与科技向善的发展观下实现可持续的良性发展。在此基础上，在元宇宙产业的发展过程中，人类应时刻保持清醒的认知，防范价值体系、生产体系、意义体系上的风险，最终目的是让元宇宙为社会贡献更大的价值。

B.19 2021年中国传媒上市公司表现及发展报告

胡 钰　徐雪洁　王嘉婧*

摘　要： 2021年，在低基数效应及新冠肺炎疫情防控常态化的背景下，传媒行业逐步复苏，业绩呈增长态势。细分行业分化进一步加剧，数字阅读、互联网影视音频、游戏、互联网广告营销等线上类业务整体表现良好；出版、其他广告营销板块恢复性增长良好，且较疫情前业绩有所增长；广播电视板块业绩整体下滑严重。在疫情的持续影响下，传媒行业探索出线上化发展的道路，不断调整策略，与用户沟通更为紧密，寻找新机遇，提升抗压能力。随着行业的发展，政策监管将更加细致，野蛮生长空间将进一步被压缩，行业趋于合规、健康。

关键词： 传媒　上市公司　资本市场　二级市场

一　传媒上市公司二级市场表现

截至2021年12月31日，中信传媒指数全年涨幅为6.58%。二级行业分类指数中，媒体指数全年涨幅为17.16%，为表现最好的行业指数，广告营销、文化娱乐指数全年涨幅分别为6.26%、5.93%，互联网媒体指数全年

* 胡钰，清华大学新闻与传播学院教授，博士研究生导师；徐雪洁，山西证券传媒行业分析师；王嘉婧，清华大学文化创意发展研究院特约研究员。

下跌7.99%（见图1）。三级行业分类指数中，互联网广告营销指数、出版指数涨幅领先，分别为22.40%、21.02%，其次为动漫、广播电视、信息搜索与聚合、影视、其他文化娱乐、游戏指数，全年涨幅分别为15.62%、12.43%、12.33%、10.25%、7.45%、4.27%，其他广告营销指数与互联网影视音频指数下跌9.15%、17.88%（见图2）。截至2021年12月31日，A股传媒上市公司总市值规模为16231.57亿元，较2020年末增长7.84%；剔除新上市公司影响，上市公司总市值规模同比增长3.76%。

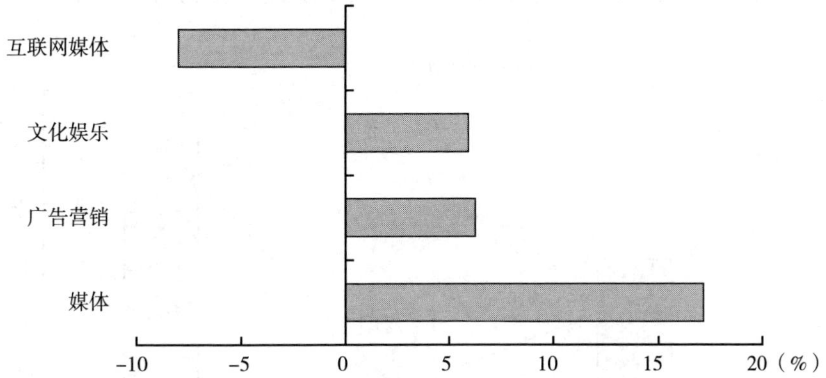

图1　2021年中信传媒二级行业指数涨跌幅

资料来源：wind，山西证券研究所。

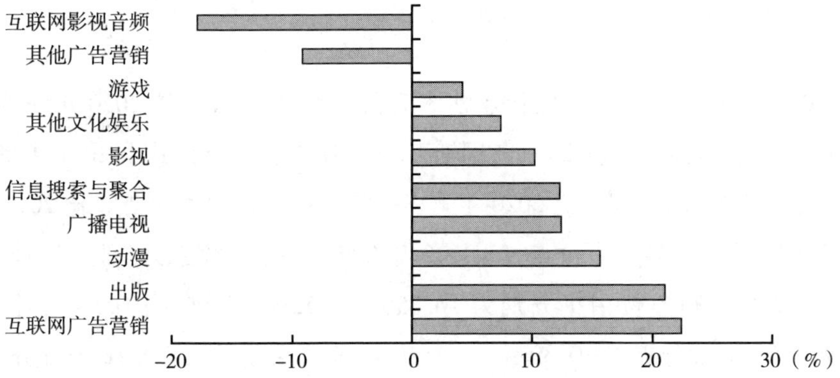

图2　2021年中信传媒三级行业指数涨跌幅

资料来源：wind，山西证券研究所。

二 传媒上市公司业绩表现

2021 年前三季度，统计样本中 143 家传媒上市公司合计实现营业收入 3863.99 亿元，可比口径下同比受疫情影响的 2020 年营业收入，呈 15.31% 的增幅，与 2019 年相比增长 10.39%（见图 3）；实现归母净利润 375.73 亿元，比 2020 年增长 27.49%，比 2019 年增长 7.82%（见图 4）。行业延续上半年回暖态势，且收入与利润端较 2019 年同期均有所增长，整体向好。

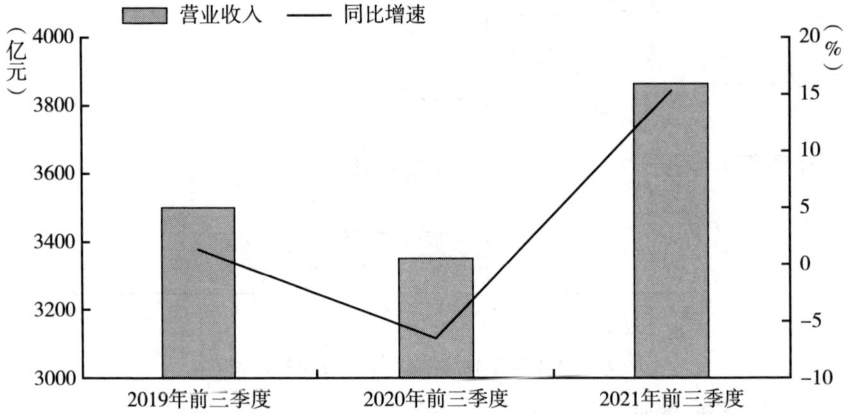

图 3 2019~2021 年传媒上市公司前三季度营业收入

资料来源：wind，山西证券研究所。

2021 年前三季度，传媒行业整体毛利率为 29.87%，较 2020 年同期上升 0.81 个百分点，但较 2019 年同期下降 0.87 个百分点；其中 2021 年第三季度毛利率为 29.63%，比 2020 年第三季度上升 1.70 个百分点，比 2019 年第三季度下降 0.04 个百分点（见图 5）。2021 年前三季度，行业整体销售、管理、研发、财务费用率分别为 10.85%、7.13%、2.96%、0.54%，同比变动 0.09 个百分点、-0.39 个百分点、0.02 个百分点、-0.22 个百分点，在收入端逐步恢复的状态下行业期间费用率同比有所下降（见图 6）。单季度来看，2021 年第三季度销售费用率为 11.19%，同比 2020 年有 0.67 个百

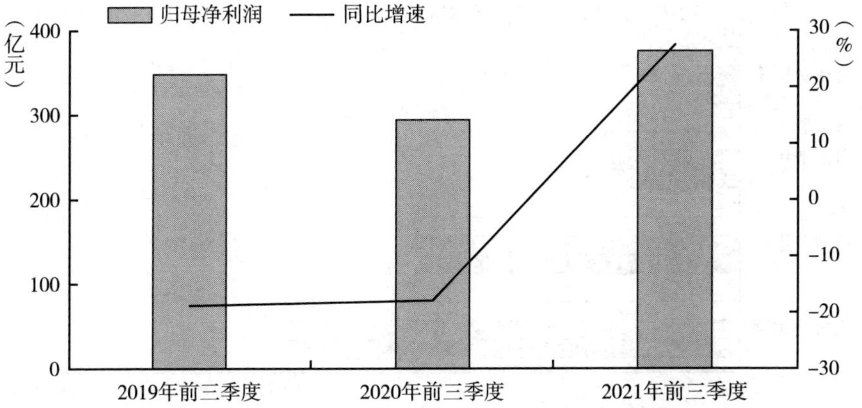

图4　2019~2021年传媒上市公司前三季度归母净利润

资料来源：wind，山西证券研究所。

分点的增幅，环比增幅达0.88个百分点；管理费用率为7.29%，同比2020年下降0.13个百分点，环比上升0.30个百分点；研发费用率为2.97%，同比上升0.36个百分点，环比上升0.04个百分点；财务费用率为0.32%，呈下降态势，同比2020年下降0.43个百分点，环比下降0.28个百分点。

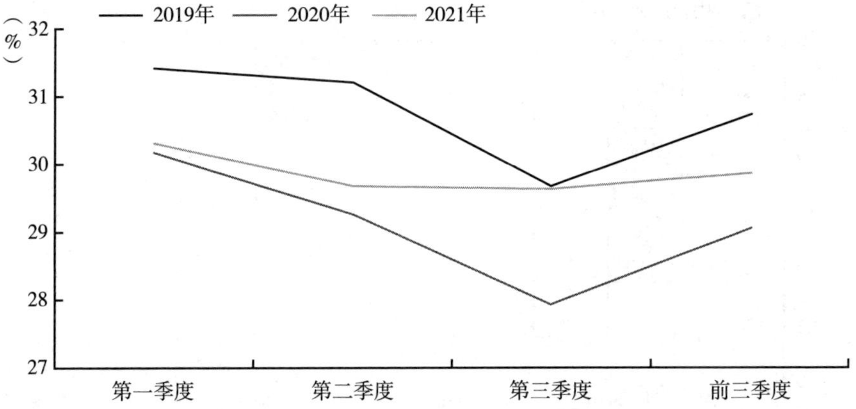

图5　2019~2021年传媒上市公司前三季度毛利率

资料来源：wind，山西证券研究所。

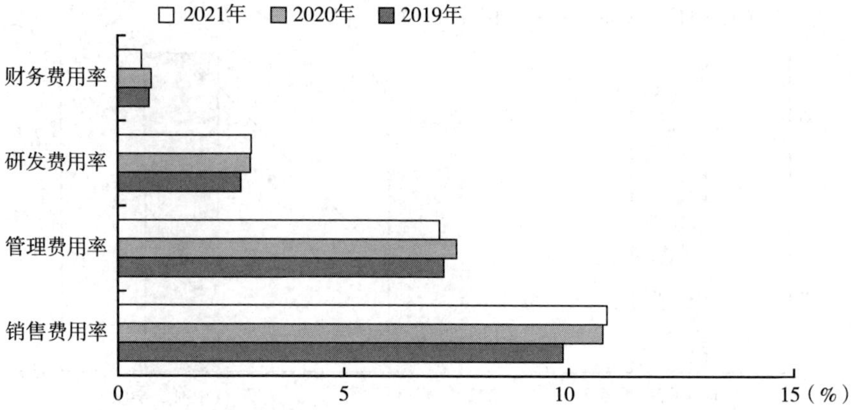

图 6　2019~2021 年传媒上市公司前三季度期间费用率

资料来源：wind，山西证券研究所。

资产减值及营运效率方面，2021 年前三季度，传媒上市公司资产减值损失合计规模为 16.78 亿元，同比 2020 年减少 35.83%，信用资产减值损失合计规模为 15.21 亿元，同比 2020 年减少 28.89%，二者合计对利润总额的影响降低至-7.21%，2020 年同期为-13.91%（见图 7）。截至 2021 年第三

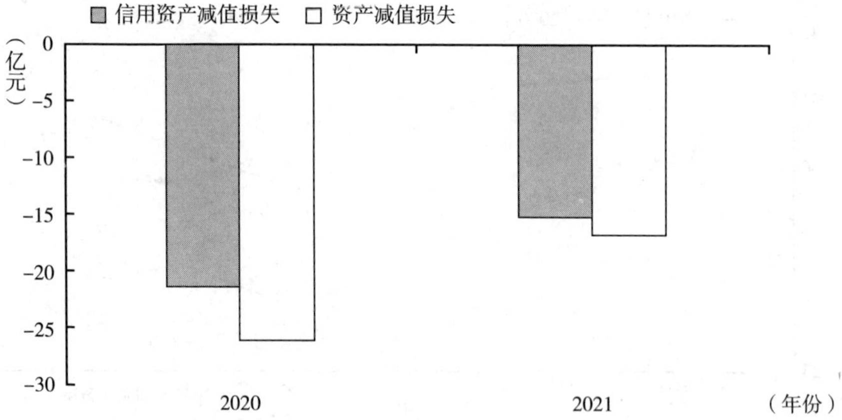

图 7　2020~2021 年前三季度传媒上市公司信用及资产减值损失

资料来源：wind，山西证券研究所。

季度末，上市公司整体存货余额为603.54亿元，较年初增加17.32%，年内存货周转率为4.13次，同比增加0.43次；应收账款账面价值1139.27亿元，较年初增加7.49%，年内应收账款周转率为3.51次，同比增长0.5次，存货与应收账款周转率较2020年同期均有所提升（见图8）。

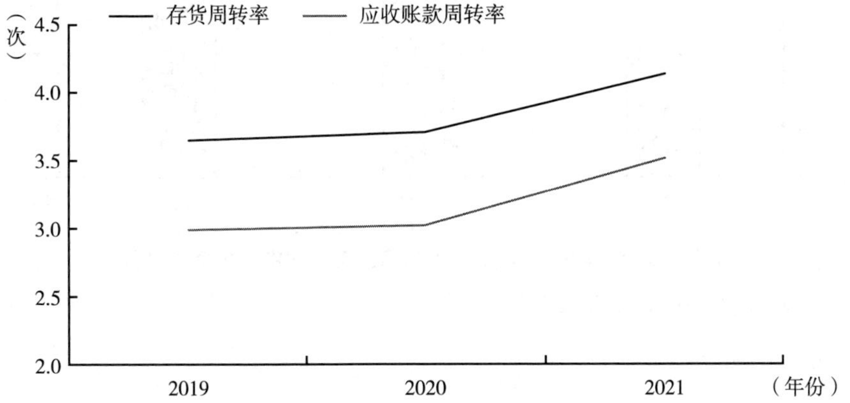

图8　2019~2021年前三季度传媒上市公司存货与应收账款周转率

资料来源：wind，山西证券研究所。

投资及商誉方面，2021年前三季度，传媒上市公司投资净收益规模为119.87亿元，在利润总额中的占比达27.01%（见图9），同比上升4.58个百分点。一方面上市公司当中世纪华通、昆仑万维前三季度投资净收益分别达25.25亿元、16.91亿元，对行业整体投资收益影响较大；另一方面，由于上市公司投资标的公司经营逐步恢复，对上市公司投资收益的贡献也会有所增加。截至2021年9月30日，传媒上市公司整体商誉规模为795.46亿元，较年初减少5.18%，较2020年同期减少25.97%；商誉占总资产的比重为7.52%，较2021年初下降0.96个百分点，较2020年同期下降3.34个百分点；商誉占净资产的比重为12.27%，较2021年初下降1.39个百分点，较2020年同期下降4.94个百分点，行业商誉规模较高的风险进一步降低（见图10）。

2021年前三季度，营业收入、归母净利润实现同比增长的上市公司数

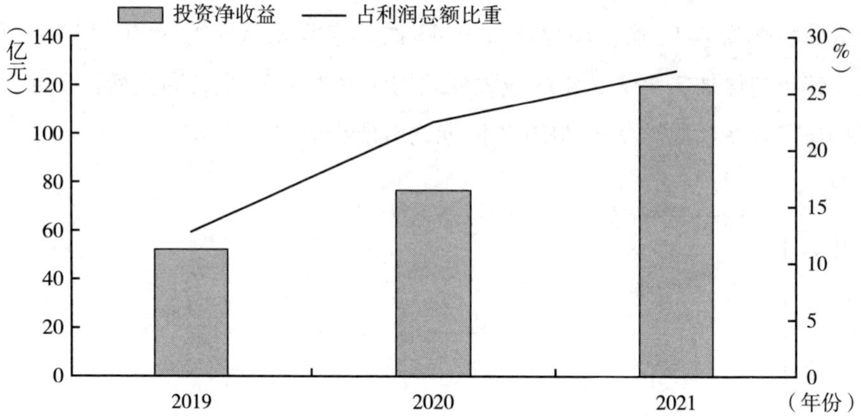

图 9　2019~2021 年前三季度传媒上市公司中报投资净收益

资料来源：wind，山西证券研究所。

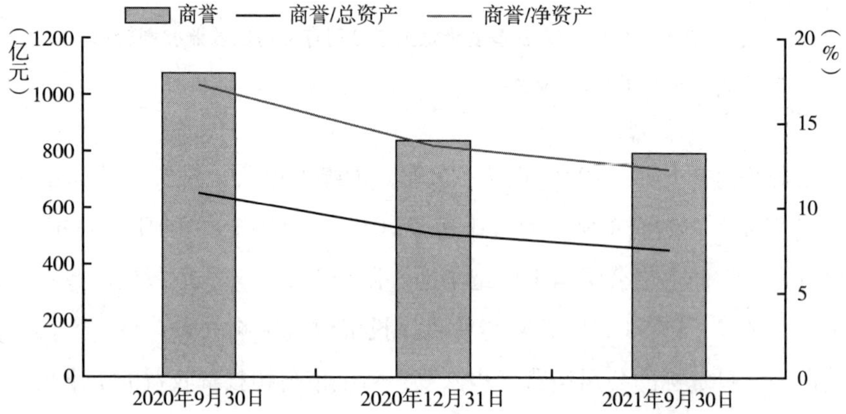

图 10　2020 年 9 月 30 日~2021 年 9 月 30 日传媒上市公司整体商誉规模

资料来源：wind，山西证券研究所。

量维持较高比例，其中营业收入实现同比增长的公司有 106 家，占比为 74. 13%，较 2020 年同期上升 36. 90 个百分点；营业收入增幅主要集中于 0%~30%，公司数量占比为 43. 36%，其次为增幅在 50%以上的公司，数量占比达 18. 18%。在营业收入同比减少的上市公司中，降幅集中于 30%以下，公司数量占比为 16.78%（见图 11）。上市公司中，欢瑞世纪、华录百纳、金逸影视、横店影视、上海电影等影视行业上市公司 2021 年前三季度营业收入同比增速居前。

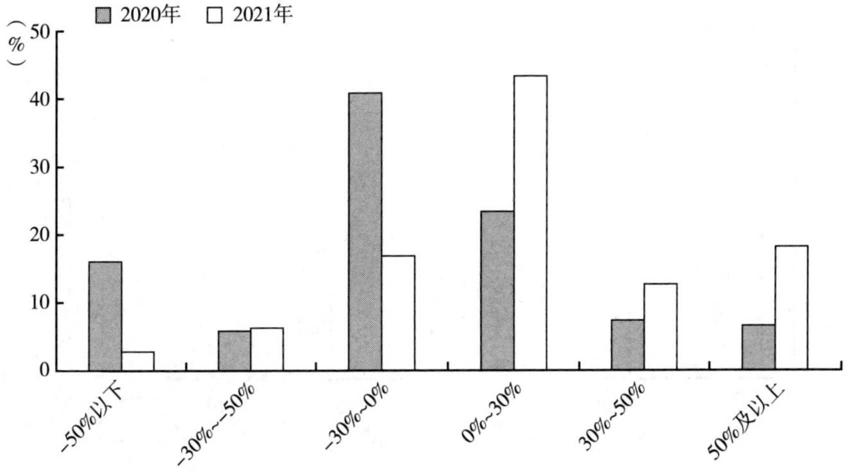

图 11　2021 年前三季度公司营业收入增速分布

说明：此类型图中，较小数包含在本区间，较大数在下一区间，例如-30%～-50%为-30%>X≥-50%，以此类推。

资料来源：wind，山西证券研究所。

2021 年前三季度，实现归母净利润同比增长的公司数量为 88 家，占比为 61.54%，较 2020 年同期上升 21.39 个百分点，其中扭亏公司 16 家，减亏公司 9 家。归母净利润增幅集中于 50%及以上，公司数量占比为 32.87%，其次增幅为 30%以内的公司数量，占比为 18.88%。在归母净利润同比减少的上市公司中，降幅分布在 30%以下及 50%以上的公司数量较为平均，分别为 17.48%和 16.78%（见图 12）。一方面，在 2020 年同期业绩低基数效应及 2021 年上市公司经营恢复向好的因素下，利润端同比增速明显改善；另一方面则是利润分化的情况仍然存在。上市公司中，新华网、光线传媒、中青宝、华媒控股、佳云科技等公司归母净利润同比增速居前。

单季度业绩增速方面，143 家上市公司中，共有 88 家公司在 2021 年第三季度实现营业收入同比增长，72 家公司（占比 50.35%）实现归母净利润同比增长；58 家公司（占比 40.56%）在 2021 年第三季度实现营业收入环比增长，45 家公司（占比 31.49%）实现归母净利润环比增长，可见相较于 2021 年第二季度，第三季度上市公司业绩季度改善并不明显。

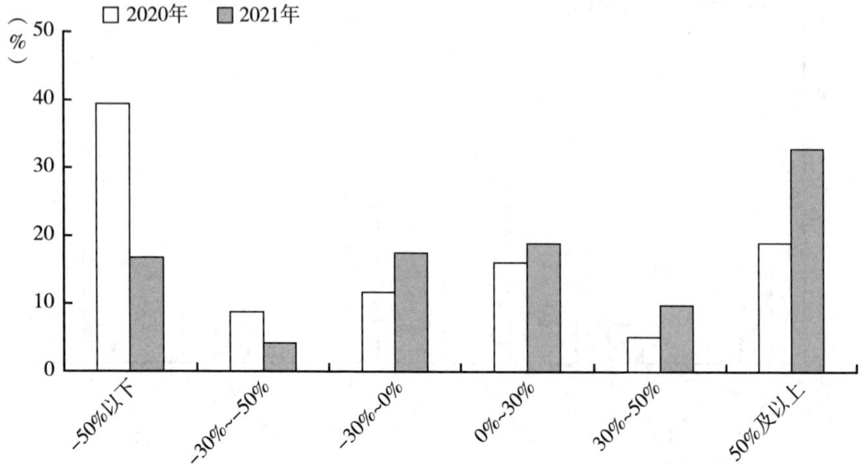

图 12　2021 年前三季度公司归母净利润增速分布

资料来源：wind，山西证券研究所。

三　细分行业分析

2021 年前三季度，143 家传媒上市公司各细分板块（见表 1）营业收入均实现同比正增长，其中影视板块营业收入同比增幅达 120.64%，其他文化娱乐增幅达 50.77%，信息搜索与聚合、互联网影视音频等板块同比增幅达 20%以上，其他广告营销、数字阅读、出版、互联网广告营销板块同比增幅为 12%～19%，游戏、动漫、广播电视板块营业收入同比增幅相对较小；相较于 2019 年同期，各细分板块增幅表现分化，互联网影视音频、数字阅读、互联网广告营销营业收入同比增长达 20%以上，影视、动漫、其他文化娱乐、广播电视营业收入同比下降（见图 13）。

2021 年前三季度，各细分板块归母净利润同比增速同样表现分化，其他广告营销、影视、其他文化娱乐同比2020年实现90%以上增幅，信息搜索与聚合、出版、互联网影视音频同比2020年增幅在20%以上，互联网广告营销、广播电视、动漫、游戏则同比降幅达20%以上；相较于2019年同期，数字阅读、其他广告营销归母净利润同比增长达100%以上，互联网影视音频、游戏、出版同比增幅达15%以上，动漫、其他文化娱乐同比降幅达100%以上，广播电视、互联网广告营销、影视同比降幅也在30%以上（见图14）。

表1　143家传媒上市公司统计样本及细分板块分类

细分板块	上市公司
游戏	浙数文化、恺英网络、吉比特、盛讯达、宝通科技、顺网科技、掌趣科技、盛天网络、世纪华通、游族网络、汤姆猫、迅游科技、大晟文化、电魂网络、ST三五、天神娱乐、冰川网络、*ST游久、三七互娱、凯撒文化、完美世界、星辉娱乐、ST天润、巨人网络、惠程科技、富春股份、中青宝、*ST众应、昆仑万维
出版	读客文化、果麦文化、龙版传媒、浙版传媒、博瑞传播、城市传媒、出版传媒、读者传媒、凤凰传媒、华闻集团、南方传媒、山东出版、盛通股份、时代出版、世纪天鸿、天舟文化、皖新传媒、新华传媒、新华文轩、新经典、粤传媒、长江传媒、中国出版、中国科传、中南传媒、中文传媒、中信出版、中原传媒
影视	捷成股份、华谊兄弟、华策影视、光线传媒、华录百纳、唐德影视、幸福蓝海、文投控股、中国电影、上海电影、浙文影业、横店影视、中广天择、万达电影、金逸影视、鼎龙文化、ST北文、慈文传媒、欢瑞世纪
互联网影视音频	芒果超媒、新媒股份、新国脉
互联网广告营销	川网传媒、*ST数知、蓝色光标、*ST嘉信、紫天科技、腾信股份、ST中昌、天下秀、浙文互联、引力传媒、华扬联众、三人行、省广集团、实益达、深大通、思美传媒、利欧股份、星期六、智度股份、天地在线、广博股份、每日互动、宣亚国际、天龙集团、佳云科技
其他广告营销	新文化、因赛集团、中视传媒、北巴传媒、ST龙韵、电广传媒、华媒控股、电声股份、分众传媒、元隆雅图
数字阅读	中文在线、掌阅科技
动漫	祥源文化、美盛文化、*ST长动、奥飞娱乐
信息搜索与聚合	三六五网、人民网、新华网、生意宝、全通教育、视觉中国、焦点科技
其他文化娱乐	华立科技、当代文体、*ST当代、力盛赛车、中体产业
广播电视	数码视讯、歌华有线、广西广电、江苏有线、贵广网络、吉视传媒、东方明珠、华数传媒、天威视讯、湖北广电、广电网络

资料来源：wind，山西证券研究所。

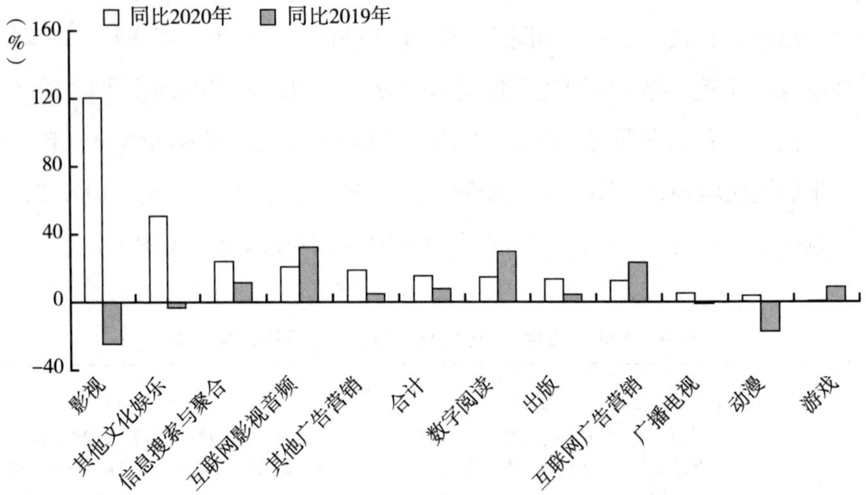

图 13　细分板块 2021 年前三季度营业收入同比 2019 年、2020 年增速

资料来源：wind，山西证券研究所。

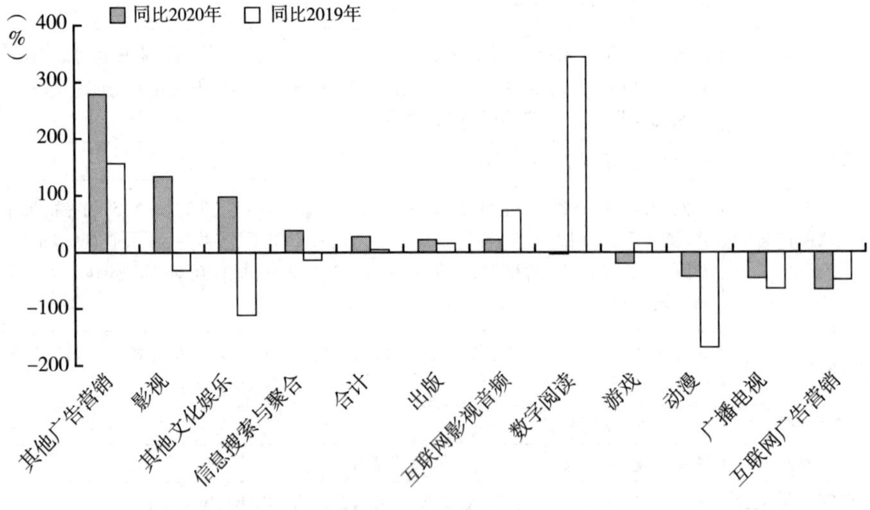

图 14　细分板块 2021 年前三季度归母净利润同比 2019 年、2020 年增速

资料来源：wind，山西证券研究所。

通过比较2021年前三季度与2020年、2019年同期业绩增长情况可以看出，以数字阅读、互联网影视音频为代表快速发展的细分板块，疫情对板块业绩波动的影响较小，整体表现为快速增长；游戏、互联网广告营销为受疫情红利较为明显的线上经济板块，在高基数的影响下业绩同比增速放缓明显，但相较于疫情前收入或利润有所增长；受疫情明显的板块中，出版、其他广告营销板块恢复性增长良好，且较疫情前业绩有所增长，而影视、其他文化娱乐板块则呈现业绩大幅回暖但仍未恢复至疫情前水平；此外广播电视板块则受到行业整体业务的萎缩，近年来业绩表现低迷。

1. 游戏行业

2021年前三季度，游戏板块上市公司合计实现营业收入573.47亿元，同比2020年虽有增长，但增长幅度仅为0.41%（见图15），实现归母净利润127.48亿元，同比减少20.46%，降幅较2021年中报有所收窄（见图16）。随着2020年前两个季度业绩高基数的影响褪去，以及上半年上市公司新产品投入逐步回收、利润释放，游戏板块业绩增速逐季回暖，至2021年第三季度游戏板块营业收入与归母净利润同比增速均已回正。2021年第三季度实现营业收入202.58亿元（占前三季度营业收入的35.32%），同比增长10.20%，环比增长10.74%，实现归母净利润46.34亿元，同比增长11.18%，环比减少2.92%。

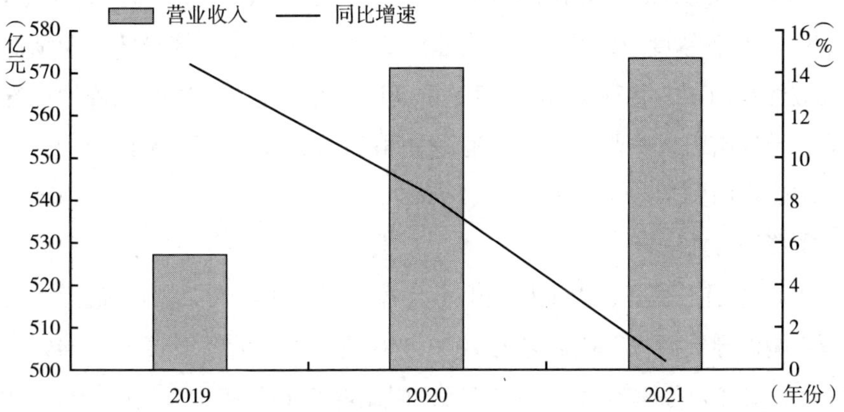

图15　2021年前三季度游戏板块营业收入

资料来源：wind，山西证券研究所。

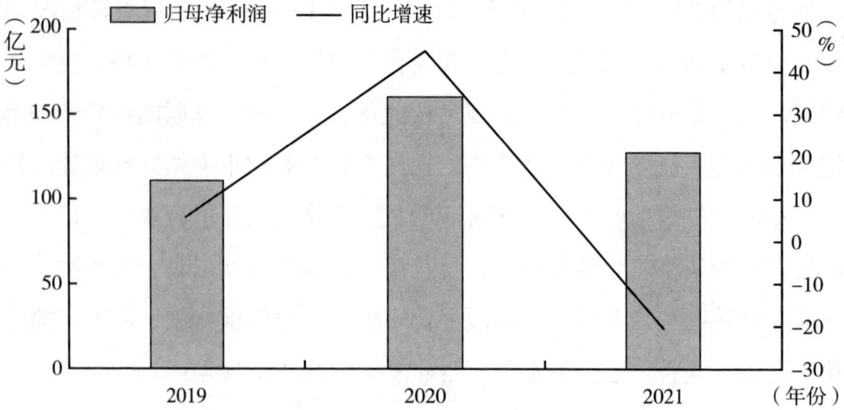

图 16　2021 年前三季度游戏板块归母净利润

资料来源：wind，山西证券研究所。

2. 出版行业

2021 年前三季度，出版板块上市公司合计实现营业收入达 948.48 亿元，实现稳定的增长，同比增幅达 13.26%（见图 17），归母净利润同比增长 21.92%，达 121.16 亿元（见图 18），在 2020 年低基数效应下，出版板块整体业绩呈现恢复性增长。2021 年第三季度，出版板块实现营业收入 321.77 亿元（占前三季度营业收入的 33.92%），同比增长 5.36%，环比减少 8.40%，实现归母净利润 36.11 亿元，同比减少 1.75%，环比减少 34.73%，从各季度业绩情况来看，由于 2020 年上半年疫情导致的业绩低基数效应逐步消散，叠加 2021 年第三季度以来部分地区再次受到疫情反复的影响，导致出版板块业绩同比增速逐季回落，在上市公司稳健经营中，板块业绩增速也回归常态。

3. 影视行业

2021 年前三季度，影视板块上市公司实现营业收入 293.87 亿元，与受疫情影响而导致影视行业低迷的 2020 年相比，同比大幅增长 120.64%（见图 19），实现归母净利润 19.53 亿元，同比增长 133.42%（见图 20）。2020 年影视板块中尤其以电影、院线公司受疫情影响严重，导致 2021 年业绩同比低基数效应明显，但同比 2019 年，影视板块营业收入下降 24.67%，归母

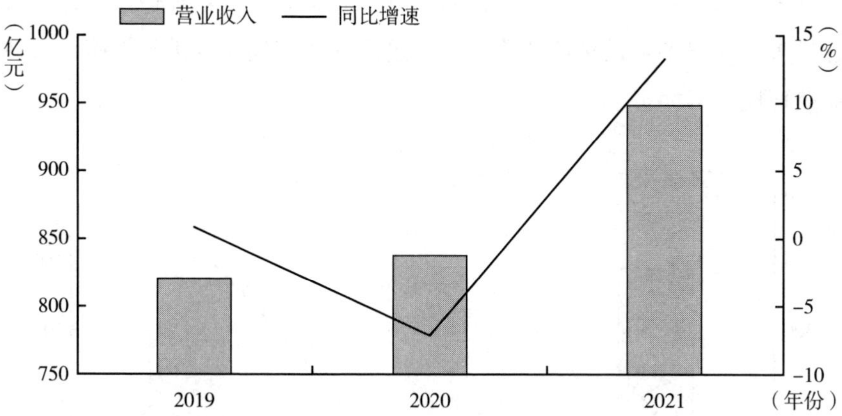

图 17　2021 年前三季度出版板块营业收入

资料来源：wind，山西证券研究所。

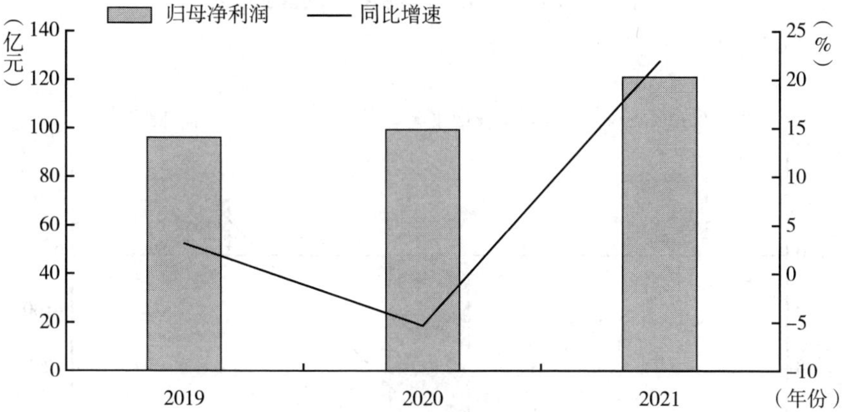

图 18　2021 年前三季度出版板块归母净利润

资料来源：wind，山西证券研究所。

净利润下降 31.88%，由此可见行业及上市公司仍处于恢复期。2021 年第三季度，影视板块实现营业收入 76.99 亿元（占前三季度营业收入的 26.20%），同比增长 25.74%，但因为受当年度部分地区疫情的相关影响，环比减少 26.03%。2021 年 7 月以来，电影市场受到多地疫情反复影响，部分地区影院无法营业，并且在疫情影响观众观影意愿下影片撤档、国产及海外进口影片在暑期档的供给相应减少，进而导致市场恢复进程放缓，影视板块业绩环比下降明显。

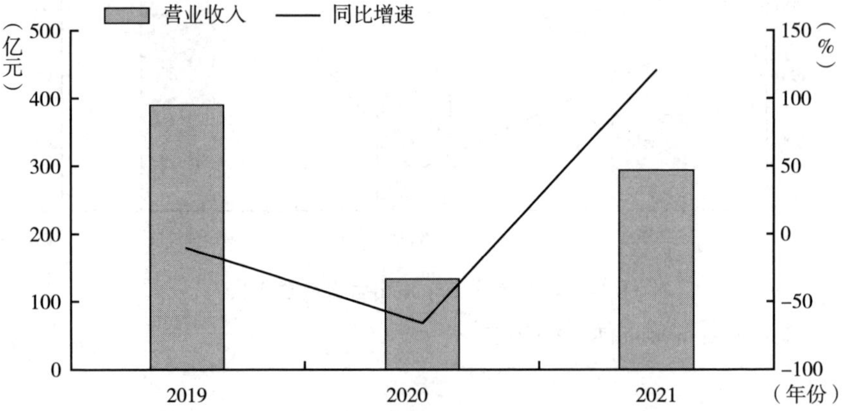

图 19　2021 年前三季度影视板块营业收入

资料来源：wind，山西证券研究所。

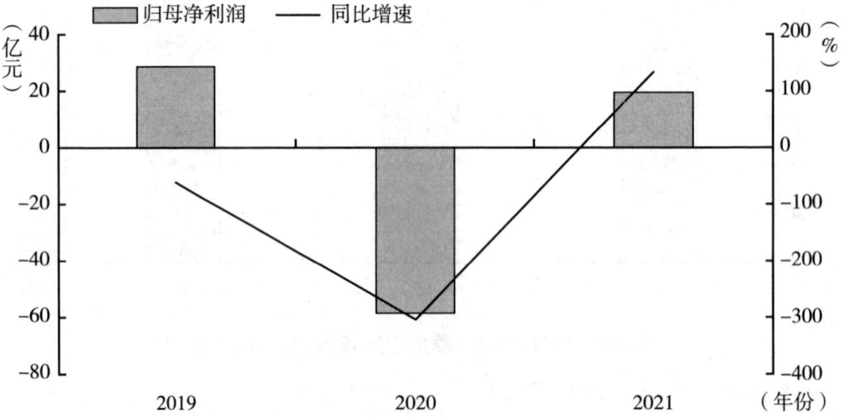

图 20　2021 年前三季度影视板块归母净利润

资料来源：wind，山西证券研究所。

4. 互联网影视音频

2021 年前三季度，互联网影视音频板块实现营业收入 156. 01 亿元，同比增长 20.83%（见图 21），实现归母净利润 23.23 亿元，同比增长 21.69%（见图 22），互联网影视音频板块受 2020 年疫情影响较小，整体保持向上发展趋势，营业收入与归母净利润较 2019 年同期分别增长 32.44%和 73.36%。2021 年第三季度，互联网影视音频板块实现营业收入 51.11 亿元，同比增长 0.24%，环比减少 1.55%，归母净利润 6.27 亿元，同比增长 6.98%，环比减少 19.34%，芒果超媒单季度业绩增速放缓，对板块影响程度较大。

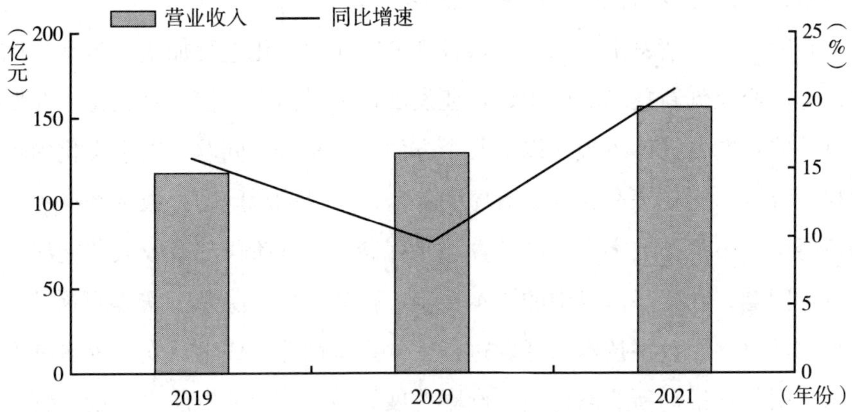

图 21　2021 年前三季度互联网影视音频营业收入

资料来源：wind，山西证券研究所。

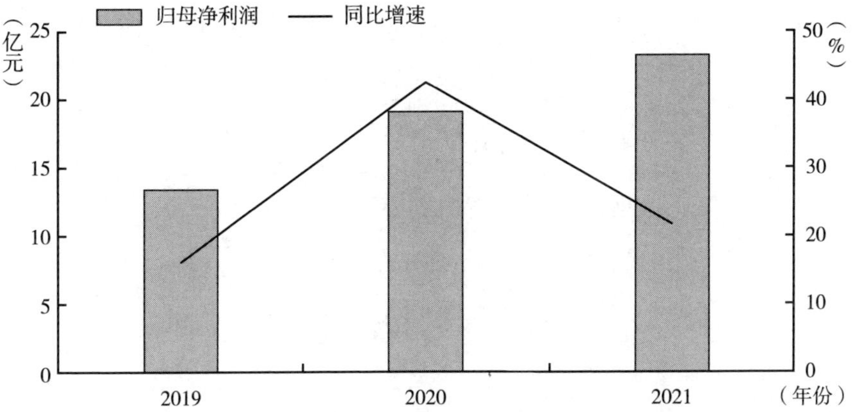

图 22　2021 年前三季度互联网影视音频归母净利润

资料来源：wind，山西证券研究所。

结 语

经历了连续数年震荡调整后，传媒行业发展趋于理性、冷静。行业经过大浪淘沙后，具有专业感、热忱心的从业者成为产业的中坚力量。在疫情的持续影响下，行业探索出线上化发展的道路，不断调整策略，与用户沟通更为紧密，持续寻找新机遇，提升抗压能力。

新冠肺炎疫情发生以来，传媒各细分行业数字化进程加快，丰富、优质的线上内容及创新技术的应用给行业发展带来了活力，但数字文化行业发展也有一些难题，具体体现在以下几个方面：一是版权问题，数字文化内容的确权、维权、交易等都还没有有序的保障；二是能耗问题，数字经济不等于绿色经济，不论是数字内容的计算还是存储，在现阶段都有较大的能耗；三是伦理问题，在数字世界中的资本控制、行为失控、隐私泄露等问题都还没有得到解决。在数字技术的开发过程中，要从性能、成本、安全等多维度来考量，引导和推动新业态合规、健康发展。随着行业的发展，政策监管将更加细致，野蛮生长空间将进一步被压缩，以此实现高质量、可持续发展。

B.20
2021年中国传媒业资本运作报告

郭全中　张营营*

摘　要： 2021年，中国传媒资本市场出现三大明显变化：国内传媒业资本稳中有小幅上涨，中概股遇冷；政策成为重要变量；小股比投资为主，谨慎成为主题词。在这种环境下，中国传媒业资本运作呈现如下三大特点：一是TO B化趋势明显；二是聚焦游戏、出海等业务领域，“Z世代”备受关注；三是理性投资，青睐垂直细分赛道的龙头企业。估值逻辑和政策环境发生重大变化的互联网传媒业，未来将会在资本运作方面更为谨慎。

关键词： 传媒业　资本运作　元宇宙　Z世代

2020年无疑是中国传媒业的寒冬，随着疫情防控常态化，全行业都期盼着传媒业迎来大众期盼的“回暖”和“春天”。但在互联网政策趋严、疫情反复与国际局势变动中，传媒业远没有2020年底预期的那样出现回暖，而是在新形势下探索出新的求“稳”的生存发展状态，以对冲不确定性风险。相较于2020年，国内传媒业资本运作更加注重稳定性和抗风险能力，针对频发的“灰犀牛”事件保持十足警惕。经历了2020年的资本寒冬，2021年的传媒业资本运作外部环境存在众多不确定因素，各参与者从“短平快”的投资思路，转向“高筑墙，广积粮”的长期发展思路，积极寻求寒冬新突破。

---

* 郭全中，中央民族大学新闻与传播学院教授；张营营，中央民族大学新闻与传播学院硕士研究生。

一　传媒业资本运作现状盘点：稳中有增，亟待破局点

2021 年传媒业资本市场寒意并未消退，资本玩家已经开始探索新的玩法和投资逻辑。国内流量红利时代终结、疫情防控常态化显然成为 2021 年传媒资本发展的阻力，“双减”政策、《反垄断法》、《个人信息保护法》等法律、监管规则的颁布与实行也是令传媒资本意想不到的“灰犀牛”事件。2021 年传媒业资本整体表现可以总结为以下三方面。

1. 国内传媒业资本整体向好发展，中概股传媒板块资产缩水

截至 2021 年 12 月 31 日，中国传媒业共 148 家上市公司，总市值达 1. 59 万亿元。2021 年 12 月 CS 传媒指数月涨幅为 15. 60%，2020 年同期 CS 传媒指数月跌幅为 6. 40%；截至 12 月底，CS 传媒指数全年涨幅为 6. 58%。三级子行业指数同样为 10%以上的月涨幅，其中互联网影音视频、动漫、其他文化娱乐行业指数月涨幅已经超过 20%，影视、广播电视、信息搜索与聚合、出版、其他广告营销月涨幅也在 15%以上，这些无疑都传达着一个信号——国内传媒业资本整体向好发展。

回顾 2021 年一整年，传媒业资本在国际局势动荡、政策监管趋严、疫情反复的大环境下仍然保持稳定上涨，这主要得益于移动互联网的普及和渗透。2021 年，传媒业在适应了疫情常态化防控后，电影、图书出版、云游戏、广告营销等不同领域较 2020 年都取得了进步和发展。与之形成对比的是中概股中的传媒板块资产缩水严重（见表 1），2021 年整体市值下降 40. 28%。

2. 反垄断和数据安全法陆续落地，资本监管进入有序发展新阶段

2021 年 12 月 8~10 日，中央经济工作会议在北京举行，部署 2022 年经济工作，强调稳字当头。为实现互联网企业稳定有序发展，《反垄断法》《数据安全法》逐步落地，政策成为影响传媒业资本运作的重要变量。随着监管政策的落地，互联网也进入了稳定、规范发展的新阶段，同时也从流量红利阶段转到提升单个 IP 价值的发展阶段。值得注意的是在 2020 年发展如火如荼的

在线教育业在2021年暴雷，面对“双减”政策，好未来、新东方在线等在线教育领域上市公司纷纷退市整改，股价直线下降，K12教育领域市值急速坍塌熄火，素质教育和职业教育吸收原本要投入K12领域的资本，成为在线教育领域赢家。据IT桔子数据，2021年上半年在线职业教育的融资规模高达43.3亿元，创下历史新高。比如，2021年2月粉笔教育获得3.9亿美元的A轮融资，成为年度最吸金的在线职业教育企业；7月，同为在线职业教育企业的开课吧则获得6亿元的B1轮融资，融资金额位列第二。

表1　2021年中概股市值

单位：亿美元，%

公司名称	2021年1月1日总市值	2021年12月31日总市值	差值	同比增速
房多多	6.02	0.371287	-5.648713	-93.83
宝盛集团	2.593	0.261884	-2.331116	-89.90
趣头条	4.74	0.842334	-3.897666	-82.23
斗鱼	35.11	8.56	-26.55	-75.62
新氧	11.86	3.35	-8.51	-71.75
房天下	1.21	0.343183	-0.866817	-71.64
36氪	1.05	0.406753	-0.643247	-61.26
乐居	3.12	1.24	-1.88	-60.26
耀世星辉	1.59	0.803844	-0.786156	-49.44
欢聚	64.77	35.42	-29.35	-45.31
爱点击	7.72	4.37	-3.35	-43.39
挚文集团	29.02	17.69	-11.33	-39.04
知乎	45.56	31.12	-14.44	-31.69
百度	737.54	526.13	-211.41	-28.66
凤凰新媒体	0.874891	0.627454	-0.247437	-28.28
微博	92.83	75.37	-17.46	-18.81
团车	0.673669	0.572126	-0.101543	-15.07
悦航阳光	0.275206	0.27049	-0.004716	-1.71
中网载线	0.351849	0.353327	0.001478	0.42
搜狐	6.26	6.4	0.14	2.24

说明：其中知乎于2021年3月美股上市，宝盛集团于2021年2月美股上市，总市值按其股价比例推测。

数据来源：同花顺。

政策监管不仅对在线教育起到了重新洗牌的作用，对游戏、互联网电商领域也都有不小影响。限制未成年人游戏时长以及限制游戏版号的规定得到了有效执行，在一定程度上也影响了游戏规模增速，刺激游戏企业出海，但同时这也有利于延长如三七互娱、腾讯游戏、网易游戏等老牌游戏企业的生命周期。在线教育和游戏企业的出海被认为是这两个行业保持增速的关键转折点，不少企业纷纷投入以印尼为代表的海外市场进行更为惨烈的角逐。

3. 小股比投资为主，“谨慎”成为传媒资本投资新标志

根据 CVSource 投中数据统计，截至 2021 年 12 月 13 日，文化传媒产业年度融资事件共 197 起，相比 2020 年下降 38.2%，延续自 2018 年以来的下降趋势；融资规模仅 119.75 亿元，同比下降 63.7%，融资数量与规模几乎回跌至 2013 年的水平。2021 年资本退场事件也屡屡上演，CVSource 投中数据显示，截至 2021 年 12 月 13 日，文化传媒产业资本退出事件共 116 起，相比 2020 年增加 2 起；金额达到 44.54 亿元，同比增长 285%，整体表现与 2019 年基本持平，回归至疫情前水平。得益于 2021 年上市市场的活跃，IPO 成为资本退出的主要方式，占比超五成。

2021 年互联网巨头公司纷纷退出传媒领域，比如阿里巴巴退出芒果超媒、财新、36 氪等，腾讯退出知乎，减持也侧面说明了 2021 年投资风向：对传媒领域的投资更为“谨慎”。

二 传媒业资本投资方向转变：TO B、年轻化、垂直化

资本市场狂热不再，但是资本巨头们依旧利用敏锐的嗅觉不断在市场上寻找寒冬之下的破局点。资本投资从 TO C 产业向 TO B 产业转移，投资领域以游戏等“Z 世代”青睐的细分行业为主，投资规模以小股比投资为主，投资对象以细分赛道龙头企业为主。

1. 投资情况呈现 TO B 化

与 2020 年相比，2021 年一线投资公司和互联网巨头公司的投资方向更

加侧重于 B 端产品和行业 TO B 领域，投融资事件和金额都有增长态势。IT 桔子、天眼查数据显示，2021 年前三季度，红杉中国在 TO B 领域共发生 58 起融资事件，较 2020 年同期增加 35 起，融资金额为 50.5 亿元，较 2020 年同期增长 83%。IT 桔子数据显示，截至 2021 年 9 月 30 日，腾讯在 TO B 领域投资总金额达 54.4 亿元，增长 26%，投资事件共计 48 起，包括战略投资 H5 企业营销增长平台兔展、Pre-A 轮投资虚拟视频直播开发商随幻科技。字节跳动在 B 端的投资事件共 13 起，投资总额达 8.5 亿元，增长 80%；阿里巴巴在 B 端的投资事件共 5 起，投资总额为 5.3 亿元，增长 25%。在各路资本的“领投”下，2021 年 TO B 领域的投融资规模迎来新的巅峰。

2. “Z 世代”热衷的游戏、动漫成为新宠，元宇宙下半年爆火

游戏方面，2021 年我国游戏用户规模保持稳定增长，用户规模达到 6.66 亿人，同比增长 0.22%。2021 上半年，腾讯投资了 49 家游戏公司，网易投资了 5 家游戏公司，字节跳动投资了 6 家游戏公司，哔哩哔哩投资了 11 家游戏公司。

游戏产业的发展不仅得益于 5G 技术的落地使用，更得益于“Z 世代”逐渐成为消费主力，游戏作为与元宇宙最为契合的应用层产业备受企业、社会和国家的重视。同样被“Z 世代”用户青睐的动漫和二次元文化等领域在 2021 年也有不俗表现，IT 桔子数据显示，截至 2021 年 12 月 23 日，动漫领域融资金额高达 217.4 亿元，超过 2020 年融资规模的 5 倍，融资金额创下历史新高。3 月，哔哩哔哩赴港 IPO 上市，募资近 200 亿港元；6 月，快看漫画获 One Store 战略投资 9000 万美元；8 月，快看漫画再获 2.4 亿美元的战略投资，成为动漫行业有史以来金额最大的单笔融资。哔哩哔哩、快看漫画受到资本青睐的原因之一便是其聚集了大量“Z 世代”用户。2021 年底元宇宙和虚拟偶像概念的爆火也契合了“Z 世代”消费主力崛起趋势，柳夜熙等虚拟偶像霸榜多个社交平台，疯狂吸粉的同时也暗示和传达着未来媒介发展的方向，一时间关于元宇宙的融资、投资事件数量和金额不断攀升。

3. 巨头投资热度不减，细分赛道布局逐渐明晰

尽管 2021 年我国对互联网平台实施了更为严格的强监管政策，但互联网巨头的投资热度依旧不减，投资项目数量和投资金额都达到了2010年以来的峰值。

IT桔子数据显示，截至2021年12月24日，腾讯在2021年的投资事件共有268起，比2020年的175起多了近100起。国内投资领域方面，腾讯以游戏、企业服务和文娱等为主，全球投资领域方面，前五名分别是企业服务、文娱传媒、金融、电子商务以及本地生活。2021年腾讯近一半的投资为战略投资，占到整个投资事件的47.6%，例如在2021年4月和11月对小红书的2次投资，以及对李诞的笑果文化的投资。

根据对过往投资类型的梳理，我们发现，战略投资占比上升并非是传媒领域特有的现象（见图1），国内互联网巨头公司近年来战略投资占比不断增加，2021年达到11年间峰值。

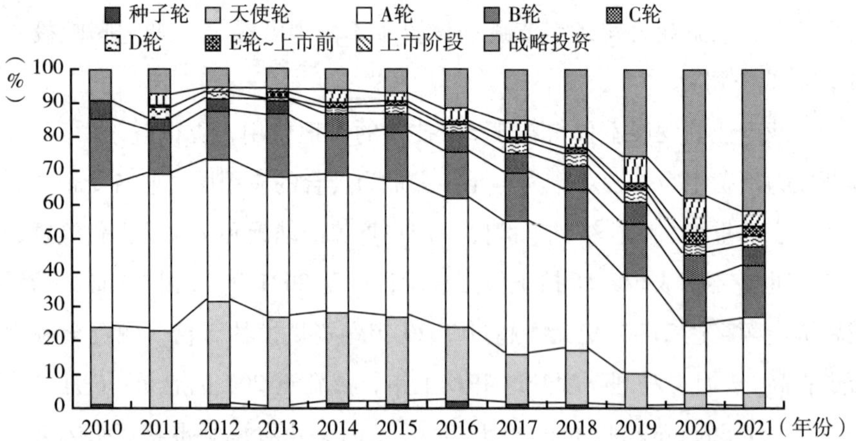

图1　2010~2021年前8月国内CVC机构对外投资轮次变化

数据来源：IT桔子。

巨头资本不再扎堆热门产业，而是依据自身产业布局，挖掘高潜力细分赛道，并且倾向于投资细分赛道的龙头企业，投资多以小股比投资为主。这不仅有助于细分赛道龙头企业的发展，也有助于推动细分行业的整体前进。短平快的投资逻辑已经成为历史，如何在细分领域构建壁垒也成为资本考虑的重要命题。以阿里巴巴为例，2021 年阿里巴巴投资事件共计 78 起，但投资分布零散，尝试在加强原有布局基础上不断探索新的可能性（见图 2）。

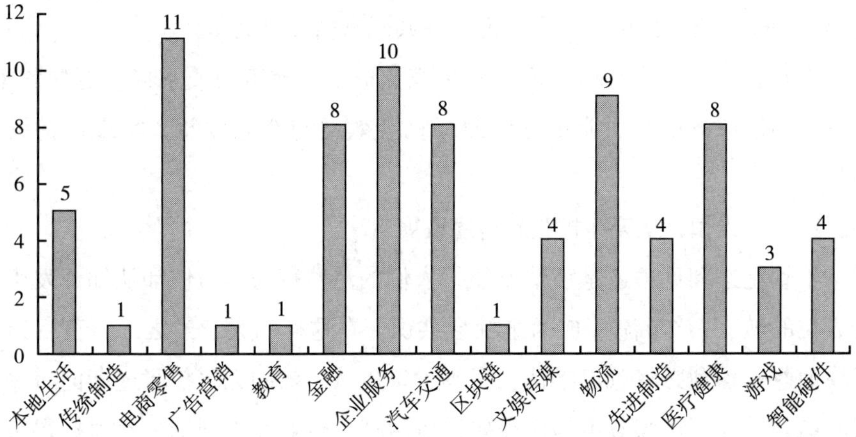

图 2　2021 年阿里巴巴投资行业分布

数据来源：IT 桔子。

三　2022年传媒业资本运作展望

2021 年，传媒业的外部环境已经发生了重大改变，导致其估值逻辑和投资逻辑都发生了根本性变化，而这种变化将会延续到 2022 年，游戏、数字经济等领域将得到更大的发展机会，而意识形态属性强的新闻采编播发等业务将会面临更大的挑战。

1. 适应政策，兼顾社会效益和企业效益

2021 年一系列针对传媒市场乃至互联网行业的强监管政策快速落地，颠覆了原来的资本投资和估值逻辑，使得投资者在评估市值时不仅要考虑公司的赢利能力等，还要考虑国家的政策导向。在此启发下，腾讯、百度、阿里巴巴等大型互联网企业已经建立了对应部门，比如，4 月 19 日，腾讯设立了可持续社会价值事业部，宣称计划投入 500 亿元助力可持续社会价值创新；4个月后，腾讯再向“共同富裕专项计划”投入500亿元资金。8月24日，拼多多也设立了“百亿农研专项”，致力于推动科技普惠，提升企业的社会效益；9月2日，阿里巴巴启动“助力共同富裕十大行动”，预计将在2025年前累计投入1000亿元，为实现共同富裕贡献力量。

强监管已成大势所趋，2022年传媒业资本与政策的关系将会更加紧密，只有主动适应政策，才能更好地兼顾社会效益与企业效益，实现可持续双增长。

2. 理性谨慎，从无序扩张到有序发展

不管是红利见顶还是疫情反复，人们的消费行为、习惯和认知都发生了全方位的转变，“节流”成为全社会共识。在这样的大背景之下，盲目追求规模而忽略赢利必将难以维持，资本投资也从之前的无序扩张逐渐向有序发展和赢利转变。传媒资本运作需要聚焦微观，企业在不同细分赛道拔得头筹才能实现稳步增长。因此，厘清用户习惯和诉求、辨析政策方向、提供高质量的内容和服务将成为2022年众多传媒企业关注的重点。

3. 超前布局，元宇宙技术成为投资发展新方向

2021年底最火爆的莫过于元宇宙概念，如何实现线上线下融合的元宇宙一时间成为热议话题，而元宇宙技术群并非一朝一夕能够建成。以“元宇宙第一股”Roblox为例，Roblox成立于2004年，是集娱乐、学习等不同类型内容于一体的全球化跨平台虚拟社区，用户可以使用移动终端、PC电脑、游戏主机以及VR设备登录Roblox，体验丰富的3D应用，平均每天有4320万来自世界各地的人登录Roblox与朋友联系，全球用户2021年第二季度消费总时长达到97.38亿小时。Roblox显示出了极强的商业潜力和生命力，是元宇宙概念落地的商业范本。从Roblox上市，到Facebook改名Meta，微软发布企业元宇宙，英伟达持续技术投入元宇宙，再从国内腾讯提出全真互联网，字节跳动布局VR赛道收购Pico，网易和百度发布元宇宙平台，元宇宙协会成立等，各行各业围绕元宇宙的探讨不断。2021年12月27日百度发布元宇宙产品希壤App，同期的百度AI开发者大会在该平台举办，可同时容纳10万人同屏互动。元宇宙被认为有可能成为行业未来10~50年的

技术主线。目前阶段，元宇宙技术转化表现为虚拟数字人、虚拟偶像、VR及开放可编辑沙盒游戏、元宇宙虚拟会议、VR 教育培训、VR 工业建模等。元宇宙建设方兴未艾，可以预见的是 2022 年元宇宙会更加被资本青睐。

结　语

2021 年热钱不再，市场降温，人口红利逐渐褪去的转折点遭遇疫情反复的压力，这不仅给国内传媒业增长提出了严峻考验，也对政府监管提出更高的要求。如何在保证市场活力的情况下引导传媒业良性、健康、可持续发展，使之成为中国产业转型的有力支柱，是亟待探索和深思的问题。同时随着互联网上半场的结束，精细化运营、用户价值拉伸成为摆在互联网媒体乃至传统媒体面前的难题，粗放式增长方式显然已经不能适应新的时代，这就要求经营者、投资者在谋求经营收益增长和企业发展的同时需要权衡社会责任和企业利益，在厘清行业规范的前提下，通过良性竞争保证市场活力，坚持行业自律。更重要的是，传媒业发展进入瓶颈期，需要突破性技术来打破壁垒，元宇宙将是可能的机会和未来，必将深刻影响国内传媒业资本的投向。

B.21
2021年中国广播融媒体立体传播生态分析

黄学平*

摘　要： 伴随着5G技术的快速落地，音视频产业的无限潜力将被激发，加速与云计算、人工智能等领域的深度融合，不断催生新的业态和新的商业模式。随着移动互联网新技术、新应用的迭代升级，音视频平台的媒体属性、社交属性、商业属性、娱乐属性日益凸显，深刻影响网络生态，“耳朵经济”和“眼睛经济”相依相伴，逐渐成熟。本文将结合赛立信媒体用户调研、收听率调查和融媒体云传播效果数据结果，分析2021年广播音频收听市场的特点及其趋势。

关键词： 立体传播　移动互联网　媒体融合　文化消费

一　广播音频市场概况

随着互联网的兴起，广播调频的听众①在逐渐减少。但广播媒体多年来所进行的媒体融合探索，为广播在移动互联网赛道的传播样态打开了新局面。在技术与渠道的加持下，具备立体传播生态圈的新广播形态已经形成，不少用户通过移动互联网回流，内容多元、形式多样的全媒体广播内容也吸引了不少年轻的新用户。

---

* 黄学平，赛立信媒介研究有限公司总裁。

① “广播调频的听众”以下将统称为“线下用户”，通过移动智能终端收听广播的听众统称为“线上用户”。

1. 文化娱乐消费需求的增加驱动广播音频行业的发展

根据国家统计局发布的《中华人民共和国2021年国民经济和社会发展统计公报》，2021年居民教育文化娱乐消费价格同比上涨1.9%，人均教育文化娱乐消费支出为2599元（较2020年增长27.9%），占总支出的10.8%，较2020年增长1.2个百分点。受疫情影响，国民在旅游方面的支出有所减少，因而在文化娱乐方面的消费欲望将会不断上涨，为广播音频市场的发展提供充足的动力。

2. 广播音频用户达6.81亿人，广播音频走向多元化圈层

2020年9月国务院办公厅印发的《关于加快推进媒体深度融合发展的意见》，为广播等传统主流媒体的媒体融合指明了发展方向，国家层面大力支持拓展媒体融合，从"窄融合"走向"宽融合"。在5G蓬勃发展之际，在云计算、AI等技术的加持下，广播媒体融合逐步走向智能化、多元化、立体化的发展之路。

数据显示，2021年广播媒体受众接触率是59.8%，用户规模是6.81亿人，基本维持往年的水平（见图1）。其中，车载收听虽然受到2020年初疫情的轻微影响，但2021年车载听众规模达5.01亿人，依然呈现上扬趋势。线上用户规模超过3.5亿人，同比2020年的升幅达23.6%。不同场景、不同终端已经逐步形成各自的用户圈，广播媒体将拥有更多元化的圈层。

3. 广播音频的用户主体呈年轻化趋势

广播音频的用户主体是"90后""80后""70后"人群，累计用户比例接近80%，说明广播音频的用户以中青年为主。对比连续三年的用户年龄构成，"00后""90后""80后"的用户占比在逐年上升，"70后""60后""50后"的占比在递减（见图2），广播音频的用户分布呈现年轻化趋势。移动互联网作为广播节目的传播新渠道，迎合了现代年轻人对文化产品的消费习惯，且年轻用户对知识付费与虚拟消费有着更高的接受度。

4. 广播音频用户角色转变：听众→用户

广播音频实现了从传统的单线传播到多平台、多渠道立体传播的转变。以往的单线传播，广播受众更多是单纯被动地收听节目，因此被称为"听

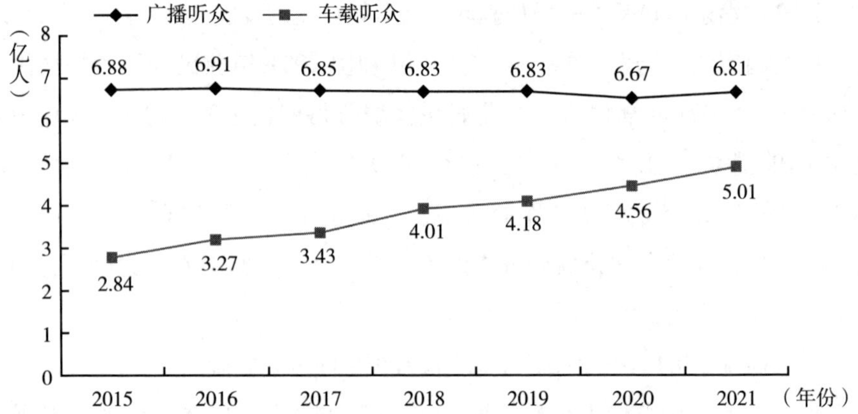

图 1　2015~2021 年广播听众规模

数据来源：赛立信媒介研究，2015~2021 年全国收听率调查。

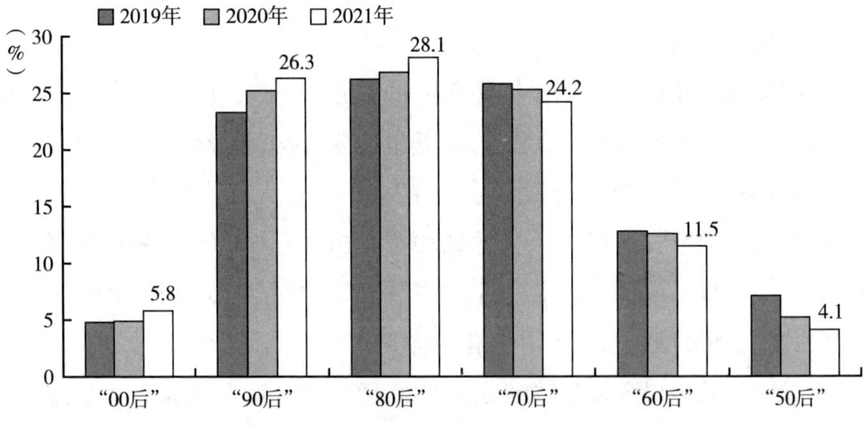

图 2　2019~2021 年广播音频不同年龄代用户占比

数据来源：赛立信媒介研究，2019~2021 年全国收听率调查。

众”；而在立体传播环境中，广播节目的受众除了可以在不同平台收听广播节目以外，还可以通过转发、评论、直播交流等进行即时互动，部分广播音频甚至会根据目标人群的收听习惯进行再剪辑、再传播，广播音频受众已经转变为媒体用户。无论从用户的参与度，还是节目制作、传播的方式来看，新广播音频更注重的是用户体验。

二　广播音频用户之行为习惯

1. 广播音频的传播走向智慧化、立体化

2021 年，广播的媒体融合已经步入深水区。伴随着移动智能终端的广泛使用，广播音频发生了较大的转变：在声音的基础上叠加影像，从线下直播平台扩充至全媒体矩阵，以往的热线电话变成在线即时互动，AI 主播参与内容播报等，广播音频的传播已经走向智慧化、立体化。

广播音频的收听终端从“收音机”走向“传统收听端+车载收听端+智能收听端”。科技的日新月异改变了用户的媒介消费习惯，传统收听端的用户日趋减少，2021 年传统收听端的用户使用率较 2019 年下跌了 9.2 个百分点，达历史最低值。智能收听端的用户使用率则是逐年递增，2021 年率达 48.3%，比 2019 年上升了 5.1 个百分点（见图 3），线上收听用户规模在不断扩大。车载收听端的用户使用率一直保持稳定的态势，依然是广播音频的主要收听终端。

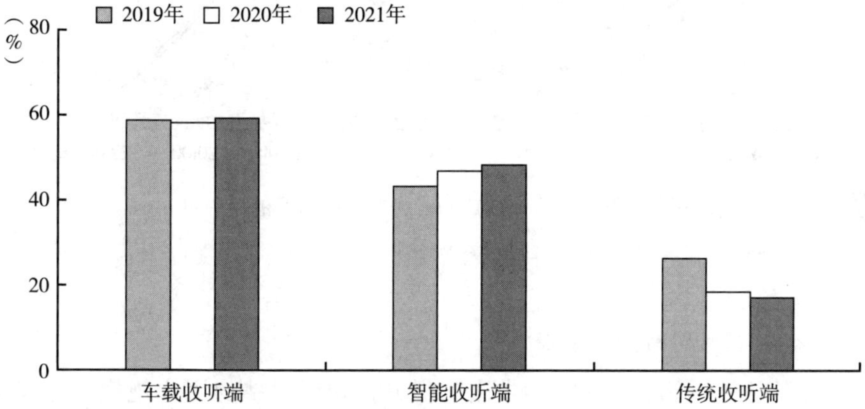

图 3　2019~2021 年各类收听终端的用户使用率

数据来源：赛立信媒介研究，2019~2021 年全国收听率调查。

随着车联网的普及与深入发展，人车触碰时间越来越长，众多的音频产品布局汽车市场。2021 年 9 月，云听 App 推出车机版，传统广播和网络电

台通过技术实现无缝融合。智能车载系统通过大数据分析和 AI 内容推荐技术，实现“场景化智能推送”和“互动直播”。车场景下收听广播音频的区域局限性已经被打破，车主可以通过 App 账号实现车内车外的断点续听，车载收听端用户的收听时间大大延长。

2. 收听场景的多样化，广播音频发展拥有多元化的空间

广播音频上线后，与用户的触点更为多元，场景更加丰富。广播音频的收听场景除了通勤途中，还有工作/休闲、健身、亲子、睡眠等场景，全天中除了早晚高峰时间段外，午休时间等时间段的用户量也在逐步递增（见图 4）。

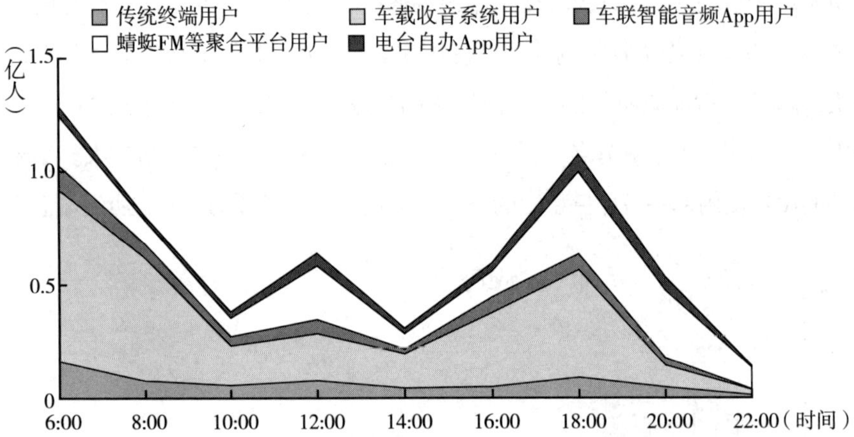

图 4　不同收听终端广播音频在不同时间的用户量

数据来源：赛立信媒介研究，2021 年全国收听率调查。

3. 广播音频付费消费未来可期

随着用户对高质量音频诉求度的提升，知识付费的用户规模逐年增大（见图 5），优质内容是广播音频内容消费的最大驱动力。随着广播音频传播平台和传播形式的多元化、精细化，音频内容价值日趋凸显，从而促进广播音频的商业化。数据显示，30 岁以下的青少年、中高收入人群是在线音频知识付费的主力用户，也是广播音频未来的目标消费群，这些用户重点集中在新一、二线“耳朵经济”较为发达的城市。

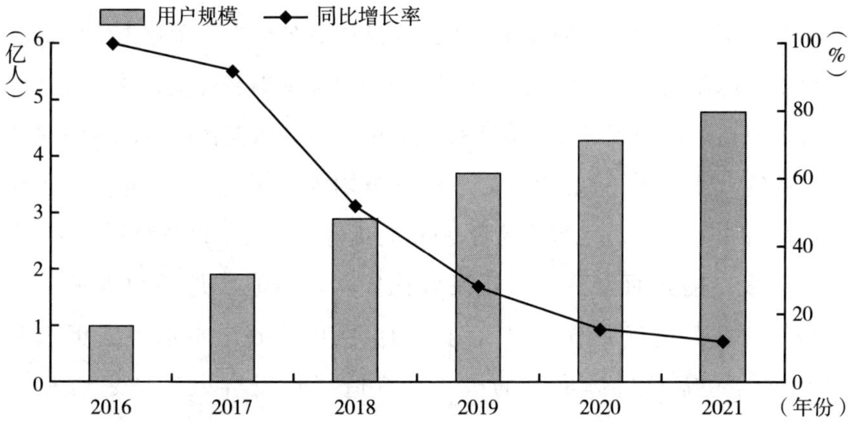

图 5　2016~2021 年广播音频知识付费用户规模及同比增长率

数据来源：赛立信媒介研究，2016~2021 年全国收听率调查。

4. 广播媒体的音视频产品在微信和抖音平台的传播力日益增强

广播媒体日益重视私域流量的培育，在微信和抖音两个平台的影响力明显增强。赛立信融媒体云传播效果数据显示，2021 年底，省级电台在抖音平台的累计粉丝量超过 1 亿人，下半年的粉丝量较上半年增长 18.1%。2021 年上半年，省级电台抖音视频的累计浏览量达 5.65 亿次，下半年达 7.31 亿次，下半年较上半年上升了 29.4%。

2021 年下半年省级电台在微信公众号上的发文量超过 20 万篇，较上半年 19.14 万篇上升 9.0%，爆款文章量较上半年上升了 51.1%，同时原创内容在不断增加，下半年原创内容发布量也增长了 12.6%，为私域流量的积累奠定更雄厚的基础。

三　融媒体推动广播音频的变革

1. 用户需求全方位倒逼广播产品创新

广播媒体在转型探索中逐步完善以用户需求为导向的融媒体内容制作。数据显示，广播媒体用户对内容产品、服务的需求程度不一，占比最高的是新闻资讯，其次是音乐歌曲、购物消费、学习等，需求整体呈现多元化趋势。在新闻资讯领域，广播媒体有着得天独厚的公信力、影响力优势，以快捷、权威、深度的新闻资讯吸引用户，为用户提供更多有质有量、有新意的新闻资讯节目是广播媒体在融合传播样态中值得深入挖掘的方向。河北电台新闻广播的《天天天下》、浙江之声的《方雨大搜索》、湖南电台交通频道的《国生开讲》等，均在聚合音频 App 上获得大量粉丝以及受到广泛好评。

市县级广播方面也不乏依托区域化优势、着眼本地用户需求、结合本地资源优势打造优质节目的案例。如昆明电台找准本地中老年人人口较多且对驾考需求持续增多的机遇，打造“银发春风计划之驾考帮帮帮”项目，实现内容链条化分发。主动挖掘用户实际需求乃至潜在需求，提升用户体验，进而找到经营突破口，进一步扩大用户在广播媒体的消费量。

2. 打造快节奏、强互动的“碎片化”节目专栏

现代人的快节奏生活使用户接触媒体习惯呈时间碎片化、触点多元化的趋势。数据显示，六成左右的广播音频用户单次收听广播的时长均在一小时以内，收听时长超过 1.5 小时的用户占比不到 20%。可见，快节奏、较短时长、风格明确的节目内容更能适应当今广播音频用户的收听习惯，“小而美”的专栏节目受到听众青睐。如北京新闻广播旗下一档早间新闻和资讯服务性节目《主播在线》，节目于 7：30~9：00 播出，为适应早晨上班一族用户的快节奏，节目下设《今日头条》《京城京事》《国内新闻》《夹叙夹议》《国际视线》等十余个栏目，内容具有知识性、趣味性、话题性，成为众多用户早间钟爱的新闻资讯节目。

此外，增添互动环节，插入强互动性的创意游戏、活动等，也是使“碎片化”栏目碎而不散的良方。以常年保有高收听率的上海流行音乐广播动感 101 为例，该频率常在大时段节目中穿插丰富的小花样，如游戏、广告竞猜、电话祝福、话题分享等强互动性内容，同时运用传统形式、新媒体平台、场外参与等多种渠道与听众互动，使用户在零散的收听时段内保持对节目内容较高的关注度，进而提升用户的参与积极性与黏性。

3. 发力全媒体运营，激活广播移动互联网传播潜能

融媒体时代，广播的内容传播已与“两微一条一抖”等社交媒体平台，以及喜马拉雅、蜻蜓 FM、阿基米德、荔枝 FM 等在线音频平台紧密结合，内容产品以“线上云听”及在互联网头部平台上的音视频、图文、H5 等多样化的形式传播。移动互联网低门槛、无边界的传播特质，为广播全媒体化运营及破域、破圈营销创造了良好发展环境。

以杭州之声为例，频率对节目重新洗牌，推出六大垂类融媒体工作室和多档融媒体节目，以“四个一”为运作原则，即一广播节目、一视频账号、一社群维护、一品牌活动，让工作室和节目渗入全媒体传播渠道。旗下中医养生类节目《国医奇谈》以此为依托开发全媒体音视频产品，在喜马拉雅、蜻蜓 FM 平台收获超 600 万次的收听量，此外还在抖音、快手、小红书、B 站等平台开设账号，孵化自主 IP，将视频直播与线下活动有机结合。依托移动互联网多元传播渠道，广播媒体正化主动为被动，发力全媒体内容产品运营，持续为传统广播节目的营销拓展打开新窗口，大幅激活广播在移动互联网时代的发展潜力，加速实现从破域到破圈、从线性传播到全媒体化传播的变革。

广播等传统媒体在媒体融合大潮中的“进”与“出”是一个相互作用，传统媒体的公信力优势使其得以在信息庞大而杂乱的互联网平台上抢占高地，而融媒体语境中用户表露出的新习惯、新行为、新需求，也将广播等传统媒体导向了具有新媒体特性的转型变革道路。新广播立体传播生态圈的成形，有利于广播在移动互联网领域进一步发挥主流媒体强大的媒体资源优势，打开转型发展新局面。

B.22
2021年中国广电媒体融合传播效果报告

刘牧媛　肖子南*

摘　要： 2021年是中国共产党成立100周年的历史节点，这一年中国航天领域喜报频传、中国体育军团在东京奥运会上奋勇拼搏、云南大象萌态俘获全球网友、孟晚舟归国牵动全民心弦，也是在这一年，主流媒体全力打造融媒报道产品，以爆款作品扩大影响力与舆论引导力，继续攻坚新媒体阵地。CTR通过行业观察和数据监测全面评估主流媒体机构网络传播力，形成2021年网络传播力榜单，客观呈现主流媒体的网络传播效果。

关键词： 主流媒体　网络传播力　媒体融合

一　2021年主流媒体网络传播力榜单

根据CTR统计，中央广播电视总台、湖南广播电视台和上海广播电视台位列38家省级以上广电机构网络传播力榜单①前三名（见表1）；中央广播电视总台各渠道均衡发展，占据多个分榜首位，14款下载量百万级以上自有App产品的下载量增幅超行业均值，其中“央视频”“云听”和“央视文艺”下载量增幅翻倍；拥有超220个百万级以上粉丝/季度累计阅读

* 刘牧媛，央视市场研究（CTR）媒体融合研究院研究经理；肖子南，央视市场研究（CTR）媒体融合研究院研究员。

① 网络传播力榜单涉及六大渠道，分别为自有App、官方网站、微博、微信、短视频（抖音、快手、央视频）、其他第三方平台（今日头条、腾讯新闻、网易新闻、搜狐新闻、哔哩哔哩、爱奇艺、优酷、腾讯视频、喜马拉雅等）。

量的头肩部账号矩阵。2021 年中央广播电视总台共生产 1.8 万篇（条）爆款作品，其中“央视新闻”抖音、快手账号的爆款作品数量在总台同平台账号爆款作品数中的占比均超过 90%。

表 1　2021 年 38 家省级以上广电机构网络传播力 Top10

综合排名	评价对象	综合得分	综合排名	评价对象	综合得分
1	中央广播电视总台	90.92	6	北京广播电视台	56.16
2	湖南广播电视台	68.60	7	江苏广播电视总台	55.90
3	上海广播电视台	59.02	8	广东广播电视台	55.71
4	浙江广播电视集团	58.21	9	湖北广播电视台	55.62
5	河南广播电视台	57.84	10	山东广播电视台	55.39

省级广电中，湖南广播电视台发力自有渠道，“小芒”“风芒”陆续上线，自有产品矩阵逐渐丰富。上海广播电视台和浙江广播电视集团在其他第三方平台均衡发展，在微博、微信、短视频和其他分平台榜上有名。河南广播电视台在微信和短视频端发力迅猛，位列综合榜单第五，且在短视频分渠道榜单中排名第二。北京广播电视台和江苏广播电视总台在微博、自有 App 和其他第三方平台均有较好表现，但短视频渠道被反超，综合排名略有下降。湖北广播电视台和山东广播电视台 2021 年首次入榜，湖北广播电视台在各渠道排名均有提升，其中微博和短视频渠道进入分榜 Top10。山东广播电视台发力省市县（区）三级融媒体账号矩阵，在自有 App 和短视频分榜单中进入排名前十。

二　2021年主流媒体网络传播亮点

1. 主题主线报道掷地有声，打造红色爆款 IP

主流媒体新媒体端对重要事件、活动全程直播并创建相关话题聚合全网注意力。“央视新闻”（中央广播电视总台）直播“七一勋章颁授仪式”和“庆祝中国共产党成立 100 周年大会”，节目累计观看人次近 8000 万；创建的微博话题#中国共产党成立100周年#阅读量突破120亿次；国庆直播“国庆升旗仪式”观看人次超1000万。

创意表达丰富产品形态，爆款频出收获网友喜爱。中央广播电视总台原创国漫《振山河》视频微博端播放量超150万次。湖南广播电视台联合人民日报社、腾讯音乐策划“复兴大道100号”专题音乐演唱会，客户端系列视频总播放量超400万次。浙江广播电视集团推出《看看“浙”里数字范儿》和《你好，浙江!》，以沉浸式阅读展现浙江发展成果，作品累计阅读量超10万次。

2. 重大公共事件报道改变话语方式，多样化报道引发网友共鸣

航空航天报道情怀与趣味兼备。根据CTR监测，主流媒体2021年发布了2947条有关航空航天主题的爆款作品①，总播放量超18.4亿次，总互动量达4.4亿次。中央广播电视总台微博账号矩阵共发布286篇爆款作品，总获赞量超1200万次；“央视频”平台“空天逐梦”发布的航天直播累计播放量超1000万次；“CMG观察”创建微博话题#空间站有宫保鸡#，联合多位明星艺人演唱《空间站有宫保鸡》，话题总阅读量达3415.9万次。

体育赛事报道浓墨重彩，助威奥运健儿彰显体育精神。东京奥运会期间，中央广播电视总台全媒体平台节目总收看量超470亿次，刷新10年来体育赛事触达人次纪录。内容策划上，“央视新闻”客户端聚合内容资源，打造奥运专题，开设“赛事速递”“中国军团”“观赛宝典”等11个子板块，进一步细化相关内容。“央视频”客户端把握年轻用户喜好，巧用“国风元素”推出传统文化体验节目《国风运动会》，累计播放量达1602.8万次。

3. 新媒体创意节目破圈传播，创新广告植入升级内容营销

主流媒体玩转新媒体，打造出圈密码。中央广播电视总台推出的主持人才艺秀《央young之夏》成为流量捕获器；后续紧扣北京冬奥会推出《冬日暖央young》。“央young”系列主打“反差”，一方面充分展现主持人的

① 点赞量或阅读量超10万次的为爆款作品。

个人才艺，另一方面将排练失误和后台花絮以短视频形式呈现，以真实人格化内容吸睛。根据统计，“央视频”平台《央 young 之夏》5 小时公演直播当晚收获 6353 万次的观看量，节目相关话题拿下 41 个全网热搜榜，总阅读量达 30 亿次，总互动量达 454 万次，全网相关短视频播放量达 7 亿次。《央 young 之夏》成为 2021 年中央广播电视总台新媒体端的标志性出圈节目。

商务广告巧妙植入，定制内容适配场景营销。在广告品牌植入上充分考虑产品与场景的适配性，进行定制化内容营销。通过改编海尔兄弟主题曲《雷欧之歌》，唤起广大网友童年记忆；发起微博话题#王冰冰等主播一首歌串起 14 部国产动画#，话题总阅读量突破 1.1 亿次。此外主持人体验在居家智能场景中做饭、运动以及穿搭选择，网友能够切身带入并进行场景共情，相关广告微博话题#智慧就这 young#累计播放量达 6972.5 万次。

4. 广电媒体差异化定位打造自有 App 矩阵，音频、电商阵地崛起

CTR 监测数据显示，2021 年广电机构常规运营自有 App 超 150 款，整体累计下载量较 2021 年初增长 19.1%，其中下载增量超百万的 App 共 43 款。在自有 App 分榜上，中央广播电视总台、湖南广播电视台和上海广播电视台位列前三。总台自有 App“央视频”“央视新闻”升级改版，“央视频”吸纳大批优质社会账号入驻，发展“央友圈”和垂类内容板块。“央视新闻”优化信息整合和新闻时效，上新“24 小时”，以时间流形式呈现全球重点新闻，方便用户碎片化通览时事热点；新增应急信息征集能力，在重大事故发生时，第一时间启动信息汇总，助力救援工作，体现主流媒体的社会担当。

品类赛道方面，广电机构自有音频类（见表 2）和电商类 App 累计下载量增长幅度均超过 50%。其中中央广播电视总台“云听”音频 App 与“学习强国”合作进行主旋律传播；湖南广播电视台“小芒”App 发力汉服与新国潮，瞄准年轻垂类赛道；上海广播电视台“百视 TV”以“B+商城”板块承接自有用户流量，构建内容—消费新链路。

表 2　2021 年 38 家省级以上广电机构网络传播力音频类自有 App Top5

排名	客户端名称	机构
1	云听	中央广播电视总台
2	阿基米德	上海广播电视台
3	粤听	广东广播电视台
4	听听 FM	北京广播电视台
5	北高峰	浙江广播电视集团

5. 持续发力短视频，广电媒体发挥内容优势布局特色垂类

2021 年广电机构短视频平台（抖音、快手、央视频）传播矩阵规模化发展，产出稳定，粉丝量高速增长。根据 CTR 监测，2021 年 38 家省级（及以上）广电机构共计有超 470 个百万级粉丝量的账号，其中粉丝量达千万级的头部账号共计 48 个，较 2020 年同期增长 92%。总体上广电机构愈发适应短视频玩法，专攻垂类内容赛道。广电机构网络传播力短视频分榜单 Top10 如表 3 所示。

表 3　2021 年 38 家省级以上广电机构网络传播力短视频分榜单 Top10

排名	评价对象	排名	评价对象
1	中央广播电视总台	6	湖南广播电视台
2	河南广播电视台	7	湖北广播电视台
3	四川广播电视台	8	广东广播电视台
4	山东广播电视台	9	安徽广播电视台
5	浙江广播电视集团	10	上海广播电视台

根据 CTR 监测，中央广播电视总台 2021 年共有 10 个粉丝增量实现翻倍的、百万级以上粉丝量的头肩部账号，其中增量位居前二的分别为“中国诗词大会”抖音号（粉丝量增长 4.4 倍）和“young 视频”快手号（粉丝量增长 2.6 倍），前者将大屏经典 IP 短视频化呈现，后者依托体育节目资源打造体育类新 IP。

河南广播电视台在《唐宫夜宴》《洛水神赋》《龙门金刚》等节目的助力下成功出圈，旗下“大象新闻”抖音号粉丝量较 2021 年初增长 8 倍以上，是广电机构千万级账号粉丝增量最高的账号。

此外，38 家省级以上广电机构对传统自有内容 IP 进行互联网化打造，有 17 个节目类 IP 抖音账号粉丝量过千万人，较 2021 年初增加 9 个。

6. 主持人、记者网红以多样形式传递正能量

广电主持人、记者结合自身特点在新媒体端进行多样化传播，个人 IP 打造表现突出。根据 CTR 指数，抖音、快手和哔哩哔哩头部主持人上榜账号中（CTR 指数超过 70），中央广播电视总台上榜 8 个，浙江广播电视集团上榜 3 个，江苏广播电视台上榜 3 个，安徽广播电视台上榜 1 个。

中央广播电视总台主持人、记者 IP 各显神通，以人格化内容打造个人品牌。“吃花椒的喵酱”（王冰冰）哔哩哔哩账号发布采访花絮和个人生活 vlog，以甜美可爱的形象继续保持高影响力，其中作品《【冰冰 vlog. 003】出差摸鱼逛北京》记录王冰冰逛胡同和撸猫的休闲日常，总播放量达 1063. 9 万次，总互动量为 140. 5 万次。驻外记者刘骁骞的哔哩哔哩账号“刘骁骞”记录驻外工作日常，展现中国记者的无畏与专业，对遭警察枪击的黑人布雷克的父亲进行街头采访而形成作品《“我愿意接受中国媒体采访”》，揭露美国社会的种族歧视，作品总播放量达 302. 6 万次，总互动量达 15. 8 万次。哔哩哔哩账号“李思思”，抖音、快手账号“朱迅”分享日常生活，传递愉悦心情，展现正统主持范儿；“主持人杨帆”快手账号录制搞笑情景剧段子，逗乐广大网友；抖音账号“金龟子”则深耕少儿教育垂类，唤醒网友童年记忆。

省级广电中，新闻时评成为最大“安全牌”，浙江广播电视集团“新闻姐”抖音账号、安徽广播电视台“王小川”抖音账号、江苏广播电视台“大林评论”快手账号、“记者杨威”快手和哔哩哔哩账号，跟进社会新闻，倡导正确价值观。浙江广播电视集团“晓北-城市私家车”抖音账号深耕城市交通与私家车交易领域，实现传统城市交通广播可视化，主持人的干练、泼辣受到网友喜爱。浙江广播电视集团“沈涛”抖音账号延续综艺逗乐，

以生活段子吸引网友互动。此外，直播带货已经成为一股新潮流，主持人的专业表现丰富了直播内容生态。

7. 入局虚拟人赛道，积极拥抱元宇宙前沿技术

近年来虚拟偶像产业发展如火如荼，涉足虚拟偶像是入局元宇宙当下最快、最可行的方式。元宇宙美妆 IP“柳夜熙”问世，其抖音账号一天内涨粉破百万，该领域发展大有可为。

广电机构积极入局虚拟人赛道，中央广播电视总台推出冬奥会手语 AI 主播，为听力障碍人士提供手语直播。上海广播电视台推出的二次元虚拟新闻主播申䒕雅参与多档新闻节目，二次元与正统新闻深度结合，突破网友“次元壁”认知；开设哔哩哔哩官方账号“申䒕雅_ 小雅 Official”，视频总播放量达 390.8 万次。湖南广播电视台打造的元气可爱风格虚拟人“小漾”，逐步参与到节目宣发与制作中。

8. 发力海外传播，全球新闻报道中主流媒体作用凸显

根据 CTR 监测，截至 2021 年 12 月底国内已有超过 30 家省级以上广电机构或央媒在海外三大社交平台开设账号近 700 个，累计粉丝量超 11 亿人；Facebook 平台整体粉丝规模突破 10 亿人，较 2021 年初增长 9%，千万级粉丝量头部账号共计 18 个，CGTN（@ ChinaGlobalTVNetwork）粉丝量达到亿级；YouTube 平台粉丝总量达 3800 万人，较 2021 年初增长 24.9%，其中中央广播电视总台、湖南广播电视台、浙江广播电视集团和上海广播电视台共有 10 个账号粉丝量超百万人；Twitter 平台总粉丝量达 5700 万人，较 2021 年初增长 0.6%。2021 年海外传播力排名前五的广电机构如表 4 所示。

表 4　2021 年国内广电机构海外传播力榜单 Top5

排名	机构名称	排名	机构名称
1	中央广播电视总台	4	浙江广播电视集团
2	湖南广播电视台	5	江苏广播电视总台
3	上海广播电视台		

国内主流媒体积极策划国际议题报道，挑战西方话语霸权初见成效。中央广播电视总台在自有客户端和新媒体平台独家直播孟晚舟归国，17 条内容全部全网首发，总点赞量突破 4 亿次；直播信号和新闻素材被美联社、法新社等 58 个国家和地区的 391 家媒体转播转载，累计播出超 2800 次。在对阿富汗塔利班掌权有关内容的报道中，中央广播电视总台当地记者第一时间发回现场报道，相关视频播放量超过百万次；CGTN 主播田薇对话塔利班政府新闻发言人，专业表现得到海外网友的认同与点赞，视频累计播放量达 11 万次；“CGTN Frontline” Facebook 账号捕捉战争残酷，定格人性之温暖，条均互动量均在千次以上。

面对疫情溯源和国外对新疆棉的蓄意抹黑，主流媒体以翔实证据和思辨分析进行有力反击。CGTN 在 YouTube 平台推出《深度调查美国北卡罗来纳州的新冠病毒实验室》，披露美国德堡实验室新冠病毒源头真相；上海广播电视台“ShanghaiEye 魔都眼” YouTube 账号发布新闻《新疆哈密极地产业蓬勃发展》，展现美国制裁之下依旧正常运转的新疆产业经济。

文艺娱乐类内容成为出海主力。中央广播电视总台“CCTV 春晚” YouTube 账号视频累计播放量超 2. 5 亿次，“春晚”“秋晚”两大文艺 IP 受到海外网友关注，佳节期间账号粉丝量大幅增长。影视类 YouTube 账号“China Zone 剧乐部”推介中国影视作品，并形成了覆盖中、英、西等 10 多个语种的影视剧传播矩阵，账号矩阵用户数量突破百万人。湖南广播电视台开设的“湖南卫视芒果 TV 官方频道”“大湾仔的夜官方频道”等 YouTube 账号延迟更新自制综艺，其中《披荆斩棘的哥哥》12 期完整节目累计播放量达 978. 3 万次。上海广播电视台 YouTube 账号“SMG 上海电视台官方频道”发布的《我们的歌》的 12 期完整节目累计播放量达 923 万次。浙江广播电视集团发力音乐垂类，开设 YouTube 账号“浙江卫视音乐频道”，累计订阅量达 154 万人次。

2021 年中国互联网用户规模已超 10 亿人，互联网普及率超过 70%，中国已成为全球最庞大的数字社会。“宅经济”之下超 8 亿人在线购物催生了社区、社交和内容电商的蓬勃发展；区块链、NFT、元宇宙等新生概念充满无限可能；6G 被写入工信部“十四五”规划；Web 3 成为互联网重要词语。主流媒体也愈发适应互联网传播规律，爆款作品接连不断，并不断优化自有平台建设。我们期待主流媒体以大象起舞的姿态推动媒体融合的纵深发展，并不断迈向新的未来。

B.23

2021年中国互联网营销创新及应用

艾瑞研究院

摘　要： 中国数字经济在政策与技术双驱动下蓬勃发展，产业数字化与企业数字化转型是大势所趋，而营销场景是企业最先、最广泛落地的场景。当前中国互联网营销存在着流量增长乏力、公域流量获取成本高、营销技术难以集成且落地效果不及预期、营销技术人才缺乏、数据安全监管趋严等痛点。但在未来，云计算、人工智能、5G等先进技术的深度应用有望推动企业实现数据湖仓一体、数智融合、数用一体的数据架构，企业的数据资产将得到有效积累，企业的数据价值将进一步放大，企业的业务和服务的创新性也将变得更加灵活。

关键词： 数据资产　互联网营销　云计算　人工智能　营销技术

一　互联网营销困境

1. 宏观层面的困境

从宏观上来看，互联网营销以流量竞争为基础，现阶段面临着流量增长乏力、流量向头部聚集、公域流量成本难降低等问题。

（1）网民数量及上网时长增速放缓，流量瓶颈凸显

CNNIC发布的第49次《中国互联网发展状况统计报告》显示，截至2021年12月，我国的网民规模达到10.32亿人，其中手机端网民为10.29亿人，占比99.7%。由此可见，互联网的人口流量红利已然消失，流量增

长无法再依赖于宏观层面的用户数量增加，这也意味着市场需要对存量市场进行更加科学化、精细化的运作。值得注意的是，CNNIC 的报告还显示，农村地区互联网普及率在近两年有较为明显的增长，从 2019 年的 39.8%增长至 2021 年的 57.6%，农村地区的互联网渗透率似乎还有上升潜力，可以作为增量洼地去深耕运营。报告还显示，自 2017 年以来，我国网民人均每周上网时长基本维持在 28 小时左右，并无明显稳定涨幅。

（2）流量竞争加剧，公域流量获取成本高

互联网流量红利见顶的当下，现有流量经由并购扩张等资本操作而进一步向头部产品集中，互联网巨头围绕自身核心产品构建产品矩阵，构筑流量阵地，并且形成了初具规模的流量池。就目前来看，新产品很难再在新的流量赛道上发展壮大起来，故流量购买方必将面临两个问题：其一，同品类流量购买方对现有的流量资源的争夺竞争将加剧；其二，和流量平台之间的议价权将进一步降低。与此同时，身处流量金字塔顶端的头部企业，在获得新增活跃用户时所投入的营销费用也越来越高。据不完全统计，腾讯、阿里巴巴、京东等头部互联网上市公司单位新增活跃用户对应当期营销费用从 2014 年的 67.6 元/人增长至 2020 年的 474.8 元/人，CAGR 约为 32.1%，可见营销费用在近年内保持着一定的增长趋势，短期内难以控制。

（3）精细化营销对数据资源对接、营销技术集成提出新需求

当前的营销场景是多元化的：移动互联网的普及应用、物联网设备的渗透等增加了用户的硬件入口选择；短视频、搜索引擎、电商平台、新闻资讯等丰富了营销渠道；内容营销、公域营销、私域营销、社群营销等拓展了营销形式。在营销场景多元化的同时，将这些端口、渠道的数据资源打通、治理、调用、分析甚至赋能业务是企业所重点关心的方向。现阶段，中国的智能营销服务主要基于内容创意、广告投放、渠道运营和转化、客户和流程管理、数据和策略这五大场景，这五大场景能实现获客-销售转化-客户运营-数据分析-策略制定的完整链路的有效串联。但在实践过程中，针对不同环节、不同用户的需求都可能衍生出相关的解决方案，智能营销的产业链也在

不断延伸与细分，整体呈现多元化、碎片化的特点，如何将营销技术有效集成是行业目前面临的一大考验。

（4）国家监管政策出炉，流量时代下的隐私安全需加强

在网络时代，大量的数据信息像藤蔓一样紧紧纠缠在互联网这棵大树上，其结出的利益果实让不少“有心人”垂涎欲滴。随着 2021 年下半年诸多国内外信息安全问题被曝光，网民隐私和数据安全得到了国家的空前重视。2021 年 6 月，《中华人民共和国数据安全法》颁布，其中规定将对不履行数据安全保护义务、违反核心数据管理制度、未经批准向境外提供重要数据等行为的企业采取高额罚款和停业整改等措施。此类政策不仅警示着整个互联网体系，也对互联网营销提出了新要求。较之传统营销，互联网营销的优势就在流量和数据，当隐私安全被重视时，野蛮收割用户相关数据的做法将被抑制，但就营销的精准推荐而言，势必会受到一定影响。

2. 微观层面的困境

从微观上来看，目前的互联网营销痛点主要集中在技术、成本、人才、数据资产和数据安全等方面。

（1）营销技术落地效果不及预期

在互联网的营销过程中，营销技术作为维护营销链条的重要工具，值得大家关注。营销技术主要指通过链接资源、优化流程、监控活动等手段为互联网营销进行服务的计算机技术。根据 2020 年 CMO 平台的调研结果，虽然有 69. 2%的企业认为营销技术确实为企业带来了正向收益，但在实际应用中，71. 4%的企业认为营销技术对工作的提升作用并不明显。这主要是因为营销技术在实际落地时，其所处的环境和场景更为复杂，需求端对目标思路的清晰梳理与供给端对项目需求和难度的精准把握之间的平衡需要通过实际的经验积累来把控。因此，营销新技术的应用不能只停留在研发层面，若要其更好地落地，为企业真实利益服务，还需要市场供需端的共同磨合与努力，方能“人尽其才，物尽其用”。

（2）企业营销上云与冗余用云策略导致企业营销部署成本上升

企业营销上云是未来趋势。云计算的本质是一种计算服务，只不过这种

服务（包括服务器、存储、数据库、网络、软件、分析和智能等）是通过互联网提供的，目标是引导企业按需购买，降低成本。近年来，营销数据类型的多样化和数据量的增加，对企业的存储能力、计算能力等都提出了新的要求，企业营销部署上云可在一定程度上提升企业的敏捷性和柔性，并降低运营维护成本。新的云端部署要求叠加企业用云策略中的冗余原则，企业云计算的营销部署成本势必要增加。从企业降本增效的趋势来看，未来企业云端部署的重点将侧重成本优化能力的提升。

（3）人才短缺导致内部营销技术建设受阻

市场需求-人才培养-人才供给之间联动性强，但人才需求与人才供给之间不仅存在供需时间差，而且由于市场需求的千变万化，供需时间差可能引发供需不匹配的问题。据艾瑞咨询 2020 年针对广告主当前面临的营销挑战的调研，广告主认为当前营销挑战前三名分别是：市场环境复杂（52.8%）、缺乏拥有数据分析和技术经验的人才（51.7%）、数据指标多（48.4%），人才短缺问题不容忽视。

（4）渠道、应用与数据的割裂导致数据资产难以沉淀

目前，企业营销数据的运用在理想和现实之间存在巨大的差异。理想情况下，企业通过打破内外部营销数据、线上线下营销数据壁垒，形成统一的营销数据资产，并通过全生命周期的营销数据资产管理为其业务应用赋能。然而现实是，企业营销数据形态多样、数据质量良莠不齐、数据渠道分散且相对独立等问题严重阻碍了营销数据的价值发挥与企业业务赋能进程。

（5）数据安全监管趋严，信息安全升级势在必行

2021 年 6 月，中国邮政储蓄银行因信息系统相关功能在开发、投产、维护、后评估等方面存在缺陷等问题，被罚款 437 万元。2021 年 7 月，亚马逊因违反欧盟《通用数据保护条例》，被罚款 7.46 亿欧元。可见在大数据时代下，信息得到高效传输的同时，也面临着巨大的被窃取风险。对企业而言，随着企业数字化转型逐步进入深水区，数据相关的风险成本必须成为企业前瞻考察的重点事项，企业信息安全体系升级势在必行。

二　互联网营销新出路

数据湖仓一体、数智融合、数用一体的数据架构的实现，将有助于缓解当前互联网营销的痛点。

1. 湖仓一体：赋能数据管理

高效的数据集成和融合方案，可以赋能企业营销数据资产管理，有助于发挥企业数据价值，赋能业务。从目前企业应用的大数据平台架构来看，主要的设计思路包括数据仓库和数据湖，两种架构均有其局限性和优势。湖仓一体的出现，融合了两种架构的优势，能更好地适应企业未来多样化数据业务，满足其海量数据分析处理的需求。

数据仓库的运用较早，它相当于一个集成化的数据管理系统。数据仓库采用自上而下的处理方式，即“先分析，再存储”，数据仓库大概的工作流程是：从不同数据源提取有价值的数据，通过数据仓库技术（ETL）预先集成、建模、治理，在数据仓库内转换和流动，再通过商业智能、报表等工具进行进一步的分析，服务于后续的数据分析和商业决策支持。由此可见，数据仓库对数据的价值密度要求高、对数据的调取能力要求强，主要为企业商业智能（BI）提供服务。同时，数据仓库和数据库的架构、适用场景不同，企业在实际的不同业务的应用中，使用成本和效果也有很大差异。

数据湖伴随着企业对非结构化海量数据处理的诉求提升而诞生，其本质是数据存储架构和数据管理工具的结合。它采用自下而上的处理方式，即“先存储，再分析”。数据湖可以存储企业或组织的全量数据。数据保真及可溯源、建模灵活、丰富的计算引擎、多模态的存储引擎等是数据湖的主要特点。与数据仓库相比，数据湖可以直接存储各种格式的原始数据，更为灵活地应对未来变化性的业务需求，具有较好的信息处理能力，且成本较低。另外，人工智能、大数据技术的发展对分析、挖掘、应用导入湖中的数据起到了重要的促进作用，如通过机器学习可以对数据进行模型训练、预测分析。但同时，由于数据湖强调的是全量数据的存储与调用，因此它存在企业级功能缺失、实时处理性能差、边际成本上升、数据治理难等问题。

湖仓一体是继单一数据仓库、数据湖架构之后的新一代大数据技术架构。湖仓一体融合了数据仓库性能高、管理强和数据湖成本低、灵活性强的优势。湖仓一体架构提供了一个统一的资源池，可以按照具体需求进行弹性扩展。底层具有多套各种格式的存储系统，实现“湖里”和“仓里”数据的共享、自由流动；上层各引擎通过一体的封装接口访问。湖仓一体的系统架构具备实时处理多引擎、多数据类型的能力，可以实现湖仓之间数据自由流动且建模灵活，大大降低了数据处理的成本。

现今，市场上已经出现各大厂商推出的湖仓一体解决方案，例如亚马逊云科技“智能湖仓”架构、阿里云“MaxCompute”湖仓一体方案、华为云“FusionInsight”湖仓一体方案等。除了数据湖的通用性功能，例如元数据管理、多元分析引擎、高阶分析、算储分离等，各大厂商也会根据自身情况调整落地路径，开发侧重点不同的产品。例如，亚马逊推出的“Redshift Spectrum”和阿里云的“MaxCompute”以数据仓库为核心，支持访问数据湖，微软的“Azure Databricks”则是在数据湖架构上建立数据仓库。

在面对数据量大、实时性强的营销场景时，湖仓一体兼具高性能和低成本的明显优势。随着计算资源虚拟化、网络性能优化时存在的问题被解决，湖仓一体化会得到更加广泛和高效的应用。

2. 数据溯源：重视纵向客户体验

从客户旅程的视角进行数据溯源，为客户提供自始至终的一致体验，获取更好的营销效果，实现企业与客户的双赢。

随着互联网的发展，客户与品牌之间的沟通桥梁被逐步建立起来，二者距离逐渐拉近，客户反应对市场愈加起到了举足轻重的作用，客户体验成为企业营销的核心关注点。现今，消费市场的营销模式具有触点分散、渠道多样化、实时性强等特征，仅依赖单个触点难以真正触达客户的完整需求，企业应当从客户视角和整体视角入手，关注客户在整个旅程中自始至终的体验。

传统的营销思想是把营销、客户体验、售后等一系列环节纵向割裂运营，例如当前较受欢迎的私域流量运营、常见的拓客模型—营销漏斗（AIDCA）模型，均将客户视作资源或者流量，这样做是有局限性的，因为这种运营方式更多的是基于横切面的统计视角，而没有从个体视角出发考虑，缺少对单个客户旅程的关注。基于工程的视角，往往欠缺人文关怀，无法满足客户差异化的需求；基于单点的局部视角，则缺乏对品牌整体的关注，例如广告投放中为了提高点击率（CTR）而使用浮夸的素材与创意，缺少对品牌调性的考虑；基于售前的视角，专注于营销效果和销售，服务形式单一，没有将前期的流量运营与购买后的使用、售后客服等环节打通，缺少一致性和整体性。整体看来，基于这种横切面的视角，企业难以与消费者保持一致的步调，企业为消费者提供的价值增长受限，进而会面临客户黏性下降、失去新时代消费群体的风险。

为了应对以上局限性，企业从传统基于横切面对客户资源进行运营的方式，逐步转向服务于纵向的客户体验。在系统架构方面，把传统的客户体验（如产品功能、人机交互等）和完整的销售周期（包括品牌营销、销售推广、售后服务等）进行深度结合，贯穿客户整个旅程，为客户提供自始至终的、整体一致的体验。在这个过程中，通过有效使用数据（数据集成、数据分析等），促进工作流程自动化，以服务于智能告警、智能决策，由此塑造企业的品牌与调性、提升客户对品牌的忠诚度，构建出整体视角下的客户体验。在具体模型方面，产品驱动增长模型（PLG）是较受推崇的一种客户体验驱动模型，该模型将产品置于客户旅程每个阶段的前沿和中心，客户拥有真正的自下而上的决策权。企业通过产品自助式体验吸纳较为稳定的客户群体，对产品销量的增长起到了驱动作用。

全流程客户体验的思想在实际应用中有许多可以落地的方案。在苏格兰皇家银行案例中，IBM 的人工智能技术助力打造智能客服机器人 Cora，促进售前、售后客服环节的高效和智能化。Merkle（美库尔）公司也发布了客户体验 5.0 战略，即数字化转型与数据资产化转型的结合。通过连接和分析企业各部门分散的数据，对业务进行指导。

将横切面的客户资源转变为纵切面的客户体验，从局部到整体的不断演进，是企业应对市场变化、适应客户需求多样性的必经之路，这种运营方式能更高效地提高客户体验满意度，从而有益于品牌建设和提高企业收入，实现客户和企业的双赢。

3. 人工智能：助力智能营销

在人工智能发展初期，基于机器视觉的人脸识别技术与工业生产结合度高，人工智能作为“智慧之眼”广泛用于各个领域。在智慧门店场景下，企业通常利用该技术进行客流统计与消费者分析，将得到的分析结果去辅助其业务决策。商户将高清智能摄像机放置在商场的指定位置，再将收集到的人脸信息打包提供给人工智能供应商，最后由人工智能供应商提供分析报告和商业信息。但在 2021 年“3·15”晚会中，部分品牌门店违规收集和使用人脸数据的现象被点名批评，人脸识别技术引发的道德和法律问题被社会各界重视。此后，《购物中心客流系统数据统计规范》《数据安全法》《个人信息保护法》等相继出台，就数据、个人信息的保护提供了相应的规则指引。在确保用户隐私安全的前提下，如何保持人脸识别这一技术在智能营销中的有效性，成为商户、人工智能供应商亟须解决的问题。当前，人工智能的深度应用成为解决这一问题的“良方”。在新冠肺炎疫情的特殊背景下，深度人脸识别有效克服了因全民戴口罩导致面部捕捉点缺失的这一难题。在实例中，开发人员在算法设计上加强对人脸局部特征点的学习，提高人工智能对未遮挡区域的判断能力，自适应地调整可见区域权重。与此同时，人工智能通过 3D 图像融合技术，生成海量真实环境下的人脸图片，经深度训练后，模型鲁棒性得以优化，准确率大幅提升。目前各大互联网企业均推出了人工智能深度应用平台，口罩场景下人脸识别误差在 1%左右。此外，一些非 RGB 域的人脸识别方法，基于差分隐私这一技术手段在数据集中加入随机噪点，做到视觉不可视的同时尽量减小其对业务表现的影响。在商户明示规则和依法获取用户授权的前提下，对通过深度人脸识别收集到的用户信息进行脱敏处理、缩小数据体量后，可满足《个人信息安全规范》中对于“最小必要原则”较宽定义的要求，保障人工智能在该场景下的合规部署，助力“用户精准画像”，进而为精准营销赋能。

4. “数智融合”：提升营销效果

一站式人工智能平台部署推动企业“数智融合”，在控制总体拥有成本（TCO）的同时，助力智能营销应用效果的提升。

数智化转型的浪潮下，企业对AI的需求不断增长。在采用数智融合的一站式人工智能平台部署之前，企业主要面临着单点式工具开发、功能模块分裂、部署及维护成本高的问题。重复建设及繁重的资源管理所带来的高成本，与企服市场上企业对人工智能的迫切需求形成鲜明对比，也在一定程度上打消了甲方对于人工智能的投资热情。如何以较低的成本获取高性能人工智能服务成为企业的重要考量因素。采用数智融合的一站式人工智能平台后，可实现从数据准备、模型训练、算力监控与调动、服务部署、运维管理部署的端到端打通，为企业提供从底层数据处理到上层决策应用的全栈式服务。数智融合的一站式人工智能平台所带来的价值主要有以下三点：①在统一平台内完成对数据的采集-标注-治理-应用及推理等全栈式的流水线的生产及管理，提高迭代效率；②将多个模块功能柔性组合，实现多板块管理、降低部署成本、提升数据转化价值；③打通云、大数据和人工智能割裂的开发框架，提升人工智能应用效果。例如，在营销实例中，企业在平台中可按需选择模块搭配，通过大规模人工智能训练模型精准快速地识别客户相关信息，赋能企业的各业务条线，在客户互动、产品投放等多个场景提供差异化服务，做到千人千面。总之，数智融合的一站式人工智能平台可以让生产模式更为集约化，有助于缓解企业投资和投资回报率的矛盾。

5. “数用一体”：打造营销优势

低代码/无代码推动企业“数用一体”的实现，助力企业打造智能营销的差异化优势、放大数据资源价值。

随着5G、物联网等技术的应用及普及，企业积累的数据（如业务运营数据、传感器数据、用户数据等）越来越多，数据资源俨然已成为企业的隐形资产。数据资产价值的发挥受“谁来用数据、如何有效使用数据（如降低数据孤岛、数据治理、数据调用、应用扩展支持等）”等诸多因素影响，故能满足通用性需求的“数据驱动、数用一体”的实现就十分迫切而必要。

当前，针对数据调用，Restful API 与 GraphQL 等技术的发展与应用可为实现不同生态数据的高效调用提供服务支持；针对数据使用，低代码/无代码深入数据层抽象，将助力企业实现“数用一体”，进而推动企业业务创新。目前，腾讯的微搭、阿里巴巴的宜搭、百度的爱速搭都已布局低代码服务。

低代码/无代码的使用将主要带来两方面的积极意义：①企业智能营销应用的开发门槛降低、开发效率提升、开发周期变短，有助于企业差异化地打造智能营销优势。具体表现为：一方面，通过将重复低效的工作以模块化方式进行封装后，可根据应用进行敏捷部署，降低开发、测试的工作量和难度；另一方面，低代码/无代码显著降低了技术理解门槛，将有助于营销应用开发和营销业务紧密结合，提升产品使用性能。②提升企业数据资源应用效率，放大数据资源的价值。随着使用门槛的降低，在企业允许的前提下，不同人员/组/部门/业务体系只要有需求就可以以低成本、高效率的方式调用、分析、应用企业的数据资源，进而满足不同客户的不同需求，客户诉求快速、高效地实现将直接带来三大益处：其一，提升客户满意度、增加客户黏性；其二，积累更多数据（维度），反哺数据域，数据侧与业务侧双向共赢；其三，助力业务创新探索，有望发现潜在增长点或者打造第二增长曲线。

总　结

本文在已有研究基础上，观测到当前互联网营销面临着宏观层面流量增长乏力、流量成本难以降低，微观层面技术落地不足预期、成本上升、人才短缺、数据资产难以沉淀及数据安全监管趋严等难题。这些问题限制了互联网营销的进一步发展，企业不得不给予重视。针对以上痛点，本文认为，在产业数字化和企业数字化转型的当下，云原生的成熟与应用将促使企业全面软化和数字化，数字资产的有效积累与高效利用将是企业新的发展重点，企业的云计算、数据资产、人工智能必将走向融合。针对企业云数智的融合服务将主要体现在两方面：其一，将强调集成融合与分发，发展一站式集成服务平台。在这个平台中，底层资源（如算力、算法、数据）、数据仓库与数据湖被集成共享、客户旅程相关的数据将被追溯，而企业的部署成本、管理成本将会下降。其二，企业将强调数据的价值放大，即对内对外的数据赋能服务。通过低代码/无代码技术，技术的理解门槛将降低，基本的数据分析和应用将覆盖到企业允许的/组/部门/业务体系。基于此，无论是企业内部的业务理解，还是外部的客户服务与新数据的积累，都将受益。总之，未来云计算、数据资产、人工智能的有效融合与深度应用将有效克服当前痛点，为互联网营销的未来提供新的思考方向。

B.24

2021 ~ 2022年中国数字营销传播生态发展趋势*

陈 怡 杜国清**

摘 要： 数字经济重塑经济格局的当下，产业数字化步步为营，数字营销生态呈现新的竞合格局，广告主数字营销的认知深度和运营力提升，内容生态位上的媒体、平台、营销传播支持机构在博弈中迎来智能升级。数据生态位的规范和治理，促使数字营销生态向融合共治发展。

关键词： 数字营销 广告生态 广告主

一 品牌价值回归，数字营销核心要素重塑

2022 年初国际政治经济形势复杂多变，加之新冠肺炎疫情反复，广告主对国内经济和市场的预期呈现理性审慎的态度。企业营销转为防御战，推广费用投入更加谨慎，也更看重线上终端对于稳定销量的重要性。调研数据显示，2022 年广告主对营销推广费用占比的预期出现回落（见图 1）。

2022 年，61%的广告主将增加线上终端推广费用的占比，线上终端推广成为广告主增投推广费用的首选项。广告主倚重的线上终端推广主要包括电商和直播带货。

---

* 文中数据如无特别说明，均出自中国传媒大学与 CTR 合作开展的“广告主营销传播趋势调研”。

** 陈怡，中国传媒大学广告学院助理研究员；杜国清，中国传媒大学广告学院教授、博士研究生导师。

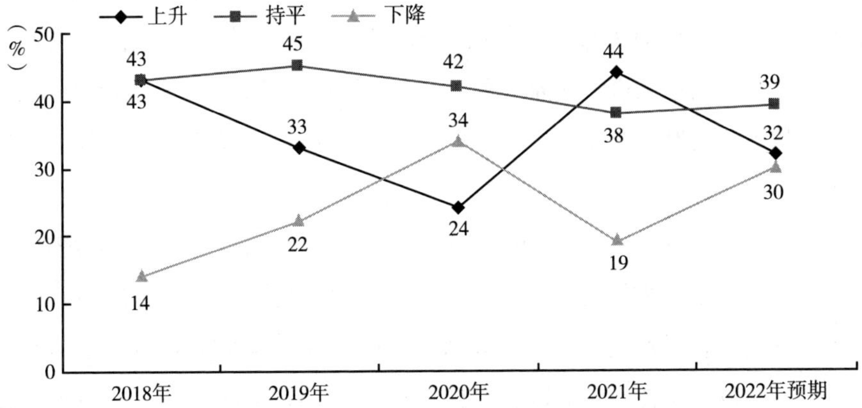

图1　2018~2022年广告主投放营销推广费用占比的预期变化

说明：因数据四舍五入，图中占比总和有大于100%的情况，后文同。

在这个趋势下，有两大特征值得关注：

其一，回归品牌价值。囿于发展环境不确定性增强，加之互联网进入流量的存量博弈阶段，效果广告的边际效益增长乏力，回归品牌价值成为广告主直面不确定性的不二法门。成熟期的行业广告主相对更看重长期的品牌建设，调研数据显示，食品饮料、家用电器、日用品领域的品牌广告投放费用占比超过效果广告，而且2022年预期品牌广告投放费用占比略高于2021年。此外，笔者在广告主访谈中发现，广告主在“效果广告对于沉淀品牌价值的作用并不明显”的情况下，2022年将更注重内容和公关，夯实品牌传播基础。此外，备受瞩目的新锐品牌，在策略上也从倚重效果广告转向品牌与效果共同发力，广告费用分配也随之调整。从流量追逐到回归价值，广告主在探索中不断调适其营销决策，可以确定的是，品牌价值的构建在经历了流量风暴之后，将归位至品牌运营和品牌传播的核心。

其二，消费者关系构建是数字营销核心体系重塑的引擎所在。调研数据显示，目标用户的消费习惯已经成为广告主经营战略决策最主要的依据。数字营销早期，广告主借助数字媒体平台实现用户触达和互动，随着数字化转型和数据能力的提升，广告主与用户的直接链接成为数字营销的新特征。广告主的数据应用能力越来越强，数据驱动的柔性生产已经让“个性化”“规模化”兼备的营销成为现实。私域营销建设从传播端深入到底层数据和流程设置。线下销售渠道、电商平台、自有媒体账号成为企业私域营销的三大入口，私域营销对于企业维系客户、增强客户黏性、提高用户复购率作用显现。

广告主与消费者直接链接的路径优化呈现三个特点：首先，通过整合传播资源提高效率，调研数据显示，近七成广告主会选择在2~3个短视频/直播平台重点运营品牌官方账号。例如，Nike发起OneNike项目，提出精简的主张，即将该品牌运营的数字资产整合在了Nike. com旗下，在品牌、社交媒体和商业发展方面有更清晰、更一致的目标；其次，强化体验性和参与性，调研数据显示，2022年广告主增投幅度最大的互联网平台依次是短视频、社区、社交（见图2）。社区和社交平台也成为广告主新产品推广首要营销测试场景；再次，专业垂类媒体和平台成为广告主构建用户“强关系”的新路径。广告主积极尝试与头部垂类KOL红人合作，合作有助于提高传播的精准度和深度。新锐品牌广告主对专业垂类互联网平台的增投积极性显著高于广告主的总体水平，未来将重点布局社交电商、兴趣电商、关系电商。

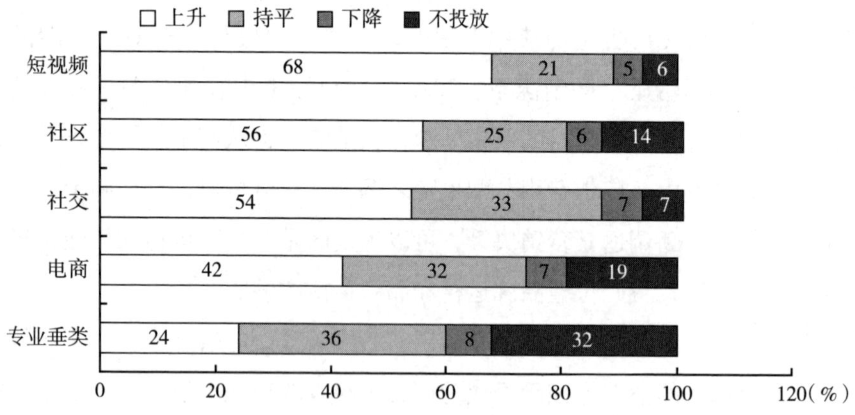

图2 2022年广告主投放互联网平台费用占比的预期变化

二　数字营销生态开启竞合新格局

现阶段数字营销的核心是围绕用户需求，以价值增值、数字化的方式将可以关联的资源和数据连接在一起。继海尔率先提出并践行物联网生态品牌新范式，即通过与用户、合作伙伴联合共创，不断提升无界且持续迭代的整体价值体验，最终实现用户及生态各方共赢共生、为社会创造价值循环之后,[①] 2022 年越来越多的广告主以生态思维推进营销建设。从生物学的角度看，两组不同基因的混合可以使个体具备双亲的遗传特性，相当于对原有物种进行全面升级，从而拥有多种生理优势。

三星电子与芒果 TV 达成“一云多屏”战略合作，在视频生态完善、跨设备的内容输出、前瞻技术研发等多维度、多领域展开合作。双方将结合各自技术优势，探索创新产品形态，联动三星全线智能终端设备，为消费者构建智能化的移动智慧生活方式。酷派集团与腾讯云成立联合实验室，共同推进底层技术研发，探索下一代操作系统，持续加强技术架构演进、数据存储安全。字节跳动首次正式切入大屏产业链，与康佳合作开发大屏操作系统，已推出可自由拼屏的智慧大屏。京东布局生活服务业务，京东汽车、京东鲜花园艺、京东生活、京东旅行、京东拍卖、京东房产六大板块共同打造便捷高效的一刻钟便民生活圈。喜马拉雅与芒果 TV、达盛传媒达成战略合作，三方将以喜马拉雅旗下奇迹文学优质网文 IP 为蓝本，共同开发短剧，并在音频、视频双平台同步联播。

随着数字化部署的基本完成，广告主数字网络的互联互通已经成为一种底层操作系统，而数字技术推动下的媒体渠道红利期已经结束，抖音、快手、小红书等平台一方面通过快速推进自身营销闭环，实现从媒介渠道向营销渠道的转型，另一方面，纷纷加强内容能力，布局长视频赛道。2022 年

① 凯度集团（Kantar）、牛津大学赛德商学院（Oxford University's Sad Business School）、海尔集团（Haier Group）:《物联网生态品牌发展报告》，新华出版社，2020。

春节期间，快手引进影视作品以及历届春晚等经典综艺内容，并通过开放生态让用户可以在平台观看乐视、风行的影视内容。抖音与搜狐则达成二创版权合作，与综艺制作团队联合突围网络综艺市场。[①]

无论是企业之间的技术赋能、产业之间的供应链整合和渠道赋能，还是平台企业强化营销渠道功能，数字营销生态的融合与竞争新格局已形成。

三 “内容为王”引领智能升级，数字转型加速媒体融合

调研数据显示，广告主内容营销广告的渗透率呈逐年上升趋势，2022年广告主在数字营销的预期投入中，半数以上的广告主在内容生产包括数字传播内容的策划、设计、创意、制作上投入的费用呈持续增加的态势。广告主无论是选择合作的媒体和平台，还是选择代运营公司，爆款内容的制作能力都是第一选择依据。数字营销传播就如同广告主与用户链接的界面，而界面的活性与黏性取决于内容的击穿力和共鸣力，毋庸置疑，内容成为数字营销时代的硬通货。

其一，各大内容生产平台积极探索智能升级。爱奇艺依托 5G、AI、云计算推出 PBIS（制作商业智能系统）、IIPS（智能集成制作系统）、IPTS（智能制作工具集），覆盖项目评估、项目制作流程管理、一线操作等影视制作各方面，辅助影视内容生产的质量把控和效率管理。[②] 芒果 TV 在元宇宙布局中，将 AI 作为生产要素融入线上线下的内容场景里。以“人工+算法”的思维，通过 AB 测试、用户分层、智能推荐的方法重构 IPTV 的大屏推荐逻辑，有效提升平台点播率，使平台内容真正实现精准触达。

---

① 《Q1 会员数 1.24 亿，手握多部热作的腾讯视频为何带不动增长?》，https：//baijiahao.baidu.com/s? id=1733268748393705123&wfr=spider&for=pc。

② 《爱奇艺发布 2021 年 Q3 财报：智能制作工具“提质增效”逐渐显著》，https：//baijiahao.baidu.com/s? id=1716851473002348182&wfr=spider&for=pc。

其二，广电新媒体①是主流媒体对当前数字营销生态需求的有力回应，也是现阶段媒体融合数字转型的成功探索。一方面，广电媒体发挥自身在媒体公信力、节目资源和制作能力上的优势，依托互联网运营各类新型传播渠道。另一方面，广电媒体天然具有视频基因，将重心转移至短视频，与短视频商业平台融合联动，使得融媒体商业模式得以重塑。央视新媒体矩阵接连发力，得到广告主认可的同时，也迎来了快速发展期。地方广电媒体结合本地生活服务，开通直播带货，提升产业运营能力。此外，值得关注的是，广电新媒体与 MCN 在内容生态位上形成了一定程度的重叠，商业化运营的开放度和灵活度必将成为其发展进程中面临的重要挑战。

其三，面向数字营销生态的未来发展，体制融合依然是媒体融合实践基因数字化的根本挑战。2022 年初，湖南广电正式启动实施湖南卫视与芒果 TV“融为一体、共同生长”媒体深度融合重大战略，通过体制创新撬动双平台发展势能，全面提升湖南广电的品牌影响力、传播力，从而实现 1+1>2 的效果。

四 数字营销生态呈现新特征，数据治理促进多方共治

第一，中国数字化领域的高速发展为广告主孕育出更加多样的生态合作伙伴。数字营销生态中，广告主与支持机构之间需求传导的敏锐性增强，以适应不断提高的需求，同时力求实现更好的适配度。广告主对广告公司的专业性和内容定制化的贴身服务有更加明确的需求，在与 MCN 机构合作中，希望 KOL 能与品牌一起成长。

第二，广告主在数字化转型过程中不仅会把业务交给生态合作伙伴，而且广告主需要更加多元的合作伙伴以实现在更多领域的发展，包括减轻组织和人员方面的负担。

---

① 本文中广电新媒体，是指广电机构依托原有的媒体公信力、节目资源和制作能力，在互联网上运营的各类新媒体，包括但不限于广电自有 App、官网、在内容平台上的媒体账号（抖音、快手、微信公众号、小红书等）。

第三，数据安全建设和数据治理成为数字营销发展的必要构成和重要保障。数据是数字营销的基石，广告主需要适应我国《个人信息保护法》生效实施后带来的种种变化。调研访谈发现，对于广告主而言，原来可以获取的部分数据现在无法获取，用户追踪难度增大，精准投放效率下降，广告主加速自建数据平台。对于国家数据安全相关法律法规的出台，广告主所受影响及应对举措如图 3 所示。

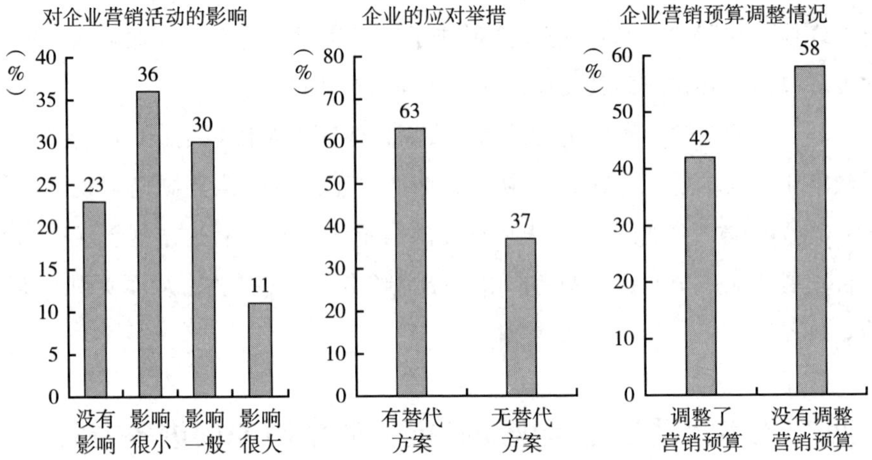

图 3　数据安全相关法律法规出台对广告主的影响

第四，规范与共治是数字营销可持续发展的必然趋势，同时面临诸多挑战。在数据共治方面，一是要打破广告主与平台之间的技术壁垒，从认知到流程上实现高效协同、共享运营，二是要实现外部数据的联动增值，这也是数字营销生态中的数据持有方和运营方实现共治的内在要求。

第五，元宇宙赋能数字营销新生态。调研发现，虽然有部分广告主对元宇宙及元宇宙营销持观望的态度，但是更有部分广告主积极回应元宇宙热度，例如一些快消、互联网游戏公司不但打造相关营销话题，甚至还将其应用于新品研发策略，以展示远见和实力。爱慕联合天下秀构建起了“虹宇宙”，米哈游建设了元宇宙平台 HoYoVerse。百度希壤、腾讯幻核、网易元宇宙平台等通过研发和策略吸引着多个行业广告主以及相关合作方的多方交流。

总之，重重挑战之下，数字营销新特征依然不断涌现。面向数字营销生态的未来，各大科技巨头纷纷布局元宇宙产业，数字化转型成熟的广告主开始在 NFT 营销和 VR 等领域积极探索和实践。无论是 NFT 营销还是基于 VR 等技术的智能传播，目的都是助力品牌实现对消费者的直接链接，在虚拟场景中实现品牌与用户的直接交互，优化交互的体验感和参与度，同时有效确保安全性。

B.25

2021年中国短视频用户价值研究报告

——短视频用户需求的延续与新态

张天莉　田 园*

摘　要： 近年来，短视频行业保持高速发展，不断实现内容优化、渠道拓展、营销创新等。本文基于CSM 2021年短视频用户价值调研数据，通过分析短视频行业用户群像、用户使用行为及习惯、用户内容需求及偏好、用户对平台的认知及评价、短视频商业变现进程等，深入解读当下短视频用户生态。同时，聚焦电视媒体短视频的用户接触及体验，为媒体融合发展提供参考。

关键词： 短视频　用户价值　媒体融合

一　短视频用户群像：用户红利见顶，注意力争夺激烈

短视频对用户生活场景的持续渗透使其在媒介生态中的地位日渐稳固。连续几年的调查显示，尽管预设场景不同，但短视频始终占据互联网流量高地。2018年，29.7%的网民选择看短视频作为“未来三天唯一接触”的媒体娱乐形式；2019年，42.7%的网民选择看短视频作为“结束一天忙碌”的唯一放松形式。2021年，在预设场景“如何丰富自己的周末闲暇时光”中，50.5%的网民选择看短视频作为“唯一”的休闲娱乐方式。

2021年上半年，通过各渠道观看短视频的网民占比达90.4%，但用户

* 张天莉，中国广视索福瑞媒介研究（CSM）融合传播研究事业部总经理；田园，中国广视索福瑞媒介研究（CSM）融合传播研究事业部研究主管。

规模增速明显放缓。随着我国人口老龄化进程加快，短视频年轻用户规模触顶，20~39 岁用户规模较 2020 年下降 9.9 个百分点，跌至 39.7%；而 40 岁及以上用户群体持续扩张，占比升至 47.1%，50 岁及以上“银发 e 族”用户占比约为 2020 年的两倍，占比为 27.4%（见表 1）。

表 1　2020~2021 年短视频用户年龄结构（用户占比）

单位：%

年份	10~19 岁	20~29 岁	30~39 岁	40~49 岁	50 岁及以上
2021	13.2	18.3	21.4	19.7	27.4
2020	17.6	24.9	24.7	18.6	14.2

数据来源：CSM 媒介研究。

值得关注的是，50 岁及以上短视频用户群体在传统思维和互联网浪潮的两面夹击下，呈现出独特的生活图景。相比其他年龄段，50 岁及以上用户观看短视频的目的更倾向于寻找“聊天话题和内容”，而非“释放压力”。同时，该年龄段用户发布短视频的比例由 2020 年的 20.4%升至 2021 年的 30.0%，选择发布原因为“填补空闲时间”“希望和他人互动交流”的用户占比较各年龄段用户均值更高。在用户深度访谈中，一位 56 岁的电气工程师表示，他经常用短视频记录自己的养狗日常，“生活上没太大压力，孩子不在身边，看短视频能够给无聊的生活带来乐趣，平时也发自己养狗的视频，还挺多人给点红心的”。可见，短视频给中老年用户的休闲、社交、购物方式带来了改变，使他们的空闲时间变得更加充实。

二　短视频用户行为及习惯：延续与新态，多场景渗透推动高黏度应用

作为一种轻量化、移动化、碎片化的传播载体，短视频加速渗透到用户生活的各个场景。与其他媒介形态相比，短视频黏合起用户零散的碎片时间。2021 年，选择在“平常休闲时”观看短视频的用户仍居首位，占比升

至71.4%；六成以上用户将看短视频作为睡前放松行为，占比较2020年上升明显；选择在“看电视时”观看短视频的用户比例连续三年增长，2021年升至20.7%（见表2）。

表2　2020~2021年用户观看短视频的场景（用户占比）

单位：%

年份	平常休闲时	晚上睡觉前	通勤出行时	排队等候间隙	其他任何空闲时	看电视时
2021	71.4	61.3	40.7	39.1	30.7	20.7
2020	65.1	43.3	32.3	26.9	26.3	13.6

数据来源：CSM媒介研究。

随着各平台纷纷加码短视频赛道，用户的观看渠道持续分散、使用及预期使用时长进一步增长，日均收看短视频1小时以上的用户占比首次超过半数，达到56.5%（见图1）；用户日均使用时长从2020年的76分钟增至2021年的87分钟。“刷短视频就像抽烟喝酒，不好戒掉”。在用户深度访谈中，一位中年创业者这样描述自己观看短视频时的纠结状态：工作日比较

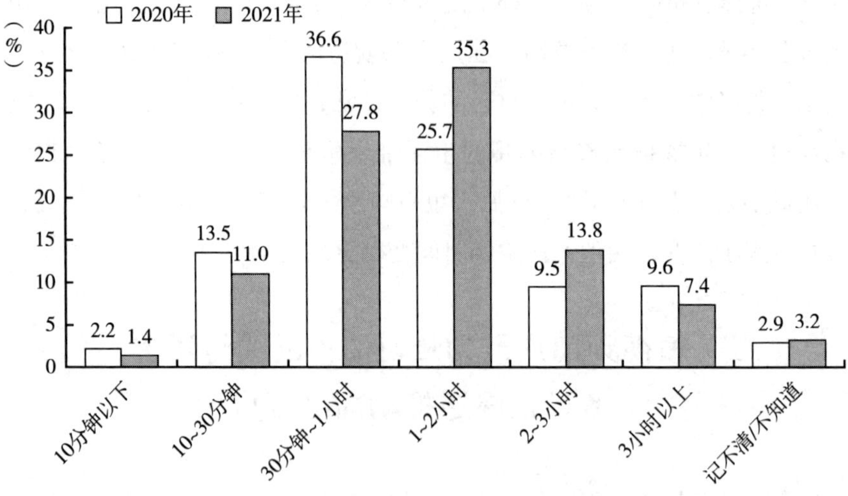

图1　2020~2021年用户平均每天看短视频的时长（用户比例）

数据来源：CSM媒介研究。

忙，一般下班后开始刷，每天2小时起（连续不间断），工作上闹心的事太多，除了抽烟喝酒，平时就靠看短视频放松。

除休闲放松之外，短视频俨然成为知识获取的新场景，以“增长见识、开阔视野”“学习实用技能、生活常识”为观看目的的用户占比大幅提升，分别达到50.2%和44.2%（见表3）。但与此同时，短视频尚未完全满足用户的知识学习需求，基于知识学习的“增长见识，开阔视野”“学习实用技能、生活常识”“工作/学习需要”三种动机的用户满足程度均有所下降。一位来自乌鲁木齐的餐饮工作者在访谈中提到，“短视频相当于视频版百度，有什么新鲜事物、新概念，在抖音上一搜就出来了，很方便学。但很多内容掐头去尾，‘速食’毕竟不好吃”。

表3　2021年短视频用户观看动机（用户占比）

单位：%

观看动机	占比	观看动机	占比
释放压力，放松休闲	61.2	向他人转发或分享有趣的内容	23.2
增长见识，开阔视野	50.2	关注明星、达人	18.8
学习实用技能、生活常识	44.2	寻求精神和情感寄托	18.8
填补空余时间	40.5	陪家人和身边的人看，增进感情	13.1
获取新闻资讯，了解最新动态	32.2		
提供聊天话题和内容	29.0	工作/学习需要	11.0

数据来源：CSM媒介研究。

此外，更多短视频用户主动参与内容共创，2021年创作者比例持续增长至42.8%。其中，近六成创作者是出于“记录生活”的目的；以获取收益为目的发布短视频的用户占比增至近两成。

三　短视频用户内容偏好及需求：内容矩阵扩展边界，绑定细分圈层用户

从内容偏好来看，泛知识类短视频内容需求依然旺盛，泛娱乐内容有

弱化趋势，“用短视频来学习”助推知识普惠进一步发展。本次调查涉及的 30 种内容类型中，生活技巧、个人秀、生活记录、社会记录、自然地理/历史人文类内容占据短视频用户偏好的前五位（见图 2）。与 2020 年相比，用户对生活记录、社会记录、健康/养生短视频的偏好占比有明显增长，同时房产、财经、汽车、体育运动等实用、小众细分垂类 KOL 发展潜力强劲。

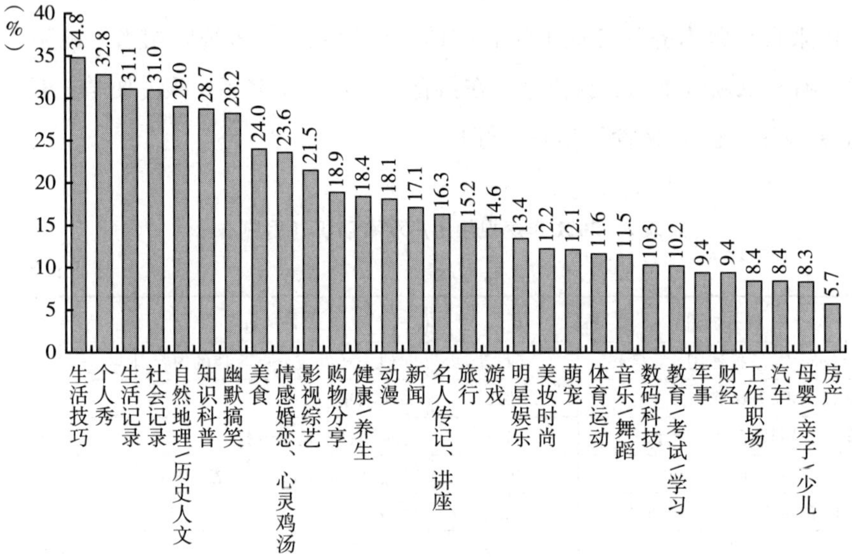

图 2　短视频用户喜欢观看的内容类型（用户比例）

数据来源：CSM 媒介研究。

以本次调查重点关注的健康/养生类短视频为例，用户带着对健康的疑惑刷手机找答案，例如怎样治疗失眠、脱发、过劳肥。56.5%的短视频用户看过健康/养生类短视频，对“生活常识误区”“健康养生常识”“养生食品推荐”等内容表现出浓厚兴趣。调查同时发现，“90 后”“00 后”开始养生了，尽管 30~49 岁用户是健康/养生短视频的主要观看群体，但 20~29 岁年轻群体也表现出对这类内容的极大兴趣。“医学专家”“医疗卫生机构”“养生/健康达人”是用户最愿意关注的三类账号，可见专业性内容和指导意见更容易受到用户信任。

财经这一垂直领域有庞大的拥趸，在短视频巨大流量的加持下，越来越多的用户开始在短视频平台学习理财知识。在本次调查中，47.9%的短视频用户看过财经类短视频，用户主要通过短视频观看金融理财产品的分析和讲解、财经新闻资讯、财经人物/业内人士访谈。用户认为财经短视频应具有内容权威、通俗易懂、知识点丰富等特点，获取新知、助力决策、提升生活质量成为用户对财经短视频内容的期许。

用户对短视频内容的整体评价与2020年基本持平，但对内容真实、内容有深度和个人隐私保护方面的评价均有所下降。“短视频牢牢抓住我的胃，但也想提高碎片化时间的价值。”在用户深度访谈中，一位年轻的女性受访者认为，九成以上的短视频内容符合预期，因为短视频记录的是生活中的琐碎小事，具有人间烟火气，不过总是刷到大量相同的信息就会感到浪费时间。

四　短视频平台使用及评价：融入生活场，延伸“线上社会”想象力

用户对短视频头部平台的使用黏性进一步增大。在本次调查涉及的34个平台中，选择经常使用1个平台观看短视频的用户占比逐年上升，从2018年的11.2%升至2021年的38.4%。其中，单一使用抖音的用户比例最高，占比达21.1%，用户忠诚度较高；经常在抖音、快手、微信观看短视频的用户合并占比超八成。

调查显示，抖音、快手、今日头条、央视频、哔哩哔哩是短视频用户愿意推荐的独立客户端前五位，“内容丰富”“创新活力”“社交广泛”是短视频用户愿意推荐这些平台的主要因素，其中，用户对抖音、快手、央视频“内容丰富”的认知占比皆超过四成。同时，短视频用户对平台的定位认知呈现差异化，如用户认为抖音平台“创新活力”的形象更突出，快手则是“社交广泛”“有趣好玩”的特点显著。央视频的用户推荐比例较2020年明

显上升，“有内涵/有深度”是用户对央视频最突出的印象，用户占比近五成；认为央视频“实惠有用”的用户占比超四成，认为其“积极向上”的用户占比提升较大。

“使用不同的平台，就像照哈哈镜。”一位29岁的程序员这样形容他使用不同平台的感受。他进一步解释，比如想看课程类、明星个人CUT的短视频会专门去B站，因为弹幕、评论区互动氛围好；想看美食教学类内容，会去抖音搜索，关注了很多美食达人；看新闻类内容就直接上微博，平台发布的短视频时效性强。用户对短视频平台有着固有认知、使用习惯、氛围偏好，这些认知、习惯在平台算法的加持下，就像“哈哈镜”引起的不规则光线反射与聚焦，进一步被放大或缩小。

此外，短视频用户对平台的内容丰富性、健康性和操作功能便捷性、全面性的评价均有提升，但对新增评价维度“购物体验”的评分相对较低。电商购物作为短视频平台商业变现的重要板块，改善用户购物体验，提供独具特色、便捷可靠的电商服务或成为关键。当下，头部短视频平台不断优化功能、提升服务，尝试为用户提供资讯、社交、娱乐、学习、创作、消费等多场景服务，全面满足用户“线上生活”所需。

五　短视频营销变现：链路缩短、转化提升，营销变现按下加速键

随着变现模式的创新与发展，短视频摸索出广告营销、电商直播和内容付费的商业化路径。调查显示，对短视频广告持积极态度的用户占比从2020年的40.9%上涨到2021年的53.8%，广告质量提升和精准投放或是用户占比提升主因。同时，短视频营销变现提速明显，电商转化率升至七成，内容付费支出及预期提升。从电商转化率来看，通过短视频平台购买过商品或服务的用户占比大幅提高，从2020年的56.2%升至2021年的72.0%。得益于下沉市场的全面提速，农村用户下单比例再创新高，达79.2%，短视频电商在低线市场寻找到广阔的发展空间。

促使用户在短视频客户端上购买商品的原因是多样化的，其中“商品优惠力度大”“对推荐商品好奇”是最主要的购买原因，分别有59.5%、43.2%的短视频用户选择。同时，短视频赋能扶贫、公益新模式，35.4%的短视频用户会在特定的扶贫、公益节目中购物。“51～100元”为用户在短视频客户端购买的商品最集中的平均单价，占比达24.3%。在深度访谈中，一位25岁的女性用户表示，她在短视频平台购物时，体验到一种治愈的消费快感，“有些小商品很新奇，试错成本低，总能解决意想不到的生活问题”。

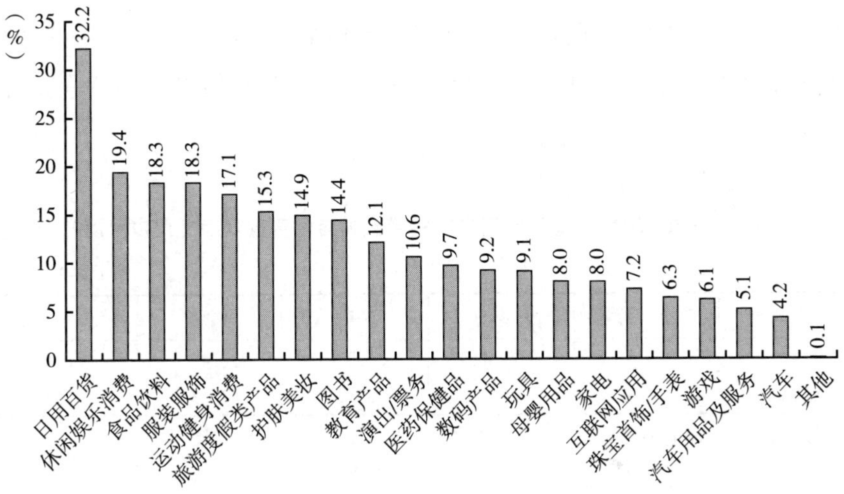

图3　过去半年间短视频用户购买过的商品/服务品类（用户比例）

数据来源：CSM媒介研究。

具体到购买商品/服务的品类，日用百货、休闲娱乐消费、食品饮料类商品备受青睐，成为短视频用户购买占比排名前三的品类（见图3）；运动健身消费、旅游度假类产品、图书、教育产品类的用户购买比例涨幅较快，表现出巨大发展潜力。对于购买过的商品/服务，短视频用户对日用百货、食品饮料、服装服饰三类的满意度相对较高，围绕“吃、穿、用”基本生活的需求得到较大满足；而对用于满足高层次需求的旅游度假类产品、汽车、汽车用品及服务、珠宝首饰/手表等商品/服务的满意率相对较低，这与该类商品具有服务性和高价性等特点有关。从用户满意的原因分析，首先是“贴合用户需求”，其次是“商品质量有保障”和“物美价廉”。因“售后服务周到”“下单操作便捷”而满意的用户占比不到30%。与专业电商服务平台相比，站内支付、一键退换、及时更新物流信息，或将成为短视频平台发展电商、升级营销生态的重要关注点。

此外，调查显示，用户对内容付费的意愿增强且观望比例增加，付费市场中的“潜力用户”群体占比增至75%。对短视频内容付费意愿“一般”和“愿意”的用户占比分别提升8.4个和10.1个百分点（见表4），二者与“非常愿意”的用户共同构成短视频付费市场中的“潜力用户”。用户付费意愿最强的是知识科普内容，对体育、财经、房产等垂类内容付费意愿的涨幅也较为明显。

表4　2020~2021年短视频用户对短视频内容付费意愿度（用户比例）

单位：%

年份	完全不愿意	不愿意	一般	愿意	非常愿意
2021	10.6	14.4	36.2↑	30.4↑	8.4
2020	16.6	25.6	27.8	20.3	9.8

数据来源：CSM媒介研究。

六　短视频与融媒体传播：大象学跳街舞，电视媒体拥抱“年轻态”

随着媒体融合进程提速，电视媒体短视频传播进一步深入，电视媒体以“视频基因+创新表达”拥抱年轻态。73.2%的用户看过电视媒体短视频，28.3%的用户专门关注过电视媒体短视频，相较2020年均增长近10个百分点。不过，平台推送依然是电视媒体短视频获得用户关注最重要的影响因素，“刷到即看”的用户占比达39.3%。

同时，电视媒体长期积累的品牌和内容优势逐渐显现，用户对电视媒体短视频的整体评分从去年的3.79分升至3.84分，其中“更具正能量/健康”的认可度连续四年保持首位；其次是“更符合主旋律”和“符合年轻人喜好”，说明电视媒体短视频的内容价值和创新受到短视频用户的认可（见表5）。但是，“更新速度更快”和“内容更丰富多样”的评分均略有下降，用户对生产分发速度和内容丰富程度尚有期待。

表5　对电视媒体短视频内容的评价（用户占比）

单位：%

评　　价	“符合”及“非常符合”总比例	评　　价	“符合”及“非常符合”总比例
更具正能量/健康	73.9	内容更丰富多样	64.5
更符合主旋律	69.2	适合分享给他人	64.0
符合年轻人喜好	68.4	更新速度更快	63.7
比电视节目更具新意、创新性	68.2		

数据来源：CSM媒介研究。

“正能量总有直击人心的穿透力，还生活以温暖。”一位女性公司中层在用户访谈中这样形容她对主流媒体短视频的感受。“感觉越是突发事件，媒体短视频账号的作用就会凸显出来。”具有正能量的短视频是温暖的，信息流动是有价值的。承载温暖和感动的内容，通过短视频形式能影响更多的人，这也是主流媒体传递真善美的责任担当。

在电视媒体短视频影响力攀升之际，电视红人成为短视频用户关注的全新风向标。在短视频语境下，用户期待看到主持人/记者不同于电视大屏的差异化形象，49.0%的用户期待看到“生活化、接地气”的主持人/记者，其次是想看到“犀利敢言、讲真话”“有思想、有内涵”的主持人/记者（见表6）。短视频用户对电视红人输出的内容和价值抱有期待，出圈看似是意料之外，但要持续吸引关注，却需要不间断的内容创作。

表 6　用户期待看到电视节目主持人/记者的短视频内容与个人风格（用户比例）

单位：%

内容偏好		个人风格	
观点表达/知识分享	43.0↑	生活化、接地气	49.0↑
与网友之间的互动	31.7↑	犀利敢言、讲真话	44.0
工作场景和幕后揭秘	30.8	有思想、有内涵	37.1
才艺表演	29.5	正能量、富有正义感的	37.0
不同的主持/报道风格	29.3	幽默搞笑的	35.9
日常生活	29.2	有个性的	34.7
与明星/名人之间的互动	27.3	知识渊博的	34.4↑
表演的情景短剧	26.0	高颜值的	27.2↑
品牌电视节目相关内容	21.0	有一技之长的	26.8
推荐使用/购买的商品/服务	20.1	时尚潮流的	23.6

数据来源：CSM 媒介研究。

电视作为核心家用媒介，拓展了短视频使用场景，实现了从个人化观看到家庭性观看的跨越。智能电视的短视频应用渐成大屏观看主要渠道，投屏不再是首选。57.5%的短视频用户表示“愿意在电视上看短视频”，较 2020 年 55.8%的占比有所上升，小屏弥补大屏的应用场景不足，大屏提升小屏内容的观看体验。智能电视的运营商、终端制造商、内容提供商等也在试图通过短视频，让用户回归智能大屏。

结　语

短视频行业在经历高速发展后，逐渐进入沉淀期，行业竞争格局趋稳。在行业治理和规范标准的共同推动下，2022 年短视频行业将进一步走向规范化发展，而伴随着 5G 技术的普及应用，短视频行业也面临充满不确定性的未来。视频化浪潮的演进下，短视频有望通过服务于社交、娱乐、学习、购物等更加多元、细分的场景，成为人们的基础性生活消费形式，进而成为内容传播的绝对主力。

B.26

2021年省级台新闻融合传播指数观察

张天莉　王蕾*

摘　要： 2021年，广电媒体融合转型沿着国家顶层设计的指引，进入创新性、系统性融合实践的新阶段。随着广电媒体在融媒领域的深度布局，省级台新闻融合传播增长势头依然延续。本报告根据2021年CSM省级台新闻融合传播指数，综合反映了31家省级电视台基于电视、自有客户端、短视频、微博、微信5个渠道的新闻融合传播效果。研究发现，各省级台在坚守电视主阵地的同时积极推进小屏端创新发展，呈现出短视频全面领跑网络端传播、网络直播成为内容生产新常态、自有客户端建设聚焦用户个性化需求等特点。

关键词： 融合传播　省级广电　新闻

2021年是中国共产党成立100周年，同时也是“十四五”规划开局之年。广电媒体融合转型沿着国家顶层设计的指引，进入创新性、系统性融合实践的新阶段。按照“主力军全面挺进主战场”的要求，广电媒体深度融合发展呈现积极探索、多点开花的特点，组织架构、战略布局、赢利模式、技术格局都逐渐步入高质量发展阶段。根据CSM媒介研究监测数据①，2021

---

* 张天莉，中国广视索福瑞媒介研究（CSM）融合传播研究事业部总经理；王蕾，中国广视索福瑞媒介研究（CSM）融合传播研究事业部研究总监。

① CSM监测新闻类短视频平台：抖音、快手、今日头条、腾讯视频、腾讯新闻、秒拍、好看视频、土豆视频、网易新闻。

年省级台新闻融合传播量创新高，以“三微”① 传播为例，省级台新闻类账号传播量②较 2020 年上涨近两成，且视频号带来流量增长新空间。

CSM 省级台新闻融合传播指数是对 31 家省级电视台的 500 余档电视新闻栏目、近 2000 个以新闻内容为主的微信、微博、短视频账号，以及近 50 个自有新闻客户端进行的综合性评估。与往年不同，2021 年度 CSM 省级台新闻融合传播指数在综合反映传播效果的基础上，将中国新闻奖、中国广播电视节目奖、全国广播电视媒体融合先导单位和典型案例等评选结果纳入指数评价体系。指数显示，省级台新闻融合传播呈现短视频全面领跑网络端传播、网络直播成为内容生产新常态、自有客户端建设聚焦用户个性化需求等特点。

一 省级台新闻融合传播指数头部阵营稳定

从 2021 年 CSM 省级台新闻融合传播指数 Top10 来看，头部阵营趋于稳定，部分省级台在优势传播渠道的助力下排名快速上升。与 2020 年相比，河南台、上海台、广东台稳居前三位，黑龙江台、湖北台排名快速上升、跃居前五，四川台、福建台挺进前十，山东台、北京台、江苏台保持前十（见表 1）。

河南台占据首位主要是受网络传播的强势拉动，其新闻短视频、自有客户端、微博传播指数均居前三位。上海台坚持全媒体核心战略，以用户为中心构建覆盖移动端和电视大屏的内容生态，在各新闻传播渠道均衡发展，电视大屏和“三微一端”传播指数均居前五位。广东台保持在电视大屏上的传播优势，新闻短视频传播效果明显提升。

① “三微”指短视频、微博、微信。

② 传播量为播放量或阅读量与互动量的总和，互动量为转发量、评论量、点赞量的总和。根据页面显示规则，抖音平台不包含播放量；快手、腾讯新闻及好看视频平台不包含转发量；腾讯视频平台不包含点赞量、转发量及评论量；微信平台阅读量超过 10 万次的文章均显示为 10 万+，本报告中阅读量均采用 10 万次进行计算。

表 1　2021 年省级台新闻融合传播指数 Top10

排名	机构名称	排名	机构名称
1	河南台	6	山东台
2	上海台	7	北京台
3	广东台	8	四川台
4	湖北台	9	福建台
5	黑龙江台	10	江苏台

资料来源：CSM 媒介研究。

湖北台和黑龙江台 2021 年聚焦优势渠道“精准发力”，黑龙江台保持在微信传播渠道的领先地位，自有新闻客户端建设成效显著；湖北台在电视、短视频渠道的传播效果显著提升，带动指数排名快速提升。四川台和福建台首次跻身新闻融合传播指数 Top10，四川台的短视频、微博和自有客户端传播指数均居前十位，在网络端传播优势突出；福建台则是在电视大屏和短视频传播效果提升的驱动下，指数排名上升。山东台、北京台、江苏台新闻融合传播指数稳居 Top10。其中，北京台、江苏台均在新闻类微博渠道占据传播优势，并分别在自有客户端、短视频传播指数排名上有明显提升。

随着主力军全面挺进主战场，省级台新闻融合网络传播指数①均值较 2020 年明显提升。同时，网络传播效果对新闻融合传播指数变化的影响持续强化，9 家省级台同时跻身新闻融合传播指数和新闻融合网络传播指数 Top10，湖北台、黑龙江台、四川台、福建台“弯道超车”均是受其新闻融合网络传播效果的强势带动。

二　短视频赛道竞争白热化

省级台新闻融合短视频传播指数平均值增长明显，Top10 机构短视频

① 新闻融合网络传播指数：综合评估省级电视台短视频、微博、微信、自有新闻客户端“三微一端”传播效果。

传播指数值均超过100。河南台、广东台、湖北台、上海台、四川台、山东台、福建台、浙江台、江苏台、陕西台跻身新闻融合短视频传播指数Top10，短视频传播效果突出。河南台跃居新闻融合短视频传播指数榜单首位，广东台、湖北台进入前三。同时，全年传播量破10亿次的短视频账号①共43个，较2020年增加8个，高播放量及互动量账号如表2、表3所示。

表2　2021年省级台新闻短视频高播放量账号

单位：亿次

序号	账号名称	播放量	序号	账号名称	播放量
1	四川观察	152.6	6	垄上行	57.7
2	看看新闻 Knews	106.2	7	山东齐鲁频道	54.3
3	河南民生频道	99.6	8	海峡新干线	53.4
4	长江新闻号	68.4	9	荔枝新闻	50.8
5	河南都市频道	63.9	10	龙视频	46.1

资料来源：CSM媒介研究。

表3　2021年省级台新闻短视频高互动量账号

单位：亿次

序号	账号名称	互动量	序号	账号名称	互动量
1	四川观察	16.6	6	新闻启示录	3.9
2	大象新闻	11.4	7	河南民生频道	3.4
3	湖北新闻	5.0	8	河南都市频道	3.3
4	今日关注	4.7	9	DV现场	3.2
5	触电新闻	4.1	10	垄上行	3.0

资料来源：CSM媒介研究。

河南台台内账号多点发力，全年短视频传播出现9个传播量达10亿级的账号。河南台短视频账号发布内容多为民生新闻，其中@河南都市频道、

① CSM监测新闻类短视频平台包括抖音、快手、今日头条、腾讯视频、腾讯新闻、秒拍、好看视频、土豆视频、网易新闻。

@河南民生频道仍是台内的流量担当，@大象新闻快速崛起，与@小莉帮忙、@大参考、@大象直播间、@百姓315、@晓辉在路上、@打鱼晒网等品牌栏目账号共筑民生内容传播力。

广东台栏目账号、地面频道账号和融媒品牌账号均衡发力，@今日关注、@今日一线、@广东新闻频道、@触电新闻、@DV现场、@珠江新闻眼等均跻身传播量10亿级账号阵营。湖北台时政新闻硬核输出、民生新闻崛起，全年5个账号传播量破10亿次，分别是@长江新闻号、@垄上行、@湖北新闻、@湖北经视频道、@长江号外。其中，@垄上行表现突出，发布内容多与社会民生相关，传播量突破60亿次，是2020年的23倍；台内传统主力账号@长江新闻号、@湖北新闻发布内容则以时政硬新闻为主。

上海台融媒品牌账号@看看新闻Knews全年发布短视频超61万条、居省级台账号发布量首位，传播量破百亿次。同时，上海台在财经和国际时事领域的短视频传播优势突出，@究竟视频、@第一财经、@环球交叉点、@全球眼News等账号贡献多条财经、国际新闻相关的高流量短视频。四川台的流量担当仍是融媒品牌账号@四川观察，全年短视频发布量达6.3万条，播放量、互动量均列省级台短视频账号之首。

山东台@山东齐鲁频道强势领跑，与融媒账号@闪电新闻、栏目账号@生活帮贡献全台约八成流量。福建台依托地缘优势，领衔台海/军情短视频传播。@海峡新干线、@东南军情依托大屏节目资源，在台海/军情新闻短视频的生产及传播方面独树一帜。同时，@新闻启示录、@福建新闻联播全年传播量较2020年提升显著。

浙江台在老牌电视新闻栏目账号@小强热线、@1818黄金眼，以及融媒品牌账号@钱江视频等的共同助力下，新闻融合短视频传播指数稳居前十。江苏台@荔枝新闻、@荔直播贡献台内超九成新闻短视频传播量。陕西台首次进入新闻融合短视频传播指数Top10，旗下账号@陕视新闻强势崛起，聚焦本地新闻短视频/资讯，全年传播量达24.5亿次，贡献全台74.7%的流量。

三　省级广电自有客户端建设提速，特色化发展亮点纷呈

省级广电媒体持续强化自有平台建设，汇聚各方资源、形成数据资产、实现垂直开发，探索建立“新闻+政务+服务+商务”的运营模式，增强自我造血功能。2021年以来，省级台自有新闻客户端聚焦用户个性化需求，探索与用户建立有效连接。

上海台“看看新闻”客户端打造具有开阔视野的直播新高地，影响力稳居全国省级广电媒体客户端头部阵营，2021年推出各类网络直播2000余场，不仅有《德国大选进行时》《直击“龙”飞船发射》《战火下的加沙》等具有开阔视野的国际直播，也有《“建筑可阅读”十二时辰全媒体大直播》《伟大的开端——中共一大纪念馆开馆特别报道》等展现时代精神的策划类直播，以及“圆梦空间站”航天系列、中国国际进口博览会等重大/热点事件活动直播，打通大小屏内容资源的同时，以多元化网络直播增强客户端用户黏性。

黑龙江台“极光新闻”客户端加码党史学习，释放“红色吸引力”。为庆祝中国共产党成立100周年，“极光新闻”新开设“党史学习”频道，设置学史动态、党史听悟、党史课堂等八大专栏，其中“党史听悟”聚集了黑龙江台百名优秀主播的党史经典诵读，打造党史学习新阵地。

北京台“北京时间”客户端深耕垂类内容新矩阵，扩充内容池。2021年9月，“北京时间”上线快讯、法治、影视、金融、球迷、味道、军情七大垂类频道，以及微剧场、微档案、文化大家说三大垂类专区，打造“北京时间”垂类内容新矩阵，实现传统节目与新媒体内容的大小屏一体策划，提升了内容的广度与深度，满足用户细分需求。

山东台“闪电新闻”客户端坚持“新闻+政务+服务”的定位，持续优化功能，提供“看联播”“来帮忙”“回老家”“好办事”“随手拍”等功能应用。“看联播”可以随手浏览国家政策方针，“来帮忙”可实现在线呼叫

闪电新闻记者，“回老家”接通了全省区县融媒体中心，“好办事”接入省政府一体化在线政务服务平台，涵盖山东省内个人服务、法人服务等便民服务事项，“随手拍”升级后成为2022年虎年山东春晚报名入口。此外，为了加强和网友的联动，“闪电新闻”客户端全面升级互动、社群系统，为垂类用户服务。

四　黑龙江台、北京台连续三年分别蝉联新闻融合微信、微博传播指数榜单首位

从微信传播情况看，2021年省级台新闻融合微信传播指数平均值低于2020年平均水平，或受部分省级台加速布局微信视频号影响。其中，指数值高于100的省级台有6个，分别是黑龙江台、上海台、辽宁台、广东台、陕西台、浙江台。黑龙江台连续三年蝉联省级台新闻融合微信传播指数榜单首位；与2020年相比，安徽台指数排名上升明显，跻身前十（见表4）。

表4　2021年省级台新闻融合微信传播指数Top10

排名	机构名称	排名	机构名称
1	黑龙江台	6	浙江台
2	上海台	7	贵州台
3	辽宁台	8	山西台
4	广东台	9	安徽台
5	陕西台	10	湖北台

资料来源：CSM媒介研究。

省级台地面频道新闻栏目微信账号，以更具贴近性、服务性的内容，释放出更大的传播价值。比如，黑龙江台@新闻夜航、上海台@新闻坊、辽宁台@新北方、陕西台@都市快报稳居微信公众号传播量头部阵营（见表5），全年传播量均破亿次。

表 5　2021 年省级台新闻类微信高阅读量账号

序号	账号名称	序号	账号名称
1	新闻夜航	6	都市现场
2	新闻坊	7	DV 现场
3	新北方	8	龙视新闻在线
4	都市快报	9	直播海南
5	百姓关注	10	山西新闻联播

资料来源：CSM 媒介研究。

值得关注的是，微信视频号开通后，广电媒体抢滩入局。从 CSM 监测数据来看，2021 年下半年，省级台新闻类微信视频号揽获 2.2 亿次互动量。河南台、四川台、福建台、湖北台、广东台、上海台等加速布局微信视频号，2021 年下半年 33 个省级台新闻类微信视频号互动量跻身百万级阵营；其中，河南台@大象新闻、四川台@四川观察微信视频号互动量破千万。凭借流量池基础和强社交关系链，微信视频号或为媒体融合传播打开另一条通路。

从微博传播情况看，2021 年省级台新闻融合微博传播指数略高于 2020 年水平。其中，8 个省级台的指数值均高于 100，较 2020 年增加 3 家。北京台连续三年蝉联省级台新闻融合微博传播指数榜单第一，河南台跃居第三，四川台、广东台跻身 Top10（见表 6）。

表 6　2021 年省级台新闻融合微博传播指数 Top10

排名	机构名称	排名	机构名称
1	北京台	6	陕西台
2	江苏台	7	四川台
3	河南台	8	山东台
4	浙江台	9	湖北台
5	上海台	10	广东台

资料来源：CSM 媒介研究。

省级台微博互动量头部账号中，融媒品牌账号传播优势明显、共占据五席，分别是江苏台@荔枝新闻、四川台@四川观察、北京台@时间视频、河南台@大象新闻、上海台@看看新闻（见表7）；其中，@荔枝新闻、@四川观察全年互动量破千万。

表7　2021年省级台新闻类微博高互动量账号

序号	账号名称	序号	账号名称
1	荔枝新闻	6	江苏新闻
2	四川观察	7	大象新闻
3	1818黄金眼	8	山东卫视
4	时间视频	9	大参考
5	钱江视频	10	看看新闻

资料来源：CSM媒介研究。

五　新闻融合年度传播热点内容

2021年是党和国家历史上具有里程碑意义的一年。观察省级台新闻融合内容传播，庆祝中国共产党成立100周年、新冠肺炎疫情防控、致敬时代榜样、航天科技进步、东京奥运会及暴雨汛情等相关热点内容（见表8），不仅清晰勾勒出这一年的重要回忆，更呈现了省级广电机构在新闻叙事中传递的主流价值和正能量。

表8　2021年省级台新闻融合传播热点内容发布量/传播量

单位：篇（条），次

序号	热点内容	发布量	传播量
1	庆祝中国共产党成立100周年	5.0万	18.1亿
2	新冠肺炎疫情防控	44.9万	158.3亿
3	致敬时代榜样	4.2万	43.1亿
4	航天科技进步	2.3万	14.8亿
5	东京奥运会	5.6万	37.0亿
6	暴雨汛情	5.0万	23.8亿

资料来源：CSM媒介研究。

结　语

2022 年，中国媒体融合将步入第九个年头，在政策推动和积极探索下，媒体深度融合有望从“零星破局”迈向“整体跃进”，并通过工作流程优化、组织架构焕新、机制改革加快，积聚起更大的前行力量。媒体融合也将快速步入智能融合、生态融合的新阶段，跨界、协同、联动、共享成为发展常态，拥有强大传播力、公信力、影响力的新型主流媒体矩阵将在时代变革中“破茧而出”。

B.27

2021~2022年中国互联网平台治理与数字经济发展*

钟祥铭　方兴东**

摘　要： 2021~2022年的互联网平台和全球高科技发展，承受着来自新冠肺炎疫情、全球互联网反垄断、大国科技竞争等一系列事件的历史性冲击，社会信息传播机制、国际传播格局和未来全球化进程的发展方向也因此而受到影响。数字经济和科技如何在地缘政治，尤其是大国竞争中生存与发展，既是企业和产业需要面对的问题，更是科技本身经历考验的过程。我们必须将观察的视角和思维的角度深入化。虽然短时期内科技在地缘政治面前不堪一击，正在经历历史上前所未有的阵痛，但是长期而言，科技有着自己的演进逻辑和生命力。一系列挑战促使中国积极强化国家战略科技力量，以激发全球竞争活力。

关键词： 科技竞争　平台治理　反垄断　数字经济

一　互联网创新发展新动能：平台治理与反垄断

当互联网诞生时，观察家们一边预测着一种“无摩擦的商业”时代的

---

* 本文系2021年国家社科基金重大专项（项目编号：21VGQ006）的阶段性研究成果。

** 钟祥铭，浙江传媒学院互联网与社会研究院秘书长、助理研究员；方兴东，浙江大学传媒与国际文化学院求是特聘教授、博士研究生导师，浙江大学社会治理研究院首席专家。

到来，一边担心着“伯特兰悖论”（Bertrand Paradoxes）的发生。[①] 2021年的反垄断和平台治理，不仅仅是互联网领域的“超级事件”，也是真正的社会热点。互联网“破圈”的治理风暴不仅改变了产业格局，也将加速社会治理进程，甚至改变全球秩序和格局。中、美、欧历史上第一次不约而同地走向联动、协同和共振，昭示着互联网超级平台给世界各国带来的各层次巨大冲击和治理挑战。

2021年国家市场监督管理总局围绕阿里巴巴“二选一”行为的创纪录处罚开启了中国互联网反垄断大潮，随后国家互联网信息办公室主导的“滴滴安全审查”事件震动全球。2021年上半年掀起了互联网上市热潮，但以滴滴上市为分界点，下半年又开启了资本寒潮。同时，工信部主导的互联互通整治行动也雷厉风行。2022年1月4日，国家互联网信息办公室等十三个部门修订的《网络安全审查办法》正式对外公布，明确要求掌握超百万用户信息的企业赴国外上市须经审查，此条款于2022年2月15日起施行。同一天，国家互联网信息办公室等四个部门制定的《互联网信息服务算法推荐管理规定》也正式对外公布，自2022年3月1日起施行，重点针对算法歧视、“大数据杀熟”、诱导沉迷等算法滥用行为进行规范。基于这一系列事件，2021~2022年中国互联网发展的新基调已经形成。

在资本方面，美国证券交易委员会（SEC）在2022年3月10日放出消息称，根据《外国公司问责法案》（HFCAA），将百济神州、再鼎医药、盛美半导体、和黄医药，还有百胜中国这五家在美上市的中国公司（即中概股）列为有退市风险的名单，仿佛让所有中概股面临退市的倒计时，全球投资者对中国互联网和新经济的信心被洞穿。当天，中概股迎来暴跌，纳斯达克中国金龙指数跌10.01%，第二天中概股继续暴跌，抛售更加疯狂，纳斯达克中国金龙指数暴跌10.18%，滴滴跌44.08%（市值已不足100亿美元），阿里巴巴和腾讯控股分别下跌6.68%和5.19%，拼多多跌10.15%，

① Y. Spiegel, J. Waldfogel, Introduction to the Special Issue of Information Economics and Policy on “Antitrust in the Digital Economy”, *Information Economics and Policy*, 54 (3): 1-4.

京东跌 8. 63%，哔哩哔哩跌 12. 27%，小鹏汽车、理想汽车、百胜中国跌幅也超 10%，百度跌幅超 12%。截至 3 月 15 日之前的一周，腾讯控股股价跌破 300 港元/股，全天跌幅超 10%；阿里巴巴亦跌超 10%，连续创历史新低。

2022 年 3 月 16 日，国务院金融稳定发展委员会召开的专题会议指出，关于中概股，目前中美双方监管机构保持了良好沟通，已取得积极进展，正在致力于形成具体合作方案。中国政府继续支持各类企业到境外上市。关于平台经济治理，有关部门要按照市场化、法治化、国际化的方针完善既定方案，坚持稳中求进，通过规范、透明、可预期的监管，稳妥推进并尽快完成大型平台公司整改工作，红灯、绿灯都要设置好，促进平台经济平稳健康发展，提高国际竞争力。该消息一出，不仅明晰了方向，也使市场重获信心。资本市场反应迅速，A 股三大指数绝地反击，沪指收涨 3. 48%，深成指涨 4. 02%，创业板指大涨 5. 2%。此外，香港恒生指数也直线暴涨 9%，重新站上 20000 点，录得 2008 年 10 月以来最大单日涨幅；恒生科技指数涨幅更是扩大到 22%，为该指数推出以来盘中最大单日涨幅。腾讯控股、阿里巴巴涨超 20%。快手一度上涨 32%，美团一度涨近 30%，理想汽车、小鹏汽车、京东集团等多只科技股涨超 30%。

对于平台治理和反垄断，的确需要给外界一个确定的预期。平台治理和反垄断的根本目的，是通过治理进一步激活竞争、激发创新活力、促进产业发展。而且，应该重点针对有突出问题的关键企业，尽可能精准制导，树立法律制度的威慑力。这方面，欧美提供了很好的借鉴。比如美国每一轮大的反垄断浪潮，都只是针对一家或者极个别的超级垄断者，不会轻易扩大到整个行业，这种针对个别企业的反垄断让行业其他企业有了更好的发展空间。所以，发展始终是反垄断和平台治理的根本目的。在反垄断和平台治理方面，中国距离治理能力现代化仍然存在一定的距离，但是欧美已经在此方面有一些成熟的经验，我们需要多学习。看起来很热闹的治理举措，其内在的逻辑、追求的目标、实施的章法都有所不同，所以要摸索和实践，总结出适合当下中国互联网发展的一套经验。

二 互联网发展动力：强化国家战略科技力量

从最近几年的科技竞争以及最近中概股的跌宕起伏，我们应清醒地看到，顶着中国高科技发展最耀眼光环的互联网企业，在真正的科技含量方面还存在很多问题，例如核心技术缺失、创新体系整体效能还不高、科技创新资源整合不足等。

整个中国互联网的爆发式发展是幸运地搭上了"互联网红利""人口红利"和"监管红利"，而市值巨高的互联网巨头们并没有真正在基础性和前瞻性的科技创新领域有相应的投入，没有立足10年、20年之后有重大创新的战略投入。这种发展模式在过去是成立的，但是在地缘政治强势崛起，甚至超越市场因素成为全球高科技主导性因素的时候，一个国家或者一个企业如果没有核心技术，就不可能建立自己真正可以主导的产业生态。所以，中国高科技未来的发展逻辑已经发生根本性变化。长期主导中国互联网"低风险、高回报"的非高科技模式已经难以为继，必须回到"高风险、高回报"的真正的高科技模式中来。

2021年12月，哈佛大学发布的《伟大的科技竞争：中国与美国》（*The Great Tech Rivalry*：*China vs the U.S.*，以下称"哈佛报告"）对过去20年以来中美两国的科技竞争进行了分析与预测，重点分析了人工智能、5G、量子计算、半导体、生物技术和绿色技术等科技领域的发展。哈佛报告指出，中国的迅速崛起正在挑战美国在技术制高点的主导地位。[①] 2022年2月4日，美国众议院通过了《2022年美国竞争法案》（*America COMPETES Act of 2022*）。该法案名义上是增强美国竞争力，实则是遏制和打压中国的创新与发展，旨在维护美国的全球霸权地位。美国针对中国所实施的一系列措施表明高科技领域更大地缘政治风暴的来袭。

① G. Allison, K. Klyman, K. Barbesino, H. Yen, *The Great Tech Rivalry*: *China vs the U.S. Belfer Center for Science and International Affairs*, Harvard Kennedy School, Cambridge, p. 2.

面对世界科技发展大势，习近平总书记从党和国家事业发展全局高度，强调要强化国家战略科技力量、提升国家创新体系整体效能。战略科技力量的影响力和支撑力，直接关系到我国综合国力和国际竞争力的提升，是促进经济社会发展、保障国家安全的“压舱石”。①“科技政策要扎实落地”是2021年中央经济工作会议部署的七大任务之一。中央积极部署系列科技改革任务，包括科技发展规划、各领域科技行动计划、重大改革举措工作方案，全面形成了“十四五”的开局部署。华为作为中国领先的科技企业自2019年开始遭遇美国强势狙击，2020年开始调整战略方向，2021年初见成效。虽然2021年华为整体收入下滑将近30%，但是，华为自主研发及创新能力突飞猛进。以华为鸿蒙与欧拉为例，虽然都是华为遭遇制裁之后才仓促上阵，但是两者在2021年都取得了历史性的突破，技术和产品都赢得了用户的青睐，这是中国IT业有史以来，第一次拥有真正自主的操作系统，第一次可以基于自主的基础软件构建产业生态。照此趋势，再过2~3年就可能开始撼动全球的产业格局。

参与世界科技竞争，需要对当下的科技竞争形势有科学的研判，而并非简单行业数据的整体比较，尤其是对大国科技竞争的研判至少应遵循以下几方面准则：第一，动态而非静态比较。必须基于对过去十年和未来十年关键数据的动态比较，才可能有一定基础依据来推导和研判趋势；第二，抓点比抓面更重要，必须以中美核心领军企业当下真实的战略进程为基础；第三，区分真正的决定性力量和干扰性力量。充分结合自上而下的国际关系视角和自下而上的高科技视角，“双管齐下”进行观察，但这二者中更为重要的还是高科技视角。

三　传媒发展新格局：数字经济重塑发展图景

数字化正在为应对全球发展挑战不断创造新的手段，其中，数字经济被

① 《强化国家战略科技力量——论学习贯彻习近平总书记在两院院士大会中国科协十大上重要讲话》，https：//www.ccps.gov.cn/llwx/202106/t20210601_149004.shtml。

视为全球经济复苏的动力。以信息技术和数据为核心的数字经济蓬勃发展，已成为推动各国经济增长的重要力量和推动双周期发展新格局的重要动力和突破口。

近年来，数字经济在中国迅速发展。2020 年，我国数字经济核心产业增加值占 GDP 的比重达到 7.8%，数字经济规模达到 39.2 万亿元，占 GDP 的比重为 38.6%。[①] 2022 年 1 月 12 日，国家印发《“十四五”数字经济发展规划》，明确数字经济发展的重要性，指出数字经济是继农业经济、工业经济之后的主要经济形态，并且提出到 2025 年，数字经济迈向全面扩展期，实现数字经济核心产业增加值占 GDP 比重达到 10%的发展目标。[②]

历史学家，年鉴学派的第二代代表人费尔南·布罗代尔（Fernand Braudel）的总体史观——以“长时段”“中时段”和“短时段”三种时段来观察历史，分别对应于历史的“结构”（structures）、“局势”（conjunctures）和“事件”（evenements）。对于正在经历快速发展的数字经济，我们也需要结合长短时段的不同视角，使用新的范式来思考当下的发展路径。基于数据和实证，动态的分析和研判，才能较为准确地把握未来的创新发展方向。

不可否认，作为引领未来的新经济形态，数字经济前所未有地重塑了社会经济发展的新图景，成为提高经济质量和效率的新变量。数字经济与高科技成为数字时代的基础设施，国内国外高度贯通，其变化不仅仅影响产业，也将深度影响全球传媒与传播格局，还将重新确定人类数字文明前行的方向与节奏。

总　结

大国科技竞争、强化反垄断和防止资本无序扩张、新冠肺炎疫情形势反

① 《尹振涛：2021 年数字经济规模占 GDP 或将超过 40%中西部地区迎机遇》，https：//baijiahao.baidu.com/s？id=1725960246867741148&wfr=spider&for=pc。

② 《中国加快推动数字经济发展规划频出“十四五”时期该怎么做?》，https：//baijiahao.baidu.com/s？id=1722804107187562263&wfr=spider&for=pc。

复等这一系列重大影响给中国互联网发展带来了不确定性，中国互联网企业在法律和地缘政治的夹击之下也暴露了一定的脆弱性，但中国政府反应迅速、积极调整战略方向，强化国家战略科技力量，为市场发展奠定了信心，相关科技及互联网企业积极投入研发，激活创新力，在核心技术领域逐渐开始寻求主导。只有保持敬畏、保持清醒、不断创新，中国互联网企业才能具有国际竞争力，中国才能跻身创新型国家前列、实现建设世界科技强国的奋斗目标。

全球传媒市场报告

Global Media Market Reports

B.28
2021年全球传媒产业发展报告

杭 敏 綦 雪*

摘 要： 2021年，新冠肺炎疫情对传媒产业的冲击趋缓，传媒产值恢复增长。传媒产业迅速向数字内容服务迁徙，极大地推动了电子商务的发展；同时，消费者行为对产业变革的影响加剧。传媒公司竞相向消费者提供多样化产品和服务，消费体验也变得更加沉浸化和多样化。沉浸式经济热度再升，元宇宙引发行业布局热潮，创作者经济进入3.0时代，收入模式持续创新。大型数字平台面临更多来自监管的压力，全球各方在平台监管与反垄断方面都展现了积极的态度，政府、媒体、企业的合作将共同推进网络环境的净化。

关键词： 全球传媒产业 数字化 沉浸式 平台经济

* 杭敏，清华大学新闻与传播学院教授、博士研究生导师；綦雪，清华大学新闻与传播学院博士研究生。

一　全球传媒产业发展综述

2021 年，新冠肺炎疫情对全球传媒产业冲击趋缓，传媒产值恢复增长。普华永道发布的产业数据显示，2021 年全球传媒产业规模预计达到 2.2 万亿美元，同比增长 10.0%（见图 1）。① 据国际货币基金组织（IMF）预测，2021 年全球 GDP 增长率为 5.9%。② 可以看到，全球传媒产业增长态势恢复到全球 GDP 增速以上水平，成为拉动全球经济复苏的重要力量。

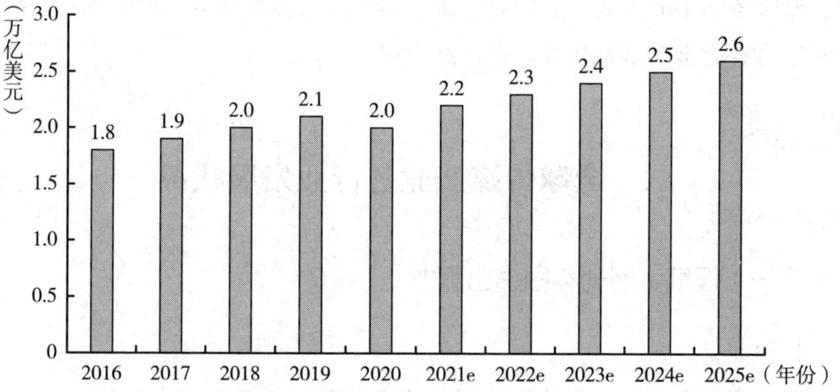

图 1　2016~2025 年全球传媒产业规模及预测情况

数据来源：https：//www. pwc. com/gx/en/industries/tmt/media/outlook. html。

尽管全球传媒产业总体发展势头良好，但各个细分行业发展存在较大差异。数字化继续引领潮流，满足数字和移动消费者需求的行业发展迅速。虚拟现实（VR）行业是增长速度最快的细分市场，预计 2021~2025 年其规模复合年均增长率将达到 30%，持续引领全球传媒产业的数字化转型进程；电影院线、数据消费行业发展同样迅猛，增长速度分别位居第二、第三位，

① https：//www. pwc. com/gx/en/industries/tmt/media/outlook. html.

② https：//www. imf. org/zh/home.

复合年均增长率分别为29%和27%；户外广告和OTT（Over-The-Top）行业复合年均增长率均达10%；音乐、电台、播客、互联网广告、视频游戏和电子竞技、互联网接入、电视广告、消费者图书等行业复合年均增长率则低于10%。相比之下，报纸和消费者杂志、传统电视和家庭视频的行业规模预计还会进一步缩小。[①]

消费者行为变化成为产业发展的主要驱动力。相关行业迅速向数字内容服务转移，推动了电子商务的发展，进而吸引了更多的广告投入，2021~2025年，全球广告收入复合年均增长率预计达到6.5%。[②] 此外，受消费者行为影响而产生的行业变革也愈发明显，例如向数字产品和在线销售的转变、流媒体的不断崛起、创作者经济的影响力日益增强等。未来几年，数字化转型将有力推动全球传媒产业持续发展。

二　全球传媒产业各行业发展状况

（一）报纸、期刊和图书出版业

1. 报业

全球报业目前处于经济生命周期的衰退期，主要体现为赢利能力下降、外部竞争加剧和收入持续收缩。在过去五年间，全球报业总收入以年均6.5%的速度不断下滑，2021年收入预计降至850亿美元，下降幅度为5.6%。从收入组成来看，纸质报纸销售收入位列第一，在报业总收入中占比41.6%，广告和数字报纸销售收入位列其后，分别占报业总收入的35.1%和23.3%。[③]

2021年，全球报业正在加速向数字平台迁移。对比2020年同期，2021

① https：//www. pwc. com/gx/en/industries/tmt/media/outlook. html.

② https：//www. pwc. com/gx/en/industries/tmt/media/outlook. html.

③ https：//www. ibisworld. com/global/market - research - reports/global - newspaper - publishing - industry/.

年全球数字订阅用户数量超过3580万人，涨幅为14.6%。[①] 到2025年，数字内容收入将占报业总收入的24.1%。[②]

未来，在线媒体的威胁和广告收入的外流将持续影响全球报业的收入。到2025年，预计全球平均每天销售和订阅的纸质报纸数量将减少2410万份，其中西欧的纸质报纸销量下降幅度最大，复合年均增长率为-5.4%。[③]

2. 期刊业

全球期刊业一直在努力面对数字转型带来的挑战和机遇。虽然消费者对期刊的核心新闻和信息产品的需求并不缺乏，但在线和免费的媒体形式已经威胁到传统期刊的地位。在过去五年间，全球期刊业收入以年均6.4%的速度不断下滑，2021年收入预计降至703亿美元，下降幅度为2.7%。从收入组成来看，数字期刊销售收入位列第一，在期刊总收入中占比30.8%，纸质版期刊销售和平面广告收入位列其后，分别占期刊收入的27.2%和19.7%。[④]

未来五年，全球期刊业收入将继续下降，但与当前相比下降速度将有所放缓，发达国家和发展中国家的收入差距可能会缩小。

3. 图书出版业

2021年，全球图书出版业的市场波动拉低了收入增长的潜力，但电子书等细分领域的发展向好。2021年全球图书出版业收入达1093亿美元，较2020年增长5.9%。值得一提的是，巴西、俄罗斯、印度和中国等新兴工业化国家的居民可支配收入稳步增加、人口识字率不断提高，这为图书出版业带来了新的机遇。此外，互联网使用率的提高促进了线上图书销售。

---

① https：//www. fipp. com/resource/global-digital-subscription-snapshot-2021-q3/.

② https：//www. pwc. com/gx/en/industries/tmt/media/outlook/segment-findings. html.

③ https：//www. pwc. com/gx/en/industries/tmt/media/outlook/segment-findings. html.

④ https：//www. ibisworld. com/global/market - research - reports/global - magazine - publishing - industry/.

（二）电视和视频业

疫情加速了消费者从传统电视转向互联网的趋势。在有线电视、IPTV（交互式网络电视）、卫星和付费 DTT（数字地面电视）四种形式中，有线电视的订阅家庭数量下降幅度最大，在过去五年中失去了 8100 万家庭用户。[①] Digital TV Research 数据显示，全球 IPTV 用户数量将在 2026 年超过有线电视，其主要原因是中国市场将继续推动从有线电视到 IPTV 的巨大转变。[②] 未来几年，付费电视收入将从 2020 年的 1730 亿美元降至 2026 年的 1430 亿美元，其中美国的下降幅度最大。[③] Parks Associates 的报告显示，82%的美国宽带家庭至少订阅了一项 OTT 电视服务，而只有 58%的家庭订阅了传统付费电视服务。[④] 全球近一半的付费电视用户来自中国和印度，但中国将在 2020~2026 年失去 1000 万用户。[⑤]

与传统电视业相反，OTT 行业继续稳步发展，2026 年全球 OTT 行业收入将达到 2100 亿美元，2021 年增加约 230 亿美元。[⑥] 在 OTT 行业的细分领域中，到 2025 年，全球 SVOD 收入将以 10.6%复合年均增长率增长，届时 SVOD 收入将达到 813 亿美元。[⑦] 到 2027 年，美国将占有全球过半的 SVOD 订阅量。Netflix 将在 2021~2027 年增加 6000 万订阅用户；Disney+将增加 1.46 亿订阅用户，总数将达 2.76 亿，并有望在 2028 年在订阅用户数量上超过 Netflix。[⑧]

付费订阅服务在发达市场发展良好，而发展中市场的受众更倾向于由广告赞助的免费服务。在亚太地区，免费的广告赞助型视频点播（AVOD）服

---

① https://www.pwc.com/gx/en/industries/tmt/media/outlook/segment-findings.html.

② https://digitaltvresearch.com/product/pay-tv-forecasts-update/.

③ https://digitaltvresearch.com/product/global-pay-tv-revenue-forecasts/.

④ https://www.parksassociates.com/report/ott-trends-2020.

⑤ https://digitaltvresearch.com/product/global-pay-tv-subscriber-forecasts/.

⑥ https://digitaltvresearch.com/product/global-ott-tv-and-video-forecasts/.

⑦ https://www.pwc.com/gx/en/industries/tmt/media/outlook.html.

⑧ https://digitaltvresearch.com/product/svod-forecasts-update/.

务占主导地位。中国和印度的 AVOD 订阅人数达到数亿级别，远超 SVOD。印度的 Hotstar 有 3 亿活跃用户，其中 4600 万是付费用户，而中国的爱奇艺有 5 亿用户，其中 1 亿是付费用户。[①] 服务商提供从免费到付费的多种服务方式和多项服务套餐，包括广告、游戏、音乐等，使其能够整合大量用户。

网络直播市场规模将继续保持增长。中国是全球最大的网络直播市场，截至 2021 年 6 月，用户规模达 6. 4 亿人，使用率达到 63. 1%。[②]

（三）音乐和广播业

全球音乐制作和发行行业发展稳定，2021 年行业收入达 328 亿美元，较 2020 年增长 4. 7%。[③] 现场音乐的表现有所回暖，2021 年收入预计约 141 亿美元，这也推动了音乐制作和发行行业总体收入的增长。但受流媒体服务影响，全球各地区的实体唱片销售业绩持续下滑，收入将从 2021 年的 54 亿美元下降到 2025 年的 42 亿美元。[④]

播客是当前音频市场的主流娱乐形式。路透社新闻研究所发布的《2021 年数字新闻报告》显示，2021 年全球播客数量激增，在苹果播客应用中上架的音频播客目前已经达到 200 万个。[⑤] Insider Intelligence 预计，2022 年全球播客听众将达到 4. 2 亿人，到 2028 年，全球播客市场规模将达到 948. 8 亿美元。[⑥]

皮尤研究中心的一项调查显示，大约 1/4 的美国成年人表示他们会从播客中获取新闻。[⑦] 2021 年，苹果和 Spotify 两大播客巨头先后推出付费订阅模式，Spotify 还建立了更为完善的广告变现策略，首创 Spotify Audience

---

① https：//www2. deloitte. com/cn/zh. html.

② http：//cnnic. cn/hlwfzyj/hlwxzbg/hlwtjbg/202109/P020210915523670981527. pdf.

③ https：//www. ibisworld. com/global/market - research - reports/global - music - production - distribution-industry/.

④ https：//www. pwc. com/gx/en/industries/tmt/media/outlook. html.

⑤ https：//reutersinstitute. politics. ox. ac. uk/digital-news-report/2021.

⑥ https：//www. insiderintelligence. com/insights/the-podcast-industry-report-statistics/.

⑦ https：//www. pewresearch. org/fact- tank/2022/02/15/nearly - a - quarter - of - americans - get - news-from-podcasts/.

Network，帮助广告主找到匹配的音频内容，与受众建立联系。此外，实时社交音频应用 Clubhouse 火爆全球，实现以语音为载体的陌生人实名社交，每周活跃用户数一度达到 1000 万人。Twitter 将音频直播功能复制到旗下产品 Spaces 中，Spotify 推出了相似的实时音频产品 Greenroom。Facebook 在 App 上增加的短音频动态功能 Soundbites，支持用户发布语音动态。

持续的疫情使声音的陪伴价值得以彰显，有声读物也表现出强大的发展潜力。Spotify 数据显示，有声读物现有市场规模为 33 亿美元，到 2027 年或能达到 150 亿美元。① 2021 年，Spotify 在有声读物上频频发力，先后与流媒体订阅服务平台 Storytel 和有声读物发行创意公司 Findaway 建立合作伙伴关系，进一步拓展其音频业务版图。在技术层面上，人工智能和文本语音转换技术成为助力有声读物发展的关键。

（四）电影业

Comscore 的数据显示，2021 年全球近 90%的电影院均已开放，② 全球票房在 2021 年达到约 214 亿美元，较 2020 年增长 78%，《蜘蛛侠：英雄无归》凭借 18.92 亿美元的票房成绩登顶 2021 年全球票房排行榜。③ Gower Street Analytics 预测 2022 年全球票房将达到 332 亿美元，这一预测值较疫情前三年（2017~2019 年）的平均值低 20%。如果该预测成立，则表明全球电影票房至少在 2023 年才能完全恢复到疫情前 400 亿美元以上的水平。

中国在亚太电影市场和全球电影市场中的影响力日益提升。2021 年中国电影总票房达到 472.58 亿元，银幕总数达到 82248 块，全年总票房和银幕总数继续保持全球第一，④《长津湖》《你好，李焕英》位列全球票房排行榜二、三位。⑤ 中国电影市场规模还将稳步增长，预计 2025 年影院总收入

① https：//www.spotify.com/us/.

② https：//www.comscore.com/Insights/Box-Office.

③ https：//www.boxofficemojo.com/year/world/2021/.

④ https：//www.chinafilm.gov.cn/.

⑤ https：//www.boxofficemojo.com/year/world/2021/.

将达到 101 亿美元,[①] 中外合资电影生产或将成为中国电影业未来的发展方向。

消费者行为的转变推动电影产业商业模式的持续变革，流媒体正在快速发展。电影院线在与流媒体的竞争中处于不利地位，美国最大的连锁影院 AMC 在 2021 年第三季度的净亏损达 2. 24 亿美元。[②] 面对疫情的冲击，不少电影公司的新作都同步登陆电影院线和流媒体平台，2021 年华纳影视 17 部新作都同步登陆流媒体平台 HBO Max，多家影视公司纷纷效仿。未来，流媒体和院线或可形成合作式竞争关系，发挥各自媒介特性，吸引有不同需求的消费者。

（五）广告业

疫情使广告业在 2020 年遭受重创，但从 2021 年开始，广告业受数字化转型的推动快速复苏。广告公司 Magna 的统计数据显示，2021 年全球媒体广告收入增幅为 22%，创历史新高，与 2020 年 2. 5%的降幅形成鲜明对比。其中，传统广告（电视、广播、户外、印刷品、电影）收入增长 9%，数字广告收入增长 31%。与此同时，Magna 监测的 70 个国家和地区的广告支出在 2021 年都迎来增长，英国增长 34%，美国增长 25%，巴西增长 30%，中国增长 17%。[③]

Dentsu 预测显示，以 2021 年的强劲复苏为基础，2022 年全球广告支出预计增长 9. 2%，规模达到 7450 亿美元，较 2019 年的支出水平高出 1172 亿美元。预计到 2022 年，数字广告支出将占全球广告支出的 55. 5%，2024 年将增加到 59. 4%，增长的关键领域是互联网电视广告、视频广告、程序化广告和电子商务广告。[④]

---

① https：//bg. qianzhan. com/trends/detail/506/210531-94472a07. html.

② https：//investor. amctheatres. com/corporate-overview/.

③ https：//magnaglobal. com/magna-advertising-forecasts.

④ https：//www. dentsu. com/reports/ad_ spend_ january_ 2022.

1. 互联网广告

2021 年全球互联网广告收入为 2384 亿美元，其中在线视频广告收入为 616 亿美元，社交媒体广告收入为 1490 亿美元。[①]

据普华永道预测，到 2025 年，全球移动互联网广告收入预计将达到 3323 亿美元，占互联网广告总收入的 67.9%。2020~2025 年，拉丁美洲和亚太地区移动互联网广告收入复合年均增长率分别达到 9.2%和 8.7%。[②]

此外，程序化广告的发展也值得关注。依托于人工智能和机器学习技术，程序化广告由实时数据驱动，对受众进行精准定位，使广告瞬间抵达目标群体。据估计，2021 年全球程序化广告规模增长到 1550 亿美元。[③]

2. 电视广告

全球电视广告收入在 2020 年遭遇短暂下滑后，2021 年起恢复增长，2021 年收入为 1510 亿美元。[④] 如今，依托前沿技术，电视广告可以和线上零售和社交媒体广告一样，精准触达特定消费群体。德勤全球预测，2022 年可寻址电视广告（允许向观看同一节目的不同家庭播放不同广告）全球收入将达 75 亿美元，[⑤] 但不容忽视的是，可寻址电视广告在全球广告市场占比仍相对较低，要在电视广告中占据主导地位依然前路漫漫。为了实现目标，关键不在于向不同家庭投放不同广告，而在于确保同一个广告触达更多观众。

3. 户外广告

2021 年起，全球户外广告市场恢复到疫情前的增长态势，收入达 342.5 亿美元，预计 2022 年达 379 亿美元。值得一提的是，户外广告在数字技术、5G 信息技术等一系列因素的影响下，正在进入一个探索创新和转型升级的阶段。2021 年 12 月，Ocean Outdoor 公司宣布与 Admix 合作，将户外广告带到元宇宙中，在现实世界和虚拟空间同步播放广告。2022

---

① https：//www.statista.com/statistics/276671/global-internet-advertising-expenditure-by-type/.

② https：//www.pwc.com/gx/en/industries/tmt/media/outlook/segment-findings.html.

③ https：//www.adtech.yahooinc.com/zh-tw/insights/2021dspsurvvey.

④ https：//www.statista.com/study/12264/global-advertising-market-statista-dossier/.

⑤ https：//www.thedrum.com/industryinsights/2021/04/30/what-does-addressable-tv-mean-advertisers.

年，将会有越来越多的品牌希望通过拓展现实（XR）来模糊数字世界和物理世界的界限，这将增加户外广告游戏化参与的可能性，并重新定义媒体的作用。

（六）社交媒体

2021年，全球社交媒体活跃用户数达42亿人，占活跃互联网用户数的90%。尽管社交网络无处不在，但其市场潜力仍在增加，社交媒体用户数量及用户参与度都在稳定增长。平均而言，全球互联网用户每天在社交媒体上花费大约144分钟浏览相关内容。[①] 皮尤研究中心2021年的一项调查显示，48%的美国成年人表示他们从社交媒体上获取新闻。[②] 尽管拥有大量早期用户，但社交应用仍有较高的市场需求，仅在2021年上半年，社交媒体类应用下载量就达到47亿次，用户支出达32亿美元，同比增长50%。亚洲是社交应用下载量最大的地区，占据60%的市场份额。印度是规模最大的市场，美国、印尼、巴西和中国紧随其后。[③]

综观社交媒体市场竞争格局，Facebook拥有最多的用户量，活跃用户数达到27.4亿人。YouTube、WhatsApp、Facebook Messenger、Instagram和微信分列第二至第六位，用户数量均超过10亿人。值得关注的是，TikTok正在迅速崛起，在社交媒体领域显示出巨大的发展潜力。2021年9月，TikTok用户数超过10亿人，1年内增长45%，位列世界第七大受欢迎的社交媒体平台。[④] 在美国和英国，该应用每用户的月平均使用时长已超过YouTube。[⑤]

社交媒体应用的赢利能力也在日渐提高，这主要得益于创作者经济的兴起。消费者逐渐习惯为内容创作者付费的模式，消费者对主播和内容创作者

---

① https：//www. statista. com/topics/1164/social-networks/#dossierKeyfigures.

② https：//www. pewresearch. org/journalism/2021/09/20/news - consumption - across - social - media-in-2021/.

③ https：//www. data. ai/cn/go/the-evolution-of-social-media-apps/.

④ https：//www. hootsuite. com/research/social-trends.

⑤ https：//www. data. ai/cn/go/the-evolution-of-social-media-apps/.

的支持将大力推动社交媒体应用变现能力的提高。到 2025 年，社交媒体应用的年度用户支出将达到 177 亿美元（见图 2）。① YouTube 和 TikTok 的用户支出排名超过了在线视频应用 Disney+，也表明消费者正在以前所未有的规模向创作者经济敞开钱包。此外，Twitch 和 Bigo Live 都成功跻身用户支出榜单的前 10 位，展现了礼物打赏机制的创收能力。

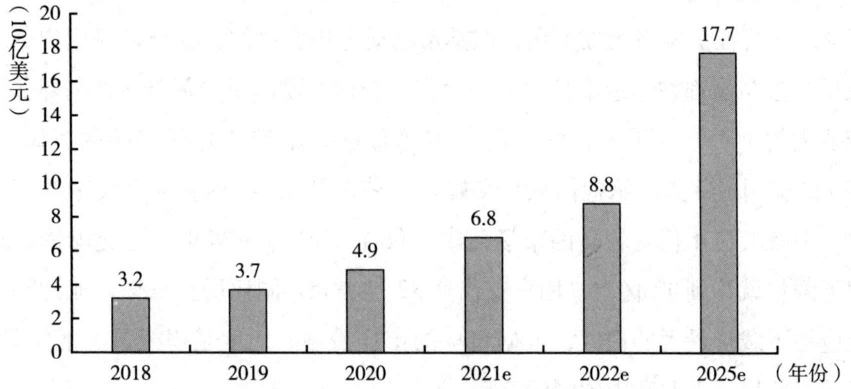

图 2　2018~2025 年全球社交媒体应用年度用户支出

数据来源：https：//www. data. ai/cn/go/the-evolution-of-social-media-apps/。

（七）新兴传媒业

1. 拓展现实

拓展现实技术（XR）打造了人机交互的虚拟环境，是 VR、AR、MR 等多种技术的统称。从当前应用市场份额看，VR 占 48%的市场份额，AR 占 34%，剩下市场则由 MR 占据。② 因疫情造成的社交隔离激发了 VR 游戏、虚拟会议、AR 测温等应用的发展，Steam 平台 VR 活跃用户数翻倍增长。元宇宙概念也助力 XR 行业站上风口，预计未来 5 年将迎来高速发展。2021

① https：//www. data. ai/cn/go/the-evolution-of-social-media-apps/.

② https：//www2. deloitte. com/cn/zh. html.

年，全球 XR 行业市场规模为 307 亿美元，2024 年预计将增长至 2969 亿美元。①

科技巨头纷纷布局 XR 领域。2021 年 8 月，VR 创业公司 Pico 披露该公司被字节跳动收购。此前，字节跳动已在 VR/AR 领域进行了长期的研发投入，在交互系统、环境理解等方面收获许多技术成果。此外，苹果、Meta、微软、谷歌、华为、腾讯、字节跳动等公司都在构建 XR 生态，依据自身特征从不同角度切入市场，构建差异化的 XR 生态版图。

2. 电子游戏

游戏市场数据研究分析公司 Newzoo 发布的报告显示，2021 年，全球游戏市场预计收入为 1758 亿美元，同比小幅下降 1.1%。与主机游戏和 PC 游戏相比，手机游戏受疫情影响较小。2021 年，手机游戏预计产生 907 亿美元的收益，同比增长 4.4%。而主机游戏收入将下降至 492 亿美元，下降 8.9%，PC 游戏收入将下降至 359 亿美元，下降 2.8%。②

从地区分布来看，亚太地区拥有庞大的手机游戏市场，是全球游戏市场收入最高的地区，仅 2021 年就达到 882 亿美元，占全球游戏市场收入的 50.2%，其中中国市场贡献 456 亿美元。北美地区游戏市场收入位居第二，为 426 亿美元（主要来自美国）。未来，亚太和北美地区游戏市场收入都有望稳步增长。③

元宇宙概念将在未来游戏产业中发挥重要作用，许多游戏开发商和发行商都专注于构造虚拟世界。2021 年 3 月，“元宇宙第一股” Roblox 上市，作为全球最大的互动社区之一及大型多人游戏创作平台，Roblox 的商业模式是创造一个元宇宙世界，通过游戏将全世界连接在一起，让任何人都能探索沉浸式 3D 游戏，通过 XR 乃至脑机互联真正实现线上与线下、真实世界与模拟世界的无缝融合。

---

① https://www.statista.com/study/71389/extended-reality-xr/.

② https://newzoo.com/insights/trend-reports/newzoo-global-games-market-report-2021/.

③ https://newzoo.com/insights/trend-reports/newzoo-global-games-market-report-2021/.

3. 数字货币

数字货币是一种电子货币形式的替代货币，包括虚拟货币、加密货币以及中央银行数字货币等。加密货币是近些年来较为火热的概念，诸如比特币、以太坊、瑞波币、莱特币等都属于加密货币。皮尤研究中心的一项调查显示，绝大多数美国成年人至少听说过比特币或以太币等加密货币，16%的人表示曾投资、交易或以其他方式使用过加密货币。①

Crypto. com 的报告显示，截至 2021 年 12 月 29 日，全球有 2. 95 亿加密货币用户，同比增长 178%，增长的主要驱动力是比特币的使用。2021 年，Tesla 和 Mastercard 已接受加密货币，Visa 与 Crypto. com 合作解决加密支付问题。此外，萨尔瓦多成为世界上第一个采用比特币作为法定货币的主权国家。到 2022 年底，加密货币用户数量预计突破 10 亿人。②

随着加密货币热度的不断攀升，NFT 作为一种加密资产在 2021 年也展现了强劲的发展势头。2021 年，NFT 行业进入快速扩张期，交易量和交易额都迅速提高。NFT 在线交易平台 OpenSea 的销售额在 2021 年 8 月达到 34 亿美元的峰值。③ 法国巴黎银行旗下研究公司 L'Atelier 执行长 John Egan 指出，加密货币和 NFT 的流行可能也与社会流动性下滑有关，因为房屋等传统资产的价格飙升，年轻人群进入这一市场以期迅速致富。④

三　全球传媒产业发展特征与趋势

（一）沉浸式经济热度再升，“元宇宙”引发行业布局热潮

2021 年被称为元宇宙元年。元宇宙创造了一个用户与他们的家人、朋

① https：//www. pewresearch. org/fact-tank/2021/11/16/.

② https：//crypto. com/research/2021-crypto-market-sizing-report-2022-forecast/.

③ https：//cn. reuters. com/article/cdepth-2021-bitcoin-dogecoin-1231-idCNKBS2JA01T.

④ https：//www. reuters. com/article/wrapup - global - fx - dollar - 2021 - omicron - 123 - idCNKBS2JA0C8.

友、宠物、喜爱的物品和体验都被虚拟连接的全新环境，是下一代社交世界的载体。虚实相生是元宇宙的关键特征，体现在沉浸感、虚拟身份、数字资产、真实体验、虚实互联和完整社会系统这六个核心要素上。扩展现实设备是元宇宙连接虚拟与现实的关键设备。未来，元宇宙的发展一方面由实向虚，实现真实体验数字化，另一方面由虚向实，实现数字体验真实化。

元宇宙产业链条长而复杂，硬件、软件、内容及应用各个环节都孕育着丰富的投资机会，同时，越来越多的产业资本涌入赛道。据 Bloomberg Intelligence 分析，到 2024 年，元宇宙的市场规模将达到 8000 亿美元。[①] 普华永道预测，2030 年元宇宙的市场规模将达到 1.5 万亿美元。[②]

与此同时，随着针对元宇宙的讨论越来越多，物理世界和虚拟世界的界限将会继续模糊，人们也对元宇宙环境中潜在的风险提出了担忧。此外，VR 和 AR 的应用也使得社交媒体的内容监管面临更加严峻的挑战。对元宇宙风险的反思不是对其本身的否定，而是要在规范中促进其健康有序发展。

（二）数字订阅蓬勃发展，媒体行业展现高度灵活适应性

2021 年，路透社新闻研究所调查显示，59%的媒体（来自 52 个国家）总体收入有所增加。在疫情影响持续和传统收入来源萎缩的境况下，这一数据证明了媒体行业高度的灵活适应性。媒体在数字订阅、电子商务和数字营销等领域获取了新收入，并开始从网络平台获得可观的内容版权收入。2022 年，79%的商业媒体仍然把数字订阅作为最主要的收入渠道。[③]

头部媒体 2021 年的数字订阅成绩再创新高，《纽约时报》目前拥有 760 万订阅用户，这一数据有望在 2025 年达到 1000 万的目标。[④]《华尔街日报》

---

① https：//www. bloomberg. com/professional/blog/metaverse-may-be-800-billion-market-next-tech-platform/.

② https：//www. pwc. com/us/en/tech-effect/emerging-tech/demystifying-the-metaverse. html.

③ https：//reutersinstitute. politics. ox. ac. uk/digital-news-report/2021.

④ https：//www. nytimes. com/2021/11/03/business/media/new-york-times-3q-earnings. html.

2021 年第三季度的数字付费用户数达 270 万人，数字订阅量占总订阅量的 78%。① 分发平台 Substack 的付费订阅者更是在 2021 年 11 月达到了 100 万人。② 此外，一些小型数字媒体也获得了可观的收入，例如西班牙"每日新闻网"、丹麦媒体 Zetland 和南非的《独行者日报》等。

但数字订阅模式是否适用于所有媒体，目前还没有定论。BuzzFeed 和 Vox 正在探索"混合收入"模式，包括广告、电子商务、内容付费等收入来源。商业媒体领袖们普遍认为，有三到四种不同的收入来源更为稳定。③ 同时，如何留住数字订阅用户将成为一个亟待解决的问题。

（三）创作者经济进入3.0时代，收入模式持续创新

Web2.0 时代诞生了火热的创作者经济（Creator Economy），但创作者们无法掌握自己内容的实际所有权，且必须遵循仅从粉丝订阅费、广告收入中抽成的收入模式。2021 年起，Web3.0 开始改变创作者经济模式，通过 NFT、社群代币等去中心化技术赋能，创作者的变现方式得到不断创新，其收入来源和模式也不再单一化或受到平台限制，这一变革还将持续深化。

根据 Influencer Marketing Hub 发布的《2021 年创作者收入标准报告》估算，创作者经济市场规模已经突破 1000 亿美元，Instagram 成为内容货币化的第一大平台。④ YouTube 发布的研究报告称，由其大规模视频服务带动的创作者经济在美国相当于支持了 39.4 万个全职工作岗位。2021 年 3 月，为创作者提供第三方服务的 Substack 拿到了 6500 万美元的投资，再次引发市场对创作者经济的关注，越来越多的投资人开始押注这一赛道。同年 11 月，创作者经济平台 Darkblock 宣布完成 170 万美元种子轮融资。

去中心化创作者平台 Unite.io 预测了创作者经济在 2022 年的 5 大发展趋势：更多独家且定制化的体验服务，推出颠覆性数位收藏品，更紧密的社

---

① https://investors.newscorp.com/static-files/2baabfcf-0078-48a6-ac0a-676438e5eeea.

② https://www.forbes.com/sites/marisadellatto/2021/11/15/.

③ https://reutersinstitute.politics.ox.ac.uk/digital-news-report/2021.

④ https://influencermarketinghub.com/creator-earnings-benchmark-report/.

群关系，通过社群代币赋能创作者经济，以及创作者拓展至元宇宙。此外，亚洲创作者们也正在成为创作者经济变革的主力军。①

（四）行业大型交易回归，风险投资浪潮不断扩大

在日益虚拟化的世界里，全球传媒产业公司仍将交易视为其重塑业务、保持市场领导地位的有效方式。尽管监管、审查不断加强，但老牌企业仍在积极寻求并购。2021 年，全球科技、媒体、数字和营销行业的并购交易数量上升至 1747 笔，同比增长 60.1%；并购金额达到 870 亿美元，同比增长 55.5%。②

2021 年，流媒体的消费者行为发生了显著变化，导致平台的用户获取速度有所放缓。这一趋势也推动了行业内整合，促使企业进行规模竞争。2021 年 5 月 17 日，电信巨头 AT&T 宣布将分拆旗下华纳媒体，使其与探索频道母公司 Discovery 合并。这是 2021 年全球最大的一笔并购交易，AT&T 共获得 430 亿美元。合并完成后，Discovery 与华纳媒体将成立一家独立的娱乐公司，估值达 1500 亿美元。5 月 26 日，亚马逊宣布将斥资 84.5 亿美元收购米高梅电影公司。

此外，全球传媒产业大型风险资本交易的浪潮不断高涨，尤其是在以数字增长为中心的领域。2021 年 4 月，吸引了 1000 万用户的初创音频应用 Clubhouse 完成一轮融资，该公司估值达到 40 亿美元。5 月，在线学习平台 MasterClass 以 25 亿美元的估值进行了一轮融资。数字化和创新科技带来的行业变革和巨大机遇为持续的并购交易奠定了基础。不仅限于大型科技公司，未来将会有更多蓬勃发展的新兴企业主导并购交易。

（五）平台监管趋于严格，各方共建网络空间命运共同体

2021 年是全球媒体监管的分水岭，大型数字平台面临更多来自监管的

---

① https：//www. unite. io/.

② https：//www. statista. com/statistics/1286665/global - marketing - media - tech - transactions - value/.

压力。疫情期间，随着电子商务、数字广告等在线业务的蓬勃发展，数字平台和科技公司不断扩大的规模和影响力在全球各地引发了一系列连锁反应，其运营环境将面临更多挑战。消费者日益增强的社会意识也在推动监管的实施，具体表现为对社会公正、内容审核、安全数字空间需求的不断增强。普华永道的报告显示，2021 年全球 76%的消费者认为与公司分享他们的个人信息是一种“必要之恶”，36%的消费者分享个人信息的意愿较一年前有所降低。①

美国接连对谷歌、Facebook 等巨头加强监管，并提起反垄断诉讼。英国政府于 2021 年 4 月开始对谷歌和 Facebook 等数字巨头实施监管新规，确保消费者、小企业和新闻出版商不会因数字巨头的行为处于不利地位。欧盟正在进行一场有关数字领域规则的全面改革。加拿大也将起草类似法案，要求 Facebook 等平台向加拿大媒体支付费用。2021 年 4 月，针对阿里巴巴涉嫌“实施滥用市场支配地位行为”，中国监管部门对阿里巴巴集团做出行政处罚，并处以 182.28 亿元罚款。2021 年 8 月，中国通过《个人信息保护法》，对应用程序过度收集个人信息、“大数据杀熟”等问题做出了针对性规范，对大型网络平台的要求不断趋严。

以上一系列案例都标志着全球各方在平台监管方面的积极态度和强化反垄断、防止资本无序扩张的切实行动。在未来，政府、媒体与企业将继续合作，共同推动网络环境净化，这对全球传媒产业的未来发展具有重要的、里程碑式的意义。

① https：//www. pwc. com/us/en/industries/tmt/library/iab-digital-ad-ecosystem. html.

B.29
2021年美国传媒产业发展报告

史安斌　王沛楠*

摘　要： 2021年的美国传媒业呈现出更为深刻的转型趋势，社交媒体领域异军突起。实现弯道超车的TikTok和以Amazon和Disney+为代表的影视流媒体新势力以“破茧”的态势挑战了FAANG联盟对于数字媒体行业的垄断；美国老牌传媒巨头Facebook和Google纷纷布局“元宇宙”，尝试通过“开元”的思路拓展新的市场和商业增长点。本文从新闻与广播电视业、互联网与社交媒体、影视娱乐与流媒体、广告业与以“元宇宙”为代表的新兴媒介产业五个角度出发，揭示2021年美国传媒产业发展值得关注的问题。

关键词： 美国　传媒产业　流媒体　元宇宙

在以流动性（Volatility）、不确定性（Uncertainty）、复杂性（Complexity）和模糊性（Ambiguity）为核心特征的“乌卡”（VUCA）时代，美国传媒产业在2021年呈现出更为深刻的转型趋势：传统新闻业的数字化转型进一步深入，广播电视业则尝试通过流媒体和播客寻找新的增长点；互联网产业和社交媒体继续沿着“竖屏化”“可视化”“年轻化”的趋势转变，TikTok等新生力量

---

* 史安斌，清华大学新闻与传播学院教授、博士研究生导师；王沛楠，清华大学人文学院写作与沟通教学中心讲师。清华大学新闻与传播学院博士研究生朱泓宇、俞雅芸，硕士研究生杨晨晞、高姝睿参加了资料搜集和部分文稿的撰写，特此致谢。

的持续增长也对以FAANG① 为代表的传统势力形成挑战；在新冠肺炎疫情防控常态化下，好莱坞传统影视业实现强势反弹，以奈飞为代表的流媒体则通过热门剧集《鱿鱼游戏》等保持了疫情开始以来的快速发展态势；在新兴媒介技术领域，Facebook 改名为“元”（Meta），助推“元宇宙”成为热门议题，为未来的传媒产业发展提供了新的动力和增长点。

一 新闻与广播电视业

2021 年，美国传统新闻业依然未能从新冠肺炎疫情的冲击中完全复苏。疫情所造成的经济衰退迫使许多企业对广告预算采取紧缩策略，加之数字广告业快速发展和零售业媒体（retail media）复苏，企业主更加不愿意在传统新闻媒体上刊登广告。2021 年，美国传统报刊媒体的广告收入约为 134.7 亿美元，与 2020 年相比下降约 7.7%，其中期刊广告收入略多于报纸（见图 1）。②

受社交媒体兴盛和数字订阅的影响，美国传统印刷纸媒的衰落几乎成为定局。③ 美国发行量前 25 名的报纸机构，发行量无一例外均呈现持续下降趋势。总体来看，25 家机构的发行总量在 2021 年第一季度较 2020 年同期更是下降了 20%。④ 其中，《今日美国》（*USA TODAY*）的经营最为惨淡，损失了超过 30 万份发行量。部分新闻期刊的表现优于实体报纸，成为疫情以来幸存的“孤岛”。根据审计媒体联盟（AAM）的统计数据，2021 年美

① FAANG 是美国市场上五大最受欢迎和表现最佳的科技股的首字母缩写，即社交网络巨头 Facebook（NASDAQ：FB）、苹果（NASDAQ：AAPL）、在线零售巨头亚马逊（NASDAQ：AMZN）、流媒体视频服务巨头奈飞（NASDAQ：NFLX）和谷歌母公司 Alphabet（NASDAQ：GOOGL）。

② Media Moments 2021，Sovrn，https：//info. sovrn. com/media-moments-2021；Print Advertising，Statista，https：//www. statista. com/outlook/amo/advertising/print-advertising/united-states.

③ https：//www. pewresearch. org/journalism/2021/09/20/news - consumption - across - social - media-in-2021/.

④ William Turvill. Top 25 US newspapers by circulation：America's largest titles have lost 20% of print sales since Covid-19 hit，Press Gazette，https：//pressgazette. co. uk/biggest-us-newspapers-by-circulation/.

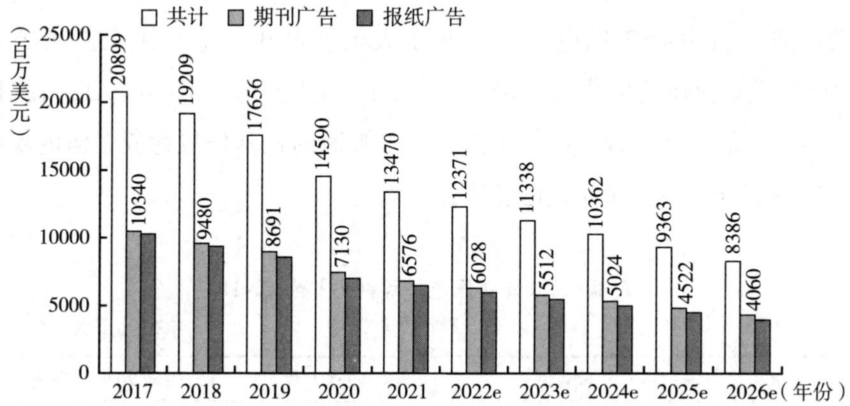

图1　2017~2026年美国报刊媒体广告收入变化及预测

国发行量前50名的期刊保住了95%的销量，其中《时代》（*Time*）和《纽约客》（*New Yorker*）等时事新闻评论及综合类期刊更是迎来了销量的逆势增长。①

尽管纸质订阅方式仍是美国新闻业的主流，但2021年传统媒体的数字订阅量却在增长。2021年牛津路透研究院数字新闻报告显示，《纽约时报》（*New York Times*）和《华盛顿邮报》（*Washington Post*）等老牌报纸机构的数字订阅量均在增多，前者的数字订阅量已突破760万，远远超过其纸媒的发行量。② 发行量“缩水”严重的《今日美国》也加快了推出数字订阅服务的步伐。③ 然而，相比于这些大型的主流媒体，地方媒体机构却面临更多的挑战。在收入减少、降薪和裁员的压力下，地方新闻业无力通过融资实现数字化转型。在2021年，已有超过60家地方媒体关门停业，这加剧了美国地方“新闻荒漠”（news deserts）的危机程度。

与传统新闻业类似，在流媒体平台全面崛起的时代，美国传统广播电视

① William Turvill. US magazine circulations：America's largest titles retained 95% of sales through Covid-19，Press Gazette，https：//pressgazette. co. uk/biggest-us-magazines-by-circulation/.

② https：//reutersinstitute. politics. ox. ac. uk/digital-news-report/2021/united-states.

③ https：//www. nytimes. com/2021/07/07/business/usa-today-paywall. html.

业的视听率下滑颓势仍然明显。从2021年的全年各电视网收视人数排行榜来看，前十名中有7家电视网的收视人数在减少。哥伦比亚广播公司（CBS）、美国全国广播公司（NBC）和美国广播公司（ABC）仍旧占据排行榜前三的位置（见表1）。[①] 虽然三大电视网的根基仍较稳固，但电视作为“第一媒介”的黄金年代已经远去。

表1　2021年美国电视网收视人数Top10

单位：千人，%

排名	电视网	收视人数	较2020年变化
1	CBS	5574	0
2	NBC	5484	+9
3	ABC	4077	-10
4	Fox	3683	-12
5	Fox News Channel	2394	-34
6	ESPN	1618	+11
7	MSNBC	1537	-28
8	Unlvlslon	1432	-1
9	HGTV	1243	-9
10	Hallmark Channel	1115	-7

整体来看，美国电视业在2021年“喜忧参半”。其中，受益于延期一年举行的东京奥运会，以及受疫情冲击“停摆”后终于恢复运作的职业联赛（包括NBA、NFL和MLB等在内），一些体育电视台及相关频道成为2021年收视数据的最大赢家。榜单前十中，收视人数增幅最大的就是华纳旗下以体育节目为核心的电视网ESPN，其增幅达到11%。而一些偏向新闻舆论的电视台和频道，因为处于“非选举年”和受疫情“信息倦怠症”的影响，遭遇了收视滑铁卢。榜单中前十位中的福克斯新闻频道（Fox News Channel）和微软全国广播公司（MSNBC）的收视人数下降幅度分别达到34%和28%，美国有线电视新闻网（CNN）更是直接跌出了榜单前十。

对于数字化转型中的美国广播业和相关播客（podcast）而言，付费订

① https：//variety. com/2021/tv/news/network-ratings-2021-top-channels-1235143630/.

阅仍是主要赢利手段。苹果公司在2021年已拥有超过1200个播客频道和13000余个节目，其中有23%为付费内容。① 相比于前几年的狂飙突进，播客的市场份额增长开始减缓。参考Edison网站数据，在2021年约有57%的美国人收听播客，比例较2020年仅增长2个百分点。② 虽然有8000万美国人每周收听播客，但美国播客广告市场估值仍不超过10亿美元。③ 尽管有不少老牌新闻媒体机构和电视网（包括《纽约时报》和美国全国广播公司等在内）对播客持续进行投资，但受制于播客特殊的媒介特征，其产业发展前景仍有待进一步观测。④

二　互联网和社交媒体

截至2022年1月，美国互联网用户总数约为3.07亿人，占总人口的比重达到92%，同比增长840万人。社交媒体的活跃用户数同比增长12.5%，占总人口的74%，这使得美国成为社交媒体使用频率较高的国家之一。2021年，美国互联网用户每月平均使用6.6个社交媒体平台，7300万美国用户使用Twitter，并且有73%的互联网用户每天登陆Facebook。美国社交媒体呈现明显的公私边界特征，互联网用户中仅有14.8%的人将社交媒体与工作关联起来。表2显示了2021年美国互联网用户主要社交媒体使用时长。TikTok用户平均每月在该平台上花费25.6小时，同比增长19%，比YouTube用户的平均使用时长多3.4个小时。⑤

---

① https://podnews.net/article/apple-channels#c-a.

② https://webby2001.medium.com/the-state-of-podcast-listening-for-2021-podcasting-finds-a-way-b485c530c55a.

③ William Turvill. Platform profile: How Acast is helping publishers make money from podcasts (featuring interview with CEO Ross Adams), Press Gazette, https://pressgazette.co.uk/make-money-from-podcasts.

④ The top 50 most listened to podcasts in the u.s. q3 2021, Edison Research, https://www.edisonresearch.com/the-top-50-most-listened-to-podcasts-in-the-u-s-q3-2021/.

⑤ Digital 2022 in the United States, We are social, https://wearesocial.com/us/blog/2022/02/digital-2022-in-the-us/.

表 2 2021 年美国互联网用户主要社交媒体使用时长

单位：小时，%

社交媒体	YouTube	Facebook	TikTok	Instagram	Facebook Messenger
每月使用时长	22.2	16.1	25.6	7.7	3.2
同比增长	-4	-9	19	2	6

2021 年，美国社交媒体持续受到“视频转向”的影响，字节跳动旗下的短视频应用 TikTok 在 2021 年成为全球访问量最高、人均使用时间最长的社交媒体平台。疫情期间 TikTok 下载量激增，东京奥运会运动员在该平台的内容发布也为 TikTok 吸引了大量用户。在 2021 年 7 月，TikTok 全球累计下载量突破 30 亿次，成为继 Facebook 之后第二个取得如此成绩的社交媒体平台，其中美国用户数量接近 1.15 亿人，美国市场是 TikTok 最重要的海外市场之一。TikTok 用户参与全渠道传播，将本平台内容扩散至其他平台并刺激其他渠道内容与之相匹配。①

数字技术的发展以及 TikTok 的崛起使短视频在 2021 年的社交媒体之中异军突起。短视频平台可以提供持续不断的、为用户量身打造的视频流，尤其受到年轻用户的喜爱。在短视频平台上，用户可以通过观看其他用户与内容的互动，把握热门议题变化的趋势并体验社区感，算法对用户和内容的精准匹配可以增强用户黏性和参与度。内容生产者的差异让短视频社交媒体区别于 SVOD（Subscription Video on-Demand，订户视频点播）供应商，用户可以在其中做出明确的选择并寻求偏好推送。

2021 年，以 TikTok 为代表的短视频平台发展呈现出新的特点。短视频推动竖屏化进一步占据视频媒体市场的主流，契合手机屏幕的画面和流动式的审美可以抓住用户的注意力。此外，无声视频降低了内容获取门槛，提高了跨语种传播的适用性，Facebook 上有 85%的视频在静音状态下播放。YouTube 上互动视频的走红也强调了用户自身在文化产品之中的主体性地

① Adrián Gastón. 2022 Trends：What's next for digital and social media?，Good Rebels，https：//www.goodrebels.com/digital-social-media-trends-2022/.

位，满足了其对开放式结局的需求。迷你剧的发展为疫情冲击下的影视行业转型提供了一种较为理想的可能性，拓展了短视频的生产创作空间。在生产经营方式上，众筹和打赏式的赢利方式也丰富了内容创作者的创收途径。

2021 年，美国互联网和社交媒体产业经历了一场算法监管和隐私保护的革命。[①] 美国联邦贸易委员会（FTC，Federal Trade Commission）发布政策文件，要求对人工智能进行更严格的监管。基于机器学习的人工智能可能会在公平、歧视、偏见、多样性、隐私等方面造成潜在的社会风险，全球范围内的监管机构正在制定针对人工智能的法规，2016 年业已出现的《通用数据保护条例》（GDPR，*General Data Protection Regulation*）目前仍在更新迭代之中。同态加密（Homomorphic Encryption）和联邦学习（Federated Learning）是隐私增强技术（PETs）的一部分，是使人工智能更加私密和安全的工具。Apple、Google、Microsoft、Nvidia 和 IBM 都是同态加密和联邦学习技术的使用者。

在愈发严格的司法管辖之下，数字媒体巨头在美国市场的前景将面临更大的挑战。2021 年 9 月发布的 iOS 15 中，Apple 推出的隐私保护新功能可使用户对自己的个人数据拥有更大的控制权。这一举措使 Apple 广告业务的市场份额在之后的六个月里增加了两倍，并使 Facebook、YouTube、Twitter 和 Snapchat 损失了近 100 亿美元的广告收入。此外，Google 也计划在 2023 年初步淘汰第三方 cooki，从而增强对用户个人信息的保护。

2021 年，“Z 世代”（Generation Z）开始对美国传媒产业产生直接而深刻的影响，他们对内容生产、消费、共享的全过程进行重新定义。[②] 游戏是“Z 世代”接触最多的媒介内容，美国“Z 世代”的周平均游戏使用时长达 13~14 小时。游戏也为社交媒体和流媒体提供了更多 UGC 内容，游戏直播、技巧、教程都广为受众喜爱，这说明游戏已经成为形塑内容生产的一种方式。

---

① Duncan Stewart，Paul Lee，Ariane Bucaille，Gillian Crossan. AIs wide shut：AI regulation gets (even more) serious，Deloitte，https：//www2. deloitte. com/global/en/insights/industry/technology/technology-media-and-telecom-predictions/2022/ai-regulation-trends. html.

② Kevin Westcott，Jana Arbanas，Chris Arkenberg，Brooke Auxier. Streaming video on demand，social media，and gaming trends，Deloitte，https：//www2. deloitte. com/us/en/insights/industry/technology/svod-social-media-gaming-trends. html.

三　影视娱乐和流媒体

2021年，北美地区票房强势反弹，全年票房报收约45亿美元，相较于2020年几乎翻倍，但仍未恢复至疫情前的水平，相较疫情前的2019年总票房下降了近60%。① 在这其中，迪士尼（Disney）和索尼（Sony）两家片厂就占据了半壁江山。值得一提的是，在2021年北美票房前十名的电影中，绝大多数都是有IP加持的电影作品，仅有一部迪士尼的《失控玩家》是非经典IP的作品（见表3）。

表3　2021年北美电影票房Top10

单位：亿美元

排名	片名	票房	上映时间	发行方
1	蜘蛛侠:英雄无归	5.73	12月17日	索尼
2	尚气与十环传奇	2.24	9月3日	迪士尼
3	毒液2	2.12	10月1日	索尼
4	黑寡妇	1.83	7月9日	迪士尼
5	速度与激情9	1.73	6月25日	环球
6	永恒族	1.64	11月5日	迪士尼
7	007:无暇赴死	1.61	10月8日	联艺 UA Releasing
8	寂静之地2	1.60	5月28日	派拉蒙
9	超能敢死队	1.22	11月19日	索尼
10	失控玩家	1.21	8月13日	20世纪

数据来源：Comscore。

2021年，美国音乐产业整体也呈现增长态势。MRC Data和公告牌（Billboard）联合发布的《2021美国音乐年终报告》显示，2021年美国专辑

① Pamela Mcclintock. Box Office Ends Year 60 Percent Behind 2019 With $4.5B Domestically, The Hollywood Reporter, https://www.hollywoodreporter.com/business/business-news/2021-box-office-revenue-stormy-year-1235067966/.

总销量（包括实体专辑、流媒体等效专辑和单曲等效专辑总和）达到8.93亿张，较2020年增长11.3%。① 电台方面，在持续的疫情影响下，2021年美国总的电台音乐收听率相对稳定，但结构有所变化，车内的电台收听率略有下降，卫星电台和流媒体直播电台收听率有所上升。

在音乐产业日益数字化的背景下，短视频对于音乐产业的影响也日益凸显。2021年TikTok发布了《2021TikTok音乐年度报告》，数据显示在2021年有超过175首在TikTok上热门的歌曲登上过公告牌热门歌曲排行榜（Billboard Hot 100），相较2020年翻了一倍。② 以TikTok为代表的短视频平台给了许多音乐新的传播渠道，使其实现“病毒式”营销，也从侧面带动了音乐本身在流媒体和实体平台上的销量。

在技术的持续进步和疫情等多重因素影响下，全球流媒体产业继续高歌猛进。根据尼尔森发布的文章，美国流媒体服务使用时长达到了历史最高点，2021年12月的最后一周，全美流媒体观众一共使用了1830亿分钟流媒体服务，超过了2020年初疫情刚暴发时的历史峰值。③ 2021年流媒体领域的黑马是奈飞出品的韩剧《鱿鱼游戏》，凭借仅9集的韩语内容在美国观众中收获了超过13亿分钟的流媒体浏览量。

从平台的视角看，2021年Disney+凭借一系列IP和收购Hulu收获了37%的订阅用户增长量，总订阅用户接近1.3亿人，进一步拉近了与处于行业领先地位的奈飞的距离。④ 相反尽管有《鱿鱼游戏》等大热剧集加持，奈飞的订阅用户增长量却不尽如人意，仅增长约9%，但仍凭借2.2亿人的订

---

① Year-End Report U.S. 2021, MRC Data & Billboard, https://mrcdatareports.com/wp-content/uploads/2022/01/MRC_YEAREND_2021_US_FNL.pdf.

② https://newsroom.tiktok.com/en-us/year-on-tiktok-music-report-2021.

③ Streaming grew its audience in 2021; Drama, reality and kids' programming led the content wars, Nielsen, https://www.nielsen.com/us/en/insights/article/2022/streaming-grew-its-audience-in-2021-drama-reality-and-kids-programming-lead-the-content-wars/.

④ Todd Spangler, Brent Lang. Disney Plus Ends 2021 With Nearly 130 Million Subscribers, Smashing Growth Forecasts, Variety, https://variety.com/2022/biz/news/disney-plus-subscribers-2021-earnings-1235175715/.

阅用户数量处于首位。① 展望 2022 年，疫情带来的不确定性和用户不断转变的使用习惯将继续促进流媒体的用户数量和使用时长的增长，同时不同平台也致力于继续打造差异化的爆款内容和专属 IP，从而巩固已有用户和促进新用户的增长。

四　广告业

相较于 2020 年的广告市场，2021 年美国广告市场呈现复苏迹象，广告收入约 2500 亿美元，增长率达到 6.2%。② 其中，户外广告收入增至 84 亿美元，一定程度上恢复到疫情前的水准。③ 但与之相反的是，报纸广告并未跟随这一趋势实现复苏，而是延续了市场萎缩的势头。由于疫情期间受众对于电视的依赖程度有所增加，美国电视广告市场规模在 2021 年回升至 756 亿美元。尽管在线电视广告在电视广告总规模中所占的份额仍然相对较小，但同时拥有付费电视和订阅流媒体服务的家庭比例正在上升。与此同时，由于使用频率的降低，近 30%的美国家庭考虑过暂停有线电视的服务，“剪线族”的规模正在不断扩大。④

虽然电视广告一定程度上实现了复苏，但数字广告和电视广告之间的差距仍在继续扩大。由于互联网普及率的不断提高和数字平台在世界各地的日益普及，数字广告已经发展成为最重要的广告形式之一。2021 年，美国数字广告规模跃升至 1532 亿美元，总额达到电视广告规模的两倍多，呈现快

---

① https://gadgets.ndtv.com/entertainment/news/netflix-q4-2021-earnings-report-subscriber-growth-low-8-3-million-users-october-december-squid-game-ozark-2720942.

② Media advertising revenue in the United States from 2012 to 2024, Statista, https://www.statista.com/statistics/236958/advertising-spending-in-the-us/.

③ US Online and Traditional Media Advertising Outlook, 2021-2025, marketing charts, https://www.marketingcharts.com/featured-117719.

④ US Online and Traditional Media Advertising Outlook, 2021-2025, marketing charts, https://www.marketingcharts.com/featured-117719.

速发展的态势。[①] 就行业而言，零售业在数字广告上的支出最多，几乎占全行业总支出的1/4。

互联设备的普及、大型媒体公司和ICT服务提供商所形成的高度发达数字生态系统，以及企业对数字媒体活动的强烈关注等，仍然是发达国家数字广告市场增长和进步的主要因素。如今，数字广告的形式变得更加多样，越来越多的广告商开始采用互动广告等数字形式来提升效果，并借此提升广告的到达率。

自2018年起，智能手机成为美国数字广告商投放广告的首选平台，移动端广告支出首次超过PC端广告支出。从那时起，人们对移动设备的关注明显增加。2020年，移动端广告占美国数字广告总支出的61%。[②] 相比普通PC端，智能手机和平板电脑上的广告屏蔽器使用率较低，这会让广告有更好的到达率。2021年，检测到18%的PC端使用广告屏蔽器，而这一数据在移动端中仅有7%。[③] 社交媒体和搜索引擎是数字广告分发效果较好的两个平台，这两个平台2021年的广告市场收入都超过了300亿美元。

自Web2.0时代以来，基于用户偏好的原生广告一直是互联网广告业的重要支撑。互联网平台向用户免费提供搜索和社交网络服务，但作为交换，人们的个人数据被互联网公司售卖给广告公司以换取经济价值。一个庞大的广告生态系统支撑着免费网站和在线服务的运行。然而，由于人们对于个人隐私泄露的担忧日益加深，互联网广告行业面临重塑。

互联网公司在数据追踪中的改变在2021年变得更加密集。Apple在2021年4月推出了iPhone的弹出窗口，询问人们是否希望被追踪行为，如果用户拒绝，应用程序必须停止监控及与第三方共享数据的行为；Google概述了在其Chrome浏览器中禁用追踪技术的计划；Facebook于2021年8月表

① A. Guttmann. U. S. advertising industry - statistics & facts, Statista, https://www.statista.com/topics/979/advertising-in-the-us/.

② A. Guttmann. U. S. advertising industry - statistics & facts, Statista, https://www.statista.com/topics/979/advertising-in-the-us/.

③ A. Guttmann. U. S. advertising industry - statistics & facts, Statista, https://www.statista.com/topics/979/advertising-in-the-us/.

示，数百名工程师正在研究一种不依赖个人数据显示广告的新方法。据数字广告技术公司称，自 Apple 发布弹出窗口以来，超过 80%的 iPhone 用户选择退出全球追踪。尽管 2021 年数字广告行业仍然处于蓬勃发展状态，但逐渐浮现的危机催促着互联网巨头以及广告公司寻找新的方式以在注重隐私的互联网时代继续生存。

五　新兴媒介产业

2021 年被认为是“NFT 元年”，这一年见证了非同质化代币（Non-Fungible Token，NFT）的火箭式增长。根据区块链数据库 NonFungible. com 统计，截至 2021 年底，全年约有 1450 万个 NFT 产品共售出了 138 亿美元。[①] NFT 本质上也是加密货币的一种，以区块链技术为支撑，除了拥有传统加密货币的公开透明、可追溯和不可篡改等特征外，最大的特点在于具有“非同质化”的独特性和稀缺性。

NFT 的爆发增长主要体现在艺术品收藏、游戏和体育等领域，但与此同时传媒产业也借此机会进行了 NFT 的尝试与布局。美联社在 2021 年以 18 万美元售出了一幅名为《大选：来自外太空的视角》的数字艺术品，用以纪念在区块链领域首次报道美国总统选举；《纽约时报》科技专栏作家凯文·罗斯的一篇介绍 NFT 的专栏文章以 NFT 产品的形式进行了拍卖，最终以 56 万美元高价售出；《时代》也拍卖了三本标志性的杂志封面。除了传统媒体，本身就具备科技属性的社交媒体平台也没有缺席。Twitter 的创始人杰克·多西将他在 2006 年发布的第一条仅有 5 个单词的 Twitter 电子版以 NFT 产品的形式拍出了 290 万美元的“天价”。

目前，NFT 市场仍处于过热的泡沫状态，不少天价拍卖纪录引发关注，各方都希望从“点画成金”中分一杯羹，技术早期阶段的井喷体现

① Kayleigh Barber. How publishers experimented with NFTs in 2021, Digiday, https://digiday. com/media/how-publishers-experimented-with-nfts-in-2021/.

了行业内外对这一技术的认可和推动。但从长远看，市场将进行一轮筛选，度过一段冷静期，期待未来的 NFT 应用能够朝着规范化、标准化的方向发展，并与未来元宇宙中的实际应用相衔接，而非仅仅停留在少数人的热炒当中。

NFT 的大火除了其本身作为区块链最新落地的应用外，更因为能作为未来元宇宙的基础设施备受关注。而 2021 年是“元宇宙”概念野蛮生长的一年，无论是业界还是学界都对这一概念进行了不同程度和不同侧重点的界定，但总的来说，元宇宙构想出了一个整合多种新技术而产生的新型虚实相融的互联网应用和社会形态。

元宇宙是多种技术的集合，不仅有虚拟现实（VR）、增强现实（AR）和混合现实（MR），还有人工智能和脑机接口等各类科技手段。这些技术的出现大多已有时日，而在 2021 年才以元宇宙为统领实现爆发。疫情带来的社交隔离导致了社会“虚拟化”的加快，人们逐渐适应也越来越多地“交往在云端”。

同样值得警醒和注意的是，元宇宙仍处于“混沌未开”阶段，与元宇宙相关联的各方仍处于不断探索阶段。从技术上看，元宇宙的数字基础设施在物理层、软件层、数据层、规则层和应用层都还有很大的提升空间，不同感官的虚拟交互设备的发展仍不平衡。同时，用户的使用意愿、心理接受和适应程度可能都会影响到之后元宇宙技术的应用和铺开。

纵观互联网科技对传媒产业的影响，在 20 世纪末互联网刚出现时的 Web1. 0 时期，虽然许多应用都处于初级阶段，但从一开始就以开放、包容、平等为发展目标。然而之后往 Web2. 0 发展的过程中，互联网逐渐走向由各类大型平台主导，以隐私、垄断和溢价为代价提供服务的畸形生态。NFT 和元宇宙等新技术和概念的涌现进一步推动了互联网技术应用从 Web2. 0 到 Web3. 0 的转型，重回去中心化、安全和以创新为核心的、重视用户与创作者主动权的生态。

六　总结与展望

回看 2021 年的美国传媒产业，新势力的出现与旧势力的转型成为理解产业发展动态的主要思路。无论是在社交媒体领域异军突起实现弯道超车的 TikTok，还是以 Amazon 和 Disney+为代表的影视流媒体新势力，都在以“破茧”的态势脱颖而出，预示着整个传媒产业在技术和商业的驱动下不断探寻新的增长点。在全球疫情防控常态化的背景下，短视频和流媒体获得了难能可贵的增长机遇。

与此同时，美国老牌传媒巨头的转型努力则吸引了更多的关注目光。Facebook 更名“Meta”入驻元宇宙，凸显了扎克伯格尝试推动以 Web3.0 为代表的下一代互联网的野心，Google 和 Apple 等传统巨头也纷纷跟进布局元宇宙领域。在移动社交和数字娱乐等行业的“蛋糕”已被瓜分殆尽的背景下，在传媒领域开辟新大陆、拓展新的市场和商业增长点，对于 Facebook 这样的传媒巨头实现持续稳定的增长具有至关重要的意义。作为一个极具潜力的发展领域，元宇宙是否能够成为美国乃至全球传媒产业的“新大陆”，是未来美国和全球传媒产业生态值得持续密切关注的问题。

在“破茧”与“开元”的竞合中，2021 年的美国传媒产业呈现了新势力的崛起与旧势力的转型。虽然疫情的影响正在消退，但考虑到病毒的变异速度及其影响的深度与广度，“后疫情时代”的真正到来尚需时日，在疫情的危机中寻找机遇、探索“乌卡”时代不确定性中稳定的商业模式和潜在市场将是下一年美国传媒产业的焦点主题。

B.30
2021年欧盟传媒产业发展报告

张 莉　黄薏橦*

摘　要： 2021 年，新冠肺炎疫情依旧对欧盟的传媒产业产生了较大影响。报刊等平面媒体销量持续下降，数字转型和内容付费成为新趋势。广播成为欧洲人最信任的媒体。电视消费渠道多样化，订阅视频等数字视频格式的流行使欧盟电视产业格局发生了变化。受疫情影响，现场音乐产业和电影产业都受到了重大打击，但流媒体音乐迅速发展抵消了其他音乐收入的下滑，欧盟各国中本国电影市场份额增大，影院逐渐开放，2021 年电影产业快速复苏。互联网和移动媒体在欧盟国家更加普及和受到重视，西班牙等欧盟国家加强了对 5G 的建设。

关键词： 欧盟传媒产业　媒体信任　数字转型　流媒体

2021 年的欧盟传媒产业发展依然受到新冠肺炎疫情的影响，与 2020 年相比，报刊等平面媒体销量下降的趋势并没有得到扭转，出版商开始追求数字转型和整合，数字点播和流媒体等技术加速了媒体的转型，各国加强了 5G 建设，以满足互联网和移动端服务需要。

在新冠肺炎疫情大流行的背景下，信息的准确性和可靠性被突出，本地新闻品牌、新闻的公正性和公平性等影响着民众对新闻的消费和信任度。2020~2021 年，欧盟国家民众对于印刷媒体、广播、电视和互联网的信任程

* 张莉，清华大学新闻与传播学院副教授、博士研究生导师；黄薏橦，清华大学新闻与传播学院硕士研究生。

度都有小幅的提高，其中 12 个欧盟成员国对媒体有高信任度的民众比例上升，如爱沙尼亚（40%，+14 个百分点）、瑞典（26%，+12 个百分点）和丹麦（35%，+11 个百分点），但仍有部分成员国的民众对于媒体的信任度较低（见图 1）。56%的西班牙受访民众表示对媒体低信任或是不信任，48%的克罗地亚和塞浦路斯民众也是如此。与此同时，民众对于本国媒体的信任度有轻微上升。62%的欧洲公民认为本国媒体提供可信任的信息，除了西班牙之外的 26 个欧盟成员国，信任本国媒体的人数都多于不信任的人数。①

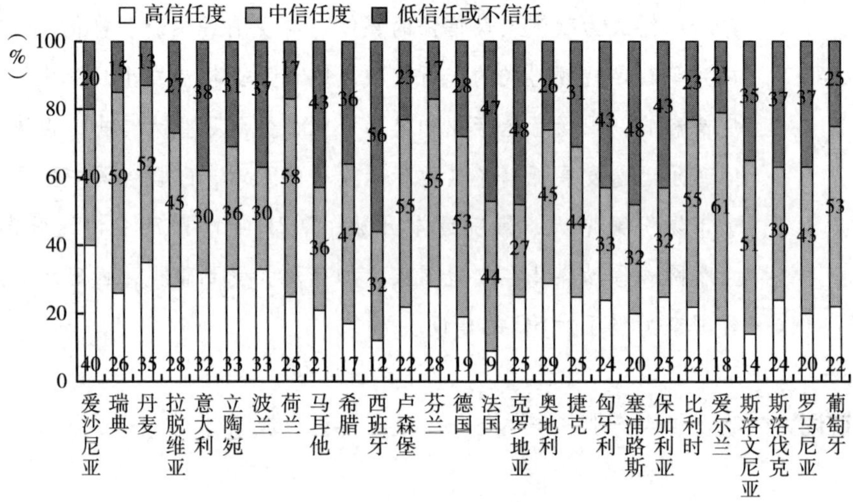

图 1　2021 年欧盟民众对媒体的信任程度

资料来源：欧洲议会。

一　报刊产业

报刊销量下降的趋势并没有得到扭转。在许多国家，由于人们担心报摊上出售的印刷品会受到病毒污染，报刊的日常销售受到影响，疫情也对主要

① Standard Eurobarometer 94- Winter 2020-2021 "Media use in the European Union".

分发给乘坐公共交通工具的通勤者的免费报纸带来了毁灭性的打击。同时，许多国家民众对于新闻的兴趣也有所下降。自 2016 年以来，欧盟国家中表示自己对新闻非常感兴趣的民众的人数比例平均下降了 5 个百分点，其中西班牙下降了 17 个百分点，意大利下降了 12 个百分点，法国下降了 8 个百分点。[①] 这些都对报刊的销量造成了影响。传统上报刊发行量较高的国家，如德国、奥地利和瑞士，报刊发行量下降幅度也较大。

在新闻获取渠道上（见图 2），不同的欧盟国家民众的新闻获取渠道占比也有所不同。奥地利是民众以印刷媒体为新闻主要获取渠道比例最高的欧盟国家，45%的新闻获取于印刷媒体，荷兰和比利时民众的新闻获取渠道中，印刷媒体也占据 32%。与之相对的是，匈牙利（12%）、法国（14%）、波兰（17%）、斯洛伐克（17%）、罗马尼亚（17%）和捷克（19%）等国家民众的新闻获取渠道中，印刷媒体占比均不超过 20%。[②]

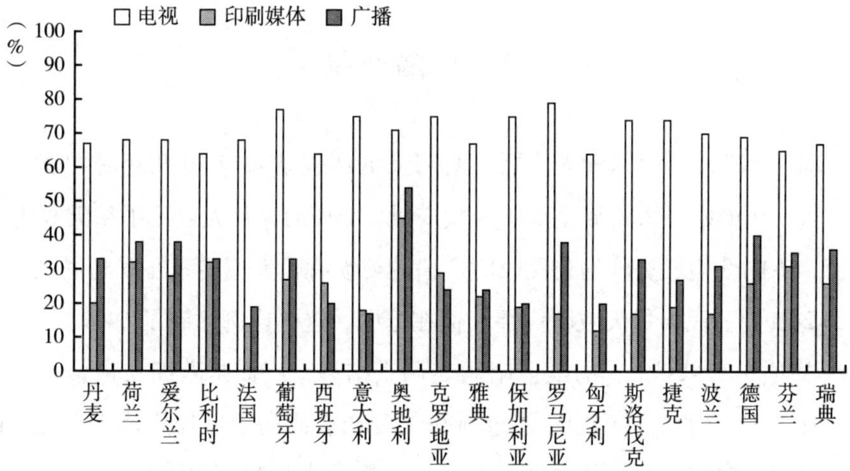

图 2　2021 年部分欧盟成员国民众的新闻获取渠道

资料来源：牛津大学路透研究所。

① https：//reutersinstitute. politics. ox. ac. uk/digital-news-report/2021/dnr-executive-summary.

② https：//reutersinstitute. politics. ox. ac. uk/digital-news-report/2021/interactive.

在销量下滑的同时，各个报刊也在追求数字转型。由于读者在线内容付费意愿的稳步增长，出版商进一步增加了付费在线内容的数量，一些品牌选择了付费墙与众筹的结合。在比利时等国，大多数出版商的产品数字订阅量也有所增加。

少数较富裕的欧盟国家的在线新闻付费收入有了显著的增长，但是为在线新闻付费的人数总体比例仍然很低。挪威以45%的付费率居于领先地位，其次是瑞典（30%）、芬兰（20%）、波兰（18%）、荷兰（17%）和瑞士（17%）。[①] 大型品牌或本地品牌报刊的优势在报刊消费中凸显出来。在大多数国家，很大一部分数字订阅只流向少数几个大型国家品牌报刊。在挪威，高达一半的付费用户会额外订阅本地品牌报刊，地方报纸被视为政治（71%）、犯罪（73%）、疫情新闻（53%）和其他议题的“首选”来源（46%），挪威人对本地报纸的评分是英国报纸得分的两倍多。[②]

二　广播产业

2020~2021年对欧洲人广播收听习惯的调查结果与2019年时的比较相似。近3/4的欧洲人每周至少听一次广播，46%的人每天或几乎每天收听。[③] 然而，不同欧盟成员国的公民收听广播的习惯有很大不同。在罗马尼亚，仅有约24%的公民会每天收听广播，但在德国，这一比例达到了64%。[④]

根据2020~2021年的欧盟晴雨表调查结果，广播是欧洲人最信任的媒体。在19个欧盟成员国中，超过50%的受访者倾向于信任广播。但是，欧盟成员国在对广播的信任水平上也存在差异。对广播信任度最高是丹麦，有87%的受访者表示信任广播。[⑤]

① https：//reutersinstitute. politics. ox. ac. uk/digital-news-report/2021/dnr-executive-summary.

② https：//reutersinstitute. politics. ox. ac. uk/digital-news-report/2021/dnr-executive-summary.

③ Standard Eurobarometer 94- Winter 2020-2021 “Media use in the European Union”.

④ Standard Eurobarometer 94- Winter 2020-2021 “Media use in the European Union”.

⑤ Standard Eurobarometer 94- Winter 2020-2021 “Media use in the European Union”.

此外，欧盟各国也通过联合广播的形式满足消费者对可信新闻的需求，以应对虚假信息。来自比利时（RTBF）、芬兰（Yle）、法国（法国电视台）、德国（BR-ARD）、爱尔兰（RTÉ）、意大利（RAI）、葡萄牙（RTP）、西班牙（RTVE）、瑞典（Sveriges Radio）和瑞士（SWI swissinfo. ch）的公共服务媒体以及德法公共电视台 ARTE 推出了“欧洲视角”（European Perspective），该广播服务使用尖端在线工具来克服语言障碍并分享各种内容，每个参与的广播公司每月至少提交20条新闻，并同意发布30%的内容，希望以此改变欧洲人新闻消费的方式。①

近年来，播客成为欧盟公民收听了解时事的又一新兴渠道。2020 年，Culture Générale 成为法国下载量最大的播客，其次是 Transfert 和 La Story。播客在爱尔兰、西班牙、瑞典和挪威尤其受欢迎。②

三　电视产业

在媒体使用上，电视仍然是欧洲人最常用的媒体，大多数欧洲人仍会观看电视。78%的欧盟公民几乎每天都会看电视节目，在罗马尼亚，90%的受访者每天或几乎每天看电视节目。③ 但观看电视节目的民众比例较 2011 年有所下降，19 个欧盟成员国报告每天或几乎每天看电视的受访者比例下降，其中下降程度较大的是爱尔兰（62%，-17 个百分点）、葡萄牙（81%，-13 个百分点）和希腊（73%，-12 个百分点）。④ 同时，通过互联网访问电视的人数和频率持续增加。在瑞典，已有超过 1/3（34%）的受访者表示他们每天或几乎每天都通过互联网看电视，比例是所有欧盟国家中比例最高的。⑤

就电视新闻而言，2021 年许多欧盟国家观看电视新闻的民众人数相对 2020

① https：//lmtw. com/mzw/content/detail/id/209067/keyword_ id/.

② https：//reutersinstitute. politics. ox. ac. uk/digital-news-report/2021/dnr-executive-summary.

③ Standard Eurobarometer 94- Winter 2020-2021 “Media use in the European Union”.

④ Standard Eurobarometer 94- Winter 2020-2021 “Media use in the European Union”.

⑤ Standard Eurobarometer 94- Winter 2020-2021 “Media use in the European Union”.

年有明显增加，这可能是因为民众行动因新冠肺炎疫情受限，在家的时间有所增加，德国的 n-tv（+ 6%）等 24 小时新闻频道都是受益品牌。在法国，访问电视的民众比例从 2020 年的 64%上升为 68%，丹麦由 62%上升为 67%。[①] 在新闻的获取渠道选择上，一些国家的民众由互联网转向电视，选择电视作为新闻主要来源的爱尔兰民众比例增长了 8 个百分点，上升为 41%。不同年龄段的人对电视的依赖程度都有所增加，老年人对电视新闻的潜在偏好则要大得多。[②]

近年来，伴随着订阅视频点播（SVOD）平台和其他数字视频替代品的持续发展，电视付费用户数量和收入有所下降。西欧地区 2020 年的付费电视收入为 273.56 亿美元，2021 年则下降为 265.92 亿美元。[③] SVOD 不仅是所有 VOD 类型中欧洲受众覆盖面最大的细分市场，而且还占欧洲 VOD 收入的 79%。[④] 德国成为订阅 SVOD 人数最多的欧洲国家。[⑤]

在欧洲主要的视频点播服务中，Netflix 仍然是无可争议的冠军。值得注意的是，2021 年 10 月以来，来自欧洲主要地区的观众观看非英语内容的时长比例从 2019 年的 10%上升到 22%，同时，Netflix 平台上的非英语节目比例从 25%增加到 31%。[⑥] 这打破了欧洲地区以英语剧集为主导的局面，促进了高质量的小语种剧集的传播。除了 SVOD 服务外，欧盟公民还可以从各种非订阅的视频娱乐选项中进行选择，比如 Google Play 或 iTunes 等交易视频点播（TVOD）、欧洲广播公司的视频点播（BVOD）、YouTube 等由广告支持的视频点播（AVOD）等。[⑦]

四　音乐产业

欧洲是世界第二大音乐区，2020 年音乐产业的收入增长了 3.5%，德国

---

① https：//reutersinstitute. politics. ox. ac. uk/digital-news-report/2021/dnr-executive-summary.

② https：//reutersinstitute. politics. ox. ac. uk/digital-news-report/2021/dnr-executive-summary.

③ https：//www. statista. com/statistics/706631/tv-subscriptions-in-western-europe/.

④ https：//www. statista. com/topics/8351/video-on-demand-in-europe/#dossierKeyfigures.

⑤ https：//www. statista. com/topics/8351/video-on-demand-in-europe/#dossierKeyfigures.

⑥ https：//lmtw. com/mzw/content/detail/id/209153/keyword_ id/.

⑦ https：//www. statista. com/topics/8351/video-on-demand-in-europe/#dossierKeyfigures.

成为全球第四大音乐市场，法国和荷兰分列第五和第十。① 不同的欧盟国家对于音乐有不同的偏好，瑞典的音乐迷喜欢 black metal，波兰人更喜欢 disco polo，意大利人则更欣赏 space disco。②

在过去的 20 年里，随着媒体转向数字化，实体音乐 CD 的销量一直在下降。Spotify、亚马逊和 Deezer 等流媒体的服务使整个欧洲的音乐爱好者可以访问几乎无限的音乐，故发展迅速。2020 年，德国的流媒体音乐收入约为 8.95 亿欧元，西班牙为 2.13 亿欧元。③ 点播流媒体成为波兰用户在线访问音乐最常用的方法。Spotify 等三家领先的音乐服务平台在波兰积累了 500 万用户，其中 Spotify 以近 400 万用户位居榜首。在波兰，最受欢迎的歌曲在 Spotify 平台上的播放量每天可以达到 10 万次。④

据统计，受疫情影响，法国 2020 年的音乐产业收入仅为 59 亿欧元，远远低于疫情前 2019 年的 104 亿欧元。⑤ 意大利在 2020 年就因为疫情而造成音乐现场产业损失 3.5 亿欧元。

流媒体收入的增长抵消了其他形式收入的下滑。2020 年德国音乐产业收入增长了 5.1%，流媒体音乐收入增长了 24.4%，流媒体音乐收入第一次占全国音乐产业总收入的一半以上。在受疫情影响较大的意大利，流媒体音乐收入也获得了 29.5%的增长。⑥

五　电影产业

受疫情的影响，2020 年欧盟国家票房收入下降了 68.8%，损失达到 40

① https://www.ifpi.org/ifpi-issues-annual-global-music-report-2021/.
② https://www.ifpi.org/wp-content/uploads/2021/10/IFPI-Engaging-with-Music-report.pdf.
③ https://www.statista.com/topics/3903/music-industry-in-europe/#dossierKeyfigures.
④ https://www.statista.com/topics/5818/streaming-in-poland/#dossierKeyfigures.
⑤ https://www.statista.com/statistics/1135112/impact-coronavirus-music-industry-revenue-france/.
⑥ https://www.ifpi.org/ifpi-issues-annual-global-music-report-2021/.

亿欧元。[①] 在观影人次上，2020 年欧盟电影院观影人数几乎达到历史最低点，仅有 2.57 亿人次。[②] 与 2019 年相比，这一数字下降了 70%以上。[③]

尽管电影产业受疫情影响严重，但在当地发行商和制片人的支持下，2020 年国产电影在各国的市场份额达到了新的高度，如丹麦（49.7%）、捷克（46.4%）、法国（44.9%）、意大利（55.6%）、俄罗斯（46.5%）和波兰（53.2%）等，共有 15 个欧洲国家的国产电影市场份额超过 25%。[④] 根据欧洲视听观察台的数据，2020 年欧洲电影在欧盟市场的份额达到了 39.7%的新高，远高于 2019 年的 25.7%。[⑤]

疫情期间欧盟不同国家对于影院的政策体现出本地化的特点，故而产生了渐进的、交错复杂的影院开放过程。然而，欧洲影院数量稳定在了 4.3 万家，绝大多数影院在长期关闭之后幸存下来。[⑥] 2021 年 5 月，法国进入影院的观众人数为 360 万人，6 月为 840 万人，7 月为 1410 万人，人数连续数月增长，政策限制逐渐放松，电影行业正从疫情中复苏。[⑦]

六　互联网产业

互联网在欧盟的使用正变得越来越普遍。2021 年，欧盟国家的家庭互联网接入率为 92%，与 10 年前的 72%相比，高出 20 个百分点。90%的家庭

---

① https://unic-cinemas.org/fileadmin/user_upload/Publications/2021/UNIC_annual_report_2021.pdf.

② https://unic-cinemas.org/fileadmin/user_upload/Publications/2021/UNIC_annual_report_2021.pdf.

③ https://www.statista.com/topics/8042/film-industry-in-europe/#dossierKeyfigures.

④ https://unic-cinemas.org/fileadmin/user_upload/Publications/2021/UNIC_annual_report_2021.pdf.

⑤ https://unic-cinemas.org/fileadmin/user_upload/Publications/2021/UNIC_annual_report_2021.pdf.

⑥ https://unic-cinemas.org/fileadmin/user_upload/Publications/2021/UNIC_annual_report_2021.pdf.

⑦ https://unic-cinemas.org/fileadmin/user_upload/Publications/2021/UNIC_annual_report_2021.pdf.

接入宽带互联网，比 2011 年（65%）高出 25 个百分点。① 不同国家在家庭互联网接入率上有较大差异（见图 3）。

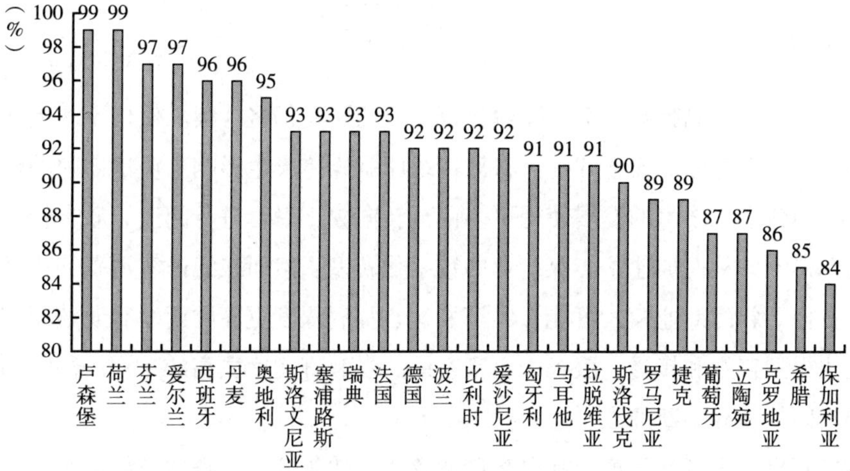

图 3　2021 年部分欧盟成员国家庭互联网接入率

资料来源：Eurostat。

不同欧盟成员国的互联网使用情况差异很大，在丹麦、芬兰和瑞典，至少 95%的成年人每天都会使用互联网，② 而在罗马尼亚，仅有约 58%的人会每天或几乎每天使用互联网。③ 在互联网服务上，2021 年，欧盟 16~74 岁个人用户通过互联网购买商品或服务的比例为 66%，比 2016 年高出 15 个百分点。④

与其他媒体相比，欧盟民众对互联网的信任程度要低得多。35%的欧洲

① https：//ec. europa. eu/eurostat/statistics-explained/index. php？ title = Digital_ economy_ and_ society_ statistics_ -_ households_ and_ individuals.

② https：//ec. europa. eu/eurostat/statistics-explained/index. php？ title = Digital_ society_ statistics_ at_ regional_ level.

③ Standard Eurobarometer 94- Winter 2020-2021 “Media use in the European Union” .

④ https：//ec. europa. eu/eurostat/statistics-explained/index. php？ title = Digital_ economy_ and_ society_ statistics_ -_ households_ and_ individuals#Internet_ access.

民众表示，他们“倾向于信任”互联网，而54%的欧洲民众“倾向于不信任”互联网。[①]

七 趋势预测

首先，新冠肺炎疫情对欧盟传媒产业的影响仍将持续。价格不断上涨的新闻纸和其他能源成本的提高将对传统印刷媒体产生影响。疫情期间的隔离状态和数字化技术的发展使得更多民众转向数字平台进行阅读、欣赏音乐和观看视频，从而加速了传媒产业的数字化转型。然而在线内容消费和售卖会员资格等新的商业模式可能在经济发达、福利程度更高的西欧和北欧国家会更快得到普及和接受，服务于更富有的、受教育程度更高的受众，国家和人群之间的差异不断加大。

其次，现场音乐产业和电影产业等将加快复苏。自疫情开始以来，许多欧盟国家已经达到了较高的疫苗接种率，欧盟国家已经逐步放宽对出行和公共聚会的限制，音乐会现场、剧院和影院等公共场所逐次开放，公民在封闭隔离期间被压抑的热情将加倍爆发，推动音乐和电影等产业的迅速复苏。

再次，本土传媒产业获得发展机遇，新兴议题将得到更多重视。在疫情期间，贴近生活的本地新闻品牌获得了扩大市场份额的机遇。同时，社会的分化、受众的细分和代际差异等带来新的议题，多元化和包容性、心理健康、新闻业在社交媒体上的运作和革新等议题将受到重视。

最后，5G等新技术的发展将给政府的监管带来新的挑战。在互联网信息技术快速发展的背景下，出于对信息可靠性和准确性的重视，以及对隐私泄露、算法操纵等问题的担忧，欧盟已经颁布政策对网络平台、网络用户隐私数据等进行监管。然而，飞速普及的流媒体、正在加快的5G建设以及元宇宙、人工智能等下一代技术在为社会创造新的机遇的同时，也为政府监管带来新的挑战，这就要求政府及时更新条例，控制风险和减少损失。

---

① Standard Eurobarometer 94- Winter 2020-2021“Media use in the European Union”.

B.31
2021年英国传媒产业发展报告*

徐　佳**

摘　要： 新冠肺炎疫情对英国传媒产业形成复杂影响。一方面，互联网普及率及宽带性能进一步提升且用户使用时长不断增长，另一方面，数字鸿沟进一步加深。在线产业最主要的商业模式依然是广告，尤其是直接引导消费者行为的广告，“GAFAM”现象进一步加强且被认为有能力对整个在线生态系统产生影响。传统报业规模进一步萎缩，但那些社会信誉较好的老牌报纸往往拥有更多的数字付费订阅用户。传统电视迎来五年间的最高收视，然而原创电视内容制作面临更大的困难，公共播出机构则进一步推进主要基于线上的定位调整。视频点播服务增长更快，订阅量最大的是原创与独播节目。广播与音频领域以付费订阅为主的商业模式趋于稳定，同时融合社交与音频的新型产品不断上线。社交媒体起到基础设施式的作用，作为刚需的在线工作与网课平台发展迅猛，电子商务及游戏行业急速增长。总体上，英国仍然是全球传媒大国。

关键词： 英国传媒产业　新冠肺炎疫情　数字化

新冠肺炎疫情对英国经济社会造成巨大冲击，2020 年、2021 年的 GDP 增长率呈现下跌随后反弹的显著转折，其中 2020 年较 2019 年猛跌 9.3%，

---

* 本文由复旦大学新闻学院一流学科项目经费支持。

** 徐佳，复旦大学新闻学院副教授。

为3个世纪以来跌幅最大的年度，2021年较2020年则大幅增长7.4%（见图1）。① 伴随着经济复苏，社会就业率亦有所改善，以2021年11月~2022年1月为基准，16~64岁英国人的就业比例达75.6%，同比略微增长0.9个百分点，失业率则为3.9%，同比下降1.2个百分点。② 疫情防控方面，英国于2020年春季、秋季以及2021年冬季采取了三轮封闭限制性措施。上述宏观因素对英国传媒产业形成复杂影响。

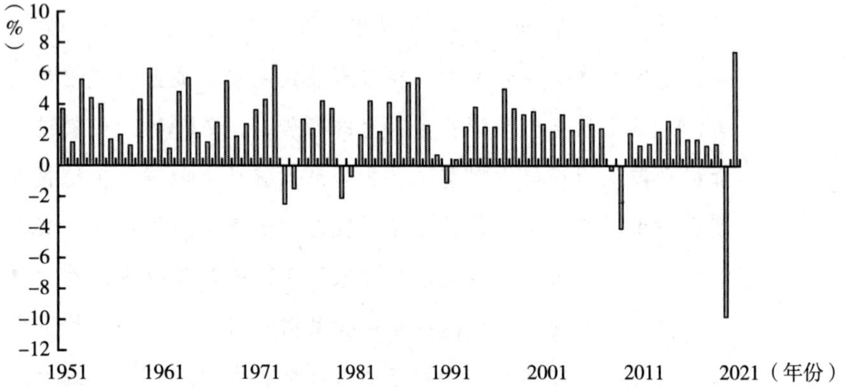

图1　1951~2021年英国GDP增长率变化

总体上，不论从国民媒体使用状况还是产业规模来看，全球范围内，英国依然是传媒大国（见表1）。

表1　2020年全球及英国传媒产业规模

单位：百万英镑，%

细分领域	主要商业模式	全球收入	英国收入	英国占全球收入比例
搜索	广告	98742	8369	8
名录	广告	14994	911	6

① Office for National Statistics. Gross Domestic Product: Year on Year Growth: CVM SA%, https://www.ons.gov.uk/economy/grossdomesticproductgdp/timeseries/ihyp/qna.

② Office for National Statistics. Main Figures, https://www.ons.gov.uk.

续表

细分领域	主要商业模式	全球收入	英国收入	英国占全球收入比例
娱乐及视听媒体	广告与付费订阅	11496	5651	5
游戏	交易	100302	4643	5
新闻	广告	18819	1240	7
社交媒体与即时通信	广告	80143	4777	6

数据来源：Ofcom，Online Nation 2021 Report。

一　网络接入

新冠肺炎疫情出现以来，英国人更加依赖通过互联网获取信息、服务，并进行娱乐、社交、购物等，此外出现了居家在线办公、上网课等新的工作与学习方式。这些刚需驱使更多的英国家庭接入了互联网——至 2020 年末，英国互联网普及率达 94%，较 2019 增长 5 个百分点；其中，超过 800 万户家庭接入了全光纤宽带，超过 600 万人拥有 5G 移动设备（2019 年仅为 80 万人），① 平均每人每日使用智能手机 2 小时 19 分钟。②

既有的数字鸿沟也因疫情而有所扩大，越来越多低收入家庭面临接入困难。Ofcom 的统计显示，约 1/5 的英国家庭不得不取消或降级接入服务、或通过削减其他生活开支来支付互联网接入费用，5%的英国家庭则完全无法负担宽带互联网接入费用，另有 5%的家庭无法负担智能手机接入移动互联网费用，14%的英国人只能偶尔上网，且预计到 2022 年末这些比例还将继续增长。这主要是由新冠肺炎疫情带来的整体零售价格上涨、生活压力增大导致，加之英国几家宽带与移动接入服务提供商已经宣布实施远高于通货膨胀的涨价计划，对低收入家庭造成了更大的接入障碍。③

① Ofcom. Communications Industry Facts and Statistics，https：//www. ofcom. org. uk/research-and-data/facts.

② Ofcom. Online Nation 2021 Report，https：//www. ofcom. org. uk/_ _ data/assets/pdf _ file/0013/220414/online-nation-2021-report. pdf .

③ Ofcom. Affordability of Communications Services，https：//www. ofcom. org. uk/_ _ data/assets/pdf_ file/0016/232522/Affordability-of-Communications-Services. pdf.

二　在线产业

2015~2020 年，英国在线产业收入的复合年均增长率为 14%（见表 2）。

表 2　2015~2020 年英国在线产业收入

单位：百万英镑，%

项目	2015 年	2016 年	2017 年	2018 年	2019 年	2020 年	复合年均增长率
总收入	13114	15762	18004	20531	23402	25501	14
广告	8268	10097	11776	13353	15220	16093	14
订阅	1606	2156	2544	3040	3721	4471	23
交易	3173	3436	3615	4072	4385	4855	9
公共资金	67	73	69	66	76	82	4

数据来源：Ofcom，Online Nation 2021 Report。

最主要的在线产业商业模式依然是广告。2020 年，在线广告收入较 2019 年增长了 5.7%，尽管纵向来看年度涨幅并不显著，但在疫情对整个经济带来重创（GDP 下跌 9.3%）的大背景下，在线广告可谓异军突起。

事实上，自 2012 年以来，英国传统广告收入持续下滑，下滑最严重的是电影、户外与印刷广告。相对于传统广告，在线广告受经济动荡的牵连较小，反而随着线上消费者规模的增大，媒体与广告主都发现了新的机会。以电视广告为例，在 2020 年，商业电视的广告收入进一步缩水 6.4%至 102 亿英镑，而在线视频的广告收入增长平衡了这部分下跌；2021 年，商业电视播出机构投资的种种新技术与新计划（包括跨媒体测量、编程广告技术、可穿戴广告等）驱动了视频点播广告收入的增长与用户使用数据的开发，电视广告收入实现了整体回升反弹。

在线广告的具体形式中，注重长期效应的品牌广告有所削减，而直接引导消费者行为的广告，诸如搜索或展示广告、打折信息邮件列表、链接至品牌在线商店的广告则有所增长。

另外，“GAFAM 现象”进一步加强——包括网站及 App 在内，英国网民最普遍使用的 40 个互联网服务进一步集中在 Google（99%）、Facebook（97%）、Amazon（92%）、Reach Group（91%）、Microsoft（90%）、News UK Sites（89%）、Daily Mail（82%）、BBC（82%）、Sky（81%）、Apple（73%）这十家公司旗下的产品。这一名单自 2018 年以来有些微调，eBay 和 Verizon Media 不再上榜，Daily Mail 和 Apple 新加入其中。

GAFAM（Google、Apple、Facebook、Amazon、Microsoft）被认为有能力对整个在线生态系统（包括行业竞争对手、全球用户等）产生影响。例如：Apple 于 2020 年 6 月宣布将公开发布其消费者数据，旨在提高所分享数据的透明度，这可能使得市场更加青睐 Apple 提供的广告解决方案同时可降低其竞争对手的价值吸引力。再如，GAFAM 在探索新领域及多样化业务的过程中也对整体生态起到关键作用——疫情以来，五家公司均开发了与健康相关的新业务，包括：Microsoft 为健康管理机构提供基于云的人工智能与机器学习服务，Apple 及 Google 通过可穿戴设备及智能手机收集用户数据以为用户提供个性化的 App 服务，同时为广告主提供有价值的健康数据库，Facebook、Google 及 Apple 为用户开发新的健康类 App 与在线服务。①

三　报纸行业

新冠肺炎疫情被认为是“钉在印刷媒体棺材上的又一枚钉子”，一方面这是由于印刷发行等所必需的活动受到防疫措施限制，另一方面是由于广告收入大减。2021 年，15%的英国人阅读报纸，较上一年度下降 7 个百分点。

线上，尽管只有 8%的英国人订阅付费新闻，但那些历史较悠久、受信任程度较高的老牌报纸的在线表现也往往较好——体现在数字付费订阅用户占比上，《电讯报》占 20%，《泰晤士报》占 19%，《卫报》占 16%，其他

① Ofcom. Online Nation 2021 Report, https://www.ofcom.org.uk/__data/assets/pdf_file/0013/220414/online-nation-2021-report.pdf.

地方与地区性的报纸总计仅占 3%。36%的英国人总体上对新闻（报纸）抱有信任的态度。此外，“唯一选择”的特性进一步突出，即平均每个英国人只付费订阅一份在线报纸。①

四　视听行业

包括免费（由广告支撑）视频、付费视频、播客与线上电台等音频/音乐以及数字杂志在内的在线娱乐与视听媒体领域的收入规模在 2020 年达到 55.61 亿英镑（见图 2）。

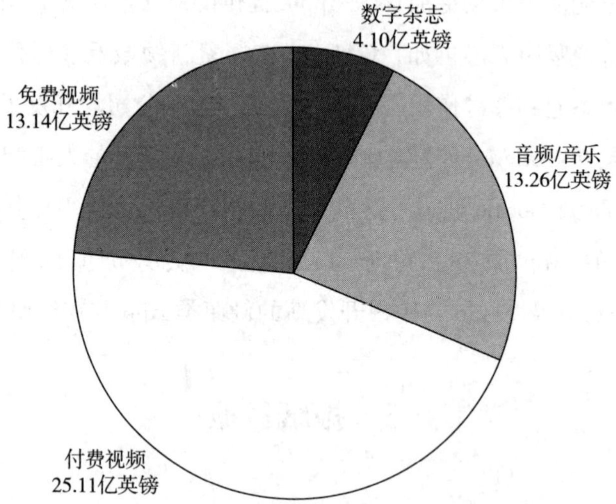

图 2　2020 年英国在线娱乐与视听媒体领域收入规模

数据来源：Ofcom，Communications Industry Facts and Statistics。

2020 年英国人平均每日观看电视或在线视频的时长达 5 小时 40 分钟，较疫情前增加了 47 分钟。传统电视迎来五年间的最高收视，这在很大程度上归因于人们对新闻的需求——BBC 仍是英国人使用最多的新闻媒体，其

① Reuters Institute for the Study of Journalism. Digital News Report 2021, https://reutersinstitute.politics.ox.ac.uk/sites/default/files/2021-06/Digital_News_Report_2021_FINAL.pdf.

中有62%的英国人通过BBC One接触新闻，31%通过BBC News Channel接触新闻。[①] 疫情也加速了原来业已存在的一些趋势的发展，如制作成本的通货膨胀压力增大、独立制片领域的整合加速以及公共播出服务机构的营收挑战加大，尤其是，原创电视内容制作面临更大困难——公共播出服务机构用于原创制片的投入减少了18%，商业电视频道也因受到体育赛事取消等影响而削减了内容投入，独立制片领域近年来的强劲增长也被疫情中断。针对这些现象，英国政府通过启动“重启计划”（the Restart Scheme）来维系电视内容制作；同时，公共播出服务机构进一步推进主要基于线上的未来定位调整，包括采取将既有节目库进一步数字化、编发以年轻数字受众为目标人群的新节目等措施。[②]

视频点播服务则增长更快。2021年，已有60%的英国家庭使用视频点播服务，较上一年增长11个百分点。点播量最大的是原创节目与独家播出节目，其中Netflix是第一赢家，超过一半的英国家庭订阅其服务，30部收视率最高的剧当中有29部是Netflix的产品。[③] 人均每日使用诸如Netflix、Amazon Prime Video等付费视频点播平台的时长达到1小时5分钟，较2020年几乎翻了一倍。用户生产内容的视频分享网站YouTube也迎来了22%的用户使用时长增长，平均每人每日观看41分钟。源自中国的短视频分享网站TikTok则超越了YouTube，于2021年3月覆盖31%的英国成年用户。

广播与音频领域得益于数字化而继续发展。尽管收听收音机上的广播直播依然是最普遍的音频收听行为，然而自2015年以来传统收听的比例已从74%下降到58%。一半以上的英国成年人通过数字音频广播设备收听广播直播。尽管广播广告收入较2020年进一步缩减了14%，但播出机构依然在2020~2021年启动了若干新的电台和服务。

---

① Ofcom. News Consumption in the UK：2021，https：//www. ofcom. org. uk/_ _ data/assets/pdf _ file/0025/222478/news-consumption-in-the-uk-overview-of-findings-2021. pdf.

② Ofcom. Communications Industry Facts and Statistics，https：//www. ofcom. org. uk/research - and-data/facts.

③ Ofcom. Communications Industry Facts and Statistics，https：//www. ofcom. org. uk/research - and-data/facts.

流媒体服务提供商则向英国观众提供了11500小时的内容产品，50%的成年人家中拥有智能音箱，[①] 流媒体平台也继续开发高质量音频与播客等新产品，应用程序开发商也在2021年上线了若干结合播客与在线会议功能的社交音频App。数字音频细分领域中，流音乐业务覆盖显著增长至17%，播客则停滞在15%左右。[②]

商业模式方面，随着音频内容的价值被市场进一步认可，线上音频流媒体服务收入增长了19%，达13亿英镑，其中87%来自订阅。一些新兴的音频商业模式也在快速成长，例如播客广告规模增长了42%至3300万英镑。纯音频社交媒体App Clubhouse于2020年4月上线，随后Twitter、Facebook、Telegram等相继发布了竞争性产品。[③]

五　社交媒体及即时通信行业

英国社交媒体及即时通信行业收入在2020年达到47.77亿英镑（视频广告27.74亿英镑，非视频广告15.03亿英镑，付费订阅5亿英镑），占全球总收入的6%，近90%的贡献仍然来源于广告。[④]

第一梯队中，YouTube和Facebook依然是最主要的服务提供平台，覆盖95%的英国网民。在2020年4月居家隔离的高峰期，用户每日使用YouTube平均时长为43分钟，使用Facebook为1小时31分钟。Facebook充当了疫情期间英国成年人最主要的社交媒体新闻来源，青少年则更多地使用Instagram、Twitter以及Snapchat。

---

① Ofcom. Communications Industry Facts and Statistics, https://www.ofcom.org.uk/research-and-data/facts.

② Ofcom. Media Nations: UK 2021, https://www.ofcom.org.uk/__data/assets/pdf_file/0023/222890/media-nations-report-2021.pdf.

③ Ofcom. Online Nation 2021 Report, https://www.ofcom.org.uk/__data/assets/pdf_file/0013/220414/online-nation-2021-report.pdf. 9 June 2021.

④ Ofcom. Online Nation 2021 Report, https://www.ofcom.org.uk/__data/assets/pdf_file/0013/220414/online-nation-2021-report.pdf. 9 June 2021.

中国字节跳动公司旗下的短视频社交平台 TikTok 在英国的用户规模从 2019 年的 320 万人猛增至 1150 万人，在青少年人群中的覆盖率更是达到 54%。视频社交平台上最受欢迎的内容是音乐类视频，甚至用“病毒性流行”一词来形容一些音乐视频的火爆——例如，曾经当过邮递员的英国人 Nathan Evans 在 TikTok 上发布的海员号子“Wellerman”随后登上了全英单曲榜榜首。然而，在如何变现的问题上，TikTok 仍处在初级探索阶段。

约会软件、LinkedIn 等面向职场的社交服务则主要采取用户付费的商业模式，第三方广告收入仅作为一种补充。例如：约会网站 Match Group 在 2020 年全球总计 175.3 亿英镑的收入规模当中，98%来自用户订阅及一次性交易。①

疫情以来，具有视频通话功能的线上社交软件成为人们保持联系的主要方式，英国 15 岁以上人口中有 75%的人使用即时通信软件 WhatsApp，58%的人使用 Facebook Messenger，24%的人使用 Instagram Direct Message，中国腾讯公司提供的 WeChat 服务则占有 0.6%的市场份额。同时，在线工作与网课平台 Microsoft Team 的用户达到 1370 万人，Zoom 的用户规模也从疫情前的几十万人猛增到 1300 万人，此外还存在 Google Duo、Skype 和 Houseparty 等服务提供商。②

六　电子商务行业

可以用“激增”来形容 2020 年的英国电子商务行业。社交隔离及居家政策很大程度上改变了英国人的消费行为。2020 年在线零售规模较 2019 年大涨 45%至 1130 亿英镑，而在整个零售业内部，在线份额已占总量的 35%左右。英国超市也扩大了线上下单、线下配送的业务，11%的销售由线上完

---

① Ofcom. Online Nation 2021 Report, https://www.ofcom.org.uk/__data/assets/pdf_file/0013/220414/online-nation-2021-report.pdf. 9 June 2021.

② Ofcom. Online Nation 2021 Report, https://www.ofcom.org.uk/__data/assets/pdf_file/0013/220414/online-nation-2021-report.pdf. 9 June 2021.

成，较2019年增长6个百分点。具体类别中，在线销售额涨幅最大的商品是食物（82%）和家居用品（76%）。[①]

七　游戏行业

2020年，线上游戏实现约11%的收入涨幅，收入达46.43亿英镑，其中90%来源于社交游戏App。[②] 游戏已覆盖62%的英国成年人和92%的青少年（16~24岁），其中有2/3认为线上游戏帮助他们舒缓疫情焦虑。

手机是人们玩游戏最常使用的设备（39%），性别差异上，43%的女性用户使用手机玩游戏，32%的男性用户玩电脑游戏或主机游戏。2020年末新上市的Playstation5、Xbox等主机游戏以及Sony、Nvidia、Google、Microsoft等提供的基于云的订阅游戏可能改变游戏产业的未来图景。[③]

展望2022年的英国传媒产业，此前的不确定性日益减少，全面深度数字化进程不可逆转，马太效应日渐显现，公众信任将越来越成为传媒产业发展的驱动力。

---

① Ofcom. Online Nation 2021 Report，https：//www.ofcom.org.uk/_ _ data/assets/pdf_ file/0013/220414/online-nation-2021-report.pdf . 9 June 2021.

② Ofcom. Online Nation 2021 Report，https：//www.ofcom.org.uk/_ _ data/assets/pdf_ file/0013/220414/online-nation-2021-report.pdf . 9 June 2021.

③ Ofcom. Online Nation 2021 Report，https：//www.ofcom.org.uk/_ _ data/assets/pdf_ file/0013/220414/online-nation-2021-report.pdf . 9 June 2021.

B.32

2021年法国传媒产业发展报告

张　伟*

摘　要： 在新冠肺炎疫情的影响之下，2021 年法国文化经济受到很大冲击，各类现场文化活动受到的影响最大（如影院观影、现场演出、博物馆参观等）。虽然视听影音业和游戏业市场规模短时间内出现了大幅增长，但也无法拉平整体文化经济领域的下滑趋势。互联网领域，法国受众线上听音乐这一消费习惯普遍养成，数字音乐产品消费不断提升。在疫情的影响下，线上收看电视剧的用户大幅增加。随着打击盗版政策的完善，正版消费的障碍越来越少。

关键词： 传媒产业　文化经济　数字化

根据法国国家统计和经济研究所发布的数据，由于新冠肺炎疫情的影响，2020 年法国整体经济萎缩至少 8.3%，GDP 为 22904.93 亿欧元。截至 2020 年底，公共债务规模已达到 26501 亿欧元。2021 年，法国经济明显回升，由于 2020 年相对较低的基数，2021 年法国 GDP 为 24829.57 亿欧元，增长率达 8.4%。[①]

2020 年，由新冠肺炎疫情引发的健康危机导致法国两次对商业场所进行大范围的封控限制，此举对商业文化部门产生了巨大的影响，与 2019 年相比，商业文化活动收入减少了近 110 亿欧元。2020 年 4 月，国家第一次

---

* 张伟，北京工商大学艺术与传媒学院讲师。

① 数据来源：法国国家统计和经济研究所，https：//www.insee.fr/fr/accueil。

封控期间，商业文化领域的月营业额较2019年同比下降30%。2020年，媒体和文化收入较2019年下降67亿欧元，其中电影院受到的影响最大（票房较2019年下降65%）。虽然视听领域市场规模快速增长，电子游戏领域也出现了快速增长的态势，但增长并不能抵消整体音像领域市场规模的损失。由于演出场地的关闭，舞台演出领域的收入下降了36亿欧元，较2019年下降了22%，视觉艺术领域的收入也损失了11%，建筑和非物质文化遗产等领域收入普遍减少。① 2020年相关产值数据见表1。

表1　2020年法国文化产业产值与增加值

单位：10亿欧元，%

项　　目	产值(市场和非市场)		增加值	
	价值	占文化经济比例	价值	占文化经济增加值比例
音像	31.8	33.2	13.7	27.8
书籍出版、报刊	12.8	13.4	7.6	15.4
舞台演出	14.8	15.4	7.1	14.4
广告	11.5	12.0	5.5	11.2
非物质文化遗产	7.7	8.0	4.8	9.7
视觉艺术	8.4	8.8	4.3	8.7
建筑	6.1	6.4	4.1	8.3
文化和艺术教育	2.7	2.8	2.2	4.5
文化经济总和	95.8	100	49.3	100

数据来源：法国国家统计和经济研究所，法国国家统计局，法国文化与传媒部。

一　电影业

2021年法国电影票房较2020年有所好转。根据2021年法国CNC发布

① Département des études, de la prospective et des statistiques, Analyse de l'impact de la crise du Covid-19 sur les secteurs culturels, synthèse et résultats sectoriels, Paris, Ministe're de la Culture, juillet, 2020.

的数据，2021 年法国电影票房超过 6 亿欧元（约 7.07 亿美元），相比 2020 年总体增长 30%左右，观影人数约为 9600 万人次，比上一年同期增长接近一半。由于疫情的原因，法国影院直到 2021 年 5 月 18 日才正式开放，并且观众在很长的一段时间需要出示疫苗接种或核酸检测证明才能观影，一定程度上影响了票房。①

2021 年法国电影票房排名前十的影片中，好莱坞制作影片仍然占据绝对优势。法国本土电影票房冠军为亚历山大·阿斯蒂（Alexandre Astier）自编自导自演的影片《亚瑟王传奇》（*Kaamelott-Premier Volet*）。电视剧版的《亚瑟王》（*Kaamelott*）是 2005 年在法国电视六台播出的一部法国中世纪奇幻喜剧，时隔十余年，电影版的《亚瑟王传奇》成为 2021 年度法国人最期待的本土电影（见表 2）。

表 2　2021 年法国电影票房 Top10

单位：美元

排名	影片	出品方	国家	票房
1	蜘蛛侠：英雄无归 *Spider-Man: No Way Home*	索尼影业	美国	57206537
2	007 无暇赴死 *No Time to Die*	环球国际影业	美国	31986342
3	沙丘 *Dune*	华纳兄弟	美国	25432148
4	亚瑟王传奇 *Kaamelott-Premier Volet*	SND 影业	法国	21753166
5	速度与激情 9 *F9: The Fast Saga*	环球国际影业	美国	19844503
6	招魂 3 *The Conjuring: The Devil Made Me Do It*	华纳兄弟	美国	17700000
7	永恒族 *Eternals*	迪士尼影业	美国	16241326

① Le public du cinéma en 2020, Les Études du cnc, septembre 2021.

续表

排名	影片	出品方	国家	票房
8	魔法满屋 *Encanto*	迪士尼影业	美国	23079830
9	毒液 2 *Venom: Let There Be Carnage*	索尼影业	美国	15900000
10	黑寡妇 *Black Widow*	迪士尼影业	美国	15133199

数据来源：French Box Office For 2021，Box Office Mojo by IMDbPro。

二　电视业

2021 年，法国整体电视网络由 200 多个频道构成。除了 LCI 和 Paris Prime 外，所有的频道均在 TNT 上有高清播放渠道。截至 2020 年第四季度，超过 92%的家庭配备了电视机，这一比例较 2019 年略有下降，家庭电视接收方式如图 1 所示。在法国，电视仍然是家庭的第一屏幕，每户电视机平均持有数量稳定于 1.5 台左右。①

2020 年是特殊的一年，由于全球范围内新冠肺炎疫情的大流行以及法国连续几次实施的封闭、宵禁政策，与 2019 年相比，法国人每天多看了 18 分钟电视，平均每天收看电视的时长为 3 小时 58 分钟（见图 2）。②

截至 2021 年 2 月，超过 140 家法国电视台推出了所谓“非线性”的消费模式来帮助消费者追剧。2020 年，由 23 个电视频道（包含 18 个国家频道）组成的小组，提供了超过 91 亿个可供消费者线上观看的视频，这一数

① Le Guide des chaînes, 19e Édition, Ministère de la Culture, csa, cnc, ACCeS, snptv, 2021; Bilan 2020, Centre national de la cinématographie, 2021; L'Année TV 2020. La TV s'impose dans une année hors normes, Médiamétrie, janvier 2021.

② Panorama. Effets de la crise sanitaire sur les audiences des groupes audiovisuels et sur le marché publicitair, bilan de l'année, Conseil supérieur de l'audiovisuel, janvier, 2021.

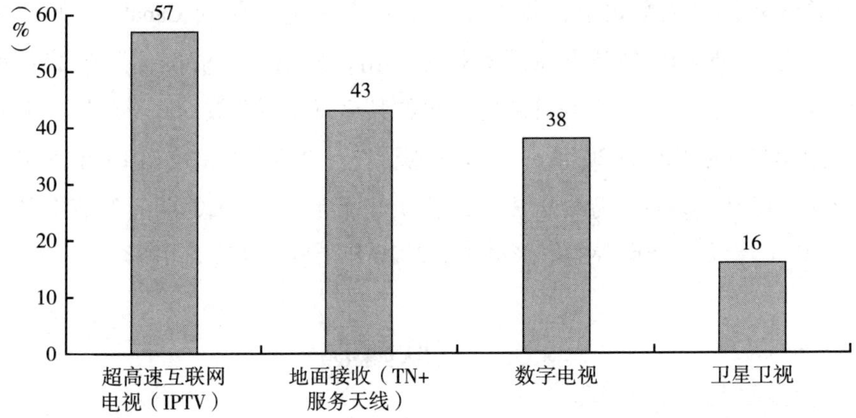

图 1　2020 年第四季度法国家庭电视接收方式

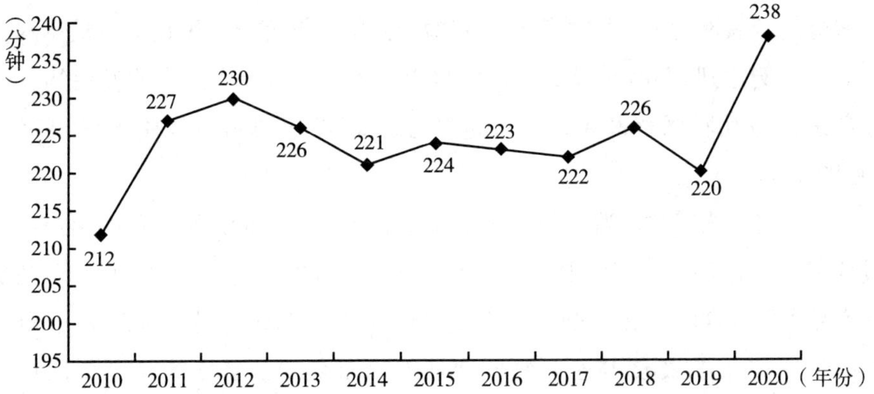

图 2　2010~2020 年法国人每天收看电视的时长

据虽略低于 2019 年（-2%），但几乎是五年前的 2 倍，为消费者提供了大量的追剧选择。

2020 年，国家频道（TF1、France2、France3、Canal +、France5、M6、ARTE）的观众份额约为 59%，与 2019 年相比略有增加。据统计，法国电视集团（收视率 29%）仍然是法国最大的视听集团，领先于 TF1（28%）、M6 集团（15%，包含 GUlli，2019 年被 Lagardère 集团剥离）、NextradioTV 集团（7%）、Canal+（6%）和 NRJ 集团（2%）。

总的来说，免费频道占据 89%，而付费频道（包括 Canal+）则占据 11%。超过一半的电视节目在国家频道播出，所谓的“流媒体”形式帮助吸引了更多的观众。付费和订阅电影主题频道每年可播放 500 部电影，并且可以持续多次播出。2020 年，共播放电影作品 2433 部（较 2019 年增加了 11 部）。其中，Canal+仍然是法国最大的电影频道，2020 年上映 471 部电影；ARTE 是第一个免费的电影频道，2020 年上映了 452 部电影。

三 互联网业

2019 年法国互联网用户在整体人口中的比例首次停止增长，在 12 岁及以上的法国人中，网民比例达 88%，较 2018 年下降了 1 个百分点。法国通过智能终端联网的网民数量依然具有增长空间，该部分网民数量占整体网民数量的比例达到 51%。① 从这一趋势可以看出，法国互联网产业发展的首要任务是提高互联网普及率，在改进智能终端设备的用户体验上做出努力（见图 3）。

在线付费内容的消费者数量不断增加，2020 年，59%的互联网用户体验过数字产品消费，这一比例较 2017 年增加了 18 个百分点。其中，用户所消费的产品主要包含电子书（60%）、在线电影（57%）、电子游戏（55%）、电视剧（53%），而在摄影与音乐领域依然有大量免费的数字产品可供用户选择。② 线上听音乐这一消费习惯已经普遍养成，越来越多的互联网用户习惯于在线上消费数字音乐产品。2020 年，在新冠肺炎疫情这一特殊的环境之下，线上收看电视剧的用户的数量大幅增加，Netflix 用户在 2020 年上半年就达到了百万人，在线收视率也得到了明显增长。就所有数字产品而言，线上消费更多地集中于 15~24 岁的年轻群体，女性用户电子书、图片和电视剧的消费比例高于男性用户，男性用户则更加倾向于音乐、电影和电子游戏

① Baromètre du numérique 2019, Crédoc, 2019.

② Baromètre de la consommation 2020: 62 % des internautes ont accès à un abonnement payant, Les Études de l'Hadopi en 10 minutes chrono, no 25, février 2021.

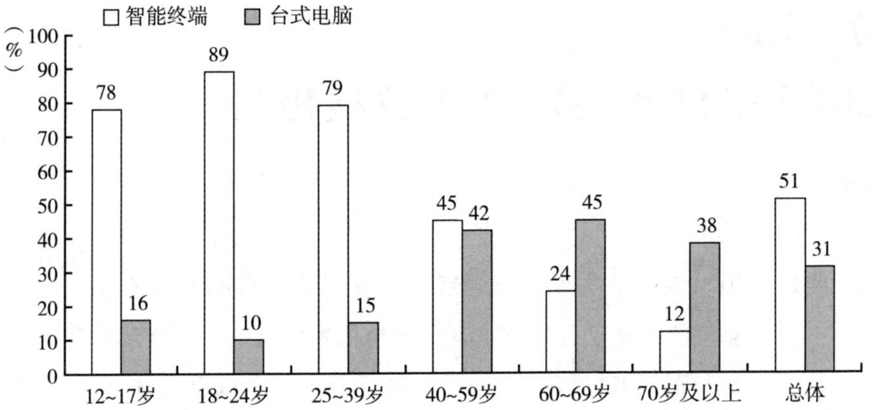

图3　2019年法国互联网用户最常用的互联网连接设备

等数字产品的消费。①

在打击盗版的问题上，随着当局联合用户实施打击盗版政策及相关法律的不断健全，正版消费的障碍越来越少，价格已经不再是抑制消费者购买正版的主要因素。

① Baromètre de la consommation de biens culturels dématérialisés 2020, Hadopi, 2020.

B.33

2021年日本传媒产业发展报告

林　杨*

摘　要： 2020年，日本经济受到新冠肺炎疫情的影响出现负增长，企业业绩的下滑以及以东京奥运会为代表的众多大型活动的取消、延期和预算缩减给以广告为主要营收方式的媒体带来了巨大的冲击。鼓励居家等防疫政策加速推进了日本传媒及相关产业整体数字化转型的步伐，线上需求的增多推动了网络购物、在线办公、电子书、线上付费演唱会等行业的快速发展，互联网广告市场在逆势中继续增长。

关键词： 日本传媒产业　日本媒体　日本广告市场

日本内阁府发布的《2020年度（令和2年度）国民经济年次推计》显示，2020年日本名义GDP为535.5万亿日元，同比下降3.9%，近八年来首次出现下跌。受新冠肺炎疫情扩大的影响，2020年日本政府的消费支出和公共投资有所增加，但以个人消费、设备投资、住宅投资等为代表的民间消费均有所减少。受全球经济影响，日元走高，原油价格上涨，日本出口额下降，企业业绩低迷，伴随而来的是失业率的上升。入境游客减少、长期持续的紧急事态宣言对旅游服务业也产生了巨大的冲击。

* 林杨，清华-日经传媒研究所所长助理。

一　报纸与出版

据日本报业协会统计，2020 年日本报业市场总收入为 14827 亿日元，同比下降 10. 3%。其中，报纸销售收入为 8620 亿日元，同比下降 6. 1%；广告收入为 2546 亿日元，同比下降 17. 7%；其他收入为 3661 亿日元，同比下降 13. 9%（见图 1）。

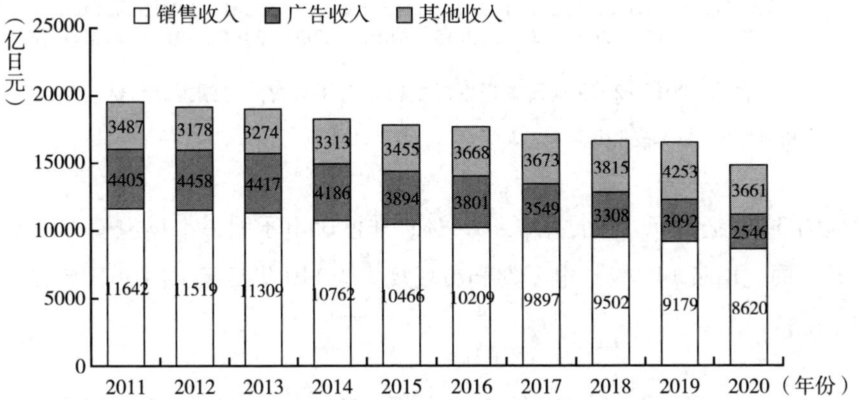

图 1　2011~2020 年日本报业总收入细目

资料来源：日本报业协会。

2020 年日本报纸总发行量为 3509 万份，同比下降 7. 2%；户均订阅量下降至 0. 61 份（见图 2）。近年来日本报业市场一直呈现缓慢收缩态势，与互联网等新兴媒体的广告竞争加剧的同时，发行量的减小使得报业广告无论从销量还是单价上都出现了明显下降。2020 年度包括东京奥运会在内的各种大中型活动的中止及预算削减，也直接影响了报纸的广告收入。

日本出版科学研究所数据显示，2020 年日本出版市场规模为 16168 亿日元，同比增长 4. 8%。传统出版方面，纸质出版市场规模为 12237 亿日元，同比下降 1. 0%。其中，图书市场规模为 6661 亿日元，同比下降 0. 9%；期刊市场规模为 5576 亿日元，同比下降 1. 1%。电子出版方面，电子漫画市场

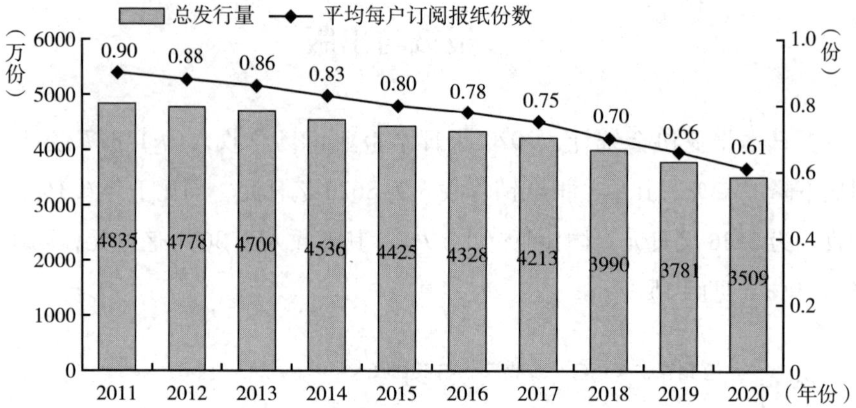

图2　2011~2020年日本报纸总发行量与平均每户订阅报纸份数

资料来源：日本报业协会。

规模为3420亿日元，同比增长31.9%；非漫画电子图书市场规模为401亿日元，同比增长14.9%；电子期刊市场规模为110亿日元，同比下降15.4%（见图3）。

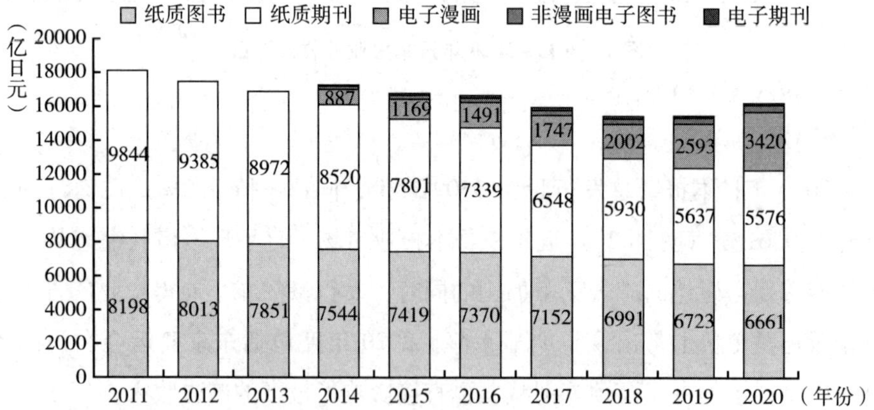

图3　2011~2020年日本出版市场规模

说明：日本出版科学研究所自2014年起开始测算日本电子出版市场规模。

资料来源：日本出版科学研究所，《出版指标年报》2011~2020各年度版。

整体来看，随着智能终端的普及，以及疫情下居家需求的增加，电子书的市场占有率迅速上升，纸质出版物市场规模连年缩小。与此同时，日本出版市场规模也会因当年是否有畅销书而产生较大波动，2020 年爆款国民漫画《鬼灭之刃》（集英社）的大卖对本年度的出版市场增长做出了很大贡献。

二　广播电视

日本总务省信息通信统计数据及 NHK 业务报告书数据显示，2020 年日本广播电视市场规模为 35393 亿日元，同比下降 8.1%。其中，NHK（经常事业收入）为 7138 亿日元，同比下降 3.2%；民营地面电视台市场规模为 19863 亿日元，同比下降 11.7%；卫星电视市场规模为 3386 亿日元，同比下降 6.5%；有线电视市场规模为 5006 亿日元，与上一年度基本持平（见图 4）。

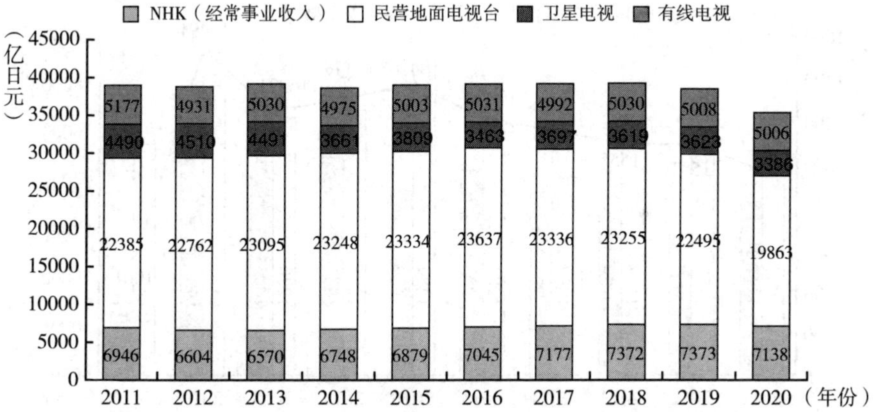

图 4　2011~2020 年日本广播电视市场规模

说明：部分数据根据最新调查统计结果有所修正。

资料来源：日本总务省信息通信统计数据库；NHK 业务报告书各年度版。

广播方面，日本民间放送联盟发布的《2020 年度民放决算概要》显示，2020 年日本广播市场规模为 1024 亿日元，同比减少 13.5%。

从统计数据来看，2020 年度日本广播电视市场的大幅缩水主要源于广告收入的大幅减少，以收视费为主要收入来源的公共电视台 NHK 受到的影响相对较小，以广告为主要收入来源的民营广播电视台则受到了较大的影响。

三　电影

受新冠肺炎疫情影响，2020 年的日本电影市场受到重创，无论是票房总收入还是观影人次，都出现了大幅下降。据日本电影制作者联盟统计，2020 年日本电影市场票房总收入达 1433 亿日元，同比下降 45.1%。其中国产电影票房收入为 1093 亿日元，同比下降 23.1%；进口电影票房收入为 340 亿日元，同比下降 71.4%。2020 年日本电影市场观影人数为 10613 万人次，同比下降 45.5%（见图 5）。

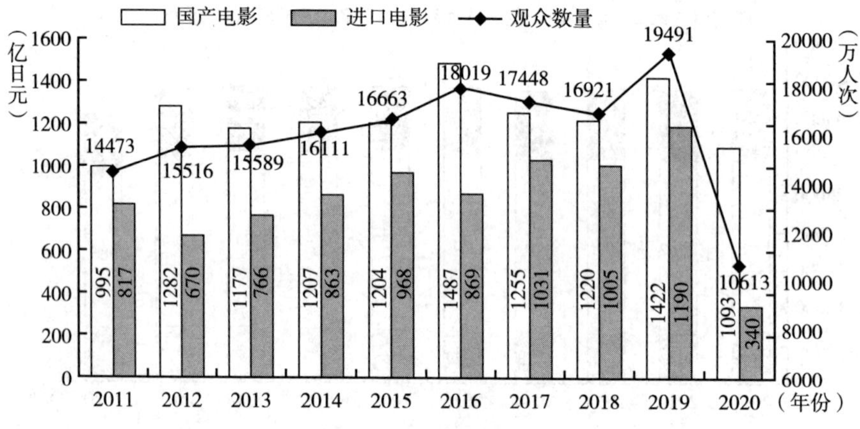

图 5　2011~2020 年日本电影票房收入及观影人次

资料来源：日本电影制作者联盟。

从上映作品数量来看，2020 年日本电影市场共上映 1017 部作品（其中国产片 506 部，进口片 511 部），约为上一年的八成。全国总银幕数 3616 块，较上一年增长 33 块。尽管观影人数受疫情影响几近腰斩，但仅一部现象级作品剧场版《鬼灭之刃：无限列车篇》就撑起了 2020 年国产电影 1/3 的票房，并在 2021 年以 404.3 亿日元的总票房收入超越《千与千寻》，成为历年日本电影票房的新榜首。

四 音像

根据日本唱片协会的统计，2020 年日本音像市场规模为 2727 亿日元，同比下降 9.0%。其中，实物唱片市场规模为 1299 亿日元，同比下降 15.0%；音乐影像（DVD 及蓝光）市场规模为 645 亿日元，同比下降 15.6%；网络付费下载及增值服务市场规模为 783 亿日元，同比增长 10.9%（见图 6）。

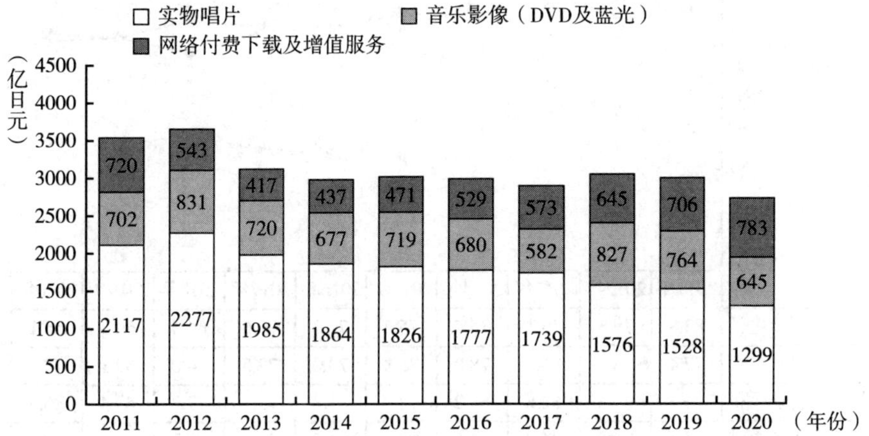

图 6 2011~2020 年日本音像市场规模

资料来源：日本唱片协会。

日本唱片协会认为，受到疫情等因素的影响，实物唱片及音乐影像产品在发行量和销售额上均出现较大下滑，但在网络付费下载及增值服务方面，市场连续 7 年呈现较高增长势头，2020 年流媒体的市场规模已达 589 亿日元，同比增长 26.7%，在网络付费下载及增值服务大类中的占比增长到 75.3%。

五　互联网

日本总务省发布的《令和 2 年通信利用动向调查》数据显示，2020 年日本互联网个人用户普及率为 83.4%，其中 13~59 岁的各年龄层网民均已超过 9 成。受疫情影响，居家学习、居家办公的需求有所上升，从主要通信设备持有率来看，日本家庭内智能手机普及率上升至 86.8%，电脑普及率上升至 70.1%，平板电脑普及率为 38.1%（见图 7）。

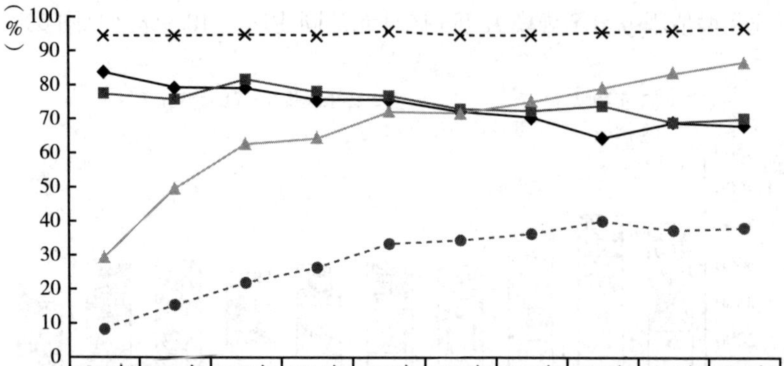

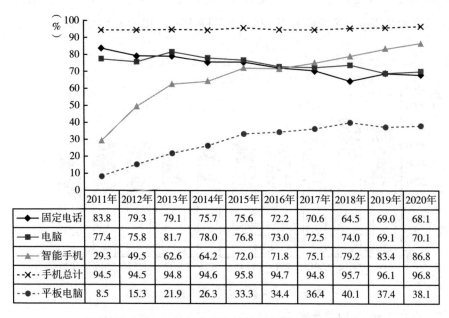

	2011年	2012年	2013年	2014年	2015年	2016年	2017年	2018年	2019年	2020年
固定电话	83.8	79.3	79.1	75.7	75.6	72.2	70.6	64.5	69.0	68.1
电脑	77.4	75.8	81.7	78.0	76.8	73.0	72.5	74.0	69.1	70.1
智能手机	29.3	49.5	62.6	64.2	72.0	71.8	75.1	79.2	83.4	86.8
手机总计	94.5	94.5	94.8	94.6	95.8	94.7	94.8	95.7	96.1	96.8
平板电脑	8.5	15.3	21.9	26.3	33.3	34.4	36.4	40.1	37.4	38.1

图 7　2011~2020 年日本主要通信设备持有率（家庭内）

资料来源：日本总务省，《信息通信白皮书》（令和 2 年版）。

从互联网的使用目的来看，“收发电子邮件”“检索信息”“使用社交媒体”“网购”“浏览或更新网页/视频网站”等需求最为旺盛；从网络消费的支付方式来看，信用卡（79.8%）最为主流，其次是便利店支付（38.8%）、货到付款（26.5%）、银行/邮局柜台或 ATM（23.9%）等方式。

六　广告

据日本电通广告公司测算，受新冠肺炎疫情影响，2020 年日本广告市场总规模降至 61594 亿日元，同比下降 11.2%（见表 1）。这是日本广告市场自 2011 年（东日本大地震影响）至 2020 年以来的首次缩水，跌幅仅次于 2009 年（雷曼危机影响）。

表 1　2011～2020 年日本各媒体广告费

单位：亿日元

媒体类型	2013 年	2014 年	2015 年	2016 年	2017 年	2018 年	2019 年	2020 年
报纸	6170	6057	5679	5431	5147	4784	4547	3688
杂志	2499	2500	2443	2223	2023	1841	1675	1223
广播	1243	1272	1254	1285	1290	1278	1260	1066
地面电视	17913	18347	18088	18374	18178	17848	17345	15386
卫星媒体	1110	1217	1235	1283	1300	1275	1267	1173
互联网*	9381	10519	11594	13100	15094	17589	21048	22290
推广展示广告**	21446	21610	21417	21184	20875	20685	22239	16768

说明：* 互联网广告中包括来自传统媒体的数字业务的广告收入，其中 2020 年报纸数字广告规模为 178 亿日元，同比增长 18.5%；期刊数字广告规模为 446 亿日元，同比增长 10.1%；广播数字广告规模为 11 亿日元，同比增长 10.0%；电视数字广告规模为 173 亿日元，同比增长 12.3%；

** 包括户外广告、交通展示类广告、折页广告、DM 广告、免费画册广告、POP、大型活动及展示类广告、楼宇内视频广告等。

资料来源：日本电通广告公司，《日本的广告费》各年度版。

从不同媒介形态来看，仅有互联网广告费维持了一贯的增长势头。在日本政府的防疫政策下，人们外出需求减少，居家活动大幅增加，促进了外卖、网购、在线会议、移动支付等行业的快速发展，相关行业的广告支出和广告投放量均有所增加，四大传统媒体的数字业务广告也呈增长趋势。疫情期间，许多大型活动延期举办或被取消，从而使传统媒体的传统广告及推广展示类的广告业务受到较大影响。

传媒市场主要数据

Key Media Market Data

B.34

2021年中国广告市场数据*

全国 2021 年广告花费——广告投放渠道

单位：%

广告投放渠道	广告花费同比变化	广告资源同比变化
电　视	1.3	-0.5
报　纸	-22.0	-28.9
杂　志	-7.8	-6.8
广　播	3.4	-2.1
传统户外	-13.6	-28.3
电梯 LCD	31.5	—
电梯海报	32.4	—
影院视频	253.2	—
互联网站	-4.3	—
合　计	11.3	

* 中国广告市场数据来源：CTR 媒介智讯（CTR Media Intelligence 01/2020-12/2021）。统计范围以 CTR 媒介智讯 2020 年的监测范围为基准；花费统计以公开报价为标准，不含折扣和免费项目；电视频道监测时间为 17：00~24：00；“New”代表本次新上榜。

全国 2021 年广告花费——品类

单位：%

序号	品类	同比变化	序号	品类	同比变化
1	食品	9.3	11	活动类	8.0
2	饮料	11.3	12	交通	-4.8
3	药品	31.9	13	家居用品	19.7
4	邮电通信	-11.9	14	金融业	6.1
5	IT 产品及服务	4.5	15	家用电器	-6.2
6	化妆品/浴室用品	40.8	16	衣着	28.5
7	商业及服务性行业	1.8	17	房地产/建筑工程行业	-34.9
8	酒精类饮品	15.7	18	清洁用品	17.9
9	娱乐及休闲	0.2	19	工业用品	-5.1
10	个人用品	79.7	20	农业	-19.1

全国 2021 年广告花费——品牌

单位：%

序号	品牌	同比变化	序号	品牌	同比变化
1	蒙牛	79.5	6	同溢堂	89.3
2	陈李济	35.7	7	养无极	-5.6
3	伊利	9.7	8	妙可蓝多	114.5
4	君乐宝	11.1	9	鸿茅	48.3
5	舒肤佳	129.8	10	汤臣倍健	-43.3

全国 2021 年电视、广播广告花费——品牌

单位：%

序号	电视		广播	
	品牌	同比变化	品牌	同比变化
1	陈李济	31.3	中国移动通信	50.1
2	舒肤佳	140.9	燕之屋	0.3
3	同溢堂	86.5	天草	44.1
4	养无极	-6.2	好视力	6.6
5	伊利	-1.1	小仙炖	65.6
6	鸿茅	49.5	尚海	-7.8

续表

序号	电视		广播	
	品牌	同比变化	品牌	同比变化
7	天草	51.0	陈李济	346.6
8	君乐宝	12.0	汇正	321.0
9	葛洪	355.7	全包圆	76.8
10	超视立	63.5	鸿茅	19.7

全国 2021 年报纸、杂志广告花费——品牌

单位：%

序号	报纸		杂志	
	品牌	同比变化	品牌	同比变化
1	中国移动通信	-6.0	克丽斯汀迪奥	-7.5
2	中国工商银行	-0.6	香奈儿	-12.3
3	欧米茄	>1000	路易威登	5.0
4	中国农业银行	-7.7	GUCCI	-10.3
5	中国银行	-7.6	卡地亚	16.2
6	中国平安人寿保险	37.0	欧米茄	26.1
7	中国邮政储蓄银行	17.3	宝格丽	2.9
8	中国建设银行	-17.5	FENDI	58.5
9	中国体育彩票	-2.3	劳力士	4.0
10	交通银行	-10.4	爱马仕	8.7

全国 2021 传统户外广告花费——品牌

单位：%

序号	品牌	同比变化	序号	品牌	同比变化
1	全景	132.1	6	中国银联	-27.5
2	VIVO	-13.5	7	中国电信	24.7
3	支付宝	200.7	8	屈臣氏	667.9
4	朴朴超市微信公众号	142.5	9	中国移动通信	-19.4
5	苹果	22.5	10	中欧基金	554.8

全国2021年电梯LCD、电梯海报广告花费——品牌

单位：%

序号	电梯LCD		电梯海报	
	品牌	同比变化	品牌	同比变化
1	蒙牛	358.6	君乐宝	0.3
2	妙可蓝多	113.5	苏宁	104.9
3	简爱	New	蒙牛	78.3
4	唱吧	338.7	贝拉米	New
5	瓜子二手车直卖	270.5	波司登	62.7
6	妙飞	New	天猫	62.4
7	剑南春	164.9	饿了么	422.8
8	元气森林	-11.3	中国移动通信	75.2
9	君乐宝	22.6	国美	575.0
10	林清轩	645.7	乌江	New

全国2021年影院视频、互联网站广告花费——品牌

单位：%

序号	影院视频		互联网站	
	品牌	同比变化	品牌	同比变化
1	天堂电影院公益活动	New	天天基金	-28.4
2	蒙牛	621.1	游戏信息	-17.0
3	索菲亚	686.6	东方财富证券	144.8
4	简爱	>1000	百姓	-21.6
5	椰树	168.9	雅戈尔	247.7
6	蒂兰圣雪	New	上汽大众	145.8
7	花西子	New	雷霆之怒网络游戏	New
8	壳牌	767.7	中国工商银行	108.6
9	暴龙	498.7	红旗	138.4
10	三星	New	网易	>1000

北京/上海/广州/深圳 2021 年广告花费——品类

单位：%

序号	北京		上海		广州		深圳	
	品类	同比变化	品类	同比变化	品类	同比变化	品类	同比变化
1	饮料	63.6	饮料	43.1	药品	32.5	饮料	28.5
2	邮电通讯	4.9	食品	50.9	饮料	26.7	食品	0.9
3	食品	43.1	邮电通讯	11.5	食品	27.6	邮电通讯	2.0
4	IT 产品及服务	-25.1	IT 产品及服务	6.3	化妆品/浴室用品	41.2	化妆品/浴室用品	44.3
5	化妆品/浴室用品	92.0	家居用品	62.1	邮电通讯	19.4	IT 产品及服务	-17.0
6	娱乐及休闲	4.4	商业及服务性行业	-8.9	IT 产品及服务	-5.3	交通	18.4
7	酒精类饮品	89.4	化妆品/浴室用品	25.5	酒精类饮品	14.9	娱乐及休闲	-14.9
8	家居用品	24.5	娱乐及休闲	-19.9	娱乐及休闲	20.7	酒精类饮品	134.9
9	商业及服务性行业	-9.0	个人用品	46.7	活动类	3.1	药品	-21.8
10	个人用品	271.2	交通	-11.2	个人用品	38.1	个人用品	165.9

北京/上海/广州/深圳 2021 年广告花费——品牌

单位：%

序号	北京		上海		广州		深圳	
	品牌	同比变化	品牌	同比变化	品牌	同比变化	品牌	同比变化
1	蒙牛	88.8	尚海	83.4	天草	37.1	蒙牛	389.3
2	妙可蓝多	133.7	蒙牛	8.1	同溢堂	53.7	简爱	>1000
3	伊利	1.0	妙可蓝多	168.7	陈李济	16.7	东鹏	>1000
4	简爱	>1000	沪尚茗居	3.0	养无极	-21.2	妙可蓝多	44.6
5	京东商城	104.6	沪佳	167.4	蒙牛	72.8	农夫山泉	103.9
6	君乐宝	74.4	伊利	50.2	中国移动通信	161.8	唱吧	387.5
7	业之峰诺华	New	简爱	>1000	伊利	67.6	天堂电影院公益活动	New
8	天猫	90.3	全景	132.9	妙可蓝多	130.0	伊利	255.5
9	农夫山泉	135.6	张奶奶	54.2	舒肤佳	59.2	瓜子二手车直卖	335.0
10	元气森林	5.2	天猫	49.5	简爱	>1000	益达	73.7

B.35

2021年中国移动互联网市场数据*

全国 2021 年移动购物、移动社交月均活跃用户数 Top5

单位：人，%

排名	移动购物			移动社交		
	移动购物	月均活跃用户数	月均活跃渗透率	移动社交	月均活跃用户数	月均活跃渗透率
1	淘宝	730971934	56.2	微信	1126810102	86.6
2	拼多多	627649523	48.2	QQ	674933158	51.8
3	京东	304264083	23.4	微博	417677701	32.1
4	小红书	127798439	9.8	知乎	68106781	5.2
5	闲鱼	103440568	7.9	MOMO 陌陌	62786415	4.8

全国 2021 年新闻资讯、在线视频月均活跃用户数 Top5

单位：人，%

排名	新闻资讯			在线视频		
	新闻资讯	月均活跃用户数	月均活跃渗透率	在线视频	月均活跃用户数	月均活跃渗透率
1	今日头条	221458191	17.0	爱奇艺	466099120	35.8
2	腾讯新闻	171256578	13.2	腾讯视频	425805076	32.7
3	今日头条极速版	92597838	7.1	优酷视频	202231700	15.5
4	网易新闻	54013888	4.1	哔哩哔哩	169503840	13.0
5	新浪新闻	51764983	4.0	芒果 TV	89214424	6.9

* 中国移动互联网市场数据来源：CTR-Xinghan（星汉）移动用户分析系统（01/2021-09/2021）。

全国 2021 年短视频、音频服务月均活跃用户数 Top5

单位：人，%

排名	短视频			音频服务		
	短视频	月均活跃用户数	月均活跃渗透率	音频服务	月均活跃用户数	月均活跃渗透率
1	抖音	647719233	49.8	酷狗音乐	243439736	18.7
2	快手	439792144	33.8	QQ 音乐	193964053	14.9
3	快手极速版	177343270	13.6	网易云音乐	127479397	9.8
4	抖音极速版	170563170	13.1	酷我音乐	113767581	8.7
5	西瓜视频	115453589	8.9	喜马拉雅	88511550	6.8

全国 2021 年数字阅读、生活服务月均活跃用户数 Top5

单位：人，%

排名	数字阅读			生活服务		
	数字阅读	月均活跃用户数	月均活跃渗透率	生活服务	月均活跃用户数	月均活跃渗透率
1	番茄小说	80772644	6.2	美团	274952616	21.1
2	七猫小说	58128120	4.5	58 同城	108001449	8.3
3	掌阅	49040866	3.8	饿了么	69583600	5.3
4	QQ 阅读	26580050	2.0	大众点评	53731862	4.1
5	快看漫画	24295839	1.9	美团外卖	49008494	3.8

全国 2021 年手机银行、证券基金月均活跃用户数 Top5

单位：人，%

排名	手机银行			证券基金		
	手机银行	月均活跃用户数	月均活跃渗透率	证券基金	月均活跃用户数	月均活跃渗透率
1	中国建设银行	88784782	6.8	同花顺	17879257	1.4
2	中国工商银行	82345738	6.3	天天基金	13945761	1.1
3	中国农业银行	73069536	5.6	东方财富	10944238	0.8
4	招商银行	52559570	4.0	涨乐财富通	5949653	0.5
5	中国银行	52365607	4.0	小方	3975885	0.3

全国 2021 年旅游服务、用车服务月均活跃用户数 Top5

单位：人，%

排名	旅游服务			用车服务		
	旅游服务	月均活跃用户数	月均活跃渗透率	用车服务	月均活跃用户数	月均活跃渗透率
1	携程旅行	67505620	5.2	滴滴出行	70100860	5.4
2	去哪儿旅行	23771800	1.8	嘀嗒出行	12420296	1.0
3	飞猪旅行	16318528	1.3	花小猪打车	6408515	0.5
4	马蜂窝旅游	7201519	0.6	曹操出行	3663907	0.3
5	同程旅行	5685993	0.4	T3 出行	3435856	0.3

B.36
2021年中国快速消费品市场数据*

全国 2021 年快速消费品品类、平均家庭花费及零售渠道（现代渠道）Top10（16 城市总体）

排名	品类		平均家庭花费		零售渠道（现代渠道）	
	品类	市场份额（%）	品类	平均花费（元）	零售商	客流量（百万人）
1	护肤品	13.0	护肤品	1207.5	华润万家集团	240.62
2	液态奶	7.2	婴儿纸尿裤	772.0	物美集团	179.48
3	食用油	5.6	营养保健品	720.4	永辉集团	170.21
4	生活用纸	4.5	白酒	683.9	苏宁集团	132.22
5	酸奶	4.3	奶粉	670.8	高鑫零售集团	130.08
6	白酒	4.3	液态奶	657.3	沃尔玛集团	121.13
7	奶粉	4.1	猫粮	634.2	百联集团	110.17
8	洗护发	4.1	食用油	533.1	武商联集团	64.64
9	营养保健品	4.1	狗粮	456.2	京客隆	37.26
10	调味品	2.8	生活用纸	409.6	红旗集团	33.69

说明：①客流量，即购物者触及数（SRP），指有多少购物者进店购买，且购买了多少次。

②高鑫零售集团包括：大润发、欧尚；沃尔玛集团包括：沃尔玛、Sam's Club；华润万家集团包括：华润万家、Ole、华润苏果、洪客隆、乐购；百联集团包括：世纪联华、GMS，联华、华联、快客等；步步高集团包括：步步高、南城。红旗集团包括：红旗、互惠；屈臣氏集团包括：百佳、屈臣氏、品味（TASTE）超市；苏宁集团包括：家乐福、迪亚天天、苏宁小店；物美集团包括：物美、麦德龙。

北京/上海/广州/深圳 2021 年快速消费品品类 Top10

单位：%

排名	北京		上海		广州		深圳	
	品类	市场份额	品类	市场份额	品类	市场份额	品类	市场份额
1	护肤品	12.4	护肤品	11.4	护肤品	12.2	护肤品	15.7
2	液态奶	7.1	液态奶	7.7	奶粉	7.3	液态奶	6.6

* 中国消费市场数据来源：Kantar Worldpanel | a CTR Service in China（01/2021-12/2021）。

续表

排名	北京		上海		广州		深圳	
	品类	市场份额	品类	市场份额	品类	市场份额	品类	市场份额
3	食用油	5.6	酸奶	4.7	液态奶	5.8	奶粉	5.9
4	白酒	4.9	营养保健品	4.4	生活用纸	5.1	食用油	5.4
5	酸奶	4.8	食用油	4.4	食用油	4.9	生活用纸	5.0
6	生活用纸	4.6	生活用纸	4.1	营养保健品	4.5	酸奶	4.0
7	香肠	4.1	洗护发	3.9	饼干	4.0	洗护发	3.9
8	洗护发	3.9	饼干	3.5	洗护发	3.9	营养保健品	3.7
9	营养保健品	3.5	奶粉	3.5	酸奶	3.1	饼干	3.0
10	调味品	3.0	速冻食品	3.1	速冻食品	2.9	糖果类	2.6

北京/上海/广州/深圳 2021 年快速消费品类平均家庭花费 Top10

单位：元

排名	北京		上海		广州		深圳	
	品类	平均花费	品类	平均花费	品类	平均花费	品类	平均花费
1	护肤品	1355.3	护肤品	1197.2	护肤品	1152.5	护肤品	1431.3
2	猫粮	826.8	婴儿纸尿裤	1092.1	奶粉	1102.2	奶粉	985.1
3	白酒	772.2	营养保健品	809.2	婴儿纸尿裤	818.0	猫粮	948.9
4	液态奶	763.9	液态奶	799.7	营养保健品	710.1	婴儿纸尿裤	896.3
5	营养保健品	752.7	奶粉	620.0	猫粮	585.1	营养保健品	622.1
6	婴儿纸尿裤	704.8	猫粮	606.7	液态奶	547.9	液态奶	589.5
7	食用油	630.5	白酒	588.4	食用油	473.7	白酒	545.4
8	酸奶	517.8	酸奶	490.7	生活用纸	465.7	食用油	500.4
9	奶粉	513.5	狗粮	480.7	洋酒	449.7	红酒	493.9
10	狗粮	499.4	食用油	471.7	白酒	382.6	狗粮	476.5

北京/上海/广州/深圳 2021 年快速消费品零售渠道（现代渠道）Top10

单位：百万人

排名	北京		上海		广州		深圳	
	零售商	客流量	零售商	客流量	零售商	客流量	零售商	客流量
1	物美集团	96.27	百联集团	67.84	华润万家集团	22.24	华润万家集团	33.07
2	永辉集团	33.82	苏宁集团	44.61	永旺集团	12.27	沃尔玛集团	32.46

续表

排名	北京		上海		广州		深圳	
	零售商	客流量	零售商	客流量	零售商	客流量	零售商	客流量
3	京客隆	33.57	高鑫零售集团	38.76	7-11	8.64	彩虹集团	16.72
4	超市发	15.71	全家	19.54	广州胜佳超市	8.20	美宜佳	7.65
5	苏宁集团	10.17	农工商集团	15.31	永辉集团	8.05	永辉集团	5.59
6	沃尔玛集团	7.35	沃尔玛集团	13.03	沃尔玛集团	7.51	永旺集团	2.99
7	顺天府	7.31	永辉集团	12.21	高鑫零售集团	6.92	7-11	2.87
8	北京联华	7.27	华润万家集团	9.83	卜蜂莲花	5.46	人人乐	2.58
9	首航国力	7.09	卜蜂莲花	7.08	兴安超市	4.87	高鑫零售集团	2.54
10	高鑫零售集团	6.23	物美集团	5.83	苏宁集团	4.66	苏宁集团	2.41

说明：①客流量，即购物者触及数（SRP），指有多少购物者进店购买，且购买了多少次。

②高鑫零售集团包括：大润发、欧尚；沃尔玛集团包括：沃尔玛、Sam's Club；华润万家集团包括：华润万家、Ole、华润苏果、洪客隆、乐购；百联集团包括：世纪联华、GMS，联华、华联、快客等；步步高集团包括：步步高、南城。红旗集团包括：红旗、互惠；屈臣氏集团包括：百佳、屈臣氏、品味（TASTE）超市；苏宁集团包括：家乐福、迪亚天天、苏宁小店；物美集团包括：物美、麦德龙。

B.37

2021年中国短视频市场数据*

一　短视频行业整体数据

2019~2021 年短视频用户规模及网民使用率

单位：亿人，%

时间周期	短视频用户规模	网民使用率
2021 年底	9. 34	90. 50
2021 年中	8. 88	87. 83
2020 年底	8. 73	88. 27
2020 年中	8. 18	87. 02
2019 年底	7. 73	85. 51
2019 年中	6. 48	75. 88

数据来源：CNNIC，第 44~49 次《中国互联网络发展状况统计报告》。

二　短视频主要平台头部账号及内容概览

各平台根据头部账号所属品类占比情况，分别选取 10 个热门品类观察表现。

抖音：媒体号、政务号、剧情、才艺、影视综、美食、母婴亲子、汽

* 中国短视频市场数据来源：除特殊说明以外，数据均来自央视市场研究（CTR）媒体融合研究院。

车、三农、萌宠。

快手：媒体号、政务号、剧情、才艺、游戏、美食、搞笑、母婴亲子、二次元、三农。

B 站：媒体号、游戏、生活、二次元、才艺、美食、教育、时尚、科技、搞笑。

1. 各平台分品类头部账号运营表现①

2021 年抖音分品类头部账号运营表现

类别	账号名称	累计粉丝量（万人）	年度增粉量（万人）	累计作品数（条）	累计获赞量（万次）
媒体号	央视新闻	13123.59	2323.88	5859	578977.22
	人民日报	14436.00	2521.14	3449	799900.19
	人民网	5343.71	990.05	5675	257970.22
	四川观察	4798.73	757.62	15092	303803.47
	中国青年报	2406.36	762.66	4310	134256.32
政务号	孝警阿特	1799.75	1327.93	473	14443.43
	四平警事	1675.99	61.82	206	14000.82
	中国军网	2685.18	726.45	2277	60550.18
	中国长安网	3234.19	836.39	6619	113525.36
	中国军视网	1707.16	362.97	2327	34043.51
剧情	疯狂小杨哥	6514.73	2373.97	158	66108.14
	MR-白冰	2191.67	1734.27	541	16361.30
	梅尼耶	3022.74	1383.43	296	61849.89
	河马君	1645.02	1431.49	177	27584.33
	陈翔六点半	6494.65	279.49	1680	68859.83
才艺	高雨田大魔王	2539.45	1271.93	240	31414.12
	唐艺（今晚 7 点 30 室内直播）	3310.91	2282.81	537	13631.76
	戴羽彤_	2055.92	599.46	794	18931.41
	小阿七	2438.85	430.57	608	19931.95
	田一名爱唱歌	886.64	525.85	500	9082.37

① 账号选取自 2021 年度 CTR 短视频指数排名前列的头部典型账号。数据均为账号截至 2021 年 12 月 31 日在各平台产生的作品和互动数据。数据来自唯尖-CTR 短视频商业决策系统。

续表

类别	账号名称	累计粉丝量（万人）	年度增粉量（万人）	累计作品数（条）	累计获赞量（万次）
影视综	毒舌电影	6163.93	1375.20	755	121866.13
	贤于葛格	3206.74	1001.58	592	43812.84
	婧公子	2172.49	1076.48	492	40101.65
	布衣探案	2679.97	528.13	538	36447.81
	我的偶像巨顽皮	790.44	83.45	2352	81784.61
美食	-肥猪猪的日常	1918.03	1361.47	230	26929.74
	噗噗叽叽	1659.93	1314.40	487	18743.92
	牛爱芳的小春花	1812.90	1457.44	275	27015.51
	大 LOGO 3.16 晚上 6 点开播!	2817.47	850.59	92	24324.02
	小贝饿了	1608.10	1195.75	762	11476.89
母婴亲子	朱两只吖	3731.60	3412.79	235	31671.20
	小橙子先生	2756.14	1570.94	510	51435.98
	SASA 的丸子妹	994.06	778.96	833	26609.88
	博哥威武	2009.18	326.05	2007	37705.87
	屁桃🍑祺祺	806.15	576.59	559	21484.33
汽车	痞幼	2301.17	1428.85	232	25996.14
	猴哥说车	3941.19	822.45	429	43541.62
	八戒说车	1818.19	1101.47	455	23742.91
	大师说车	2044.33	491.98	697	9552.36
	车坛老炮儿	1416.15	507.99	386	11965.08
三农	张若宇	1834.17	513.30	167	38428.21
	乡　愁	1911.89	1147.01	244	18435.96
	李子柒	5496.83	1280.39	771	21919.80
	潘姥姥	2775.94	1495.14	298	25055.64
	蜀中桃子姐	2187.75	199.48	831	25741.00
萌宠	大圆子	1592.04	365.12	202	24519.87
	糯米的趣味生活	927.57	408.95	80	12198.70
	柯铭	1605.70	41.85	112	24287.91
	王泡芙	2365.05	311.48	356	26641.50
	乔巴日记	591.07	451.09	161	9654.86

2021 年快手分品类头部账号运营表现

类 别	账号名称	累计粉丝量（万人）	年度增粉量（万人）	累计作品数（条）	累计获赞量（万次）
媒体号	央视新闻	6096.78	1147.78	6387	258820.17
	人民日报	5497.03	798.07	3633	145654.92
	新闻联播	4105.43	290.22	813	42524.62
	人民网	3167.85	549.68	7138	126544.02
	环球网	963.87	349.95	8275	125656.27
政务号	中国警察网	1822.14	267.86	2595	48219.65
	中国长安网	2784.42	606.74	6966	147235.53
	中国军网	1723.76	348.53	2200	34746.33
	共青团中央	1192.16	231.47	1486	18865.14
	唐山交警	539.26	58.80	1576	7297.01
剧情	妈妈再灭我一次	527.45	345.77	134	4197.76
	布丁仔和泡芙妹的一天	676.82	391.24	191	4426.45
	豆芽	582.05	325.46	321	5159.93
	若若跑的贼快	603.14	403.01	86	4904.65
	罗休休	876.73	284.49	809	9481.71
才艺	赵琪琪爱 ps	718.54	282.55	86	3505.01
	旺仔小乔	854.49	854.49	115	7312.73
	姜峰真的苟~	529.76	166.46	115	3442.90
	潮绘师王大-	801.16	548.70	143	5399.86
	本亮大叔	1802.42	46.72	588	2268.58
游戏	阿三解说	908.63	445.02	334	3361.87
	狗子队长★	1805.47	428.14	668	9479.00
	撩妹大队（楠枫）	1326.19	454.49	578	13643.21
	陆泽川	1045.39	708.44	294	8295.55
	猫萌	544.11	544.11	804	4856.98
美食	兔姐姐美食	765.34	500.99	548	3459.75
	可爱的 QQ😜	2021.07	66.74	750	8751.07
	腊月小九	1472.05	693.10	451	9274.77
	司厨明叔	917.22	713.07	181	4059.63
	甜甜的胖熙🌶	983.76	453.47	433	4921.46

续表

类 别	账号名称	累计粉丝量（万人）	年度增粉量（万人）	累计作品数（条）	累计获赞量（万次）
搞笑	梁也(搞笑配音)	812. 37	320. 58	869	10584. 73
	带你吃瓜	1151. 21	591. 45	600	6258. 66
	papi 酱	522. 58	76. 76	166	2334. 86
	国民网友	180. 79	33. 48	247	1339. 97
	神秘的贺某人:	757. 56	685. 65	348	4715. 69
母婴亲子	博哥威武(原创)	814. 14	174. 96	659	8368. 65
	GY 局长	853. 69	428. 13	415	4158. 22
	小然哥来了	935. 66	480. 90	291	4903. 37
	屁桃🍑祺祺(原创)	718. 22	650. 71	296	9404. 22
	大 Q 宝、🍉	940. 24	48. 18	616	5869. 52
二次元	元气七七	503. 43	43. 33	189	3409. 85
	杰克大魔王	1341. 72	477. 38	195	5357. 56
	我是小魔	662. 80	437. 48	154	4844. 86
	小柔 SeeU	810. 28	641. 31	347	5867. 79
	猪屁登	2578. 41	499. 57	489	10559. 72
三农	牛爱芳的小春花	975. 64	655. 09	297	8859. 98
	阿伟家婆娘	163. 37	105. 72	68	2209. 45
	蜀中桃子姐	672. 13	110. 65	438	4975. 90
	潘姥姥	1927. 54	918. 81	291	10394. 48
	康仔农人	602. 72	433. 50	195	6835. 55

2021 年 B 站分品类头部账号运营表现

类别	账号名称	累计粉丝量（万人）	年度增粉量（万人）	累计作品数（条）	累计获赞量（万次）
媒体号	观察者网	718. 95	86. 18	11997	29336. 19
	新华社	402. 57	333. 43	2419	7328. 19
	央视新闻	779. 91	289. 91	3864	17375. 99
	吃花椒的喵酱	495. 40	253. 40	14	1288. 74
	央视网	210. 74	89. 38	14452	9044. 09

续表

类别	账号名称	累计粉丝量（万人）	年度增粉量（万人）	累计作品数（条）	累计获赞量（万次）
游戏	原神	882.53	447.58	162	4794.44
	明日方舟	408.58	82.05	161	3959.49
	老番茄	1674.26	304.39	394	11753.70
	黑神话之悟空	217.22	70.70	3	600.91
	崩坏 3 第一偶像爱酱	320.53	47.92	322	2606.53
生活	自来卷三木	236.57	120.29	93	2178.23
	趣测酱	209.15	72.95	205	1734.69
	雨哥到处跑	255.56	93.46	221	3594.22
	导演小策	278.16	194.63	175	1458.60
	我是郭杰瑞	705.03	79.99	452	3950.49
二次元	哈米伦的弄笛者	120.75	75.56	307	1965.68
	进击的金厂长	289.05	150.29	359	3079.19
	嘉然今天吃什么	139.32	139.32	149	961.16
	哔哩哔哩番剧	478.05	237.34	16732	20656.03
	空耳狂魔	161.17	95.51	242	2318.11
才艺	手工耿	608.66	120.41	167	3316.34
	音乐私藏馆	431.84	381.22	332	2243.82
	pcyxjy	104.85	30.12	7061	3433.63
	猛男舞团 IconX	291.79	145.83	117	1737.63
	浑元 Rysn	198.87	107.74	290	1926.14
美食	盗月社食遇记	645.13	215.29	453	5221.20
	记录生活的蛋黄派	680.95	170.36	566	6703.82
	绵羊料理	903.75	274.88	321	5205.14
	敬汉卿	927.14	23.53	1157	8652.35
	美食作家王刚 R	611.85	99.00	496	2977.83
教育	王小七 Fire	172.01	147.14	76	1560.64
	罗翔说刑法	2046.99	927.75	222	5924.70
	马督工	110.72	76.38	423	1936.36
	心医林霖	74.59	74.59	110	385.51
	暴躁的仙人 JUMP	166.81	77.34	105	994.49
时尚	宝剑嫂	394.23	65.15	228	3009.30
	nya 酱的一生	212.97	33.43	264	966.27
	塑料叉 FOKU	149.05	98.08	81	556.73
	zettaranc	206.37	27.30	169	836.18
	付曦冉	136.53	26.68	330	954.90
科技	无穷小亮的科普日常	630.89	490.31	193	2739.60
	智能路障	273.02	111.47	102	1002.24
	所长林超	330.74	147.76	76	730.76
	毕导 THU	466.61	126.77	124	1967.24
	科技美学	380.96	42.83	1228	1385.35

续表

类别	账号名称	累计粉丝量（万人）	年度增粉量（万人）	累计作品数（条）	累计获赞量（万次）
搞笑	三代鹿人	547.43	453.88	141	4933.17
	三十六贱笑	470.20	288.35	155	4522.08
	倒悬的橘子	251.13	133.85	211	1874.99
	枪弹轨迹	245.47	68.64	215	2353.35
	伊丽莎白鼠	638.01	55.20	82	2644.00

2. 各平台分品类持续影响力账号运营表现①

2021 年抖音分品类持续影响力账号运营表现

类别	账号名称	集均点赞量(万次)	粉丝量(万人)
媒体号	人民日报	212.36	14436.00
	央视新闻	109.02	13123.60
	中国青年报	30.19	2406.36
	新闻姐	27.7	918.65
	人民网	26.69	5343.71
政务号	孝警阿特	98.84	1799.75
	四平警事	69.45	1675.99
	厦门公安	27.40	121.66
	新疆禁毒	21.79	153.27
	中国军网	18.42	2685.18
剧情	疯狂小杨哥	257.41	6514.73
	河马君	129.44	1645.02
	一杯美式	126.98	1332.50
	梅尼耶	107.44	3022.74
	三金七七	103.29	1129.18

① 呈现账号为 2021 全年各平台、各品类集均点赞量 Top5 账号，以显示账号作品的一贯质量和持续影响力表现。账号年度发布作品数需超过 24 条（月均两条以上）。数据均为账号截至 2021 年 12 月 31 日在各平台产生的作品和互动数据。数据来自唯尖-CTR 短视频商业决策系统。

续表

类别	账号名称	集均点赞量(万次)	粉丝量(万人)
才艺	高雨田大魔王	77.42	2539.45
	鹿米鹿米	64.94	642.46
	可爱屁	55.66	1411.38
	潮绘师王大	54.44	878.10
	赵小黎	51.59	1025.52
影视综	毒舌电影	64.77	6163.93
	婧公子	33.12	2172.49
	贤于葛格	29.26	3206.74
	典籍里的中国	26.67	427.76
	大诗小歌	24.09	510.59
美食	是个泡泡	85.29	1159.38
	牛爱芳的小春花	84.65	1812.90
	噗噗叽叽	83.32	1659.93
	唐尼是个 der	81.59	899.99
	-肥猪猪的日常	76.57	1918.03
母婴亲子	晨晨🐰	141.32	2180.59
	朱两只吖	133.80	3731.60
	小橙子先生	115.66	2756.14
	三石的一家老小	57.46	294.72
	SASA 的丸子妹	55.97	994.06
汽车	痞幼	62.52	2301.17
	猴哥说车	58.05	3941.19
	八戒说车	47.88	1818.19
	小刚学长	29.30	1443.12
	毒辣车评	27.44	1072.37
三农	张若宇	172.22	1834.17
	张同学.	133.60	1802.18
	康仔农人	82.75	1823.35
	潘姥姥	69.62	2775.94
	乡　愁	64.57	1911.90
萌宠	柯铭	109.45	1605.70
	糯米的趣味生活	91.38	927.57
	柯铭的沙雕艺术生活	71.62	678.22
	王泡芙	63.55	2365.05
	大圆子	52.81	1592.04

2021 年快手分品类持续影响力账号运营表现

类别	账号名称	集均点赞量(万次)	粉丝量(万人)
媒体号	人民日报	89. 53	5497. 03
	央视新闻	72. 32	6096. 78
	新闻联播	47. 05	4105. 43
	中国军视网	37. 79	1486. 25
	央视国家记忆	31. 89	558. 87
政务号	孝警阿特	89. 93	891. 98
	中国长安网	35. 61	2784. 42
	新疆禁毒	33. 36	130. 87
	中国军网	30. 82	1723. 76
	共青团中央	29. 90	1192. 16
剧情	疯狂小杨哥	149. 58	4406. 61
	#0011#	99. 43	272. 71
	北京小伙．羽铮	85. 57	1260. 23
	张若宇🐟	67. 12	645. 55
	一杯美式	63. 81	434. 94
才艺	旺仔小乔	75. 59	854. 49
	潮绘师王大-	61. 43	801. 16
	何水晶 art	58. 56	290. 32
	高雨田大魔王．	49. 66	1523. 25
	赵琪琪爱 ps	45. 35	718. 54
游戏	LuFee	73. 77	354. 51
	澜枫	39. 08	215. 04
	樱井奈	33. 01	190. 69
	阿三解说	32. 61	908. 63
	撩妹大队(楠枫)	30. 14	1326. 19
美食	小甲同学…	43. 23	1413. 19
	南翔不爱吃饭	42. 67	525. 30
	上官小达	37. 82	304. 57
	高芋芋	36. 45	764. 46
	凉湉子的日常	35. 99	541. 23
搞笑	河马君	65. 15	136. 18
	宋仁投	55. 54	526. 66
	火皇皇 ThreeH	53. 82	115. 07
	你好！路人	45. 42	1145. 31
	咚咚老师(从心出发)	43. 79	732. 09

续表

类别	账号名称	集均点赞量(万次)	粉丝量(万人)
母婴亲子	小橙子先生(原创)	68.84	1737.01
	朱两只吖	49.23	917.75
	大冠 Gogo	45.49	411.07
	SASA 的丸子妹	40.10	548.11
	我叫高赞赞	36.98	408.51
二次元	都市妖怪生存指南	75.90	777.69
	阿巳与小铃铛🔔	75.60	1207.15
	元气七七	60.90	503.43
	Sien 小慧君	54.74	1516.22
	御前狼王顾云川	54.40	826.00
三农	阿伟家婆娘	33.48	163.37
	黑姐 419	32.89	297.42
	康仔农人	31.37	607.12
	牛爱芳的小春花	30.63	975.64
	潘姥姥	30.38	1927.54

2021 年 B 站分品类持续影响力账号运营表现

类别	账号名称	集均点赞量(万次)	粉丝量(万人)
媒体号	人民日报	3.63	258.66
	央视新闻	3.16	779.91
	新华社	3.11	402.57
	观察者网	2.96	718.95
	小羊在鲜花舍	2.80	45.35
游戏	老番茄	50.28	1674.26
	花少北丶	21.93	579.98
	原神	15.85	882.53
	靠谱电竞	15.55	230.84
	鲁大能	14.74	202.06
生活	疯狂小杨哥	27.80	296.87
	我是郭杰瑞	23.37	705.03
	贤宝宝 Baby	22.72	524.02
	杜海皇	22.28	238.15
	导演小策	21.80	278.16

续表

类别	账号名称	集均点赞量(万次)	粉丝量(万人)
二次元	泛式	17.52	431.14
	瓶子君 152	13.54	323.22
	Baka 恶魔	11.24	45.76
	阿巳与小铃铛	10.49	199.24
	空耳狂魔	10.39	161.17
才艺	手工耿	36.62	608.66
	猛男舞团 IconX	17.40	291.79
	画渣不渣-HZ	13.71	99.85
	hanser	12.82	293.45
	朝烟今天唱歌了没	10.86	125.87
美食	绵羊料理	51.44	903.75
	盗月社食遇记	29.61	645.13
	记录生活的蛋黄派	27.38	680.95
	二喵的饭	25.34	433.56
	黑猫厨房	24.20	379.74
教育	王小七 Fire	18.19	172.01
	画渣花小烙	14.61	243.36
	汪品先院士	12.15	132.07
	啊 Sai 在纽约	9.34	44.02
	中国国家地理	8.64	225.10
时尚	宝剑嫂	13.44	394.23
	塑料叉 FOKU	8.00	149.05
	朵朵花林	6.57	67.37
	KleinerPixel	6.30	90.57
	一栗莎子	6.29	140.14
科技	无穷小亮的科普日常	25.13	630.89
	开箱嘤嘤怪	14.37	NULL
	马鹿 blyat	11.54	100.54
	所长林超	8.10	330.74
	微距世界 MacroRoom	7.64	63.95
搞笑	三代鹿人	41.68	547.43
	三十六贱笑	38.33	470.20
	倒悬的橘子	18.57	251.13
	自动鬼畜中的 WZ	17.91	63.04
	枪弹轨迹	14.18	245.47

B.38

2021年中国电视收视数据*

2017~2021年全国样本城市及北上广深收视调查网人均收视时间

单位：分钟

城市	2017年	2018年	2019年	2020年	2021年
全国	139	129	124	132	118
北京(M)	160	155	153	149	126
广州(M)	136	131	136	155	126
上海(M)	155	144	128	148	144
深圳(M)	103	100	104	104	111

说明：(1) 全国：2017年包括120个样本城市，2018年包括116个样本城市，2019年包括104个样本城市，2020年包括109个样本城市，2021年包括102个样本城市；(2) 标有(M)的城市为采用测量仪调查城市。

2021年全国样本城市及北上广深收视调查网人均时移收视时间及其占直播收视时间的比例

单位：分钟，%

城市	人均时移收视时间	人均时移收视时间占直播收视时间的比例
全国	6.7	5.8
北京(M)	6.3	5.2
广州(M)	5.9	4.9
上海(M)	12.1	9.2
深圳(M)	4.2	3.9

说明：(1) 全国：2021年包括63个采用测量仪方式进行调查的城市；(2) 标有(M)的城市为采用测量仪调查城市。

* 中国电视收视数据来源：中国广视索福瑞媒介研究(CSM)。

2017~2021 年全国样本城市各目标观众人均收视时间

单位：分钟

目标观众		2017 年	2018 年	2019 年	2020 年	2021 年
4 岁及以上所有人		139	129	124	132	118
性别	男	136	127	121	129	117
	女	142	132	126	134	120
年龄	4~14 岁	114	105	98	110	95
	15~24 岁	70	61	56	66	58
	25~34 岁	89	77	71	76	69
	35~44 岁	108	95	88	95	84
	45~54 岁	177	163	150	151	133
	55~64 岁	240	229	220	224	198
	65 岁及以上	273	275	277	288	270
教育程度	未受过正规教育	143	134	128	139	128
	小学	170	163	159	165	150
	初中	161	153	149	152	136
	高中	137	127	122	133	121
	大学及以上	103	91	84	94	85
职业类别	干部/管理人员	114	97	91	96	82
	个体/私营企业人员	123	111	104	110	99
	初级公务员/雇员	104	92	83	91	79
	工人	114	102	99	109	97
	学生	85	76	71	81	69
	无业	223	217	215	221	205
	其他	174	169	165	169	158
个人月收入	0~600 元	122	113	109	115	103
	601~1200 元	189	186	192	202	190
	1201~1700 元	175	168	170	183	171
	1701~2600 元	166	159	157	167	153
	2601~3500 元	142	136	138	149	136
	3501~5000 元	128	123	118	131	118
	5001 元及以上	115	104	96	104	97

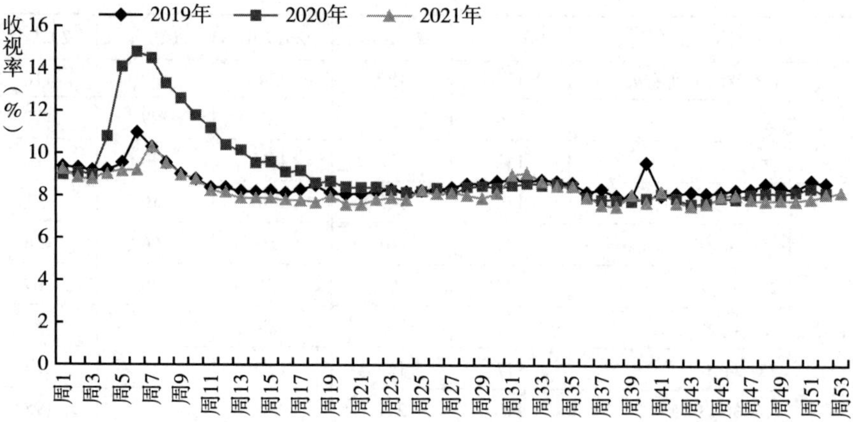

2019~2021 年全国样本城市观众全年收视率走势

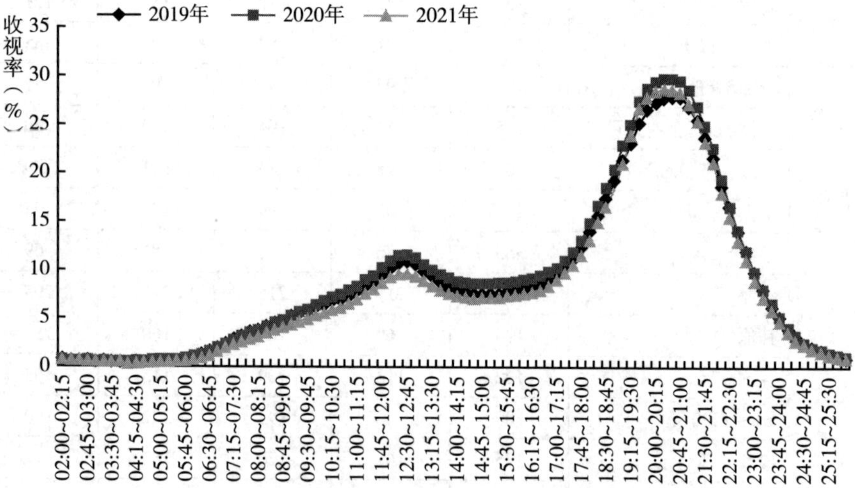

2019~2021 年全国样本城市观众全天收视率走势

2021 年全国样本城市所有频道及各类频道观众构成

单位：%

目标观众		所有频道	中央广播电视总台	中国教育台频道	省级卫视频道	其他频道
4 岁及以上所有人		100.0	100.0	100.0	100.0	100.0
性别	男	50.5	53.9	53.4	48.7	49.6
	女	49.5	46.1	46.6	51.3	50.4
年龄	4~14 岁	7.2	3.8	5.4	7.3	12.1
	15~24 岁	5.8	4.7	5.9	6.6	6.5
	25~34 岁	14.4	9.4	11.7	17.2	17.8
	35~44 岁	11.5	9.2	8.4	12.6	14.5
	45~54 岁	20.4	20.9	19.3	20.0	20.9
	55~64 岁	16.8	19.1	19.0	15.5	13.7
	65 岁及以上	24.0	32.9	30.2	20.9	14.5
教育程度	未受过正规教育	4.3	3.1	4.2	4.4	5.5
	小学	16.5	15.8	18.7	15.8	15.2
	初中	30.9	32.8	33.3	30.4	27.1
	高中	27.2	28.6	26.6	26.8	27.3
	大学及以上	21.1	19.6	17.1	22.5	24.9
职业类别	干部/管理人员	1.6	1.5	1.2	1.5	2.0
	个体/私营企业人员	11.5	11.1	12.2	11.8	12.9
	初级公务员/雇员	18.1	15.3	15.2	19.1	21.5
	工人	12.6	11.3	10.6	13.8	11.8
	学生	7.3	4.7	6.3	7.6	11.1
	无业	45.0	51.5	49.9	42.3	37.8
	其他	4.0	4.6	4.5	4.0	2.8
个人月收入	0~600 元	21.8	16.7	21.3	22.9	27.1
	601~1200 元	3.1	3.7	4.1	2.9	2.1
	1201~1700 元	3.1	3.6	4.0	3.0	2.2
	1701~2600 元	12.9	15.5	13.8	12.6	9.6
	2601~3500 元	17.7	20.5	18.1	17.0	15.1
	3501~5000 元	22.0	22.9	20.4	21.4	21.3
	5001 元及以上	19.3	17.1	18.4	20.2	22.6

2017~2021 年全国样本城市电视收视市场各类频道的市场占有率

单位：%

频道类别	2017 年	2018 年	2019 年	2020 年	2021 年
中央广播电视总台	29.9	30.2	27.2	26.3	23.8
中国教育台频道	0.1	0.2	0.1	0.2	0.1
省级卫视频道	28.7	26.4	27.4	29.4	31.6
其他频道	41.3	43.2	45.3	44.1	44.5

2019~2021 年各类频道在全国样本城市各目标观众中的市场占有率

单位：%

频道类别		中央广播电视总台			省级卫视频道			中国教育台频道		
年份		2019 年	2020 年	2021 年	2019 年	2020 年	2021 年	2019 年	2020 年	2021 年
4 岁及以上所有人		27.2	26.3	23.8	27.4	29.4	31.6	0.1	0.2	0.1
性别	男	29.3	28.0	25.4	25.9	28.1	30.4	0.2	0.2	0.1
	女	25.0	24.6	22.1	28.9	30.7	32.7	0.1	0.1	0.1
年龄	4~14 岁	19.3	17.2	12.6	31.8	31.1	31.8	0.1	0.1	0.1
	15~24 岁	22.9	22.9	19.3	28.9	32.7	36.0	0.2	0.2	0.1
	25~34 岁	19.4	18.2	15.5	30.1	32.4	37.7	0.1	0.1	0.1
	35~44 岁	24.9	22.9	19.0	29.5	30.7	34.7	0.1	0.1	0.1
	45~54 岁	26.6	26.6	24.4	26.9	29.0	31.0	0.2	0.2	0.1
	55~64 岁	29.7	28.9	27.0	25.9	28.4	29.0	0.2	0.2	0.2
	65 岁及以上	35.5	34.8	32.6	24.5	26.4	27.6	0.2	0.2	0.2
教育程度	未受过正规教育	23.5	20.9	17.1	29.8	31.2	32.3	0.1	0.1	0.1
	小学	26.0	25.1	22.9	26.0	27.8	30.3	0.2	0.2	0.2
	初中	28.5	28.2	25.2	27.2	28.8	31.1	0.2	0.2	0.2
	高中	28.0	27.2	25.0	27.4	29.5	31.2	0.1	0.1	0.1
	大学及以上	25.5	24.3	22.1	28.4	31.1	33.6	0.1	0.1	0.1
职业类别	干部/管理人员	26.3	25.7	23.6	27.2	29.3	30.4	0.1	0.1	0.1
	个体/私营企业人员	26.9	25.9	22.9	27.3	28.6	32.1	0.2	0.2	0.1
	初级公务员/雇员	23.7	22.8	20.1	28.0	30.8	33.3	0.1	0.1	0.1
	工人	24.6	23.8	21.3	27.2	29.7	34.4	0.1	0.1	0.1
	学生	21.4	19.7	15.4	30.8	31.7	32.9	0.1	0.1	0.1
	无业	30.0	29.4	27.2	26.9	28.7	29.7	0.2	0.2	0.2
	其他	30.1	30.5	27.4	25.5	27.3	31.8	0.2	0.2	0.2

续表

频道类别		中央广播电视总台			省级卫视频道			中国教育台频道		
年份		2019 年	2020 年	2021 年	2019 年	2020 年	2021 年	2019 年	2020 年	2021 年
个人月收入	0~600 元	22.7	21.7	18.3	29.8	30.8	33.2	0.1	0.1	0.1
	601~1200 元	29.1	29.3	27.9	26.1	26.9	29.6	0.2	0.2	0.2
	1201~1700 元	31.2	30.9	27.9	27.0	29.4	30.1	0.1	0.2	0.2
	1701~2600 元	30.7	30.0	28.4	26.8	29.0	30.7	0.1	0.2	0.1
	2601~3500 元	30.0	29.7	27.4	26.4	28.5	30.3	0.1	0.2	0.1
	3501~5000 元	27.0	26.1	24.8	26.7	29.2	30.8	0.2	0.1	0.1
	5001 元及以上	24.7	23.9	21.0	27.3	29.5	32.9	0.1	0.1	0.1

2019~2021 年全国样本城市市场各类频道在各时段的市场占有率

单位：%

频道类别	中央广播电视总台			省级卫视频道			中国教育台频道		
年份	2019 年	2020 年	2021 年	2019 年	2020 年	2021 年	2019 年	2020 年	2021 年
02:00~03:00	21.8	20.0	22.2	27.7	28.8	26.9	0.2	0.3	0.3
03:00~04:00	23.6	21.5	23.7	25.7	27.0	25.4	0.2	0.2	0.2
04:00~05:00	28.9	26.7	28.7	23.8	25.3	24.4	0.2	0.2	0.2
05:00~06:00	34.9	35.8	35.7	23.0	23.0	23.2	0.4	0.3	0.3
06:00~07:00	41.5	44.1	44.3	20.2	18.4	18.9	0.3	0.3	0.4
07:00~08:00	38.3	39.9	38.0	20.6	19.4	19.2	0.3	0.3	0.3
08:00~09:00	37.3	36.8	34.8	22.9	22.8	21.7	0.2	0.2	0.3
09:00~10:00	32.9	30.9	29.7	28.1	28.0	26.4	0.3	0.3	0.3
10:00~11:00	30.7	28.7	27.7	30.4	30.5	28.7	0.3	0.4	0.3
11:00~12:00	31.9	30.6	28.9	29.5	29.6	28.1	0.2	0.2	0.2
12:00~13:00	33.2	33.3	30.6	26.9	25.7	25.6	0.1	0.1	0.1
13:00~14:00	28.3	27.8	25.3	30.6	30.8	30.7	0.2	0.2	0.2
14:00~15:00	26.7	26.2	23.6	33.8	33.6	34.4	0.3	0.3	0.2
15:00~16:00	26.7	26.1	24.1	34.5	34.1	34.6	0.3	0.3	0.2
16:00~17:00	27.6	27.1	25.4	33.3	33.1	33.0	0.3	0.3	0.2
17:00~18:00	27.1	27.0	25.8	28.0	28.0	26.8	0.2	0.1	0.1
18:00~19:00	26.0	25.2	24.1	16.7	17.2	17.0	0.1	0.1	0.1
19:00~20:00	28.1	27.4	23.0	22.5	25.7	32.3	0.1	0.1	0.1
20:00~21:00	23.7	21.9	18.4	31.4	36.7	42.1	0.1	0.1	0.1
21:00~22:00	24.6	23.0	20.2	27.9	33.5	37.4	0.1	0.1	0.1
22:00~23:00	22.7	22.7	20.4	27.5	30.2	33.4	0.1	0.1	0.1
23:00~24:00	23.9	23.8	22.6	28.5	29.7	30.9	0.1	0.1	0.1
24:00~25:00	24.8	24.4	23.9	25.3	24.3	24.6	0.1	0.2	0.3
25:00~26:00	23.4	21.6	22.8	26.5	25.5	24.3	0.2	0.3	0.4

2021 年各月全国样本城市市场各类频道的市场占有率

单位：%

月份	中央广播电视总台	中国教育台频道	省级卫视频道	其他频道
1 月	24.4	0.1	30.3	45.2
2 月	24.5	0.2	31.4	43.9
3 月	22.6	0.1	32.2	45.1
4 月	23.0	0.1	32.7	44.2
5 月	23.3	0.1	32.6	44.0
6 月	23.3	0.1	32.4	44.2
7 月	25.7	0.1	29.9	44.3
8 月	24.3	0.2	30.0	45.5
9 月	23.3	0.1	32.5	44.1
10 月	23.2	0.1	31.3	45.4
11 月	22.7	0.1	32.1	45.1
12 月	24.5	0.1	32.1	43.3

2021 年全国样本城市频道市场份额 Top20

单位：%

名次	频道名称	市场份额	名次	频道名称	市场份额
1	湖南卫视	3.7	11	中央台五套	1.8
2	浙江卫视	3.5	12	中央台三套	1.7
2	江苏卫视	3.5	13	广东卫视	1.6
4	上海东方卫视	3.4	14	深圳卫视(新闻综合频道)	1.5
4	中央电视台综合频道	3.4	15	安徽卫视	1.4
6	中央台四套	3.3	16	广东广播电视台珠江频道	1.0
7	中央台六套	2.9	17	中央台二套	0.9
8	中央台八套	2.8	17	湖南电视台金鹰卡通频道	0.9
9	北京卫视	2.6	17	天津卫视	0.9
10	中央电视台新闻频道	2.4	20	卡酷少儿频道	0.8

2019~2021 年全国样本城市市场各类节目的播出份额与收视份额

单位：%

节目类别	2019 年		2020 年		2021 年	
	播出份额	收视份额	播出份额	收视份额	播出份额	收视份额
新闻/时事	10.5	13.3	10.8	16.8	10.4	14.5
综艺	4.9	11.1	4.5	10.1	4.3	11.0
电视剧	29.4	33.7	29.8	34.8	28.9	35.9
体育	2.7	3.7	2.6	2.2	2.9	3.6
专题	9.1	6.2	8.9	5.9	10.0	5.9
教学	0.3	0.1	0.4	0.1	0.3	0.1
外语	0.1	0.0	0.1	0.0	0.1	0.0
青少	4.9	5.1	5.0	4.8	5.0	4.0
音乐	1.4	1.2	1.3	1.2	1.3	0.9
电影	2.9	4.7	2.7	4.2	2.3	4.1
戏剧	0.8	0.5	0.8	0.4	0.9	0.4
财经	1.1	0.7	0.9	0.7	1.0	0.8
生活服务	12.5	6.7	13.9	6.1	14.7	6.2
法制	1.4	1.2	1.2	0.9	1.3	0.9
其他	18.0	11.8	17.1	11.8	16.6	11.7

2019~2021 年中央广播电视总台各类节目的播出份额与收视份额

单位：%

节目类别	2019 年		2020 年		2021 年	
	播出份额	收视份额	播出份额	收视份额	播出份额	收视份额
新闻/时事	12.1	16.9	12.4	23.5	11.7	19.3
综艺	7.4	11.0	6.0	8.7	6.5	9.2
电视剧	14.4	19.5	15.2	20.7	14.8	20.6
体育	11.5	7.8	11.2	4.3	12.1	8.3
专题	19.8	11.2	20.8	10.1	21.2	10.5
教学	0.4	0.1	0.3	0.1	0.3	0.1
外语	0.3	0.0	0.4	0.0	0.5	0.0
青少	3.2	3.4	3.2	2.8	3.1	2.1
音乐	4.2	2.7	4.4	2.8	4.2	2.1
电影	5.0	9.4	5.0	9.6	5.0	10.5
戏剧	3.1	0.9	2.7	0.8	2.4	0.6
财经	2.8	1.5	2.6	1.5	2.8	1.8
生活服务	4.0	3.8	3.7	3.5	3.5	3.4
法制	1.9	1.9	1.8	1.5	1.9	1.6
其他	9.9	9.9	10.3	10.1	10.1	9.8

2019~2021 年省级卫视各类节目的播出比重与收视份额

单位：%

节目类别	2019 年		2020 年		2021 年	
	播出份额	收视份额	播出份额	收视份额	播出份额	收视份额
新闻/时事	9.2	7.6	9.8	9.7	9.3	9.2
综艺	5.7	15.4	4.8	14.3	4.4	15.1
电视剧	34.2	42.6	33.8	44.3	33.8	45.9
体育	1.9	0.5	2.1	0.4	2.0	0.3
专题	13.7	3.3	13.3	3.6	14.1	3.6
教学	0.3	0.0	0.3	0.1	0.2	0.0
外语	0.0	0.0	0.1	0.0	0.1	0.0
青少	10.0	8.9	10.0	7.8	10.0	6.1
音乐	0.9	0.4	0.8	0.4	0.7	0.4
电影	1.7	1.8	1.6	1.1	1.4	1.0
戏剧	0.6	0.2	0.5	0.1	0.6	0.1
财经	0.3	0.2	0.3	0.1	0.3	0.1
生活服务	6.2	6.9	6.0	6.2	6.6	6.4
法制	0.1	0.0	0.1	0.0	0.2	0.0
其他	15.2	12.2	16.5	11.9	16.3	11.7

2021 年全国样本城市市场所有节目收视率 Top10

单位：%

名次	节目名称	节目类别	播出频道	平均收视率	平均占有率
1	2021 中央广播电视总台春节联欢晚会	综艺	中央电视台综合频道	6.2	19.1
2	32 届奥运会男子 100 米决赛	体育	中央台五套	4.9	16.6
3	32 届奥运会乒乓球男团决赛	体育	中央台五套	4.5	18.0
4	乒乓球男团颁奖仪式	体育	中央台五套	4.4	14.5
5	2022 跨年演唱会用奋斗点亮幸福	音乐	江苏卫视	4.0	16.4
6	32 届奥运会女排小组赛第 3 轮(CHN VS ROC)	体育	中央台五套	3.4	23.5
7	青春中国 21~22 跨年晚会	音乐	湖南卫视	3.3	14.3
8	花好月圆元宵夜	综艺	中央电视台综合频道	3.3	10.8
9	实况录像:32 届奥运会举重男子 81 公斤级决赛挺举	体育	中央台五套	3.1	11.8
10	开学第一课	青少	中央电视台综合频道	2.9	10.4

2021 年全国样本城市市场电视剧收视率 Top10

单位：%

名次	节目名称	播出频道	平均收视率	平均占有率
1	陪你一起长大	湖南卫视	2. 4	9. 0
2	巡回检察组(32~43 集)	湖南卫视	2. 4	8. 8
3	爱的理想生活	湖南卫视	2. 3	8. 7
4	小舍得	上海东方卫视	2. 3	8. 1
5	突围	上海东方卫视	2. 3	8. 0
6	海洋之城	江苏卫视	2. 2	7. 9
7	大宋宫词	江苏卫视	2. 2	7. 8
8	王牌部队(1~10 集)	江苏卫视	2. 2	7. 6
8	风起霓裳	湖南卫视	2. 2	7. 6
10	百炼成钢	湖南卫视	2. 1	8. 3
10	小敏家(1~38 集)	湖南卫视	2. 1	8. 3

2021 年全国样本城市市场新闻类节目收视率 Top10

单位：%

名次	节目名称	播出频道	平均收视率	平均占有率
1	新闻联播	中央电视台综合频道	1. 3	5. 8
2	2021 中关村论坛开幕式特别报道	北京卫视	1. 3	4. 6
3	共同守沪迎战烟花防汛抗台全媒体直播报道	上海东方卫视	1. 1	4. 5
4	新闻直播间(7 月 1 日)	中央电视台综合频道	0. 9	10. 2
5	世界经济论坛达沃斯议程对话会特别报道	中央电视台综合频道	0. 9	3. 1
6	国务院总理会见中外记者并回答提问	中央电视台综合频道	0. 9	3. 0
7	筑梦空间站神舟十三号载人飞船发射特别报道	中央台四套	0. 8	3. 9
8	今日关注	中央台四套	0. 8	3. 7
9	2020 疫情下的美国人权透视	中央台四套	0. 8	3. 0
9	牢记殷殷嘱托奋力谱写湖南新篇章	湖南卫视	0. 8	3. 0

2021 年全国样本城市市场电影类节目收视率 Top10

单位：%

名次	节目名称	播出频道	平均收视率	平均占有率
1	少林寺(12 月 4 日)	中央台六套	1.6	6.7
2	金刚川(1 月 1 日)	中央台六套	1.5	5.7
3	中华英雄(12 月 9 日)	中央台六套	1.3	5.6
3	战狼二(11 月 24 日)	中央台六套	1.3	5.6
5	战狼(3 月 6 日)	中央台六套	1.3	5.5
6	绝招(12 月 12 日)	中央台六套	1.3	5.4
7	叶问四完结篇(11 月 27 日)	中央台六套	1.3	5.0
8	捍战二(12 月 4 日)	中央台六套	1.3	4.7
9	急先锋(2 月 17 日)	中央台六套	1.3	4.4
9	诛仙一(1 月 30 日)	中央台六套	1.3	4.4

说明：多次播出电影取收视率最高值参与排名，括号中为播出日期。

2021 年全国样本城市市场综艺节目收视率 Top10

单位：%

名次	节目名称	播出频道	平均收视率	平均占有率
1	2021 中央广播电视总台春节联欢晚会	中央电视台综合频道	6.2	19.1
2	花好月圆元宵夜	中央电视台综合频道	3.3	10.8
3	我们的歌(10 月 10 日)	上海东方卫视	2.6	14.8
4	中国好声音(10 月 1 日)	浙江卫视	2.6	13.3
5	春满东方幸福牛年 2021 东方卫视春节晚会	上海东方卫视	2.6	8.9
6	百度潮盛典	浙江卫视	2.5	11.3
7	2021 湖南卫视春节联欢晚会	湖南卫视	2.5	9.7
8	天猫开心夜	湖南卫视	2.4	13.8
9	欢乐喜剧人 7(3 月 7 日)	上海东方卫视	2.4	12.6
10	闪光的乐队(12 月 25 日)	浙江卫视	2.4	9.3

2021 年全国样本城市市场奥运会、残奥会比赛收视率 Top10

单位：%

名次	节目名称	播出频道	平均收视率	平均占有率
1	32 届奥运会男子 100 米决赛	中央台五套	4.9	16.6
2	32 届奥运会乒乓球男团决赛	中央台五套	4.5	18.0
3	32 届奥运会女排小组赛第 3 轮（CHN VS ROC）	中央台五套	3.4	23.5
4	实况录像:32 届奥运会举重男子 81 公斤级决赛挺举	中央台五套	3.1	11.8
5	32 届奥运会体操女团决赛	中央台五套	2.7	10.7
6	32 届奥运会女子自由式摔跤 50 公斤级决赛	中央台五套	2.7	9.3
7	32 届奥运会羽毛球男子单打决赛	中央台五套	2.6	9.1
8	32 届奥运会男子 200 米自由泳预赛	中央台五套	2.4	14.8
9	东京奥运会闭幕式	中央台五套	2.4	8.9
10	32 届奥运会跳水女子双人 3 米板决赛	中央台五套	2.1	19.6

2021 年北京/上海/广州/深圳市场各类频道的市场占有率

单位：%

北京		上海		广州		深圳	
频道类别	市场占有率	频道类别	市场占有率	频道类别	市场占有率	频道类别	市场占有率
中央广播电视总台	27.1	中央广播电视总台	15.4	中央广播电视总台	12.2	中央广播电视总台	13.2
中国教育台频道	0.4	中国教育台频道	0.1	中国教育台频道	0.2	中国教育台频道	0.1
北京台频道	27.6	上海台频道	35.3	广东省级频道	27.3	广东省级频道	8.6
其他省级卫视频道	18.4	其他省级卫视频道	21.4	广州市级频道	9.3	深圳市级频道	17.1
其他频道	26.5	其他频道	27.8	其他省级卫视频道	16.4	其他省级卫视频道	33.0
				境外频道	6.5	境外频道	2.2
				其他频道	28.1	其他频道	25.8

2021 年北京/上海/广州/深圳市场频道收视份额 Top10

单位：%

排名	北京		上海		广州		深圳	
	频道名称	收视份额	频道名称	收视份额	频道名称	收视份额	频道名称	收视份额
1	北京卫视	11.2	上海东方卫视	11.6	广东广播电视台珠江频道	8.9	深圳电视台二套(电视剧频道)	5.6
2	北京广播电视台影视频道	5.9	上海电视台新闻综合频道	9.0	翡翠台(中文)(有线网转播)	5.1	湖南卫视	5.4
3	中央台四套	4.6	上海电视台东方影视频道	5.3	广州市广播电视台综合频道	4.4	浙江卫视	5.3
4	中央台八套	3.4	湖南卫视	3.7	广东广播电视台影视频道	3.9	江苏卫视	5.2
5	中央电视台综合频道	2.9	上海电视台都市频道	3.1	广东广播电视台南方卫视	3.5	深圳卫视(新闻综合频道)	4.7
6	中央电视台新闻频道	2.8	上海电视台五星体育频道	3.0	广东广播电视台公共频道	2.7	上海东方卫视	4.5
7	北京广播电视台生活频道	2.7	江苏卫视	3.0	广州市广播电视台影视频道	2.6	广东卫视	4.0
8	中央台五套	2.4	中央台四套	2.9	湖南卫视	2.4	北京卫视	3.1
9	湖南卫视	2.4	浙江卫视	2.9	广东卫视	2.2	安徽卫视	2.9
10	中央台六套	2.3	中央台六套	2.1	江苏卫视	2.1	深圳电视台一套(都市频道)	2.8

2021 年北京/上海/广州/深圳市场各类节目的播出份额和收视份额

单位：%

节目类别	北京		上海		广州		深圳	
	播出份额	收视份额	播出份额	收视份额	播出份额	收视份额	播出份额	收视份额
财　经	1. 5	0. 6	1. 8	0. 9	1. 2	0. 5	1. 4	0. 3
电视剧	20. 5	31. 7	20. 4	35. 4	21. 7	32. 2	22. 7	42. 8
电　影	3. 4	3. 4	3. 6	2. 9	3. 2	2. 0	2. 8	1. 8
法　制	1. 1	0. 7	0. 7	1. 1	1. 1	0. 3	0. 6	0. 2
教　学	0. 5	0. 0	0. 4	0. 0	0. 3	0. 0	0. 3	0. 1
青　少	6. 7	2. 2	6. 7	1. 2	7. 6	4. 4	7. 9	4. 4
生活服务	9. 2	9. 1	9. 5	7. 9	8. 0	6. 8	8. 1	6. 0
体　育	4. 1	4. 4	5. 1	5. 5	5. 8	5. 1	5. 1	1. 9
外　语	0. 2	0. 0	0. 3	0. 0	0. 3	0. 0	0. 2	0. 0
戏　剧	0. 6	0. 4	1. 7	0. 5	0. 5	0. 1	0. 5	0. 1
新闻/时事	15. 2	15. 2	14. 9	17. 4	15. 6	20. 6	16. 1	13. 7
音　乐	1. 7	0. 9	1. 6	0. 8	1. 6	0. 8	1. 6	0. 8
专　题	17. 1	8. 2	15. 3	4. 6	14. 7	5. 5	13. 9	5. 0
综　艺	6. 9	13. 5	6. 2	11. 1	6. 0	7. 5	6. 5	12. 8
其　他	11. 3	9. 7	11. 8	10. 7	12. 4	14. 2	12. 3	10. 1

B.39

2021年中国广播市场数据*

2019~2021 年全国城市组①各目标听众人均收听时间

单位：分钟

目标听众		2019 年	2020 年	2021 年
15 岁及以上所有人		57.3	54.5	54.6
性别	男	59.5	57.6	58.1
	女	53.0	51.1	50.6
年龄	15~24 岁	35.7	35.0	37.8
	25~34 岁	47.4	45.2	45.1
	35~44 岁	56.3	51.3	51.7
	45~54 岁	65.1	62.4	63.1
	55~64 岁	83.0	80.9	76.8
	65 岁及以上	98.2	95.8	91.7
文化程度	未受过正规教育	38.3	28.4	24.9
	小学	51.4	59.5	58.8
	初中	64.2	58.5	57.3
	高中	61.7	59.9	59.5
	大学及以上	48.7	48.7	49.8
职业	干部/管理人员	52.9	51.9	56.2
	初级公务员/雇员	50.5	50.9	49.6
	个体/私营企业人员	59.9	52.7	54.2
	工人	58.3	53.7	55.1
	学生	30.7	34.6	38.8
	无业(包括退休人员)	83.2	79.7	75.6
	其他	63.7	63.2	67.8

* 中国广播市场数据来源：中国广视索福瑞媒介研究（CSM）。

① 全国城市组：2019 年包括 24 个样本城市，2020 年包括 18 个样本城市，2021 年包括 17 个样本城市。

续表

目标听众		2019 年	2020 年	2021 年
个人月收入	没有收入	35. 0	37. 6	41. 2
	1 ~ 2000 元	73. 7	63. 1	63. 3
	2001 ~ 3000 元	72. 0	71. 0	66. 7
	3001 ~ 4000 元	64. 9	62. 8	61. 0
	4001 ~ 5000 元	59. 8	56. 0	57. 8
	5001 ~ 6000 元	54. 4	53. 1	53. 3
	6001 元及以上	49. 7	50. 2	51. 3

2019 ~ 2021 年全国城市组听众在不同收听地点的人均收听时间

单位：分钟

地　　点	2019 年	2020 年	2021 年
在　　家	26. 6	28. 6	26. 7
车　　上	21. 6	17. 8	20. 3
工作/学习场所	5. 1	3. 3	2. 9
其他场所	4. 0	4. 9	4. 7

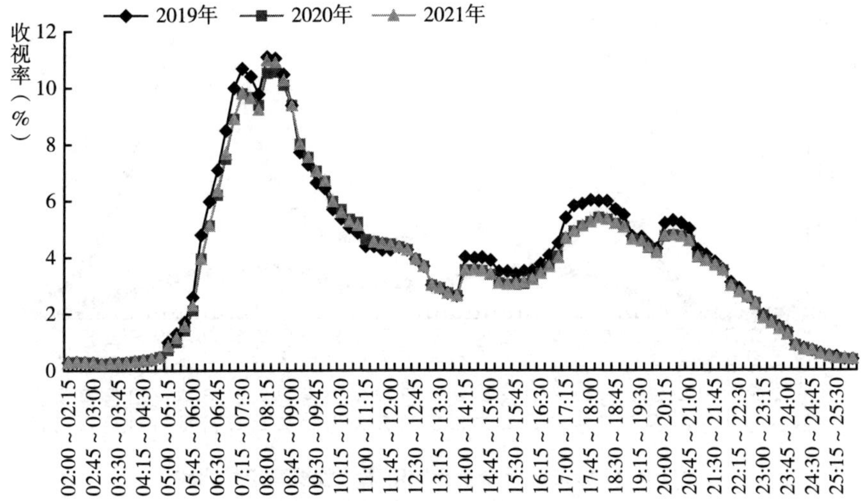

2019 ~ 2021 年全国城市组听众全天收听率走势

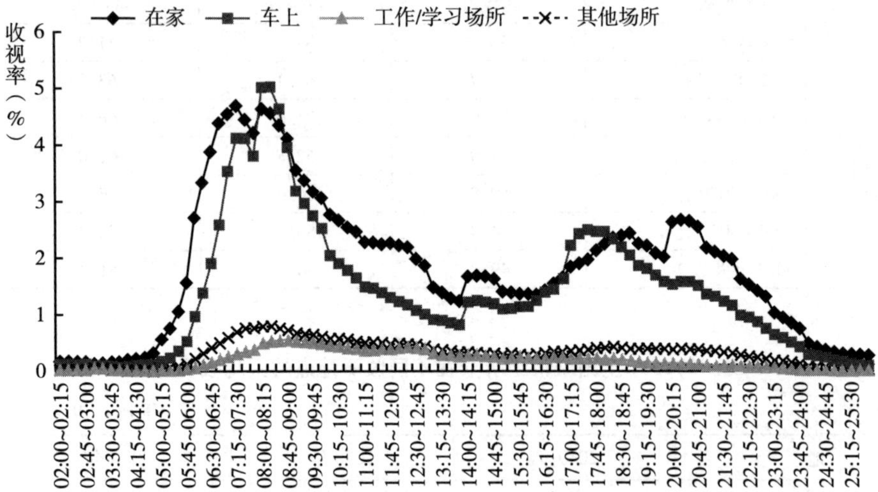

2021 年 17 城市组听众在不同收听地点全天收听率走势

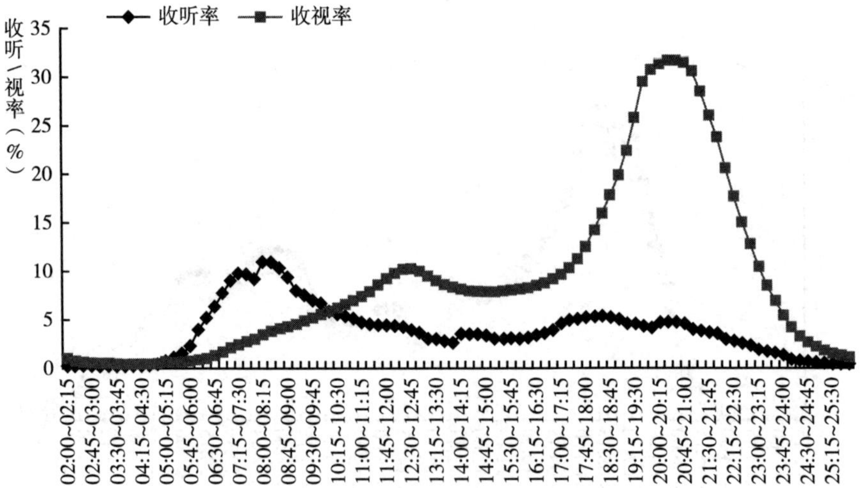

2021 年 17 城市组受众全天收听率、收视率走势比较

（目标受众为 15 岁及以上）

2021 年 17 城市组市场听众构成

单位：%

目标听众		听众构成	目标听众		听众构成
15 岁及以上所有人		100	职业	干部/管理人员	6.0
性别	男	56.2		初级公务员/雇员	33.5
	女	43.8		个体/私营企业人员	13.0
年龄	15~24 岁	13.3		工人	13.8
	25~34 岁	20.8		学生	8.9
	35~44 岁	22.7		无业(包括退休人员)	23.7
	45~54 岁	16.3		其他	1.1
	55~64 岁	13.6	个人月收入	没有收入	12.7
	65 岁及以上	13.3		1~2000 元	3.4
文化程度	未受过正规教育	0.1		2001~3000 元	12.7
	小学	2.9		3001~4000 元	19.7
	初中	20.2		4001~5000 元	17.5
	高中	35.3		5001~6000 元	11.7
	大学及以上	41.5		6001 元及以上	22.3

2019~2021 年全国城市组市场各广播电台的市场份额

单位：%

广播电台	2019 年	2020 年	2021 年
中央级频率	9.1	9.6	9.5
省级频率	50.6	58.3	60.7
市(县)级频率	38.0	31.0	28.8
其他频率	2.3	1.1	1.0

2021 年 17 城市组市场各广播电台在不同目标听众中的市场份额

单位：%

目标听众		中央级频率	省级频率	市(县)级频率	其他频率
15 岁及以上所有人		9.5	60.7	28.8	1.0
性别	男	10.1	59.8	29.1	1.0
	女	8.7	61.9	28.5	0.9

续表

目标听众		中央级频率	省级频率	市(县)级频率	其他频率
年龄	15~24岁	8.8	58.7	31.7	0.8
	25~34岁	7.9	62.2	28.7	1.2
	35~44岁	9.1	59.9	29.8	1.2
	45~54岁	7.9	63.5	27.5	1.1
	55~64岁	9.9	61.1	28.5	0.5
	65岁及以上	14.8	58.0	26.5	0.7
文化程度	未受过正规教育	12.4	66.2	13.5	7.9
	小学	12.1	56.7	29.1	2.1
	初中	8.3	57.5	33.3	0.9
	高中	9.5	58.4	31.2	0.9
	大学及以上	9.9	64.5	24.7	0.9
职业	干部/管理人员	8.4	68.9	21.7	1.0
	初级公务员/雇员	9.4	62.6	27.0	1.0
	个体/私营企业人员	7.7	58.4	32.3	1.6
	工人	7.9	58.3	32.6	1.2
	学生	9.0	63.8	26.5	0.7
	无业(包括退休人员)	12.0	57.4	30.0	0.6
	其他	7.2	63.2	28.5	1.1
个人月收入	没有收入	8.7	61.9	28.6	0.8
	1~2000元	9.2	54.9	35.1	0.8
	2001~3000元	8.7	55.4	35.0	0.9
	3001~4000元	10.0	58.9	30.4	0.7
	4001~5000元	9.9	59.9	29.4	0.8
	5001~6000元	9.4	63.3	25.5	1.8
	6001元及以上	9.7	64.9	24.5	0.9

2019~2021年北京/上海/广州/深圳听众在不同地点的人均收听时间

单位：分钟

地点	北京			上海		
	2019年	2020年	2021年	2019年	2020年	2021年
家中	17	30	28	23	32	29
车上	23	22	25	17	16	21
工作/学习场所	9	5	5	7	4	4
其他场所	6	8	8	8	11	11

续表

地点	广州			深圳		
	2019 年	2020 年	2021 年	2019 年	2020 年	2021 年
家中	22	33	32	8	13	12
车上	23	20	24	22	16	18
工作/学习场所	12	9	7	6	3	2
其他场所	10	11	10	6	6	5

2019～2021 年北京/上海/广州/深圳市场主要广播电台的市场份额

单位：%

北京

广播电台	2019 年	2020 年	2021 年	广播电台	2019 年	2020 年	2021 年
中央广播电视总台	27.6	27.1	25.5	北京广播电视台	72.4	72.9	74.5

上海

广播电台	2019 年	2020 年	2021 年	广播电台	2019 年	2020 年	2021 年
中央广播电视总台	8.8	7.5	6.6	上海广播电视台	91.2	92.5	93.4

广州

广播电台	2019 年	2020 年	2021 年	广播电台	2019 年	2020 年	2021 年
中央广播电视总台	6.7	5.8	7.1	广州广播电视台	33.7	32.6	33.9
广东广播电视台	58.5	60.6	58.1	佛山人民广播电台	1.1	1.0	0.9

深圳

广播电台	2019 年	2020 年	2021 年	广播电台	2019 年	2020 年	2021 年
中央广播电视总台	10.3	10.9	9.8	深圳广播电影电视集团	79.2	78.6	81.4
广东广播电视台	6.0	5.7	3.6	其他广播电台	4.5	4.8	5.2

2021 年北京/上海/广州/深圳市场频率份额 Top5

单位：%

北京

排名	频率名称	市场份额
1	北京交通广播(FM103.9/CFM95.6)	40.6
2	北京新闻广播(FM94.5/AM828/CFM90.4)	14.7
3	北京文艺广播(FM87.6/CFM93.8)	10.0
4	中央人民广播电台第一套节目中国之声	8.7
5	北京音乐广播(FM97.4/CFM94.6)	6.0

续表

上海		
排名	频率名称	市场份额
1	上海流行音乐广播动感 101 FM101. 7	27. 0
2	上海人民广播电台上海新闻广播 FM93. 4/AM990	26. 7
3	上海经典金曲广播 LoveRadio 最爱调频 FM103. 7	12. 8
4	第一财经广播 FM90. 9	10. 2
5	上海人民广播电台长三角之声 FM89. 9/AM792	7. 0

广州		
排名	频率名称	市场份额
1	广东广播电视台羊城交通广播台 FM105. 2	21. 4
2	广东广播电视台珠江经济广播电台(E FM 财富 974)	16. 1
3	广州市广播电视台经济交通广播 FM106. 1/AM1098	11. 8
4	广州市广播电视台新闻资讯广播 FM96. 2	10. 5
5	广州市广播电视台青少年广播 FM88. 0/AM1170	7. 6

深圳		
排名	频率名称	市场份额
1	深圳广播电台新闻频率 FM89. 8	25. 3
2	深圳广播电台交通频率 FM106. 2	23. 3
3	深圳人民广播电台音乐广播 FM97. 1	23. 1
4	深圳电台生活频率 FM94. 2	9. 7
5	中央人民广播电台第一套节目中国之声	5. 1

2021 年北京市场节目收听率 Top10

单位：%

排名	节目名称	播出频率	收听率	市场份额
1	今日交通	北京交通广播(FM103. 9/CFM95. 6)	5. 9	41. 4
2	交通新闻热线	北京交通广播(FM103. 9/CFM95. 6)	5. 3	40. 4
3	1039 新闻早报	北京交通广播(FM103. 9/CFM95. 6)	4. 2	40. 2
4	一路畅通	北京交通广播(FM103. 9/CFM95. 6)	3. 8	42. 5
5	欢乐正前方	北京交通广播(FM103. 9/CFM95. 6)	3. 7	40. 7
6	北京新闻	北京新闻广播(FM94. 5/AM828/CFM90. 4)	3. 3	24. 7
7	汽车天下	北京交通广播(FM103. 9/CFM95. 6)	2. 9	40. 1
8	主播在线	北京新闻广播(FM94. 5/AM828/CFM90. 4)	2. 9	21. 4
9	徐徐道来话北京	北京交通广播(FM103. 9/CFM95. 6)	2. 7	38. 9
10	1039 慧旅行	北京交通广播(FM103. 9/CFM95. 6)	2. 4	38. 1

2021 年上海市场节目收听率 Top10

单位：%

排名	节目名称	播出频率	收听率	市场份额
1	转播中央人民广播电台新闻和报纸摘要节目	上海人民广播电台上海新闻广播 FM93.4/AM990	4.3	43.4
2	990 早新闻	上海人民广播电台上海新闻广播 FM93.4/AM990	4.1	34.4
3	上海第 15 届人大 5 次会议开幕会议实况	上海人民广播电台上海新闻广播 FM93.4/AM990	3.6	30.6
4	市政协 13 届 4 次会议开幕会议实况	上海人民广播电台上海新闻广播 FM93.4/AM990	3.4	33.3
5	清晨新闻	上海人民广播电台上海新闻广播 FM93.4/AM990	3.0	46.0
6	新闻发布会	上海人民广播电台上海新闻广播 FM93.4/AM990	3.0	44.6
7	中秋乐享日特别节目	上海人民广播电台上海新闻广播 FM93.4/AM990	2.9	33.8
8	晓君有话头	上海流行音乐广播 动感 101 FM101.7	2.7	24.7
9	直通 990	上海人民广播电台上海新闻广播 FM93.4/AM990	2.5	29.4
10	音乐零时差	上海流行音乐广播 动感 101 FM101.7	2.5	25.2

2021 年广州市场节目收听率 Top10

单位：%

排名	节目名称	播出频率	收听率	市场份额
1	小说连播(12 点)	广东广播电视台珠江经济广播电台(E FM 财富 974)	2.5	29.2
2	朝朝早 精神好	广东广播电视台羊城交通广播台 FM105.2	2.5	23.5
3	大吉利车队(9 点)	广东广播电视台羊城交通广播台 FM105.2	2.4	24.1
4	宝宝私家车	广东广播电视台羊城交通广播台 FM105.2	2.3	24.8

续表

排名	节目名称	播出频率	收听率	市场份额
5	全国汽车音乐榜	广东广播电视台羊城交通广播台 FM105.2	2.2	24.3
6	欢笑出行(大吉利车队重播)	广东广播电视台羊城交通广播台 FM105.2	2.1	28.4
7	早安,亲爱的	广东广播电视台羊城交通广播台 FM105.2	2.1	27.4
8	珠江第一线	广东广播电视台珠江经济广播电台(E FM 财富 974)	2.1	19.7
9	财富风云录	广东广播电视台珠江经济广播电台(E FM 财富 974)	2.0	19.0
10	随心出发/1052 航班	广东广播电视台羊城交通广播台 FM105.2	1.9	22.6

2021 年深圳市场节目收听率排名 Top10

单位：%

排名	节目名称	播出频率	收听率	市场份额
1	898 早新闻	深圳广播电台新闻频率 FM89.8	1.6	31.8
2	深圳早班车	深圳广播电台交通频率 FM106.2	1.6	30.3
3	898 早新闻(重播)	深圳广播电台新闻频率 FM89.8	1.5	30.7
4	转播中央人民广播电台《新闻和报纸摘要》	深圳广播电台新闻频率 FM89.8	1.2	47.0
5	馨竹的格调生活	深圳广播电台交通频率 FM106.2	1.2	27.1
6	民心桥	深圳广播电台新闻频率 FM89.8	1.1	31.7
7	缤纷车世界	深圳广播电台交通频率 FM106.2	1.1	27.9
8	林凡书伴旅途	深圳广播电台交通频率 FM106.2	1.1	27.6
9	振凯的高品质生活	深圳广播电台交通频率 FM106.2	1.1	27.1
10	晋一说科技	深圳广播电台交通频率 FM106.2	1.1	25.4

Abstract

Report on Development of China's Media Industry is an annual work started in 2004. It is a collaborative innovation project led by the Center of Media Economy and Management Research, Tsinghua University, co-edited by CTR, CSM, and many domestic and foreign experts and scholars. The report has been authenticated as a source periodical of the Chinese Social Sciences Citation Index (CSSCI) since 2012 and has become an authoritative reference book on the study of China's media industry and understanding of the global media industries.

Report on Development of China's Media Industry (*2022*), on the one hand, observes the ecological development environment of the media industry from the macro perspective of the policy environment, economic environment, and technical environment, on the other hand, the report describes the media industry ecology from the perspective of revenue scale and industrial structure. It systematically sorts out the relevant development status of China's media segments in 2021 from the perspectives of audience habits, content products, revenue models, technology applications, investment, and financing, and analyzes and predicts the development trends under the influence of new technology changes. In addition, the report specially discusses the development status of the media industry in major regions and representative countries and conducted a comprehensive comparative study.

2021 is the first year of the "14th Five-Year Plan", and the pace of building a new economic development pattern in China is accelerating. The country has guided the healthy development of the media through top-level design and special governance. The total output value of China's media industry has grown steadily, and the development of the media digital economy has flourished, showing a huge development momentum in building the Cyberpower and Digital China. Globally, the media industry is rapidly migrating to digital content services, and the impact of consumer behavior on industrial changes is intensifying. Driven by technology and the market, the entire media industry is constantly looking for new growth points. In 2021, the Metaverse became a hot word that cannot be ignored. In the sense of dimensional upgrading, the Metaverse provides a future integration model for the integration of all elements of Internet development and also becomes the logical basis for our understanding of the deep mediatization of society.

The analysis of the ecological changes and development trends of the media industry has reference meanings to government authorities, the industry, academia, and media management institutions. It has an important impact on the design and planning of the national information dissemination system, media policy formulation, and media organization development. It is also an empirical basic research book for college teachers and researchers who are engaged in journalism research, especially media economics and management research.

Keywords: Media Industry; Digital Economy; Media Ecology; Media Convergence; Cyberspace; Metaverse

Contents

Ⅰ General Report

B.1 Development Report on China's Media Industry 2021–2022

Cui Baoguo, *Chen Yuanyuan* / 001

Abstract: In 2021, China's media industry scale showed a trend of recovery growth. The total output value of China's media industry reached 2971.03 billion yuan, with a growth rate of 13.54% from 8.04% in the previous year, returning to the double-digit growth rate in 2019. Many changes have taken place in the internal and external environment of China's media industry. The state has strengthened its governance of the Internet and platform economy. The development of new mainstream media convergence has reached a new level. Media digital economy continues to develop at a high speed. With the development of new technology, the media will actively enter the Metaverse, and the media ecosystem will usher in a new round of changes.

Keywords: Media Industry; Media Ecology; Media Convergence; Internet Governance

Ⅱ Media Industry Insight

B.2 Top 10 Media Market Trends in 2022 *Ding Mai* / 021

Abstract: As media convergence continue to speed forward, the entire media market is undergoing continuous changes in terms of content, channels, devices, users and marketing, and faces many challenges and reshaping at both macro and micro levels. Based on the analysis of the media market in 2021, this paper makes a multi-angle forward-looking forecast of the media market in 2022, from the integrations and transformations of radio and television companies, technological developments and advances, new content and advertising trends and opportunities, to long-form and short-form video competitions and integrations, innovations in audience measurement methods, and much more. We analyze and predict the development and trends in order to provide useful reference for the industry.

Keywords: Media Market; Media Integration; Content Opportunities; Marketing Innovation; Value Measurement

B.3 China Media Convergence Innovation and Development Report 2021 *Jiang Tao*, *Liu Muyuan and Xiao Zinan* / 034

Abstract: In 2021, China's media convergence made steady progress, and developed in depth. Based on the major events of Chinese media convergence since 2021, this paper analyzes the media convergence innovative performance in mechanism system, IP operation, content marketing, industrial operation and international communication, and observes the development trend of Chinese media.

Keywords: Media Convergence; IP Operation; Content Marketing; Industrial Operation; International Communication

B.4 Metaverse formed in Deep Mediatization of Human Society

Yu Guoming / 044

Abstract: The communication revolution brought by digital media is fundamentally reconstructing all kinds of social relations and transforming the basic formation of society, and the society is rebuilding its business form and structure with new communication mechanism, law and mode. The Metaverse provides a future convergence model for the integration of all elements of internet development and also becomes the logical basis for our understanding of the deep mediatization of society.

Keywords: Metaverse; Deep Mediatization: Media Development

Ⅲ Media Industry and Market Reports

B.5 China's TV Industry Report 2021

—*The Continue Impact From Digital and Social Video*

Zheng Weidong / 050

Abstract: The development of China's TV industry has long shifted to the field of deep media integration, from which we can see the new television relationship in the development of integration, that is, the relationship between television and digital video communication and the relationship between television and social video communication. The continuous impact of digital and social video on television is reflected through content, channels, terminals, users and marketing, which makes the landscape of the new TV industry very different from that of the traditional TV industry. The focus of this paper is to re-observe and grasp the new TV industry based on the dimensions of smart devices, user behaviors, marketing innovation, program management and value measurement.

Keywords: Video Packaging; User Media Time; Digital Marketing; Program Contact Management; New Normal

B.6 China's Film Industry Report 2021 *Yin Hong, Sun Yanbin* / 064

Abstract: In 2021, the china's film market performs good, including the market recovery rate, box office, admissions and the number of cinemas and screens. The film capital market get better. The state-owned enterprises recovered quickly, state-owned institutions and state-owned capital, Internet and new media enterprises do more moves in the film market, which bring new changes to the pattern. Film Enterprises cooperated more frequently in film production, they sharing with their resources and work as a team in order to produce high quality films. Thematic tribute films and realistic themes have become the mainstream of the market, the domestic film performs more competitive, and network films continue to reduce quantity and improve quality. On the whole, the film market is still good, but also face some difficulties, such as the cinema chain needs optimization, thousands of theaters facing the threat of loss, the decline of film admission, and the distribution of film box office is more uneven. The construction of a big strong film market is full of challenges. Only with diversified and high-quality products and an active and orderly market can make Chinese films reach a new peak.

Keywords: Film Industry; Film Plateau; Film Peak

B.7 China's Book Publishing Industry Report 2021

Wei Yushan / 082

Abstract: 2021 was still an unusual year for the book publishing industry. On the one hand, the book market has not yet recovered to the level of 2019 due to the impact of the Covid-19 epidemic. Some international book fairs were delayed to hold, and there are many difficulties in the operation of bookstores. Online book sales are facing the impact of low-price competition and piracy. On the other hand, Some important activities have created a strong reading atmosphere, which has also driven the related books' publication and distribution.

The book publishing industry overcame many unfavorable factors brought by the epidemic, and showed steady development.

Keywords: Book Publishing; Integration Development; Theme Publishing

B.8 China's Newspaper Industry Report 2021

Chen Guoquan, *Zhang Yu* / 089

Abstract: From 2011 when the newspaper industry reached its peak to now, the newspaper industry has gone through a full 10-year decline. Advertising revenue dropped from 48. 8 billion yuan in 2011 to 3. 91 billion yuan in 2021. But at the same time, the newspaper industry is actively expanding new sources of revenue, and revenue other than advertising accounts for an increasing proportion of the total revenue. As a media product, the advertising value of newspaper is gradually returning to zero. Looking for other alternative sources of revenue, exploring new measures for newspaper industry transformation and summarizing the experience of integration and innovation have become the struggle direction of the newspaper industry in 2021, as well as in the past and for a long time in the future.

Keywords: Newspaper Industry; Transformation; Media Convergence; Non-market

B.9 Summary of Radio and Television Market in China 2021

Wang Yun, *Wang Ping* / 099

Abstract: In 2021, the total number of TV viewing fell, and the number of entertainment programs picked up, TV dramds, news, variety shows and Life service programs have a large share of the audience. The home listening of radio dropped, the car listening rebounded, News, trocffic and music broadcast channels are more competitive. This paper studies the viewing and listening data of all surveyed cities in 2021 through CSM Media Research, looks back on the radio and television market in 2021, and briefly describes the changes and characteristics of audience, competition pattem and influencing factors for industry reference.

Keywords: Radio and Television Market; TV Viewing; Radio Listening

B.10 Trends of China's Advertising Market 2021-2022

Zhao Mei, *Cao Xueyan* / 113

Abstract: In 2021, the epidemic continued to disturb the world. The Chinese market through positive confidence support, rich advertising creativity and various marketing methods, to make the market in a "blood returning" state. According to the statistics of CTR media intelligence, the overall market has a restorative growth. The growth comes from many aspects, such as the enthusiastic launch of new brands, the multiple possibilities of media marketing scenes, the in-depth promotion of media convergence, the return of brand power, the improvement of technology in the digital intelligence era and the influence of new marketing concepts. These positive market elements help us better understand the market in 2021 and provide a reference for the market trend in 2022.

Keywords: Advertiser; TV; Digital; Outdoor advertising; New Brands

B.11 China Mobile Internet Industry Report 2021

Wang Jun, *Yang Qianping and Wang La* / 121

Abstract: China's mobile Internet as a whole is currently in a period of stock competition with large scale and slow growth. By analyzing the market pattern, the monthly active users scale of major APPs and the overall users characteristics of China's mobile Internet segmented industries, such as mobile Internet e-commerce industry, mobile Internet news information industry, mobile Internet life service industry and mobile Internet finance industry, this paper aims to sort out the main development context of China's mobile Internet industry segmented state in the period of stock competition.

Keywords: Mobile Internet; E-commerce; New Media; Life Service; Finance

B. 12 Inventory of the Viewing and Broadcasting Characteristics of TV Series in China 2021 *Li Hongling* / 133

Abstract: In 2021, China's TV drama market has completed a "transformation" of content and form-the coexistence of independent creation and thematic creation. As TV stations are constantly required to improve their positions, the rapid and gorgeous transformation of thematic creation has not only become a compulsory course for production companies, but also a key consideration for the head broadcasting platform. The main melody TV series are becoming an important starting point in carrying forward the ideological field of Everbright our party: in the direction of creation, integrity and innovation have become the mainstream, and "small integrity and big" in the way of narration has become a common cut. From the actual performance of the market, the performance of the works of thematic creation is commendable, and a number of good works with profound thought, exquisite art and excellent production have emerged.

Keywords: TV Drama Market; Broadcast and Audience; Total Market Volume; Competition Pattern

B. 13 China's Online Video Industry Report 2021 *Zhou Kui* / 144

Abstract: Statistics show that the total number of online video users increased to 975 million in 2021, accounting for 94. 5% of the total netizens, but the growth rate continues to slow down. The online video market presents a trend of emerging products, accelerated exploration and application of new businesses and technologies. The number of short video users reached 934 million, an increase of 60. 8 million over the previous year, accounting for 90. 5% of the total netizens; the number of online live streaming users reached 703 million, an increase of 86. 52 million over the previous year, accounting for 68. 1% of the overall netizens. Based on the companies' public financial reports, interviews and statistical models, the research team calculated that the market size of the pan-network audio-visual industry in 2021 will be 605 billion yuan.

Keywords: Online Video; Online Variety Show; Online Drama; Online Movie

B. 14 China's Short Video Industry Development Report 2021

Zhang Sisi, *Fan Liyao* / 156

Abstract: In 2021, The Short video industry user share and the overall market pattern tended to be stable and mature, and related fields have moved from zero-sum competition in the brutal growth period to coexistent and coordinated development. From the following six aspects: communication carrier, content creation, business model, platform form, industry influence and policies and regulations, this report analyzes how the short video industry can innovate content expression, meet user needs, get the user traffic value, so as to achieve a win-win situation.

Keywords: Short Value; Industries Cooperation; Cross-border Convergence

B. 15 China's Online Game Industry Report 2021

Chen Xinling, *Wu Jiaxin* / 168

Abstract: In 2021, the epidemic prevention and control entered a normalized stage, the influence of the home economy gradually weakened, and the growth rate of the actual sales revenue and the number of game users in China's online game market slowed down. Guided by the industry's new regulatory policy, many game enterprises strengthen their sense of responsibility, and minor network anti-infatuation initiatives are upgraded again, and China's online game industry moves in the direction of boutique, and this drives the heat of the live game industry. In addition, multi-category games burst out with strong market vitality overseas, reflecting the higher global competitiveness of China's self-researched games. In the future, along with the intensified competition in the domestic game market, game enterprises will compete more fiercely for high-quality IP and R&D talents, but the emergence of the concept of "Metaverse" may bring new development opportunities for the online game industry.

Keywords: Online Game; Games Live; Metaverse; IP Adaptation Games

B.16 China's Animation Industry Report 2021

Sun Ping, *Ding Ding* / 181

Abstract: In 2021, the total output value of China's animation industry continues to grow. Domestic animation film box office share is significantly larger than imports, production growth, but the profitability is weak, mainly IP and mythological development; TV animation continues to take the route of serialization and boutique; network animation market quality works continue to emerge, IP adaptation works, sequel creation still accounts for a large proportion; secondary users continue to grow, the market demand for animation and comic derivatives diversified, showing a rapid growth trend.

Keywords: Animation Industry; Animation Film; Television Animation; Network Animation; Derivatives

Ⅳ Media Innovation Reports

B.17 The first year and The Media Imagination of Metaverse

Peng Lan, Li Duo / 190

Abstract: "Metaverse" has received unprecedented attention in 2021. The tech and investment communities are actively trying to find out what it looks like and what its boundaries are. The leading enterprises take the lead in the layout, and the capital quickly follows. Social networking, games and other platforms all strive to find the interface with Metaverse. Meanwhile, the media industry is opening the imagination about the application of Metaverse. It also triggered scholars to think about the new relationship between communication, media and people.

Keywords: Metaverse; VR; AR; Virtual Reality Convergence; Immersive Journalism; NFT

B.18 Analysis on the Development Pattern and Risk of Metaverse Industry

Shen Yang, Yan Jiaqi, Chen Ruiqing and Zou Qin / 203

Abstract: The development level of Metaverse industry is from shallow to deep, and different stages show corresponding development characteristics: the agglomeration effect of concept advance, the priming effect of Pre-Metaverse, the activation effect of Metaverse and Virtual Reality, the feedback effect of Metaverse and real economy, and the diffusion effect of "Metaverse+" dispersion. In the process of the development of Metaverse industry, the premise of political security, the principle of capital deepening and the value of technology for social good have certain significance. At the same time, Metaverse companies and governments should continue to explore and focus on solving important issues such as data pricing power, user acceptance and subject responsibility awareness in the future.

Keywords: Metaverse Industry; Iindustry Pattern; Industry Development View; Industrial Risk

B.19 China Listed Media Companies Performance Report 2021

Hu Yu, Xu Xuejie and Wang Jiajing / 216

Abstract: In 2021, under the circumstance of low base effect and normalization of COVID－19 prevention, the media industry was gradually recovering. The difference of sub-sectors has further increased. Online businesses such as digital reading, online video and audio, game and Internet advertising have performed well as a whole, but they are still affected compared to before the epidemic. Publishing and advertising sectors are in the period of recovery; the decline of the radio and television sector has been serious. Under the continuous influence of the epidemic, the industry has explored the path of online development, constantly adjusted its strategies, and communicated more closely with users, excavating new opportunities for the media industry and increasing its ability to withstand pressure. With the development of the industry, policy supervision will be more detailed, the space for brutal growth will be further compressed, and the industry will tend to be compliant and healthy.

Keywords: Media; Listed Companies; Capital Market; Secondary Market

B.20 Capital Operation Report of China's Media Industry 2021

Guo Quanzhong, Zhang Yingying / 233

Abstract: There are three obvious changes in China's media capital market: in 2021, the domestic media capital increased slightly, and the Chinese concept stocks decreased significantly; Policy becomes an important variable; Small share investment was the main investment, and prudent investment has become the mainstream. In this environment, the capital operation of China's media industry has the following three characteristics: first, the trend of To B is obvious; Second, focus on business areas such as games and going abroad, and generation Z has attracted much attention; Third, make rational investment and favor the leading enterprises with vertical subdivision tracks. The Internet media industry, with significant changes in valuation logic and policy environment, will be more cautious in capital operation in the future.

Keywords: Media Industry; Capital Operation; Metaverse; Generation Z

B.21 Analysis on Stereoscopic Spread Ecology of Integrated Broadcast Media 2021

Huang Xueping / 242

Abstract: With the rapid arrival of millions of 5G macro stations, audio and video industry will deeply tap the infinite potential of audio and video industry, accelerate the deep integration with cloud computing, artificial intelligence and other fields, and constantly give birth to new formats and new business models. With the iteration and upgrading of new mobile Internet technologies and applications, the audio and video platforms has entered a period of rapid development. Its media attributes, social attributes, commercial attributes and entertainment attributes have become increasingly prominent, which has a profound impact on the network ecology. "Ear economy" and "eye economy" are interdependent and gradually mature. In this paper, the characteristics and trends of the radio audio listening market in 2021 will be analyzed based on the user survey, listening rate survey and communication effect data of Rong Media Cloud.

Keywords: Stereoscopic Spread; Mobile Internet; Media Convergence; Cultural Consumption

B. 22 Report on Media Convergence Communication Effect of China's Radio and Television Agency 2021

Liu Muyuan, *Xiao Zinan* / 250

Abstract: The year 2021 marks the centenary of the founding of the CPC. In this year, there are a series of triumph news in China's space field, Chinese Olympic delegation are unstoppable in 2022 Tokyo Olympics, the cuteness of Yunnan wandering elephants makes the world an impression, Meng Wanzhou returning to China torches the hearts of Chinese people. It is in this year that mainstream media make all-out efforts to create convergence media production, as well as expand their influence and lead the public opinion with popular works, develop the new media continuously. Based on the industry observation and data monitoring, CTR publishes *Annual Report on Media Convergence Communication Effect of China's Radio and Television Agency in 2021*, presenting the network communication effect of mainstream media objectively.

Keywords: Mainstream Media; Network Communication; Convergence Media

B. 23 China's Internet Marketing Innovation and Application 2021

iResearch / 259

Abstract: China's digital economy is booming under the dual drive of policy and technology, industrial digitalization and enterprise digital transformation are the general trend, and the marketing scenario is the first and most widely implemented scenario for enterprises. At present, Internet marketing in China has pain points such as weak traffic growth, high cost of public domain traffic acquisition, difficult integration of marketing technology and lower-than-expected implemented effect, lack of marketing technical talents, and stricter data security supervision. However, in the future, the in-depth application of advanced technologies such as cloud computing, artificial intelligence, and 5G is expected to promote enterprises to realize data Lakehouse, data intelligence integration, and data application integration data architecture. The data assets of the enterprise will be effectively accumulated, the data value of the enterprise will be further amplified, and the innovation of the enterprise's business and services will become more flexible.

Keywords: Data Assets; Internet Marketing; Cloud Computing; Artificial Intelligence; Marketing Technology

B.24 Trends of Digital Marketing Communication Ecology in China 2021-2022

Chen Yi, *Du Guoqing* / 270

Abstract: When the digital economy reshapes the economic pattern, industrial digitization is carried out step by step, the digital marketing ecology presents a new competition and cooperation pattern, the cognitive depth and operational power of advertisers' digital marketing are improved, and the media, platforms and marketing communication support institutions in the content niche usher in intelligent upgrading in the game. The standardization and governance of data niche promote the development of digital marketing ecology towards integration and cogovernance.

Keywords: Digital Marketing; Advertising Ecology; Advertiser

B.25 Research Report of Short Video User Value 2021

Zhang Tianli, *Tian Yuan* / 278

Abstract: The short video industry maintains rapid development, and constantly realizes content optimization constantly, channel expansion, and marketing innovation, etc. Based on CSM's 2021 short video user value survey data, this paper analyzes the user group portraits of the short video industry, user usage behaviors and habits, user content needs and preferences, user cognition and evaluation of the platform, and short video business monetization process, etc. , to deeply interpret the current short video user ecology and maximize user value. At the same time, it focuses on the user contact and experience of TV media short videos to provide reference for the innovative development of the short video industry and the development of media integration.

Keywords: Short Video; User Value; Media Convergence

B.26 Research on News Media Convergence Index of Provincial TV Station 2021 *Zhang Tianli*, *Wang Lei* / 289

Abstract: Following the guidelines of the national top-level design, the transformation of radio and television media convergence has entered a new stage of innovative and systematic practice. With the in-depth layout of radio and television media in the field of media convergence, the effect of provincial TV stations' news convergence communication is improved. Based on the data of CSM media research News Media Convergence Index, this paper focuses on the actions and achievements of provincial TV stations in news convergence communication and public opinion guidance in 2021, and tries to analyze the development characteristics of current and future TV media news convergence communication.

Keywords: Media Convergence; Provincial TV Stations; TV News

B.27 China's Internet Platform Governance and Digital Economy Development 2021-2022

Zhong Xiangming, *Fang Xingdong* / 299

Abstract: The Internet Platform and technology development of 2021-2022 are facing a series of major historical shocks, such as COVID-19, global antitrust, and

Sino-US game, which will directly determine the social information dissemination mechanism, international communication pattern and the future globalization process. How digital economy and science and technology survive and develop in geopolitics, especially in the competition of large countries, is not only the need of enterprises and industries, but also the process of science and technology itself experiencing the test. We must deepen the perspective of observation and thinking. In a short period of time, science and technology are vulnerable to geopolitics. China's Internet stock price has plummeted and is experiencing unprecedented pain in history. However, in the long run, science and technology has its own logic and vitality. The challenge urges China to strengthen its national strategic scientific and technological strength and stimulate the vitality of global competition.

Keywords: Technology Competition; Platform Governance; Anti-monopoly; Digital Economy

V Global Media Market Reports

B.28 Global Media Industry Report 2021 *Hang Min*, *Qi Xue* / 306

Abstract: The impact of the COVID-19 pandemic on the global media industry has been reduced in 2021, the industry output value has rebounded strongly, and changes in consumer behavior have become the main driving force for development. Related industries shifted to digital content services, driving the development of e-commerce. In addition, industry changes driven by consumer behavior have become more apparent, including the shift to digital products and online sales, the rise of streaming media, and the growing influence of the creator economy. The media industry has become more immersive and diverse as companies race to deliver more and more products, services and experiences to consumers. Metaverse, creator economy, platform regulation and anti-mono poly will become the main focus of the media industry in the future.

Keywords: Global Media Industry; Digitalization; Immersive; Platform Economy

B. 29 Media Industry in United State 2021

Shi Anbin, *Wang Peinan* / 323

Abstract: In 2021, the U. S. media industry has profoundly transformed. With the rapid development of Tik Tok and the new power of video streaming represented by Amazon and Disney+ challenging the monopoly of the FAANG Alliance in the digital media industry; traditional U. S. media giants Facebook and Google have focused on the "Metaverse", trying to expand new markets and commercial growing points. In this paper, we focus on the news and broadcast industry, the Internet and social media, film, entertainment and streaming media industry, the advertising industry and the emerging media industry represented by the "Metaverse" to reveal the issues worthy of attention in the U. S. media industry in 2021.

Keywords: U. S.; Media Industry; Streaming Media; Metaverse

B. 30 Media Industry in the European Union 2021

Zhang Li, *Huang Yitong* / 337

Abstract: In 2021, the spread of Covid-19 epidemic still has a great impact on the media industry in the European Union. The sales of print media like newspaper continue to fall, while digital transformation and paid subscription become new trend. Radio becomes the media that people in EU most trusted. With diversification of the TV consumption channels, digital video formats, like SVOD, change the EU television industry. The epidemic is a major blow to the live music and movie industry, in the meanwhile, the development of steaming music offsets the decrease of other music revenue. The national films get a higher share in the market and the movie industry recover more quickly as the cinemas are allowed to reopen. Internet and mobile devices reach more EU citizens and families. Several countries including Spain beef up the input in the development of

5G networks.

Keywords: EU Media Industry; Media Trust; Digital Transformation; Steaming Media

B.31 Media Indusrty in UK 2021 *Xu Jia* / 347

Abstract: COVID - 19 is having a complex impact upon UK's media industry. The internet infrastructure further penetrated and enhanced whereas the digital gap further enlarged with those underprivileged population increasingly unable to afford connection. Increases of the online sector was featured by advertising, in particular those directly leading consumer behaviours, as well as the*GAFAM phenomenon*. Traditional newspaper further deceased whereas those well-trusted news brands attracted increasing online paid subscription. Traditional television saw the highest audience rate during the past five years whereas original content production became even difficult. Public broadcasting services continued its re-positioning aiming at online young audience. Radio and audio sector further benefited from digitisation with thc maturing of its subscription model and new platforms converging social and audio functions launched. Social media became infrastructural in providing social connections, entertainment and news information. Online work and study platforms as rigid demands during lockdown sharply increased. E-commerce and gaming also saw their rapid growths. In general, UK is still a leading country in the world's media industry.

Keywords: UK Media Industry; Impact of COVID-19; Digitisation

B.32 Media Industry in France 2021 *Zhang Wei* / 357

Abstract: Under the influence of COVID-19, the cultural and economic aspects of France have been greatly impacted in 2021. All types of live cultural events are most affected (e. g. cinemas, live performances, museums, etc.) . Although the audio-visual and game industries have experienced rapid growth in a short period of time, they cannot offset the decline of the overall cultural economy. French audiences generally develop the consumption habit of listening to online music, and the consumption of digital music products keeps improving. Under the impact of the epidemic, the number of people watching TV dramas online has increased. With the improvement of the anti-piracy, the consumption of legitimate products has become nornal.

Keywords: Media Industry; Cultural Economy; Digitalization

B. 33 Media Industry in Japan 2021 *Lin Yang* / 364

Abstract: In 2020, the Japanese economy suffered a negative growth due to the impact of COVID-19. The decline of corporate performance and the cancellation, postponement and budget reduction of many large-scale events represented by the Tokyo Olympic Games brought a huge impact on the media whose main revenue is advertising. Prevention policies such as encouragement to stay at home have accelerated the overall digital transformation of Japanese media and related industries. The increase in online demand has promoted the rapid development of online shopping, online office, e-books, online paid concerts and other industries, and the Internet advertising market continues to grow against the trend.

Keywords: Japanese Media Industry; Japanese Media; Japanese Advertising Market

Ⅵ Key Media Market Data

B. 34 Data of China's Advertising Market 2021 / 372

B.35 Data of China's Mobil Intemet Market 2021 / 377

B.36 Consumption Data of China's FMCG Market 2021 / 380

B.37 Data of China's Short Video Market 2021 / 383

B.38 Data of China's TV Rating 2021 / 394

B.39 Data of China's Broadcasting Market 2021 / 408

皮 书

智库成果出版与传播平台

✤ 皮书定义 ✤

皮书是对中国与世界发展状况和热点问题进行年度监测，以专业的角度、专家的视野和实证研究方法，针对某一领域或区域现状与发展态势展开分析和预测，具备前沿性、原创性、实证性、连续性、时效性等特点的公开出版物，由一系列权威研究报告组成。

✤ 皮书作者 ✤

皮书系列报告作者以国内外一流研究机构、知名高校等重点智库的研究人员为主，多为相关领域一流专家学者，他们的观点代表了当下学界对中国与世界的现实和未来最高水平的解读与分析。截至 2021 年底，皮书研创机构逾千家，报告作者累计超过 10 万人。

✤ 皮书荣誉 ✤

皮书作为中国社会科学院基础理论研究与应用对策研究融合发展的代表性成果，不仅是哲学社会科学工作者服务中国特色社会主义现代化建设的重要成果，更是助力中国特色新型智库建设、构建中国特色哲学社会科学“三大体系”的重要平台。皮书系列先后被列入“十二五”“十三五”“十四五”时期国家重点出版物出版专项规划项目；2013~2022 年，重点皮书列入中国社会科学院国家哲学社会科学创新工程项目。

S 基本子库
UB DATABASE

中国社会发展数据库（下设 12 个专题子库）

紧扣人口、政治、外交、法律、教育、医疗卫生、资源环境等 12 个社会发展领域的前沿和热点，全面整合专业著作、智库报告、学术资讯、调研数据等类型资源，帮助用户追踪中国社会发展动态、研究社会发展战略与政策、了解社会热点问题、分析社会发展趋势。

中国经济发展数据库（下设 12 专题子库）

内容涵盖宏观经济、产业经济、工业经济、农业经济、财政金融、房地产经济、城市经济、商业贸易等12个重点经济领域，为把握经济运行态势、洞察经济发展规律、研判经济发展趋势、进行经济调控决策提供参考和依据。

中国行业发展数据库（下设 17 个专题子库）

以中国国民经济行业分类为依据，覆盖金融业、旅游业、交通运输业、能源矿产业、制造业等 100 多个行业，跟踪分析国民经济相关行业市场运行状况和政策导向，汇集行业发展前沿资讯，为投资、从业及各种经济决策提供理论支撑和实践指导。

中国区域发展数据库（下设 4 个专题子库）

对中国特定区域内的经济、社会、文化等领域现状与发展情况进行深度分析和预测，涉及省级行政区、城市群、城市、农村等不同维度，研究层级至县及县以下行政区，为学者研究地方经济社会宏观态势、经验模式、发展案例提供支撑，为地方政府决策提供参考。

中国文化传媒数据库（下设 18 个专题子库）

内容覆盖文化产业、新闻传播、电影娱乐、文学艺术、群众文化、图书情报等 18 个重点研究领域，聚焦文化传媒领域发展前沿、热点话题、行业实践，服务用户的教学科研、文化投资、企业规划等需要。

世界经济与国际关系数据库（下设 6 个专题子库）

整合世界经济、国际政治、世界文化与科技、全球性问题、国际组织与国际法、区域研究 6 大领域研究成果，对世界经济形势、国际形势进行连续性深度分析，对年度热点问题进行专题解读，为研判全球发展趋势提供事实和数据支持。

法律声明